见识城邦

更新知识地图　拓展认知边界

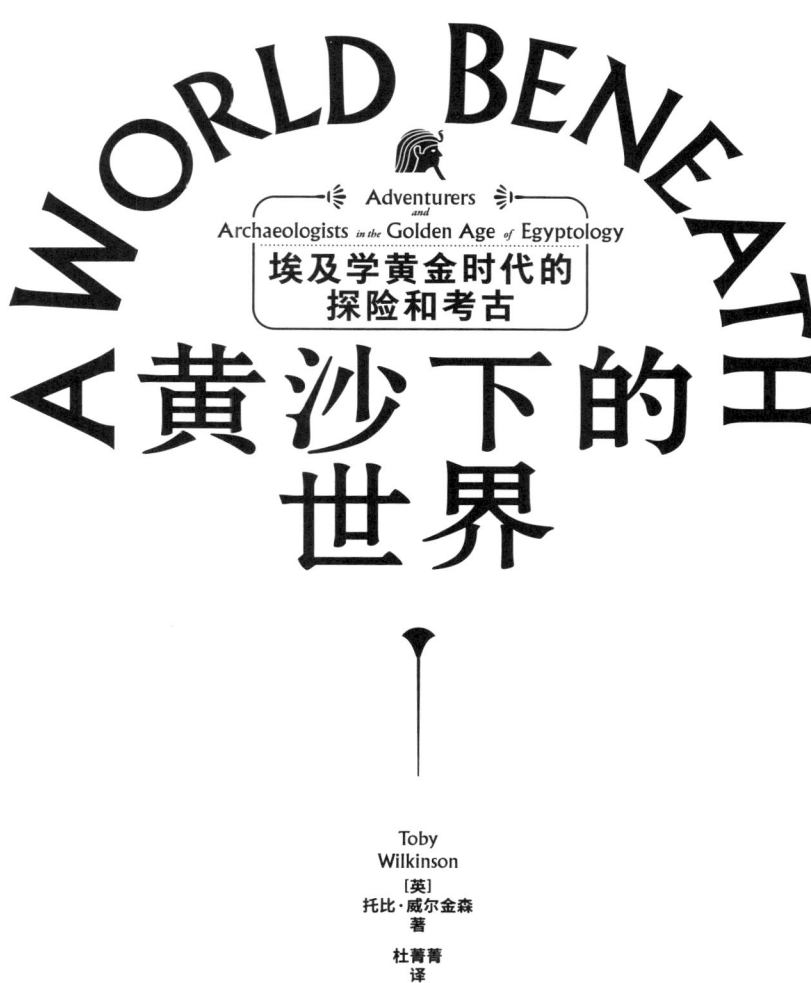

黄沙下的世界

A WORLD BENEATH THE SANDS

Adventurers and Archaeologists in the Golden Age of Egyptology

埃及学黄金时代的探险和考古

Toby Wilkinson
[英] 托比·威尔金森 著

杜菁菁 译

中信出版集团 | 北京

图书在版编目（CIP）数据

黄沙下的世界：埃及学黄金时代的探险和考古 /
（英）托比·威尔金森著；杜菁菁译 . -- 北京：中信出版社，2024.3
书名原文：A World Beneath the Sands: Adventurers and Archaeologists in the Golden Age of Egyptology
ISBN 978-7-5217-6335-5

Ⅰ.①黄… Ⅱ.①托… ②杜… Ⅲ.①文化史－研究－埃及－古代 Ⅳ.① K411.203

中国国家版本馆 CIP 数据核字 (2024) 第 017925 号

A World Beneath the Sands by Toby Wilkinson
Copyright ©Toby Wilkinson, 2022
Simplified Chinese translation copyright ©2024 by CITIC Press Corporation
ALL RIGHTS RESERVED

本书仅限中国大陆地区发行销售

黄沙下的世界——埃及学黄金时代的探险和考古
著者： [英]托比·威尔金森
译者： 杜菁菁
出版发行：中信出版集团股份有限公司
（北京市朝阳区东三环北路 27 号嘉铭中心　邮编　100020）
承印者： 北京盛通印刷股份有限公司

开本：787mm×1092mm　1/16　　插页：8
印张：35.75　　字数：382 千字
版次：2024 年 3 月第 1 版　　印次：2024 年 3 月第 1 次印刷
京权图字：01-2023-6001　　书号：ISBN 978–7–5217–6335–5
审图号：GS（2024）0413 号（本书地图系原书插附地图）
定价：128.00 元

版权所有·侵权必究
如有印刷、装订问题，本公司负责调换。
服务热线：400-600-8099
投稿邮箱：author@citicpub.com

我深怀感激地献上这本书，

为了纪念埃及学家和作家欧内斯特·阿尔弗雷德·汤普森·沃利斯·巴奇爵士，他慷慨地为剑桥大学基督学院的埃及学基金提供资助。

谨向过云85年来基督学院的硕士生、研究员及学者对沃利斯·巴奇夫人预算基金的维护及培育，表示衷心的感谢。它的受益者（我很自豪能成为其中一员）已经并将继续在塑造埃及学方面发挥作用。

目录

时间线		I
推荐序		IX
序言		XX

序　幕	古老土地上的旅人		I
第 1 章	记述与破译		51
第 2 章	追随拿破仑的脚步		89
第 3 章	海外的英国人		123
第 4 章	普鲁士计划		173
第 5 章	法国根基		209
第 6 章	尼罗河溯流千里		251
第 7 章	永久的职业		297
第 8 章	学者与无赖		343
第 9 章	埃及与美国		385
第 10 章	帝国的野心		431
第 11 章	美好的事物		467
尾　声	历史的未来		511

图片版权	523
致谢	526
参考书目	527

时间线

年代	埃及统治者	事件	探险和挖掘	发现	出版物
18世纪90年代			拿破仑远征，1798—1801年	罗塞塔石碑，1799年	
19世纪第一个十年	穆罕默德·阿里，1805—1848年在位				《下埃及和上埃及游记》（德农），1802年
19世纪第二个十年		"年轻的门农"被运往伦敦，1818年	贝尔佐尼的探险，1815—1819年		《埃及记述》，1810—1828年
19世纪20年代		丹德拉黄道带被运往巴黎，1821年	威尔金森的第一次旅行，1821—1833年	象形文字的破译，1822年	《致达西耶先生的信》（商博良），1822年
			莱恩的第一次旅行，1825—1828年		《古埃及象形文字系统概要》（商博良），1824年
			法国—托斯卡纳卡探险，1828—1829年		

I

(续)

年代	埃及统治者	事件	探险和挖掘	发现	出版物
19世纪30年代		第一部文物法和古藏馆，1835年 卢克索方尖碑在巴黎被竖立起来，1836年	维斯在吉萨的工作，1836—1838年		《现代埃及的风俗习惯》（莱恩），1836年 《古埃及的风俗习惯》（威尔金森），1837年
19世纪40年代	易卜拉欣，1848年在位 阿拔斯一世，1848—1854年在位		普鲁士探险，1842—1845年		《埃及手册》（默里），1847年 《埃及和埃塞俄比亚的古迹》（莱普修斯），1849—1859年
19世纪50年代	赛义德，1854—1863年在位	马里耶被任命为文物管理局埃及历史古迹部主任，1858年	马里耶的第一次旅行，1850—1854年	塞拉比尤姆神庙，1851年	
19世纪60年代	伊斯梅尔，1863—1879年在位	苏伊士运河开通，1869年	露西·达夫·戈登的逗留，1862—1869年		

II

(续)

年代	埃及统治者	事件	探险和挖掘	发现	出版物
19世纪70年代	特菲克，1879—1892年在位	克娄巴特拉方尖碑在伦敦被竖立起来，1878年	爱德华兹的旅行，1873—1874年		《尼罗河溯流千里》（爱德华兹），1877年
19世纪80年代		法兰西学院成立，1880年	皮特里的第一次旅行，1880年	哈瓦拉的木乃伊画像，1888年	《古埃及与古埃及人的生活》（埃尔曼），1885年
		马里耶特去世，马斯佩罗继任，1881年	巴奇的第一次旅行，1886—1887年		
		克娄巴特拉方尖碑在纽约被竖立起来，1881年			
		英国入侵，1882年			
		埃及勘探基金成立，1882年			
		格雷博接任马斯佩罗，1886年			
		埃及博物馆迁往吉萨，1889年			

(续)

年代	埃及统治者	事件	探险和挖掘	发现	出版物
19世纪90年代	阿拔斯二世，1892—1914年在位	德摩根接任格雷博，1892年 洛雷接任德摩根，1897年 马斯佩罗以主管的身份归来，1899年 《埃及语词典》计划启动，1899年	布雷斯特德的第一次旅行，1895年 博尔夏特被任命为科学专员，1899年	图特摩斯三世和阿蒙霍特普二世的陵墓，1898年	
20世纪第一个十年		埃及博物馆在开罗市中心开馆，1902年 德意志帝国埃及考古研究所成立，1907年	戴维斯在帝王谷的发掘，1902—1914年 努比亚的金石学调研，1905— 卡特和卡尔纳冯开始发掘，1907年	卡尔纳克藏品库，1903年 图特摩斯四世陵墓，1903年 奈菲尔塔丽墓，1904年	《埃及古文献》（布雷斯特德），1906—1907年

IV

(续)

年代	埃及统治者	事件	探险和挖掘	发现	出版物
				肯亚和图玉墓，1905年	
				克哈墓，1906年	
				黄金墓，1908年	
20世纪第二个十年	侯赛因·卡迈勒，1914—1917年在位 福阿德，1917—1936年在位	马斯佩罗退休，拉科继任，1914年 东方研究所成立，1919年	卡特和卡尔纳冯开始在帝王谷工作，1914年	奈菲尔塔丽半身像，1912年	
20世纪20年代		埃及宣布独立，1922年		图坦卡蒙墓，1922年	

v

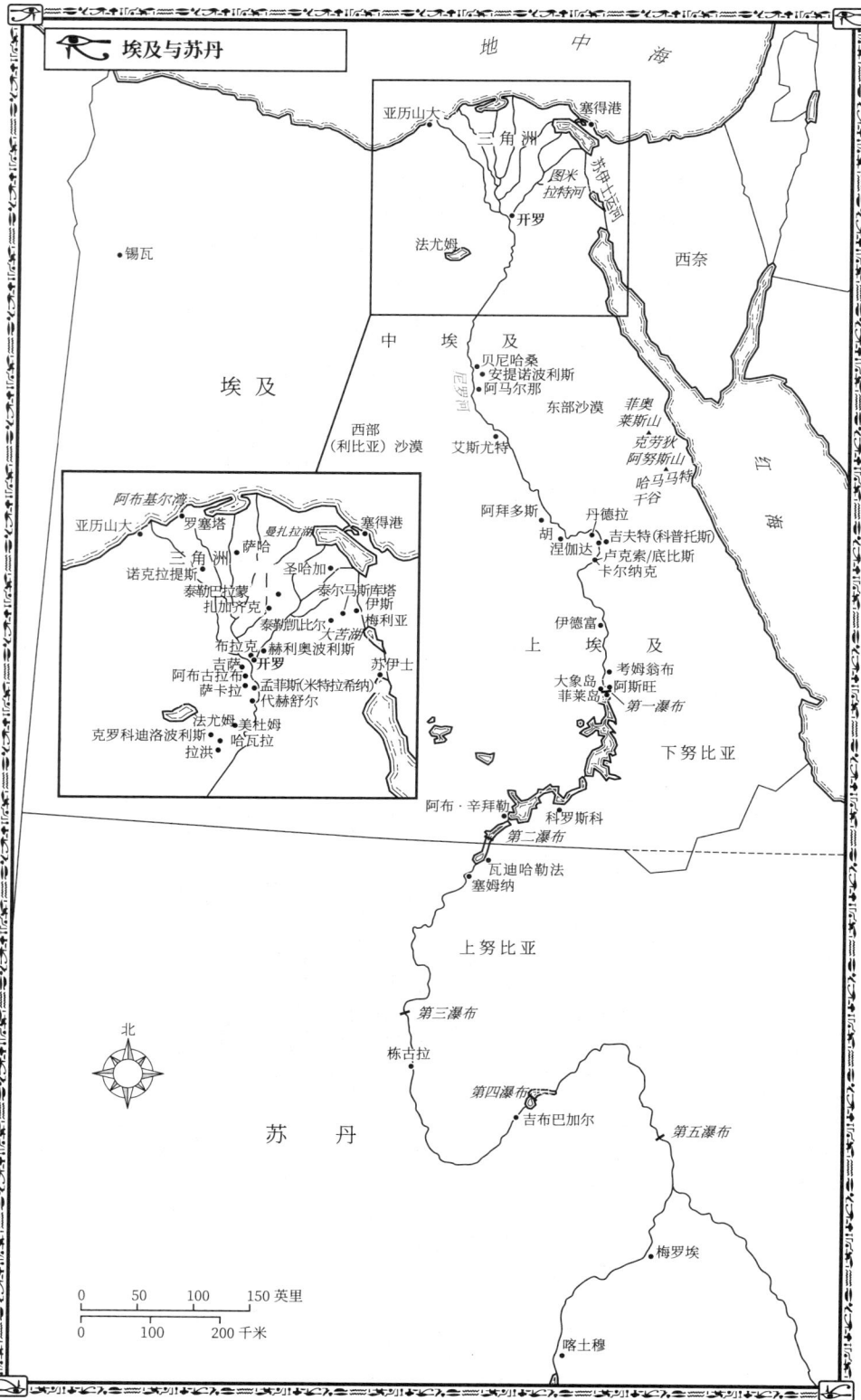

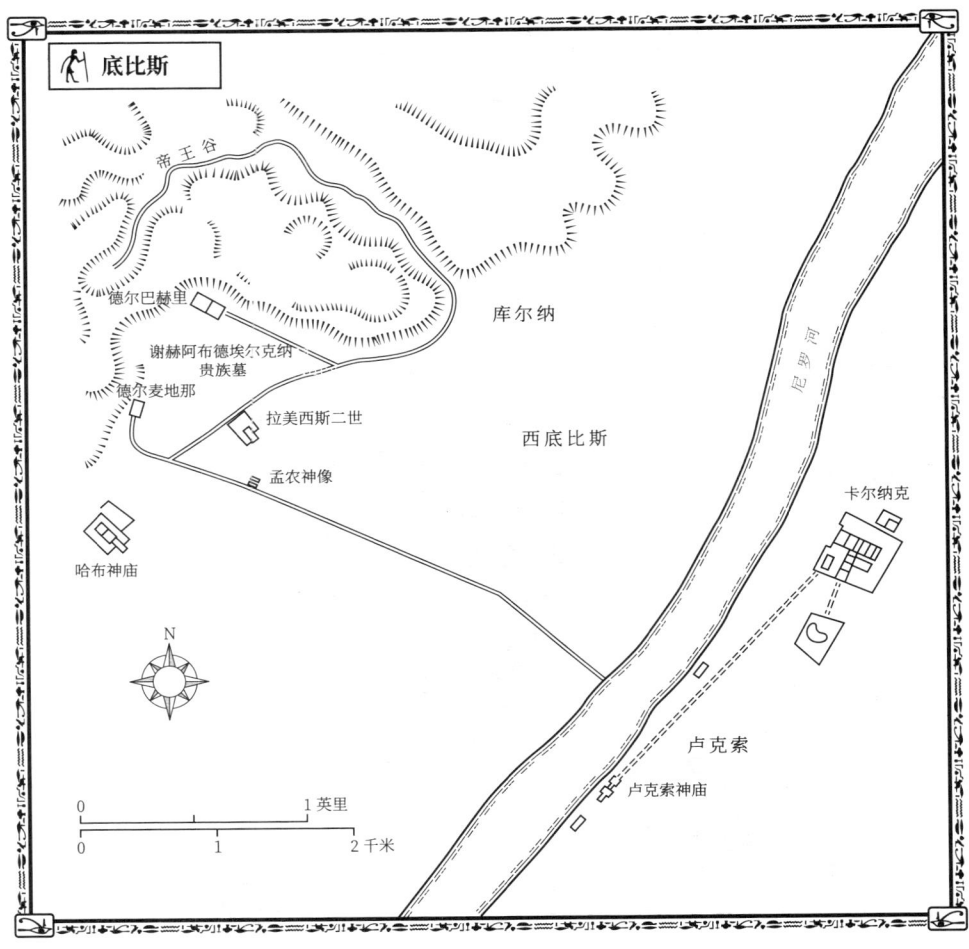

推荐序[1]

	埃及学博士
高伟	中国社会科学院考古研究所世界考古研究室助理研究员
	中埃联合考古队队员

商博良、莱普修斯、马里耶特、皮特里、卡特……许多埃及学先驱的名字是我读书时在课堂上慢慢熟识起来的。他们无一例外都是欧洲学者。准确地说,我熟识的只是他们名字的拼写和在学术史中记录的几行事迹。由于文化背景的差异,我和我的法国同学对"埃及学之父"商博良的看法显然不相同(其中一人还是商博良的同乡)。商博良被法国人看作民族英雄,是一尊矗立在法兰西公学院庭院中不朽的塑像;而在我的脑海中,他与其他先驱一样,是被"供奉"在同一片学术光环之下的、难以走近的一段残影。因为他们在智识上的卓越贡献,人们自19世纪开始得以了解古埃及文明的魅力,以至于一门专门的学问——埃及学很快在

---

1. 推荐序原载于《信睿周报》第 110 期(2023 年),原文标题为《先驱、摄影术和掠夺:埃及学的黄金时代》。——编者注

世界范围内成为显学。但事实上，我很难给那个年代或具体的人一个清晰的描述。我想，不少读者朋友和我有相似的感受。

原本我也是无须走近他们的。2015 年，在机缘巧合之下，我接到了《埃及和努比亚的遗迹：商博良埃及考古图册（上下卷）》的中文翻译工作。之后，在做博士论文研究时，我需要梳理卡尔纳克孟图神庙区历年的考古工作，这让我开始对埃及学何以成为埃及学产生了兴趣。19 世纪至 20 世纪初期，活跃在埃及的学者留有不少专著，调查笔记、个人信笺、遗址照片、文物卡片等档案资料更是浩如烟海。其中的只言片语乃至一张草图，都有可能是一座古埃及建筑在世间留存的最后记录。在学术层面，我逐渐意识到，熟识埃及考古的早期历史是实践工作中无法绕过的环节。而更吸引我的是一种相当陌生的经验：埃及学诞生时期的整个时代背景的复杂性所催生的独特的考古学传统在百年后仍在沿用，并能够帮助现代埃及持续地输出文化影响力。也正是在那时，我读到了托比·威尔金森教授所著的《黄沙下的世界》。想要从海量史料中检索有价值的信息，并以此还原一段复杂年代的历史，是一件极其困难且令人敬佩的事。幸运的是，威尔金森出色地完成了。

埃及学的诞生与高光时刻

如果说王海利教授的佳作《法老与学者：埃及学的历史》是从学科角度出发所做的一次学术史回顾，那么《黄沙下的世界》

则加入了欧洲近代史、地缘竞争和政治博弈的视角，是对埃及学的产生及其时代背景的一次全方位复原。全书以埃及学发展的时间线为主轴，详述从19世纪至20世纪初被欧洲殖民侵略与身处现代化进程之中的埃及，在呈现学者个人命运与大时代交织的迷人的复杂性的同时，突显出欧洲知识体系对埃及学的主导和贡献。从拿破仑远征至卡特发现图坦卡蒙墓的120年间，抱着不同目的在埃及土地上工作的欧洲人在一定程度上都对埃及学的发展产生了影响。他们的形象在作者笔下各具特色，有不择手段的文物经销商、挑战新奇事物的探险家、投身学问的学者、老谋深算的外交官、对古迹不感兴趣的疗养者，还有执迷欧化的埃及统治者。而从欧洲知识界对待古埃及文明态度的转变——从一个充满神秘感的智慧的源头，到《圣经》和古典文献框架中的异类，再到与古罗马帝国共享荣光的文明——可以看出，埃及学正逐渐帮助我们看清一个真实的古埃及。

埃及学（Egyptologie）一词首先出现于1850年的法语词典中，9年后，牛津词典才收录了Egyptology，但目前公认1822年是埃及学诞生的年份。得益于1822年商博良破译古埃及文字，古代埃及的研究可以脱离古典学的框架，单独建立起一个独特且复杂的学科。威尔金森通过对古埃及历史的深刻理解和对贵族墓葬壁画的细心观察，还原出古代埃及人丰富的日常生活。让我们第一次意识到古代埃及人与其他古老文明的人群无异，以狩猎和捕鱼糊口，节庆时也有丝竹管乐和仪式宴饮等。到1840年前后，大多数学者在关注古埃及语言，或忙于搜罗古物，几乎没人关注古埃及的历史。莱普修斯的研究让我们看清，古代埃及并不是一个混沌的整体，在王朝更迭中，每个时期，如古王国、中王国和新王国时期，都具有自己的特点，不同时期的艺术风格也不尽相同。1858 年之后，伴随着文物管理局的成立，在马里耶特统筹之下的埃及考古新发现层出不穷。皮特里的发掘风格与前人相比更加细致，他把重点关注在那些小件的出土器物上，对其进行分类研究。他最终成为埃及史前考古的先驱之一。到 19 世纪 80 年代，埃及学已基本建立起自身学科的问题导向。19 世纪末 20 世纪初，阿马尔那（又译阿玛纳）文书、那尔迈调色板的发现，以及帝王谷中的多座王陵重见天日，让全世界确信古埃及文明所达到的高度和丰富灿烂的程度与古希腊和古罗马相比，有过之而无不及。这种观念被 1922 年图坦卡蒙墓的考古发现推至无以复加的程度。这不仅是本书作者的总结，同时也是业界所公认的埃及学的两个高光时刻：古埃及象形文字的破译和图坦卡蒙墓的发现，而两者相差刚好 100 年。

摄影术与埃及考古

考古学一直善于利用最新的科技发展自身，埃及考古更是因此受益良多。我猜想，若不是受本书体量限制，威尔金森教授必定会加入一些段落，来讨论当时最新的科技发明给埃及考古工作带来的影响。在新发明中，最值得一提的当数摄影术。摄影术在埃及学领域被大量运用之前,莱普修斯的鸿篇巨制《埃及和埃塞俄比亚的古迹》中收录的近900张图版是对埃及古迹最精准的描绘。1839年,法国画家达盖尔(Louis Daguerre)发明的达盖尔银版摄影术彻底改变了人们记录世界的方式。这一年被认为是摄影术的诞生年。1839年8月19日,时任法兰西科学院常务秘书长的阿拉贡在向巴黎科学院介绍达盖尔的发明时说:"如果摄影术在1798年(指拿破仑远征埃及时)就已被发明出来,那么今天我们就会拥有大量重要的浮雕壁画的真实图像……要复制底比斯、孟菲斯、卡尔纳克等伟大古迹上数以百万计的象形文字,即使是在外面的部分,也需要耗费20年的时间,以及很多绘图师的努力。而使用摄影术,一个人便可以完成大量的工作……这些图像在保真度和局部色彩上都将超越最熟练的画家的作品。"

在现有的资料中,有关埃及文物最早的照片是一块古埃及碑文残块,由塔尔博特拍摄于1846年。1849年,埃及学家杜坎普使用达盖尔发明的技术在吉萨拍下大金字塔的照片。而后,商业摄影在埃及发展迅速,埃及古迹的风光照片是最受欧洲游客欢迎的纪念品。尼罗河谷两岸之所以成为最早实践摄影术的地区之一,不仅是因为这里有宏伟的古迹,而且在于其得天独厚的天气条件,尤其是在上埃及地区,充足的光线和常年稳定的气候都是拍摄的有利条件——彼时的摄影术需长时间曝光,拍摄一张照片往往需要几个小时。1851—1852年,法国摄影师泰纳德(Felix Teynard)受马里耶特和杜坎普的启发,游历埃及,为埃及各地古迹留下了许多图像资料。到 19 世纪 60 年代，正如阿拉贡之前所设想的那样，摄影术已成为如实记录文物古迹不可或缺的工具。比如德韦里亚（Theodule Deveria），他常年跟随马里耶特从事发掘工作，专职拍摄出土文物。随着成像技术的发展，相机的体积开始变小，这使得航拍古迹成为可能。1914 年，科夫勒（Kofler）首次从空中俯拍下卡尔纳克孟图神庙区，这张百年前的航拍照片也成为我们判断新发现的线索和依据。

孟图神庙与埃及学先驱

几乎每座埃及考古遗址的发掘历史都可以与这本书的内容进行对话，互为注脚。不妨以我熟悉的卡尔纳克孟图神庙遗址为例。它位于埃及南部名城卢克索，古称底比斯，曾是古埃及新王国时期的政治和宗教核心区域，是早期欧洲探险家和考古学家不愿错过的圣地。这本书中所提及的大部分先驱都曾在孟图神庙区内留下过印记。

威尔金森在书中提到，18 世纪的三位欧洲探险家对埃及古迹的观察和记录最详细。其中两位——波科克和诺登——都曾到访孟图神庙，并绘制、出版过神庙遗址的平面图。这也是我们目前已知最早的孟图神庙遗址图。拿破仑及其麾下的学者团队对埃及的调查和《埃及记述》出版的文化影响力，开启了属于埃及学的新世纪。《埃及记述》中所收录的古迹地形图众多，具体都是由当时多个调查小组分头测绘完成的。孟图神庙区的地形图在两位法国工程师的笔下体现出了更多的细节。但图注文字非常简单，除"斯芬克斯神道"之外，其他建筑遗迹仅注明"门""房子"，或额外加注材质信息，如"泥砖围墙""砂岩建筑遗迹"等。商博良在埃及15个月的调查彻底改变了这一情况，这是"自罗马时期以来首次用古埃及人自己的文字来认识古迹"。1829年，商博良来到孟图神庙遗址。他在笔记中手绘了一张神庙平面图，并清晰地注明："北部遗址，孟图神庙"（Ruines du Nord Temple de Mandou）。凭借释读铭文的能力，商博良首次给予孟图神庙遗址一个相对正式的名称。而在1835年威尔金森绘制、出版的卡尔纳克地形图中，孟图神庙被进一步确定为阿蒙霍特普三世时期的建筑。如今的埃及学家依然沿用这一断代结果。

因商博良和威尔金森带来的新知，埃及的神秘感逐渐消失。"1836年，开罗还是一个只有3 000人左右的相对较小的社区，到19世纪40年代末，人口已达到5万人。"相应地，孟图神庙的到访者数量也开始显著增加。1843年夏，普鲁士莱普修斯的探险队和法国探险家普里斯·达文内几乎同时在孟图神庙区进行勘探工作。他们在笔记中都记录了遗址区内一座托特神庙的保存情况。它成为这座建筑目前仅有的资料，其中记录的王名框是目前我们断定其年代的唯一依据。但另一方面，两人笔记中的差别也反映出彼时已露出地表的遗迹正在以难以想象的速度被拆解和破坏。欧洲各国掠夺埃及文物的竞争已蔓延至古迹中每一个可触及的角落。十几年后，当马里耶特来到孟图神庙时，威尔金森和莱普修斯所绘地形图中标注的建筑已经彻底消失了。此时，马里耶特作为埃及官方代表，已是埃及全国考古工作的"掌舵人"。由他负责的团队在孟图神庙南墙内侧一次性清理出 6 座小神殿的遗迹，出土文物被放在布拉克博物馆（开罗博物馆的前身）中展出。马里耶特所著的《卡尔纳克》记录了他对每座小神殿的观察，并在之前地形图的基础上增添了 6 座小神殿的平面结构图。这部著作的其他章节同样珍贵且富有洞察力，是研究卡尔纳克遗址的最重要著作之一。即便如此，马里耶特晚年仍谦虚地说道："我知道，在我的学术生涯中，我只做了两件事——发掘塞拉比尤姆神庙和建立开罗博物馆。很多人把它们看作我对这一学科的贡献。不过，除了几篇无关紧要的、不完善的文章之外，我没有发表过任何深入的研究成果。"20 世纪初，受第一次世界大战的影响，埃及考古工作一度停滞。当时，有关孟图神庙遗址的工作记录也时断时续，甚至出现空缺。而像商博良、莱普修斯和马里耶特那样可以在统治者的特许下动用埃及全国考古资源、凭一己之力改变埃及学发展走向的学者不可能再出现了。

终结

1922 年，卡特发现图坦卡蒙墓的新闻传播至当时的"中华民国"。报纸杂志如此报道："自从英国学者嘉德（卡特）在埃及旧都德巴（底比斯）发现 3 300 年前的王陵后，欧美人民都大受震动。街头巷尾都把这件事情当作谈资。埃及古代皇帝都丹喀门

（图坦卡蒙）的姓名，在数月前全世界只有一二百个考古学家才知道，现在却妇孺皆知。商家都把都丹喀门（图坦卡蒙）来当作货物的商标。新闻记者专门为了这事从各国前往埃及。英美诸国的报纸上天天把这事件大书特书……在八年前，嘉德（卡特）便动手开掘王陵谷（帝王谷），直到去年止，掘起了六七万吨的沙石泥土，却一无所获……他便开始从兰姆色斯第六（拉美西斯六世）的墓下进行发掘……1922年11月29日，他到了那位古埃及王宫寝的门口。"讲到发现的重要性，"但无论如何，这次的大发现，在埃及学上总得另开一个新时代。因为我们向来对于古埃及的历史智识非常幼稚……古代埃及象形文字到了近世已无人能识。当拿破仑大帝征埃及时，其部将在尼罗河洛色泰（罗塞塔）出口处附近发现一块石版，上刻象形文字的埃及古文布告，此布告会有希腊文的译文。1822年，法国人襄波林（商博良）拿洛色泰（罗塞塔）石刻和希腊译文对照考证发明埃及象形文字的字母，因此得把许多埃及古文记载都翻译出来"。（《东方杂志》1923年第20卷第6期）当最后提到有关"诅咒"的谣言时，作者还不忘纠正迷信观念，并祝卡特先生早日康复。由于双方距离过于遥远，这篇《埃及发掘古墓记》讲到墓葬内部结构时便不如描述新闻事件准确了，整篇文字不免有"作壁上观"之感。近年来，中埃两国在文化领域交往越来越深入。2018年，中埃两个文明古国终于在考古领域实现"握手"。同年，首支中埃联合考古队在卡尔纳克孟图神庙遗址区正式开展联合考古发掘工作。中国学者也可以在媒体上就埃及考古学术问题阐述亲身的经验与感悟,以"猎奇"为主基调报道埃及考古新闻的时代终结了。

1952年7月,以纳赛尔为首的自由军官组织推翻法鲁克王朝,埃及宣布独立。大势所趋,由欧洲人担任文物管理局负责人的百年历史也随之终结。"西方利益集团以考古的名义侵犯埃及主权的日子一去不复返了,"威尔金森在全书结尾处写道,"无论是好是坏,文物管理局和埃及博物馆的命运,以及埃及考古学的发展方向,从此将由尼罗河流域的人民,而不是来自遥远海岸的外国人掌控。"百余年波澜壮阔的历史以这样的表述作结,似乎透露出一种无力感。作为一本畅销读物,即便如托比·威尔金森这样优秀的学者兼作家,也对殖民地所属文化遗产的掠夺和破坏这一历史问题束手无策。作者不可避免地将不计其数的文物流失的惨烈代价包裹在埃及学大放异彩的"黄金时代"里,并称"埃及学的历史也是埃及人自决的历史"。来自埃及的考古学者或许无法完全认同这种表述方式。这也许是一个黄金时代,但也是一个掠夺的时代。

百年后,重达10千克的图坦卡蒙的金面具始终闪耀着埃及考古黄金时代的光芒。而威尔金森没有再提及图坦卡蒙墓发现的后续。华彩过后,令世人期待的一部翔实可靠的图坦卡蒙墓考古报告至今仍未问世。从20世纪中叶开始,考古学结合现代科学技术突飞猛进,符合现代考古学标准的发掘模式在埃及得到普及,20

世纪初期的许多重要遗址被重新发掘并研究。随着文物保护理念逐渐深入人心，埃及文物主管部门不再批准对古迹和文物带有侵入性的研究方式，埃及成为全球考古与文化遗产保护领域合作的国际舞台。60年代，阿斯旺地区阿布·辛拜勒神庙的抢救重建计划成为文化遗产保护全球合作的典范。这似乎也可以被称作埃及学的另一个黄金时代。

序言

> 当我接近神庙时，打开大门的希望瞬间破灭了。沙子堆积得如此惊人，到达门口似乎是不可能的事。[1]
>
> ——乔瓦尼·巴蒂斯塔·贝尔佐尼，1821年

拉迪亚德·吉卜林曾写道，考古学"为学术研究提供了淘金者生活中所有的刺激性体验"[2]。如果考古学如此，那么埃及学更是如此。有什么能比在埃及的黄沙中挖掘法老时代的黄金宝藏更令人兴奋、更具异国特色、更需要勇气的呢？尼罗河谷的文物有一种特殊的魅力、一种极致的浪漫，几个世纪以来一直是西方人想象力和灵感的源泉。我们对古埃及的迷恋可以追溯到古希腊，而

---

1. Belzoni (1821): 80.
2. 引自 Ambrose Lansing in Cone, ed. (1976): 5, and in Adams (2013): 51。

收藏埃及文物的做法早在古罗马就已相当普遍。不过，埃及学的鼎盛时期——在它源远流长的历史基础上逐渐发展成熟，成为一门真正的科学学科的时期，以及见证所有伟大的发现、促使西方反复出现"埃及热"的时期——无疑是在19世纪至20世纪初。这一学术研究与探险故事的黄金时代齐整地以两个划时代的事件为始终：1822年商博良破译象形文字，以及整整100年后图坦卡蒙墓的发现。前者提供了解开法老文明之谜的钥匙，促使人们不顾一切地不断前往埃及寻找更多文物，引发西方与埃及的密集接触；后者展现了法老文明的繁荣和复杂，并为埃及人所希望的自决提供了合法性，为西方在埃及的主导地位敲响了丧钟。

随着古埃及象形文字破译200周年纪念日及发现图坦卡蒙墓100周年纪念日临近，如今正是重述——并在重述中重新评估——埃及学的故事的最佳时机。自1922年以来，新发现、新研究和新见解改变了我们对古埃及和埃及学这一学科本身的理解。近年来，人们对中东考古和旅行的早期历史产生了浓厚的兴趣。19世纪埃及学的许多主要人物——包括一些名人和鲜为人知的人物——成为详细的传记研究的焦点；私人和机构档案的开放为考古学家及其帝国主义同僚的动机与方法提供了新的启示。

事实上，科学发掘与殖民扩张之间的密切关系已成为近期埃及学研究的主题之一。正如一位学者所说："对于古代和现代的新兴帝国而言，埃及一直是古老的最高统治权的象征。"[1]这一点早已得到人们的理解与赞同。尤利乌斯·恺撒与克娄巴特拉在尼罗河上的航行是一场具有双重意义的庆祝活动：在个人层面上，这标志着他征服了世界上最著名的女人，让她爱上了他；在政治层面上，它宣告了图谋不轨的罗马将传说中的法老之地揽入怀中。不久之后，罗马人开始将埃及的文物搬走，以展示他们的霸权。他们的继任者——西欧的殖民大国和随后的美国——也纷纷效仿。罗马的皇帝们将奇特的埃及方尖碑、狮身人面像或其他雕像运回帝国首都，以装饰公共场所和私人住所，借此表明他们的高雅品位和至高无上的权威，同时从他们占有的埃及文物中榨取每一滴利润。罗马皇帝这么做可能就已心满意足了，而欧洲和美国同样贪婪地觊觎着埃及的文物，但后两者的目标更为复杂。整个19世纪，受宗教、哲学或文物收集者兴趣的推动，对尼罗河谷及其文物的探险和描述进展显著加速，而且助益于考古学和埃及学等新学科的创始与发展；但这些表面上具有学术性质的活动，却有意无意地使埃及在经济、社会和政治方面向西方的参与和干涉敞开了大门。因此，自开创以来，埃及学一直是帝国主义的仆从，就连恺撒都会对此方法赞赏有加。

与此同时，埃及受到了西方的影响——有些是心甘情愿的，

---

1. Colla (2007): 21.

更多是无法抗拒的——从内部改变了埃及社会。19世纪，现代性、进步与民族认同的观念开始慢慢扎根，而这些观念在此前长达1 800年的外国占领与控制时期几乎没有对埃及产生影响。到20世纪初，在与外国人打交道100年后，埃及人自己也开始思考和规划埃及作为独立国家的未来。因此，埃及学的历史也是埃及人自决的历史。对该国古老历史的详细了解与欣赏为其在现代重生铺平了道路。随着西方重新发现埃及，埃及也发现了自我。

本书将尝试讲述这两个紧密交织在一起的故事，并采取尽可能兼顾的方式，因为尽管有些评论家争论不休，但西方对埃及的兴趣既不是完全出于恶意的，也不是完全出于善意的。在文物研究和考古学的世界里，有好人，也有坏人，有学者，也有无赖，有孜孜以求者，也有贪婪的小人。同样，在经济和政治领域，有些人（尽管很少）真诚地希望看到埃及的发展，而另一些人（很多很多）看到的则是快速赚钱的机会。在西方与埃及的接触中，不仅有不少江湖骗子和居高临下的帝国主义者，而且有少数开明之人试图站在埃及人的角度去理解他们，同情他们的处境，并试图改善他们的状况。这些人也是埃及学黄金时代历史的一部分。

在接下来的书页中，那些巨匠的故事——从商博良到卡特和卡尔纳冯——都将被娓娓道来。但书中也将讲述与他们同时代的一些鲜为人知的人物，他们的辛勤工作虽然不那么引人注目，却帮助加深和改变了我们对尼罗河谷及其人民的理解，并给埃及带来了深远的影响。旅行者、寻宝者、民族志学者、金石学家、古文物研究者和考古学家：无论他们的动机如何，使用什么方法，他们都明白，研究埃及学是在为一项伟大的工程做贡献，那就是揭示一个被埋在黄沙之下几个世纪的失落世界。

序　幕

古老土地上的旅人

诺登的《埃及和努比亚游记》英文版卷首插图，1757年。启蒙时代的欧洲揭露了一个被征服的具有异域风情的堕落文明的秘密

> 当你到达第一个金字塔的入口时，你放了几枪，吓跑蝙蝠；之后你让两个阿拉伯人进去，清除几乎完全堵塞通道的沙子。[1]
>
> ——弗雷德里克·诺登，1757 年

公元前 47 年夏，在埃及最后一位女王的陪伴下，尤利乌斯·恺撒成为埃及的第一位游客。他在尼罗河上航行，开创了一种潮流。在随后的两千年里，探险家都追随着他的足迹。在罗马占领埃及期间，诸多军团士兵和高官参观了埃及一些最壮观的古迹，这些古迹上残存的涂鸦就是他们游览的证明。其中最著名的要数哈德良皇帝与他的情人安提诺乌斯于公元 130 年在埃及进行

---

1. Norden (1757): 77.

序幕　古老土地上的旅人

的一次长途旅行。年轻的情人随后在尼罗河中溺水身亡，这促使一个全新的异教组织建立和一个新的皇城安提诺波利斯落成，以示对逝者的怀念。

随着罗马帝国的崩溃，在拜占庭统治时期（公元5世纪和6世纪），外国人访问埃及的记录少之又少。相比之下，阿拉伯人于公元641年对埃及的征服使其成为一个多元文化和多元信仰的崭新帝国的组成部分，而且是一个建立在贸易、地理探索和知识探究之上的帝国。正是在这种背景下，图德拉的拉比本杰明在1165—1171年的旅途中，从阿比西尼亚进入埃及南部进行访问。几十年后，一位来自今伊拉克的学者阿卜杜勒·拉蒂夫·巴格达迪（Abdel Latif el-Baghdadi）抵达开罗，作为一名教师在那里定居。约1238年，贾迈勒丁·伊德里西（Jamal al-Din al-Idrisi）写了一本关于金字塔的书，这是已知最早的关于埃及最具标志性的古迹的著作。

虽然埃及——尤其是开罗——在阿拉伯学者的认知范畴中确实占有一席之地，并且与其他阿拉伯国家相比，它更容易到达，但对于中世纪的欧洲人而言，尼罗河谷无论在心理上还是实际上都更加遥远。最早的欧洲大陆旅行者因为《圣经》中关于埃及的叙述而被吸引到那里。这些朝圣者大多将旅程局限在亚历山大和开罗，从未冒险前往金字塔以南。例如，1441年，出生于苏黎世的多明我会修士费利克斯·法布里（Felix Fabri）到达港口城市亚历山大，写下了关于克娄巴特拉方尖碑的早期文字："一根非同寻常的立柱，由一块完整的石头制成，却又高又宽，令人讶异。四面自上而下雕满了人、兽和鸟，没有人知道这些饰带上的图案代表什么。"[1]

从 16 世纪初开始，欧洲的贸易帝国在公海上与阿拉伯船只的接触越来越频繁，由此产生的冲突往往十分血腥。1501 年，葡萄牙海军击沉了停泊在印度西海岸卡利卡特（今科泽科德）的埃及舰队；七年后，它袭击并摧毁了整个埃及红海舰队，对苏伊士作为贸易和转运中心的重要地位造成了致命打击，迫使商船绕过葡萄牙人控制的好望角航行。这是埃及具有战略位置的潜力以及欧洲占据贸易路线主导权意图的早期体现。这两个因素将以某种方式决定未来四个半世纪欧洲与埃及之间的关系。埃及的舰队被摧毁，经济被削弱，处于弱势地位。1517 年，土耳其人入侵埃及，将尼罗河谷纳入其不断扩张的领土，开始了对埃及长达 400 年的宗主国统治。

埃及被并入奥斯曼帝国所产生的意想不到的后果是，喜欢冒险的欧洲人能更容易（而非更难）地走进埃及。西方国家与"高门"（奥斯曼帝国宫廷）保持着积极的外交关系，这促进了前往奥斯曼帝国的旅行。结果，到 16 世纪末，一群群游客来到了尼罗河

---

1. Felix Fabri, *Evagatorium in Terræ Sanctæ, Arabiæ et Egypti peregrinationem*，引自 Thompson (1992): 17。

谷。1583年，波兰贵族尼古拉斯·克里斯托弗·拉齐维尔王子在为期两年的圣地朝圣之旅中，在埃及逗留了大约两个月。他参观了亚历山大和孟菲斯，购买了两具木乃伊，描述了狮身人面像，爬上了吉萨大金字塔。他做的意义最重大的事情是，将这次旅行记录下来，写成一本书，并于返程后出版。1601年，此书的拉丁文版出版；1603年和1605年，德文版出版；1607年，波兰文版出版。《耶路撒冷朝圣》(*Hierosolymitana peregrinatio*) 是最早提及埃及古迹的欧洲著作之一。在拉齐维尔逗留三年后，两名英国人来到了埃及。约翰·伊夫舍姆乘坐商船"老虎号"(Tyger)抵达亚历山大港，而伦敦商人劳伦斯·奥尔德西则冒险前往更远的地方，参观了开罗周围所有的名胜古迹。最后，在似乎是自罗马时代以来欧洲人前往埃及旅行最频繁的十年间，一个不知名的威尼斯人于1589年一路向南，抵达上埃及。他向将信将疑的读者解释说："多年来，我一直非常渴望看看塞得港省（上埃及），一直走到埃及土地的尽头。我唯一的动机就是想看看那数不胜数的宏伟建筑、教堂、巨型雕像、方尖碑和立柱。"[1]

  进入尼罗河谷变得容易一事，恰逢文艺复兴思想初兴之时，所以16世纪前往埃及的欧洲游客不仅仅是闲来无事随意游览，他们还开始对该国的独特之处产生了兴趣，尤其是那些历史悠久的

---

1. Anon. (1589).

古迹。在接下来的几十年间，这一趋势加速了。1610年，约克大主教的第七个也是最小的儿子乔治·桑迪斯（George Sandys）于长期环欧旅行期间，在土耳其、埃及和巴勒斯坦度过了一年。他像之前的游客一样，爬上了大金字塔，不过，他还煞费苦心地仔细观察了它的内部，研究了吉萨的第二座和第三座金字塔。他的游记《1610年始旅行记述四部曲》（*A Relation of a Journey begun An. Dom. 1610, in Four Books*，1615）值得注意，不仅因为其中令人讶异的对鳄鱼的描述，而且因为其中断言金字塔不是犹太人建造的，也不是约瑟夫的粮仓，而是古埃及人为他们的国王建造的陵墓。因此，他可能是第一个推断出金字塔真正用途的欧洲人，驳斥了流传下来的神话和中世纪传统，并借助他自己的第一手观察来证实他的结论。

这种开创性的方法是由另一位英国人、数学家和天文学家约翰·格里夫斯（John Greaves）建立的。与同时代许多一时兴起的业余爱好者不同，格里夫斯是一位严肃而坚定的学者，毕生致力于在他所选择的学科领域开疆拓土。例如，为了能够阅读古希腊、阿拉伯和波斯的天文学著作，他学习了多种东方语言，并在奥斯曼帝国四处游历，搜集科学手稿。17世纪30年代，他从君士坦丁堡行至希腊的罗得岛，然后从那里进入埃及。他携带着数学仪器，从亚历山大港前往开罗，对金字塔进行精确测量。他对金字塔的用途有了自己的看法，认同桑迪斯的观点，即它们是用于埋葬王室的陵墓。他还探索了大金字塔内部，测量了石块的

序幕　古老土地上的旅人

尺寸，非常准确地画出了金字塔地面以上部分的横截面，并正确地识别出邻近的建筑物为一座墓葬庙。格里夫斯在一本名为《图解金字塔》(Pyramidographia, or a Discourse on the Pyramids in Aegypt, 1646) 的书中发表了他的研究成果。这本书受到了他的同时代学者的严厉批评，但今天却被誉为超越时代的里程碑式作品。

在桑迪斯和格里夫斯等专业人士的引领下，对古埃及的研究慢慢开始从神话和传说的迷雾中浮现出来，进入科学探索的视野。然而，对法老纪念碑的更具想象力的解释尚未成为主流。从表面上看，他们在17世纪毫无疑问的拥护者是一位杰出的学者。阿塔纳修斯·基歇尔（Athanasius Kircher）是一位德国牧师和古文物研究者，他加入了耶稣会，学习哲学、数学和许多东方语言。1635年，他被任命为罗马学院的数学教授，不过，他是一位真正的文艺复兴时期代表性人物，他的研究并不局限于单一学科。他可以阅读希伯来文、叙利亚文和阿拉伯文，并正确地推测出科普特语——埃及东正教的礼拜语言——与古埃及语的关联。基歇尔本可以为深入研究法老文明奠定基础，但他对当时流行的宗教哲学学派"赫尔墨斯主义"（Hermeticism）的兴趣和坚持，导致当时的任何进展都无疾而终。

公元纪年初的几个世纪，一群在埃及的希腊作家可能以亚历山大为基地，采用赫耳墨斯·特里斯墨吉斯忒斯（Hermes Trismegistus）的称谓，并以之为笔名撰写了大量作品，其中包括宗教和哲学、魔法和炼金术方面的内容，反映了当时活跃在亚历山大的多元文化，即柏拉图主义、斯多葛主义和大众哲学的混合体，外加一点犹太和近东元素。为了给这种混合文化赋予某种权威性，这些作家声称他们的作品历史悠久。在亚历山大，与他们同时代的希腊人很少会相信这种诡计，但当文献传到早期教会神父手中时，他们相信了这些作家的说法。赫耳墨斯·特里斯墨吉斯忒斯被认为是一个真实存在的人，他的著作集被称为《赫耳墨斯文集》（*Corpus Hermeticum*）。此外，欧洲神学家在语料库中看到了基督教基本真理的预示。于是，该文集被赋予了神圣的地位，最终在1460年被从希腊文翻译成拉丁文，随后又被译成许多种欧洲文字。

在整个中世纪，赫尔墨斯主义对西方思想产生了深远的影响。基歇尔对赫尔墨斯主义的坚持影响了他对他在罗马周围看到的古埃及纪念碑的解释。在1652年发表的颇具影响力的著作《埃及的俄狄浦斯》（*Oedipus Aegyptiacus*）中，他确信象形文字一定表达了深奥的赫尔墨斯真理，只有赫尔墨斯主义者才能辨别，并且对本来相当平淡的铭文进行了添油加醋的解释。尽管越来越多的证据表明赫尔墨斯主义毫无根据，但它在整个17世纪和18世纪仍然具有顽固的影响力。埃及作为神秘智慧源泉这一想法诱惑力十足，让人难以放弃。

像桑迪斯和格里夫斯这样的学者面临的问题是，古埃及文明太神秘了，无法在与古希腊或古罗马文明相同的基础上被接受。

古希腊和古罗马的学者，包括希罗多德、斯特拉波和狄奥多罗斯·西库鲁斯，亦曾评论过埃及那仿佛有魔力的神秘特质。其他具有同等声誉的文献似乎也证实了这一观点。除了《赫耳墨斯文集》，另一部具有巨大影响力的作品是赫拉波罗（Horapollo）的《象形文字》（*Hieroglyphika*）。当15世纪的佛罗伦萨学者重新发现这部著作时，它有力地佐证了古埃及文字蕴含着深奥的神秘真理的理论。此后，玫瑰十字会和共济会继承了这种对于法老文明的认知。

因此，在欧洲启蒙运动期间，古埃及的魅力主要与秘传教诲和神秘洞见有关，而不是由于人们对法老的实际成就感到惊奇。古埃及风物日趋流行，不仅出现了越来越多的相关著述，当时的乡间别墅和风景园林中也广泛采用了古埃及的建筑形式。除了美观之外，它们还表明建筑的所有者是一位自由的思想家，对新的和激进的思想持开放态度。

在18世纪，人们对埃及及其古老过去的好奇心日益增长。尼罗河谷将《圣经》与古典传统以一种奇特的方式结合起来，使埃及成为一处既熟悉又陌生的所在。虽然1500—1650年，欧洲人出版的关于埃及的第一手资料仅有几部，但在接下来的一个半世纪里，这一数字迅速增加到了50多部。法国人前往尼罗河谷旅行最为频繁，至少有27人次，而英国人以16人次位居第二。德国、荷兰、意大利和瑞士等其他国家的人也前往埃及旅行，并留下了记录。[1]他们所留下的书大多数只是探险家为取悦读者而撰写的，其中描述了他们的异域生活体验，并对现存古迹进行了天马行空的解释。不过，1712—1738年，三位前往埃及的欧洲旅行者表现出了对该国文物的浓厚兴趣以及对观察和理解文物的真诚渴望。他们的著作为西方对埃及历史的全新阐释做出了重大贡献。

这几位埃及学研究先驱中的第一位和阿塔纳修斯·基歇尔一样，是位耶稣会士。克劳德·西卡德（Claude Sicard）以传教士的身份踏上了朝圣之旅，他先前往叙利亚，然后于1712年前往埃及，并在那里度过余生。他的主要目的是让科普特人（古埃及人的后裔）皈依罗马天主教，但他也奉法国摄政王奥尔良公爵菲利普一世之命调查和记录埃及的古迹。为了完成这项任务，西卡德从他在开罗的居所出发，进行了一系列长途旅行：五次到上埃及，一次到法尤姆，一次到西奈半岛，一次到中埃及和三角洲地区。他成为自古典时代以来在埃及游历最多的欧洲人，继古罗马人及1589年那位不知名的威尼斯人之后，他是第一个参观上埃及神庙的人，也是第一个向南行至阿斯旺的西方人。他在1720年12月17日的日记中写道："我们在伊德富勘测了一座著名的阿波罗神庙，它几乎完好无损。"[2]他接着描述了80多座神庙。

---

1. Reid (2002): 27.

2. Sicard (1982): 23.

西卡德不仅四处旅行和观察，而且进行了研究。因此，他是将位于卢克索地区的遗址正确地与古典传说中的"百门之城底比斯"联系起来，将帝王谷鉴定为王陵的首位现代游客。直觉告诉他，在底比斯的墓碑铭文中，"有关于埋葬在那里的王族的生活、德行、行为、战争与胜利的故事，但我们目前尚无法破译它们"[1]。1718年，在他第一次访问卢克索之后，他决定着手执行一项雄心勃勃的计划：绘制整个尼罗河谷的综合地图，并附上对每一个古代和现代地理位置的描述。这幅地图于1722年出版，是西方制作的第一张准确的尼罗河谷地图，正确地记录了阿拉伯语地名。西卡德颇有先见之明地将之命名为《埃及记述》(*Description de l'Egypte*)。地图随附的地名录未能完成，仅有一份部分副本留存下来。西卡德的手稿也遗失了，地名录的残片直至1982年才出版。

　　如果西卡德能够在有生之年出版他的著作，他如今无疑会被视为埃及学的奠基人之一。然而，这门新兴学科的第一缕曙光来自两位稍晚一些的旅行者——一个英国人和一个丹麦人。尽管他们的好奇心和热忱远不及西卡德，但他们在出版和传播自己的著作方面更加勤奋。理查德·波科克（Richard Pococke，1704—1765）是18世纪冒险远行至埃及的少数英国旅行者的典型代表。

---

1. 引自 Tyldesley (2005): 43。

作为一名职业牧师（他后来成为奥索里主教，然后是米斯主教），他对埃及感兴趣主要是由于它与《圣经》的联系。尽管尼罗河谷在欧洲人的想象中似乎遥远而充满异域风情，但对于愿意从地中海港口起航的探险家来说，它是一个实际上相对容易到达的目的地。波科克回忆道："我们于1737年9月7日从里窝那起航，当月29日抵达亚历山大港，从西西里岛在我们的视野中消失开始算起，航程仅有一周时间。"[1]

在埃及的六个月里，波科克参观了吉萨金字塔和"著名的斯芬克斯"[2]，而且成为第一个前往开罗以南旅行的英国人。他探索了帝王谷的陵墓，之后向南旅行至菲莱岛和第一瀑布。回到英国后，他于1741年加入了新成立的埃及学会，并于次年被选为学会秘书。当时，"在一些朋友的劝说下，"他大受鼓舞，"讲述了他的旅程和其间发生的一些意外事件，因为这可能会让大家更加深入地了解那个风俗习惯与我们大相径庭的民族"[3]。

波科克的两卷本著作《东方与其他国家记述》（*A Description of the East and Some Other Countries*，1743—1745）可以被视为18世纪中叶英国学术研究的典型产物。这部作品题献给波科克的

---

1. Pococke (1743): 13.
2. Pococke (1743): 46.
3. Pococke (1743): iii.

赞助人切斯特菲尔德伯爵，其中许多插图则题献给贡献了出版费的其他知名人士。[1] 不过，从另一些角度来看，波科克的工作是极具开创性的。作品的第一卷分为五节，分别介绍三角洲，尼罗河谷，西奈半岛，政府、风俗和自然历史，以及"与埃及文物和自然历史有关的其他内容"。最后一部分还对尚未被开发为旅游景点的一些地点进行了细致而全面的描述。在此后近70年间，波科克的《东方与其他国家记述》一直是前往法老遗迹的必备指南。

在波科克探索埃及时，一位名叫弗雷德里克·诺登（1708—1742）的丹麦海军上尉也在尼罗河上游旅行。他受国王克里斯蒂安六世的派遣，执行一项任务，以获得对埃及全面而准确的描述，他在那里逗留了大约一年的时间。他前往埃及时，已经有很多旅行者记录了埃及首都的样貌，所以诺登省略了对开罗的描述。他后来写道："这座城市因数量众多的出版物中的描述而声名远扬，我自作主张地认为，读者会对文中省去类似描述而感到高兴。"[2]

相反，他对法老时代的遗存最感兴趣："在离开开罗及其周边地区之前，我必须讲讲那些最令埃及旅行者感到好奇的古迹，那就是金字塔。"[3]

---

1. 其中包括"英国皇家学会主席马丁·福克斯先生"和"最尊贵的巴斯骑士勋章获得者托马斯·庞弗雷特伯爵"。

2. Norden (1757), I: 39.

3. Norden (1757): 65.

进入大金字塔是一场冒险："在这些必要的准备工作之后，你必须做好把衣服都脱掉的心理准备，因为气温太高，你可能会脱得只剩一件衬衫……随后，当你恢复正常体温后，就可以登上金字塔的顶端，从那里眺望周边的迷人风景。"[1]

但是，诺登对吉萨古迹的兴趣远远超出了游客单纯的好奇心。通过仔细观察，他对这些古迹的建造目的和年代形成了颇为深刻的见解："它们都是为同一个目的建造的；也就是说，它们都是坟墓……我们必须将金字塔的第一个时代追溯到极为遥远的古代，粗略的年代鉴定很难准确地定位它们的建造年代。"[2]

确实如此，他注意到金字塔上没有任何象形文字铭文，从而推断金字塔一定是在文字发明之前建造的。（他在这一点上错了，但他的推断是合理的。）诺登甚至敢于批评格里夫斯的《图解金字塔》，那是当时评论吉萨古迹的最新著作。

诺登沿尼罗河参观了大部分主要景点。卢克索神庙深埋沙中，沙子盖住了神庙入口两侧拉美西斯二世巨石坐像的肩膀，[3] 但诺登所看到的已经足以让他将之形容为"这些绝妙的废墟"[4]。在卡尔

---

1. Norden (1757): 77, 79.
2. Norden (1757): 67, 69.
3. Norden (1757): pl. CVI.
4. Norden (1757): 44.

纳克神庙，他和此后一代又一代的旅行者一样，被人群围住索要"施舍"。[1] 他不仅对古迹着迷，而且喜好研究古埃及人的风俗习惯，尤其对木乃伊的制作过程进行了详细的研究，"以便人们理解埃及人的防腐艺术"[2]。

诺登和波科克很可能曾在河边或开罗的后街擦肩而过，但我们无从知晓他们是否真的曾在法老之地逗留期间相遇。后来他们确实见面了，因为从埃及回来后，诺登加入了英国海军，并定居伦敦。在那里，他和波科克一样，成为埃及学会的一员。这个短命的学会是在桑威奇勋爵的领导下成立的，其目的是"推广和保护埃及文化及其他古代学问"[3]。学会的另一位成员是古文物研究者和考古研究的先驱威廉·斯图克利。然而，学会创办不到一年半的时间，就因贵族赞助人的兴趣减弱而停摆。

不过，诺登与古埃及的缘分并未结束。他开始着手撰写《埃及和努比亚游记》。该书于他去世后的1757年出版，比波科克的《东方与其他国家记述》晚了十多年，但诺登的书甚至比其前辈的更有影响力。书中不仅有生动的描写、敏锐的观察，还配以一系列精美的插图。这本书一经出版，即被从丹麦文译成英文、法文

---

1. Norden (1757): 129.
2. Norden (1757): 121.
3. Thompson (1992): 21.

和德文，成为被人们最广泛阅读的关于埃及及其古迹的记述之一。此外，书中暗含了一个影响未来两个世纪西方与埃及关系的主张：英文版卷首插图中描绘了一个站立的古典人物，手持一根顶部饰有基督教凯乐符号的手杖，指向一只被铁链拴住的鳄鱼，周围是法老建筑的遗迹，一头狮子躺在雕像的脚下。这张图的象征意义很明显：西方文明重新发现了埃及，同时也掌控了它。诺登的英文编辑彼得·坦普尔曼（Peter Templeman）更加明确地提出了这一主张。在给英国君主乔治二世的题献中，他写道："一个国家曾经是其他国家的榜样，但现在却因暴政而陷入无知与暴力的深渊。每每读至此处，我都不由得感慨，我们在这个国家，身处一位明智、公正和仁慈的君主的统治之下，是多么幸福。"[1]

波科克和诺登对法老遗迹的观察之仔细，描述之准确，其他 18 世纪的旅行者无人能及。18 世纪下半叶，前往埃及的欧洲游客人数大幅减少，因为该国南部的骚乱令大多数游客望而却步，只有最具冒险精神的人才愿意去。那些穿过地中海、沿尼罗河航行的探险家，即便没有遭遇不幸，也很少留下值得一读的记录。例如，1761 年，丹麦国王弗雷德里克五世派往中东的一支科学考察队在埃及待了一年多（避开了上埃及）；在离开亚历山大港后的几个月内，几乎所有队员都死于疾病，只有一名幸存

---

1. Norden (1757), I: dedication.

者。1763年4月，一位性情古怪的英国议员兼旅行家爱德华·蒙塔古（Edward Montagu）从里窝那航行到埃及（追随波科克的足迹），三年后又回到此处，对庞培柱进行了简要的研究。他在埃及粗略地挖掘了一番，在此过程中发现的文物最终被移交给了当时刚刚落成的大英博物馆。尽管他在18世纪70年代又两次前往埃及，但他的旅行未能增进那个时代对埃及及其历史的了解。蒙塔古首次踏上埃及国土时，一位英国外交官纳撒尼尔·戴维森（Nathaniel Davison）曾陪同前往。后来，为了探索大金字塔，戴维森与两位法国同伴重返吉萨。戴维森发现了墓室上方最低的一组减压室，并以他的姓氏命名。直至今日，它们仍被称为"戴维森室"。不过，在被派往阿尔及尔后，他的兴趣转向了其他事情。最后，在1768年，苏格兰旅行家詹姆斯·布鲁斯（James Bruce）不顾危险和困苦来到底比斯。他的努力终于获得了回报——他在帝王谷发现了拉美西斯三世的陵墓（至今仍被称为"布鲁斯墓"）。不过，他对于这项发现的记述随后"引发了怀疑，而非兴趣"[1]。

　　18世纪的最后25年，对古埃及的研究停滞不前。尼罗河谷与"东方"概念范畴内的其他地方一样，对大多数欧洲人来说仍然是一个遥远且无法触及的神话之地。要给昏昏沉沉的西方学术界注入生机，让被遗忘的埃及重新进入研究者的视野，需要有人

---

1. Thompson (1992): 21.

坚持不懈地努力：一场计划周密、资源充足的正规科学考察，配备合适的人选，将让西方的目光前所未有地聚焦在埃及。

* * *

从文艺复兴时期开始，东方世界就被欧洲人视为智慧的源泉——拉丁格言 *ex oriente lux*（光从东方来）所表达的正是此意。人们望向东方（尤其是古代东方），寻找新的神性概念，为人类所面临的问题寻求新的答案。[1] 这种看待东方的态度在法国大革命期间尤为流行。在所有东方文明之中，古埃及似乎为人类社会（无论是有神论、泛神论、宇宙神论还是世俗论）的组织形式提供了灵感。[2] 18 世纪晚期最有影响力的书之一是法国贵族沃尔尼伯爵康斯坦丁-弗朗索瓦·沙斯博夫（Constantin-François Chasseboeuf）的专著，名为《帝国的废墟，或帝国革命的沉思》（*Les Ruines, ou Méditation sur révolutions des empires*，1791）。沃尔尼伯爵受 18 世纪 80 年代中期在叙利亚和埃及旅行的启发，[3] 在这本书中将科学、哲学和神学融合起来，攻击正统宗教，拥护无神论的人文主

---

1. Rauch (2006): 325.
2. Colla (2007): 21.
3. For which see Volney (1787).

义，将其视为未来人类幸福的基础。它深刻地影响了当时的革命思潮，而且不仅仅是在沃尔尼伯爵的祖国。在出版后的一年内，《帝国的废墟，或帝国革命的沉思》被翻译成英文（题为 *Ruins of Empires*），与当时新兴的浪漫主义精神产生了共鸣。

沃尔尼伯爵将埃及视为智慧的源泉，这一观点在当时的其他艺术创作中也得到了体现。莫扎特的歌剧《扎伊德》（1779—1780）和《魔笛》（1789—1791）中充斥着与法老有关的象征，后者更是同时受到了共济会的影响。无独有偶，夏尔·莫内（Charles Monnet）的画作《青春之泉》（*The Fountain of Youth*）于1793年被制作成版画，并广泛流传，画中描绘了一群人围绕着女神伊西斯造型的喷泉，泉水从她的乳房汩汩流出，其中一位崇拜者举起高脚杯，饮用杯中的智慧之水。[1] 因此，在18世纪末，尤其是在大革命时期的法国，产生了一种哲学层面的强大动能，推动人们去更深入地了解古埃及文明。正如当时的一位评论家所言，埃及开启了"神圣的异教古代世界"[2]。

法国革命领袖对尼罗河谷尤为感兴趣，背后还有更世俗的政治原因。七年战争期间，法国因失去在印度的主导权而深受打击。在次大陆上被英国人排挤到次位的法国，显然不愿在自家后院地

---

1. Rauch (2006): 325–6.

2. *Edinburgh Review*, I (January 1803): 330.

中海地区遭受同样的侮辱。此外，法国商人在北非沿岸拥有发达的商业利益，而且法国学术界的东方研究传统也根基深厚。简而言之，法国理所当然地认为整个北非（尤其是埃及）都是它的领地。根据这一主张采取相应的行动并非一时冲动：莱布尼茨早在1672年就提议法国吞并埃及。[1] 再者，法国大革命的领导者认为他们的行动具有创造历史的、划时代的意义：他们不仅仅在法国组建了一个新政府，而且为欧洲开创了一个新时代。他们以古罗马为榜样，目标是在以巴黎为中心的新共和国重申罗马共和国的权力和宗旨。在1798年2月13日提交给督政府的议事录中，法国外交部长塔列朗以最清晰的语言解释了政府的思路："埃及曾是罗马共和国的行省，它也必须成为法兰西共和国的行省。罗马的统治见证了这个美丽国家的没落，法国的统治将给它带来繁荣。罗马人从在艺术和科学上颇有建树的国王手中夺走了埃及，法国人将把它从有史以来最可怕的暴君手中夺回来。"[2]

塔列朗断言，英国在印度只是用殖民统治取代了当地的专制统治，但法国在埃及的统治将解放埃及，对双方都有利。

在这些颇具说服力的论证的推动下（也许是受到了英国人探险迅速升温的刺激），督政府于1798年3月授权一支法国远征队

---

1. Reid (2002): 31.

2. 引自 Gillispie and Dewachter (1987): 3。

前往埃及。此举有双重目的，一方面，政府希望通过军事征服将埃及并入法兰西共和国，顺带削弱英国在地中海的势力，最终扭转印度的局势。另一方面，科学研究将促进法国在知识层面获得对埃及及其人民、古迹和辉煌历史的主导权。[1] 埃及远征的成功将使法国成为欧洲主要的军事强国和领先的文化强国。

虽然这项事业的代言人是塔列朗，但其背后的主要推动者是从革命的混乱中脱颖而出的法国新一代铁腕人物：拿破仑·波拿巴。他必然理解并支持远征埃及的战略方针，但他的动机包含政治和个人两个层面。拿破仑认为他所统治的是一个王朝，故有意识地效仿欧洲古典时代的著名人物。法兰西共和国以古代罗马为范本，而拿破仑本人则进一步回溯至另一位推翻既定秩序并重塑世界的军事领袖：亚历山大大帝。在权力的顶峰时期，亚历山大征服了法老之地；20 个世纪之后，拿破仑将使尼罗河谷脱离世世代代的野蛮状态，获得解放。[2]

拿破仑的远征计划是在高度保密的情况下进行的，代号为"英格兰军队左翼"[3]。整个 1798 年春末，远征队的成员都是从法

---

1. Jeffreys (2003): 2–3.

2. Gillispie and Dewachter (1987): 3. 在埃及远征中，拿破仑随身携带的正是亚历山大的随行书——荷马的《伊利亚特》，以及色诺芬的《远征记》和普鲁塔克的《希腊罗马名人传》，这并非巧合。他还随身携带了一本沃尔尼伯爵的《帝国的废墟，或帝国革命的沉思》。见 Reid (2002): 139–41; Rodenbeck (2004): 130。

3. Gillispie and Dewachter (1987): 5.

国各地招募的，其物资也从各地征集。在征兵的同时，远征队还煞费苦心地遴选了500多名平民，其中有151名学者（专家）。他们大多是年轻人（最小的只有15岁，平均年龄为25岁）；对他们而言，此次远征有可能获得新发现，为法国开疆拓土，是一生难逢的冒险和机遇。远征队由五位知名科学家领导，其中最主要的是30岁的数学家让-巴蒂斯特·约瑟夫·傅里叶。他是巴黎综合理工学院的一名教师，拿破仑委托他为远征埃及招募合适的学生。报名者之中有两位年轻的工程师：埃德梅-弗朗索瓦·若马尔（Edmé-François Jomard）和雅克-玛丽·勒佩尔（Jacques-Marie Le Père）。两人都将继续为此次远征的科学研究目标和古埃及的重新发现做出重大贡献。

傅里叶召集了一支名副其实的专家大军，其人员的专业背景涵盖了完成远征队的科学和文化探索目标所需的所有学科。队伍中不同职业人员的相对数量揭示了拿破仑的真实意图，其中人数最多的是印刷工人（27人及其中3个人的妻子），因为拿破仑和他的革命伙伴深知文字的力量：记述和出版等同于掌握和控制。接下来是测量员和土木工程师（各14人），因为只有准确地绘制地图并在当地建设有用的基础设施（道路、桥梁和运河），才能有效地对一个国家实行控制，充分发掘其经济效益。除了印刷工人、测量员和土木工程师之外，还有9名机械技师和3名造船工人（保障新基础设施的运行），5名采矿工程师和3名机械工程师（发展埃及经济），4名建筑师、4名数学家、7名博物学家和3名天文学家（观察、记录和研究埃及的自然奇观），3名火药制造人员（协助采矿工程师和军队），8名口译员和8名艺术家（获取和记录探险成果），7名外科医生和3名药剂师（保证整支队伍的健康），还有2名考古学家。尽管在18世纪晚期的欧洲，文物收藏已经成为一种流行风尚，但对古代文物的科学研究仍处于起步阶段。拿破仑远征队中有两名考古学家，虽然与印刷工人和工程师的数量相比微不足道，但标志着该学科萌芽期的关键时刻。事实上，探险队在考古方面的成就远远超过其他成就，这一点颇具讽刺意味。起初作为一项军事、政治和经济事业而发起的项目，最终却因铸就了埃及学而被载入史册。

经过两个月的紧急筹备，一切准备就绪。1798年5月19日，主力舰队从土伦港起航。该舰队由13艘战列舰，42艘护卫舰、双桅帆船和海盗船，130艘运输船组成。船上共有1.7万名士兵、同等数量的水手和海军，以及500多名平民，其中包括151名学者。军队拥有1 000多门大炮和700多匹马，而专家则配备了测量仪器、科学设备和一个大型图书馆，几乎囊括了当时法国能找到的所有关于埃及的书。[1] 出海后，这支舰队与从热那亚、阿雅克肖和奇维塔韦基亚出发的三支小规模护航队会合；这样一来，整个舰队共有400艘船和3.6万人。这是自古罗马时代以来前往埃

---

1. Ceram (1978): 77.

及的最大规模的远征队。

1798年7月1日，拿破仑率领远征队在亚历山大港登陆。他下船后采取的首要行动之一，就是正式成立一个由151名学者组成的科学艺术委员会。他的军事实力毫不逊于文化野心，在登陆的第一天早上，亚历山大港就被势不可当的法国军队攻陷。不到三周后，拿破仑率军南下，迎战埃及马穆鲁克统治者的军队，赢得了决定性的金字塔战役，并于7月25日以埃及征服者的身份进入开罗。然而，他的胜利是短暂的。8月1日，霍雷肖·纳尔逊指挥的英国舰队在阿布基尔湾的尼罗河海战（又称阿布基尔湾海战）中击败了法国海军；纳尔逊被封为贵族（尼罗河的纳尔逊勋爵），拿破仑发现自己被困在埃及，没有明确的逃生路线。不过，此时英国人还没有任何军队登陆埃及，所以法国人仍然控制着这个国家，拿破仑开始兴致勃勃地追求远征的科研目标。根据8月22日的行政令，他以法兰西学会为蓝本创建了埃及研究所，并任命傅里叶为常任秘书。第一次会议于8月23日召开，埃及研究所的创建，描绘了一幅法国启蒙运动的理想蓝图。其成员来自科学艺术委员会和远征队的主要军事和行政人员，成员人数被限制在48人，平均分配给四个科学分支的代表：数学、物理科学、政治经济学、艺术和文学。一座被攻占的马穆鲁克宫殿被改造成研究所的总部，配备了会议室和实验室，从法国带来的大量参考书也存放于此。[1]

　　研究所的成员在开罗着手工作，与此同时，研究尼罗河上游古迹的任务则交给了拿破仑的朋友和同事多米尼克·维旺-德农（Dominique Vivant-Denon，1747—1825）。他跟随由德赛将军率领的一支法国入侵军队，于8月25日离开开罗，追击一名被废黜的马穆鲁克统治者穆拉德·贝伊（Murad Bey）。在接下来的10个月里，德赛的军队带着德农一路向南行进，途中只有遇到令人惊叹的遗迹才会停下来。他们被沿途的发现深深吸引，尤其是古底比斯遗址，它给人留下了深刻的印象。1799年1月26日，德农自己回忆道："整支军队都停了下来，不由自主地热烈鼓掌，仿佛占领这座城池的废墟就是我们此次光荣使命的目标，我们已经彻底征服了埃及。"[2]

　　相比之下，这些陌生人对于黄沙之下的废墟的痴迷，可能会让旁观他们的埃及当地人感到困惑，因为阿拉伯人对埃及文物的兴趣早已减弱。[3] 欧洲入侵者也并非总能为他们遇到的情况做充分准备：1799年，当德赛在酷暑时节首次勘查帝王谷时，队伍中有

---

1. Tyldesley (2005): 48.

2. Denon (2003): 20.

3. Elshakry (2015): 191

两名士兵因中暑身亡。[1]

　　1798年夏末，在100名士兵的护卫下，物理学家（同时也是法国热气球部队的负责人）让-玛丽-约瑟夫·库特尔（Jean-Marie-Joseph Coutelle）和远征队的首席土木工程师勒佩尔雇用了150名当地工人，清理吉萨大金字塔的内部墓室和下行通道。他们能够准确地测量金字塔的外部结构，包括每层石块砌体的高度，而建筑师弗朗索瓦-夏尔·塞西尔（François-Charles Cécile）则测绘了金字塔内部的主墓道。1798年9月24日，拿破仑亲自参观吉萨金字塔时，这些工作暂停了。进入金字塔后，他要求在法老墓室里独处一会——也许是有意模仿亚历山大大帝在锡瓦绿洲听奉神谕时的表现。拿破仑从未透露他在那个独处时刻的经历，[2]但他的的确确被吉萨大金字塔的庞大规模震撼了。他的建筑师和工程师计算出，三座主金字塔中的石块足以沿法国边境线垒砌一堵半米厚、三米高的围墙；或者说，如果这些石块首尾相连，其长度能够绕地球三分之二圈。埃及研究所的测绘员和制图师皮埃尔·雅科坦（Pierre Jacotin）绘制了一张吉萨的大比例尺地图，两个世纪之后，这张地图仍然相当实用。若马尔得出了性质完全不同的结论，同样具有影响力，他对金字塔感到一种莫名的敬畏，认为它们一

---

1. Gillispie and Dewachter (1987): 19.
2. Lehner and Hawass (2017): 91.

定蕴含着更深刻、更神秘的真理。[1]当工人开始清理狮身人面像周围的沙子时，随行的士兵突然被召去执行军事任务。埃及研究所的调研不得不戛然而止，但在此之前，他们已经对吉萨大金字塔进行了前所未有的详细而全面的记录。

在埃及的其他地方，科学艺术委员会正忙于对这个国家进行全面调查，并计划将其作为法兰西共和国的一个行省，振兴当地经济。最重要的工作之一是勒佩尔对曼扎拉湖的勘测，这是为了对从苏伊士开凿一条运河、将地中海与红海连接起来的可能性进行评估。这个特殊的项目在法国人的国民意识中播下了一颗非常坚韧的种子，它将处于休眠状态，但不会被遗忘，它将在未来的一任拿破仑（拿破仑·波拿巴的侄子，皇帝拿破仑三世）的领导下开花结果。不过，拿破仑·波拿巴已经意识到，他将埃及并入法国的最初梦想注定要失败。英国陆军大臣邓达斯勋爵曾警告道："任何独立的国家占领埃及，都将对该国的利益造成致命的损害。"[2]这充分表明了英国挫败法国领土扩张企图的坚定决心。1799年7月25日，拿破仑在第二次阿布基尔湾海战中获胜，为他争取了足够的时间来计划逃跑路线。他在埃及土地上做出的最后几项决策之一，是指示委员会继续完成由德农开始的埃及文物的系统

---

1. Lehner and Hawass (2017): 91.

2. 引自 Dixon (2003): 87。

性盘点。8月13日的一项法令任命了委员会下属的两个小组来执行这项任务。9天后,拿破仑和德农穿越英国海军对亚历山大港的封锁,返回巴黎。拿破仑于10月16日抵达法国首都,3周后夺取政权,成为首席执政官。

法国远征队余下的故事都与委员会成员有关。当他们的前任领导人在遥远的法国忙于其他事务时,他们可以不受干涉,自行其是。他们按照指示继续进行研究,为此次远征相关的正式出版物收集资料。但是,他们在埃及的日子也屈指可数了。为巩固英国的霸权,1801年3月18日,拉尔夫·阿伯克龙比爵士率领的军队登陆埃及;6月18日,开罗投降;9月3日,亚历山大投降。委员会的剩余成员试图以各种方式逃离埃及,最终成功突破了英国的封锁,返回巴黎。[1] 然而,他们的下场也颇为悲惨:在跟随拿破仑远征的151名学者中,近四分之一在8年内去世。其中有5人战死,5人被暗杀,10人死于瘟疫,5人死于痢疾,1人溺水身亡;还有5人在埃及期间染疾,返回欧洲后陆续去世。

从军事层面看,拿破仑远征也是一场灾难。但是,它对埃及和埃及学的影响长久而深远。无论是好是坏,印刷机的引入以及委员会从法国带到尼罗河谷的一些思想,都让埃及在政治方面开始觉醒。拿破仑入侵的埃及目击者谢赫·阿卜杜勒·拉赫曼·达

---

1. Tyldesley (2005): 49.

吉伯特（Sheikh Abdel Rahman el Djabarty）的评论言简意赅："这是一系列可怕悲剧的开始。"[1]

确实，法国占领埃及的时间很短，它将旧秩序推翻，却没有取而代之。奥斯曼军队中一位名叫穆罕默德·阿里的年轻军官趁机填补了当地的政治真空。穆罕默德·阿里1769年出生在马其顿的一个阿尔巴尼亚家庭，后来步步高升，成为一位忠于奥斯曼苏丹的阿尔巴尼亚部队的指挥官。1801年春，拿破仑的军队撤退之后，君士坦丁堡命令穆罕默德·阿里的军队重新占领埃及。军队在阿布基尔湾登陆，不到三年前，纳尔逊正是在那里战胜了拿破仑。穆罕默德·阿里发现，在埃及全境内，前统治者马穆鲁克人（他们在法国撤军后重新集结）和忠于奥斯曼苏丹的军队之间展开了一场激烈的权力斗争。穆罕默德·阿里设法与双方合作，同时稳步为自己赢得民众的支持。最终，在1805年5月，他成功地推翻了奥斯曼帝国的总督，并取而代之。坐镇君士坦丁堡的苏丹别无选择，只能默许这一行为，在1806年授予穆罕默德·阿里埃及帕夏（即总督）的官衔。

次年，他击败了英国的一次小规模入侵，巩固了自己的权力，以最野蛮的行为确立了他的绝对统治。1811年3月1日，穆罕默德·阿里邀请幸存的马穆鲁克领导者到开罗城堡参加盛大的庆祝

---

1. 引自 Sattin (1988): 25。

活动。他们一进入要塞,就被包围并杀死。紧接着,穆罕默德派军队在全国各地围捕其余的马穆鲁克人。就这样,一位阿尔巴尼亚军官成为埃及的总督,统治尼罗河谷(经常采用铁腕手段),建立了长达一个半世纪的王朝。

拿破仑远征(也是近代以来帝国主义第一次大规模入侵中东)不仅在不知情的情况下成为穆罕默德·阿里王朝诞生的助产士,还确保埃及成为未来百年英法政治较量的焦点。[1]另外,这次激动人心的远征及由此产生的出版物唤醒了整个西方世界对古埃及的兴趣,而且此后再也没有减弱过。拿破仑为埃及留下的不朽遗产,是一个新国家的起源和一门新学科的诞生。这二者的未来走向都将喜忧参半、是非难断。

* * *

虽然法国人失去了在埃及的军事优势,但由于拿破仑的学者团队的工作,在这场文化霸权之战中,法国彻底战胜了英国。到19世纪第二个十年中期,法国驻埃及的代表实际上垄断了整个尼罗河谷的文物买卖生意。事实上,对于参加拿破仑远征并于1810—1829年担任法国驻开罗总领事的贝尔纳迪诺·德罗韦蒂

---

1. Reid (2002): 32.

（Bernardino Drovetti）来说，收集古代艺术品和手工艺品才是他的要事和职业。19世纪早期在开罗流行的一句话是这么说的："埃及的财富属于在那里的外国人。"[1]

法国人在为卢浮宫庞大的国家收藏搜集文物方面占得了先机，伦敦也看在眼里。1815年，受惠灵顿在滑铁卢战胜拿破仑的鼓舞，英国外交部敦促其在世界各地的外交官开始为大英博物馆搜集文物。就算不在乎知识落于人后，英国人的民族自豪感也绝对不能受到威胁："无论这项事业的代价有多大，无论它成功与否，一个开明的、渴望在追求科学与文学进步的过程中抢先于其竞争对手的国家，都将欣然提供支持。"[2]

面对法国在埃及的文化霸权，英国的应对方式是任命自己的总领事。1815年，政府宣布任命亨利·索尔特（Henry Salt）为派驻开罗的新任首席代表。1816年4月，他与妻子抵达开罗。在接下来的十年里，他花费大部分精力搜集文物——不仅是为了大英博物馆，而且把这些文物卖掉，赚取利润，以弥补微薄的外交官薪水。在埃及任职不仅是一个超越法国人的机会，也是一个致富的机会——两者的结合令人更加难以抗拒。

在19世纪第二和第三个十年里，德罗韦蒂和索尔特之间的竞

---

1. 据报道引自 Burckhardt，见 Sattin (1988): 59。
2. 引自 Mayes (1959): 114。

争主导了对埃及古遗址的探险（或者应该说是洗劫）。正如后来的一位观察者所说，"考古场变成了两队向导与挖掘工的战场。一边由令人生畏的索尔特带领，另一边由德罗韦蒂指挥"[1]。索尔特不失时机地讨好穆罕默德·阿里，他相信与埃及新统治者建立良好关系将让文物搜集变得更加顺利。但穆罕默德·阿里可是一位老练的政治操盘手。他利用文物（或对文物的承诺）来挑拨西方列强之间的关系。[2] 起初，德罗韦蒂经常用计战胜索尔特，把后者耍得团团转，因为他在埃及各地建立了一个冷酷而忠诚的特工网络。为了应对，索尔特幸运地任命了一个人作为他的代理。这个人决断力强、足智多谋，而且体能极好，能够胜过任何对手。

在埃及学的早期编年史中，乔瓦尼·巴蒂斯塔·贝尔佐尼（Giovanni Battista Belzoni，1778—1823）脱颖而出，在各个方面都胜人一筹。他出生于意大利帕多瓦市的一个贫困家庭，十几岁时前往罗马，立志从事圣职工作。但1798年拿破仑的入侵迫使贝尔佐尼离开了罗马，他以游商的身份在欧洲游荡了一段时间，然后于1802年抵达伦敦。在那里，他充分利用自己非凡的体格，走上舞台，进行了万众瞩目的精彩表演。作为一名举重运动员，他先是取了个艺名"巴塔哥尼亚的桑普森"，然后改成"法国大力

---

1. Burton (1880).

2. Jeffreys (2003): 4.

士";他还演过哑剧《巨人杀手杰克》(如今更广为人知的名字是《杰克与魔豆》)中的巨人;最后,他回归了本名,自称演员、魔术师和大力士"伟大的贝尔佐尼"。与英国女子萨拉结婚后,贝尔佐尼前往马耳他,寻求新的冒险。在那里,他幸运地遇到了穆罕默德·阿里的特使,后者正在欧洲寻找工程师和其他专家,助力埃及经济的现代化进程。贝尔佐尼对自己的水力学背景夸大其词,努力说服对方,他正是改进埃及灌溉系统的人选。不可思议的是,特使相信了贝尔佐尼的话,并邀请他前往开罗,亲自向帕夏本人介绍这些想法。穆罕默德·阿里的思路很简单。据说,他曾对一位来访者表示:"我知道,从欧洲来表示想要为我出力的 50 个人中,有 49 个都是冒牌货。如果不试一试,我就无法发现他们之中可能存在的真材实料。我先把他们都买下来,如果找到了一个有真本事的人,那么我因接受其他人而蒙受的损失,他通常能够以百倍偿还。"[1]

贝尔佐尼是这一思路的主要受益者。"我们于 1815 年 5 月 19 日从马耳他起航,"他写道,"随后于 6 月 9 日抵达亚历山大;我们的队伍由贝尔佐尼夫人、我和我从爱尔兰带来的小伙子詹姆斯·科廷(James Curtain)组成。我去埃及的主要任务是建造水利设施,让那个国家能够使用比现有系统更简便、更经济的系统

---

[1]. 引自 Sattin (1988): 59。

来灌溉田地。"[1] 即便是对于一个曾游历大部分欧洲地区的人来说，埃及也是一个未知的领域，充满了意想不到的挑战："一进入亚历山大港，领航员就告诉我们，城里正在流行瘟疫。对于从未到过那个国家的欧洲人来说，这是令人紧张的情报。"[2]

从亚历山大港出发，抵达开罗后，贝尔佐尼很快就结识了住在埃及首都的其他欧洲人。他最早认识的人之一是瑞士探险家约翰·路德维希·伯克哈特（Johann Ludwig Burckhardt）。伯克哈特曾在剑桥学习阿拉伯语，在中东地区四处游历。1812 年，他发现了佩特拉古城，并于当年晚些时候定居开罗，化名谢赫·易卜拉欣·伊本·阿卜杜拉（Sheikh Ibrahim ibn Abdullah），以穆斯林身份生活。自从抵达法老的土地，伯克哈特就对这个国家的文物着了迷。（1813 年 3 月，他成为第一个看到阿布·辛拜勒岩刻神庙的欧洲人。）其中一处废墟令他特别感兴趣。在卢克索古城对面的底比斯西部平原上有一处废墟，其中有高耸的柱子、倒塌的墙壁和巨型雕像的残骸。拿破仑的学者们曾研究过这座建筑，并在公元前 1 世纪古希腊历史学家狄奥多罗斯·西库鲁斯的著作启发

---

1. Belzoni (1821): 1.

2. Belzoni (1821): 1.

下，将其命名为"奥兹曼迪亚斯之墓"[1]。有些欧洲人称之为"门农宫"（Palace of Memnon）。无论以何种名称为人所知，这处废墟最显著的特征是一尊俯卧在沙漠上的巨型王室成员雕像，以及附近两个巨大的王室成员头像。[2] 两个头像中更大和更壮观的半身像高2.7米，宽2米，由整块花岗岩雕刻而成，被称为"年轻的门农"。它引起了拿破仑远征队的注意，他们曾试图将其移走，但没有成功。[3] 现在，伯克哈特认为，如果把它送到欧洲的一座博物馆，一定是件了不起的藏品——但是要送到大英博物馆，而不是卢浮宫。根据贝尔佐尼的说法："伯克哈特先生长期以来一直在策划将名为'年轻的门农'的巨大头像，或者更确切地说是半身像运到英国，并且努力说服帕夏将它作为礼物送给摄政王；但是，土耳其人一定觉得这件东西无关紧要，不能送给如此伟大的人物，因而没有采取任何措施。"[4]

---

1. "奥兹曼迪亚斯"（Ozymandias）是古埃及语"Usermaatra"的希腊变体，是法老拉美西斯二世的王名，这座神庙就是为他而建的。如今，整座建筑被称为拉美西斯神庙。

2. 在拿破仑一世时出版的《埃及记述》中，1812年出版的第二卷埃及文物图版包括一幅西底比斯地图（图版19），题为 *Thèbes. Memnonium*，上面将整座建筑标注为《奥兹曼迪亚斯墓，旅行者称之为门农宫》。这幅地图上标注了两个巨像头颅的位置，还有一个基座和一个倒下的巨像，标注为《奥兹曼迪亚斯雕像的残骸》。图版32是其中一个巨幅头像的插图。

3. Long (1832), I: 253.

4. Belzoni (1821): 21.

伯克哈特的计划得到了另一位旅行家和古文物研究者威廉·约翰·班克斯（William John Bankes）的支持。他于 1815 年来到埃及，最远行至瓦迪哈勒法。他是一位狂热的文物收藏家，将"年轻的门农"运到英国，作为大英博物馆的镇馆之宝的想法对他很有吸引力。伯克哈特和班克斯一起向新到任的英国总领事亨利·索尔特提出了他们的主张。

机缘巧合之下，贝尔佐尼抵达开罗时，索尔特正在考虑这一提议。这位勇敢、无所畏惧且在移动重物方面经验丰富的意大利巨人提出了一个完美的解决方案。1816 年 6 月 28 日，索尔特在一封信中写道："贝尔佐尼先生需要在布拉克准备必要的工具，将'年轻的门农'头像抬起，并沿着尼罗河运送出来。"[1] 根据贝尔佐尼的说法，这个决定并不是那么简单。他表示："领事看起来倾向于按此行事，但有一段时间犹豫不决，说他会考虑一下。"贝尔佐尼还断然否认曾被索尔特聘请或雇用，而是声称他独自为大英博物馆办事。[2] 无论真相如何（不同的说法显然是两人之间关系紧张的征兆，而他们的关系最终彻底破裂了[3]），贝尔佐尼接受了委

---

1. 引自 Belzoni (1821): 26。
2. 引自 Belzoni (1821): 22, 24。
3. 贝尔佐尼在为自己的记述撰写的导言中尖锐地指出："我不是英国人，但我更希望读者能从我本人这里获得关于我的考察过程的叙述，我会尽我所能……而不是冒着我的意思被他人曲解的风险。"（Belzoni, 1821: V）他所说的"他人"无疑指的是索尔特。

托，起程前往底比斯。抵达后，他招募了 80 名当地阿拉伯人，于 1816 年 7 月 27 日开始工作。

蛮力的价值得到了证明，"（8 月）3 日，我们进行得非常顺利，前进了将近 370 米"[1]。到 8 月 12 日，这尊巨大的半身像已被拖到尼罗河西岸。这一非凡的壮举当时一定在卢克索被议论纷纷。这个消息甚至传到了爱资哈尔大学的一位教授阿卜杜勒·拉赫曼·贾巴尔蒂（Abd al-Rahman al-Jabarti）耳中，他在 1817 年关于欧洲收藏活动的评论中特别提到了"年轻的门农"；他没有谴责它被移走一事，但也不完全理解西方对埃及古代遗存的迷恋。[2] "年轻的门农" 24 天后抵达开罗，运载船最终于 1816 年 12 月 15 日停靠在布拉克港。在圣诞节和新年庆祝活动期间休整了一段时间后，运载船再次起航，于 1817 年 1 月 10 日抵达尼罗河河口的罗塞塔港。

任务完成后，贝尔佐尼的注意力转向了埃及的其他古代遗址。根据他自己的说法："我有幸发现了那个原始民族的许多古遗址。我成功地打开了两座著名的吉萨金字塔中的一座，以及底比斯的几座法老陵墓。"[3] 其中最重要也最壮观的是塞提一世陵墓，他是

---

1. Belzoni (1821): 46.
2. Reid (2002): 40.
3. Belzoni (1821): vii.

"年轻的门农"的建造者拉美西斯二世的父亲。[1]

与此同时,"年轻的门农"在罗塞塔港动弹不得。直到1817年10月17日,索尔特才将通知送到外交大臣卡斯尔雷勋爵(Lord Castlereagh)的手上。这件文物终于登上了运输船"尼阿克斯号",开往马耳他。在那里,它被转移到一艘皇家海军补给船"韦茅斯号"(满载来自大莱普提斯的文物),开始了前往英国的最后一段旅程。在雕像从卢克索到伦敦的漫长航程期间,欧洲媒体热切地追踪报道了关于它的最新消息。1818年1月,《评论季刊》(*Quarterly Review*)表达了对即将到来的雕像的高度期待,认为它"毫无疑问是迄今发现的古埃及雕塑中最好的一件"[2]。终于,在那年3月,"韦茅斯号"停靠在泰晤士河畔,外交部和海军部通知大英博物馆,其珍贵文物已经运达。博物馆顿时成为"世界上首个埃及艺术和历史文物宝库"[3]。其藏品的规模和雄心反映并宣告了不断发展壮大的大英帝国的规模和影响力。这座雕像是大英博物馆的明星展品,直到1818年底之前一直常年展出。诗人约翰·济慈是它的早期崇拜者之一。他的诗人朋友珀西·比希·雪

---

1. 当贝尔佐尼探索黄沙下的世界时,他的妻子萨拉"利用在埃及的机会,观察该国妇女的生活习俗";研究结果发表在她丈夫的简明回忆录的附录中(Belzoni, 1821: 441)。这是一篇"关于埃及、努比亚和叙利亚妇女的简短描述",也许是西方人第一次进行此类研究。

2. 《评论季刊》,XVIII (1817–18): 368。

3. 《评论季刊》,XIX (April 1818): 204。

莱"以超乎寻常的热情仔细研究前往东方的旅行家的记述"[1]，并受到启发，写下了十四行诗《奥兹曼迪亚斯》。[2] 这首诗是英语文学中一段最著名的关于人类之脆弱的反思，于 1818 年 1 月 11 日发表，当时这座雕像正沿着英吉利海峡向北航行。

同年秋天，班克斯、索尔特和一位普鲁士博物学家阿尔伯特·冯·萨克（Albert von Sack）从开罗起航前往上埃及。在卢克索，意大利探险家亚历山德罗·里奇（Alessandro Ricci）和希腊商人乔瓦尼·阿纳斯塔西（Giovanni Anastasi）加入了他们的行列。里奇曾在塞提一世的陵墓中为贝尔佐尼绘制过图纸，而阿纳斯塔西接替贝尔佐尼担任了索尔特在上埃及的代理人，后来成为挪威和瑞典的总领事。一行人继续向南前往菲莱岛，遇到了四位旅行者，其中包括爱尔兰天主教解放运动领袖托马斯·怀斯（Thomas Wyse）和建筑师查尔斯·巴里（Charles Barry），后者将继续在班克斯位于多塞特郡金斯顿莱西的乡间宅第工作，设计国会大厦，改造卡尔纳冯勋爵的海克利尔城堡。这说明滑铁卢战役后，在埃及旅行的欧洲人联系之紧密、跨国合作之频繁。[3] 作为一

---

1. Hogg (1933), I: 76.

2. 雪莱这首诗的灵感可能来源于波科克的《东方与其他国家记述》和德农的《下埃及和上埃及游记》。尤其是德农对中埃及奥克西林库斯遗址的描述："一望无际的荒芜，无边的旷野压迫着人们的心灵，平坦处只有一片沉闷的废墟"，其中使用的意象与雪莱的语言极为相似；见 Waith（1995）。

3. Manley and Rée (2009).

位目光敏锐的收藏家，班克斯特别喜欢菲莱岛上风景优美的一片废墟中的一座方尖碑，决定将其移走。法国特使德罗韦蒂试图阻止他，但索尔特坚持英国先前的态度。班克斯成功地将方尖碑运到英国，竖立在金斯顿莱西。在那里，它将在象形文字的破译中发挥关键作用。

至于贝尔佐尼，在与索尔特闹翻之后，他将注意力转向了吉萨，并于1818年3月2日成功进入了哈夫拉金字塔。[1] 次年，他返回英国，出版了关于这段冒险经历的记述文字。1821年，他在皮卡迪利大街的埃及厅举办了一场展览，展示了他的一些发现，以及塞提一世陵墓的等比例缩小模型。展览开幕当天就吸引了1 900名游客，展出时间为一年。（相比之下，1822年，他把展品带到巴黎，却没有获得成功：国家之间的竞争并没那么容易被遗忘。）此后，贝尔佐尼渴望新的冒险，于是在1822年再次离开英国，去寻找尼日尔河的源头。1823年，在前往廷巴克图的途中，他患上痢疾，在如今贝宁的瓜托去世，年仅45岁。

虽然索尔特的考古动机可能值得怀疑，但他确实在发现人才方面拥有不可思议的能力。他的另一名员工是乔瓦尼·巴蒂斯塔·卡维利亚。卡维利亚起初是一名船长，后来也来到了埃及。1817年，当贝尔佐尼在帝王谷工作时，索尔特聘请卡维利亚去发

---

1. Manley (2001): 189.

掘狮身人面像。卡维利亚在吉萨度过了20余年，清除了狮身人面像四周的沙子，使它自远古时代以来首次重见人世。他还研究了金字塔，确信金字塔中深藏具有重大宗教意义的奥秘。[1]在狮身人面像周围，挖开从四面侵蚀而来的沙丘，他发现了一条罗马楼梯、一座广场、雕像上缺失的胡须碎片和位于前额的眼镜蛇，以及在它的两爪之间的记梦碑。若想读懂它上面的文字，就需要等象形文字被破译之后了。[2]在大金字塔内部，他借助绳索向底部探索，同时燃烧硫黄，试图净化恶臭的空气。[3]他付出的努力得到了回报，他在金字塔中心的正下方发现了一个此前不为人知的地下室。贝尔佐尼和卡维利亚都精力充沛、积极进取，他们是19世纪早期埃及探险历程中勇气与冒险精神的缩影。

* * *

拿破仑远征之后，在欧洲国家看来，获得文物成为衡量成功的标准，也是骄傲的资本。拿破仑埃及远征期间及之后，在从尼罗河谷窃取的无数文物中，有两件特殊的藏品直接促成了埃及学

---

1. Usick and Manley (2007): 3.

2. Usick and Manley (2007): 1.

3. Usick and Manley (2007): 1. 索尔特撰写的关于卡维利亚在吉萨工作的描述在2002年大英博物馆重组期间才被人们发现。

的诞生，并明确了该学科在更广泛的欧洲文化政治中发挥的作用。

1799年7月中旬，在梅努将军的指挥下，一支拿破仑军队正忙着加强朱利安堡（今博格拉希德堡，中世纪的罗塞塔要塞）的防御，为第二次阿布基尔湾海战做准备。军队在文化艺术委员会成员、工程师皮埃尔·弗朗索瓦·泽维尔·布沙尔的监督下工作时，发现了一块形状不规则的花岗岩板，重0.75吨，镶嵌在堡垒的墙壁上。布沙尔立刻意识到，这不是一块被重复使用的普通石板，因为石板的一面雕刻有一段很长的铭文。铭文明显分为三部分。最上面是埃及象形文字，下面是古希腊文字，中间是一种奇怪的草书体文字。和委员会的所有成员（甚至包括负责军事和土木工程任务的成员）一样，布沙尔也对埃及文物的发现时刻保持警惕和清醒。他立即将石板的发现报告给梅努将军，后者安排将其送到开罗的埃及研究所做进一步研究。

研究所的学者几乎不敢相信自己的眼睛，也不敢相信会有这样的好运。士兵发现的是一件惊人的遗存：同样的内容，以三种不同的文字刻在石板上。任何受过良好教育的学者都能够阅读最下面用古希腊文写成的部分。因此，最上面的部分一定是以古埃及法老的语言记录了相同的内容。事实上，从希腊文翻译而来的铭文的最后一句话证实了整个纪念碑的性质："该法令应以象形文字、世俗体文字和古希腊文字刻在花岗岩石碑上。"[1]《埃及信使》（*Courier de l'Egypte*）是拿破仑远征的官方期刊，用从法国进口的印刷机在开罗印刷出版。1799年7月29日的期刊报道了这一发现："这块石板对象形文字的研究具有重大意义，或许它终于给我们提供了一把钥匙。"[2]

认识到这一发现的重要性之后，研究所的成员进行了石版印刷——既制作了平版（将印刷油墨涂在石板表面，雕刻的铭文不着墨），又将其作为凹版印刷模板（用墨填充铭文，实现黑白复印效果）——随后将副本寄往巴黎。在那里，它们被分发给欧洲各地的学者，他们接受了破译象形文字部分的艰巨挑战。其中有博学的英国贵族托马斯·杨（Thomas Young，1773—1829）和深深迷恋埃及的法国革命家让-弗朗索瓦·商博良（Jean-François Champollion，1790—1832）。他们各自的工作塑造了接下来20年的埃及学研究，同时也使该学科诞生时就存在的激烈的英法竞争得以延续。

至于这块石板本身，已经按照其发现地被命名为罗塞塔石碑。1801年，它从开罗被运往亚历山大港，等待乘船运往巴黎，在卢浮宫展出。然而，由于法国军队刚向英国远征军投降，委员会搜

---

1. **参照** Ray（2007）**第170页的翻译。**

2. *Courier de l'Egypte, 37 (le 29 fructidor,* an VII), **引自** Thompson (1992): 22。

集的文物成为英国的战利品。[1] 罗塞塔石碑的目的地从巴黎改成了伦敦。具有讽刺意味的是，他们选择的运输工具是一艘被俘的法国护卫舰，名为"埃及人号"。1802年2月，这艘护卫舰停靠在朴次茅斯，这块石板立即被送往伦敦文物学会图书馆，然后由该学会的王室赞助人乔治三世赠予大英博物馆。因此，罗塞塔石碑成为大英博物馆获得的首批埃及文物之一（五年后才成立了文物部），而且是其中最重要的藏品。

20年后，情况发生了变化。英国赢得了军事上的优势，但法国无疑在文化领域占据了上风。尽管"年轻的门农"已被成功运往伦敦，但索尔特发现自己经常被主要竞争对手德罗韦蒂打败。两位总领事各自的代理人在考古现场频繁发生冲突，于是双方达成了一项君子协定。一位英国访客弗雷德里克·亨尼克爵士（Sir Frederick Henniker）目睹了这种妥协的结果，对此不以为然："整个古底比斯都成了英国和法国领事馆的私人财产；每一座神庙都有两国的分界线，这些建筑过去经受住了"野蛮人"的攻击，如今面对文明的贪婪，以及癖好古玩人士和古文物研究者的投机行为，却毫无招架之力。"[2]

相比之下，1821年远征埃及的法国赞助人塞巴斯蒂安·路

---

1. Tyldesley (2005): 52.

2. Henniker (1823): 139.

易·索尔尼尔（Sébastien Louis Saulnier）对穆罕默德·阿里的文物政策特别满意："埃及政府为了吸引欧洲人前往那里而采用的其他手段之一，就是允许所有来访者搜寻文物，无论是在地面上的还是在地下的，都可以带走。"[1]

对索尔尼尔而言，这句话不仅仅是简单地陈述事实。作为一位古文物研究者和收藏家，他特意赞助了一次埃及探险，只有一个目的：为法国取得一件比著名的罗塞塔石碑更有名气的文物。

早在1798—1799年，当法国军队在德赛将军的率领下（队伍里还有德农）穿过上埃及追捕逃亡的马穆鲁克时，他们旅程中的一个亮点（至少对德农而言）是丹德拉神庙。在周围一片平坦的沙漠之中，孤独地矗立着一座壮观的罗马神庙，里面供奉着埃及母神哈索尔。[2] 在神庙内众多保存完好的彩绘装饰浮雕之中，有一件引起了特别的轰动：在屋顶小礼拜堂内的一块天花板上，雕刻着精美的圆形黄道带，甚至标注了星座和天文数字，四角各由身形纤长的埃及女神支撑。德农当场画了一幅准确的图，自那时起，那幅黄道带浮雕就令法国垂涎不已。幸运的是（从法国的角度来看），"当时它并没有被拆下来，如果被拆下来，它肯定会像

---

1. Saulnier (1822): 76.

2. 亨尼克在1820年参观时"赞叹不已，尽管旁边的垃圾山几乎堆到了入口顶部"（Henniker 1823: 119）。

罗塞塔的铭文、亚历山大的石棺和埃及研究所搜集的其他古物一样，落入英国人的手中"[1]。

现在，法国认为，"如果取得了黄道带，就能在某种程度上弥补那些贵重古物的缺失"[2]。索尔尼尔讲述了探险队队长让-巴蒂斯特·勒洛兰（Jean-Baptiste Lelorrain）[3]的爱国主义奋斗的故事："他的初衷是把黄道带浮雕的锯齿形边缘切下带走，但发现这块巨石太重了，将它运走是不可能的。再者，它的边缘是装饰性的，而非实用性的，因此勒洛兰先生只得满足于移走圆形星图以及把它围住的正方形部分。"[4]

勒洛兰的事迹被美国外交官卢瑟·布拉迪什（Luther Bradish）发现，他恰好在星图被移除时到访丹德拉神庙。布拉迪什将消息带到了开罗，传到了亨利·索尔特的耳中。索尔尼尔讲述了这件事：

> 在开罗，并没有人试图夺走勒洛兰先生的珍宝，但英国总领事已赶往亚历山大，再次向帕夏提出请求。幸运的是，

---

1. Saulnier (1822): 77–8.
2. Saulnier (1822): 77–8.
3. 人们对勒洛兰知之甚少，只知道他在远征时拆除了丹德拉黄道带。
4. Saulnier (1822): 84.

勒洛兰先生并没有长时间犹豫不决,因为当帕夏询问他是否得到正式授权,并且得到了肯定的答复时,他立即宣布支持他……帕夏的决定被飞快地传递给了勒洛兰,他一听说,就立即将黄道带送上了一艘开往马赛的船,这艘船于7月18日起航。至此,这一浮雕得以幸免于难,而它所面临的威胁不仅来自当地人的破坏,也来自某些看似热衷于保护文物的欧洲人。[1]

1821年11月27日,丹德拉黄道带在马赛上岸,随后立即被送往巴黎展出。在那里,它引起的轰动甚至比20年前罗塞塔石碑抵达伦敦时还要大。

几乎唯一一个对将黄道带从其所在神庙中移除一事提出疑问的法国人,是1821年10月给《百科全书评论》写了一封匿名信的作者。虽然这位作者为法国(而不是英国)获得了如此重要的文物而感到骄傲,但他仍然对埃及最伟大的神庙之一所遭受的破坏深表遗憾:

> 我们赞赏两位勇气可嘉的同胞的爱国情怀,他们在其指引下如此巧妙而成功地完成了这项工程……但是,在祝贺索

---

1. Saulnier (1822): 84.

尔尼尔和勒洛兰细心地将圆形的丹德拉黄道带从尼罗河沿岸运送到塞纳河畔，而非泰晤士河畔时，我们不得不表示遗憾，因为这座宏伟的神庙中最精美的纪念物之一已被剥夺……我们法国人应该效仿埃尔金勋爵吗？当然不应该。[1]

这封信的作者正是让-弗朗索瓦·商博良。不到一年后——由于伦敦的罗塞塔石碑，而不是卢浮宫的黄道带浮雕——他将成为埃及学史上最著名的人物。

---

1. Champollion (1986): 154–5.

第 1 章

记述与破译

图1 罗塞塔石碑，解读象形文字的钥匙

"小商博良先生……最近在埃及文字研究领域取得了一些进展，这些进展看起来确实极为显著。"[1]

托马斯·杨，1822 年

经过了两个星期白天气温接近 27 ℃的夏末酷暑，1822 年 9 月 14 日星期六早上，巴黎市民终于迎来了令人愉快的凉爽天气。天空乌云密布，微风徐徐，巴黎天文台的温度计降到了宜人的 13 ℃。[2] 让-弗朗索瓦·商博良在他的哥哥位于马扎林街 28 号的家里，距离塞纳河南岸的新桥只有几分钟的路程。随着闷热天气

---

1. **托马斯·杨写给威廉·汉密尔顿的信**，1822 年 9 月 29 日，引自 Robinson（2006）：209。

2. Anon. (1822).

的消退，他再次拿起桌上的纸张，重新投入工作。自从14个月前抵达法国首都以来，他一心一意地致力于解决这个时代最高难度的智力挑战：破译古埃及文字的密码。在破译过程中，人们时而走上充满希望的大道，时而拐进死胡同，还经历了许多次错误的转向。现在，终于出现了重要的新证据，破译的道路再次充满光明。这一次，不再需要上下求索了：谜底就在眼前。

快到中午的时候，商博良从书房里跳出来，冲出房门，沿着街道跑了200米，来到一座雄伟的圆顶建筑前。这里自19世纪初以来一直是作为法国五所国立科学院之一的法兰西文学院的所在地。他冲进哥哥在学院的办公室，把一沓文件扔到桌子上，大声喊道："我解出来了！"他激动不已，又因脑力劳动过度而精疲力竭，说完就倒在地板上，失去了知觉。这是一个相当富有戏剧性的"灵光乍现"时刻。被送回家后，商博良在自己的房间里休息了五天，其间完全丧失了行动能力，亲戚们在一旁焦急地看护着他。周四晚上，他终于恢复了体力，随后又狂热地投入了工作。

仅仅一周后，即9月27日，星期五，商博良恢复了体力，在法兰西文学院发表了正式演讲，宣布他的突破性进展。按照惯例，演讲的听众是学院常务秘书邦-约瑟夫·达西耶。次月，演讲内容由雅各布街24号的书商迪多父子出版公司出版，标题为《致法兰西文学院常务秘书达西耶先生的信，内容涉及埃及人在纪念碑上刻写希腊和罗马君主的头衔、名字和姓氏的语音象形文字字母表》(简称《致达西耶先生的信》)。[1] 这封著名的《致达西耶先生的信》向全世界宣布了象形文字的破译。这是语言学历史上最伟大的创举之一。古埃及文字的破译,让法老文明走出神话的阴影,进入历史研究的视野,也标志着埃及学的诞生。

商博良至今仍因学术成就而广受尊敬。然而,埃及学的历史相当曲折,争议重重。虽然商博良是一位独自工作的学者,但他的突破并非孤立的事件,过程中借鉴了其他学者的一系列见解,而最终结果则由19世纪一场伟大的学术争论直接催生。这个完整而曲折的破译故事始于1822年那个凉爽秋日的20年前。那时,拿破仑远征刚刚结束。

* * *

当拿破仑的士兵正在舔舐失败的伤口时,他们的学者同胞,也就是那些陪同拿破仑前往埃及的学者,正忙着绘制地图,研究这个国家及其文物。虽然英国人在战场上取得了胜利,但法国人却因科学而征服了埃及。从那时起,法国就坚定地认为,研究古埃及是法国来之不易且不可改变的特权。也是从那时起,历届法国政府和一代又一代法国学者都对英国人试图理解法老文明的愚

---

1. Robinson (2012): 142.

蠢尝试表现出难以掩饰的蔑视。拿破仑远征及其后果为接下来一个半世纪中人们在尼罗河谷的古迹挖掘奠定了一种基调。对英国人而言,埃及学研究将作为富有的业余爱好者和无足轻重的学者的消遣活动,从一开始就是如此,并且在很大程度上将保持下去,而对法国人来说,埃及学曾经是,也将永远是他们所认同的国家形象的重要组成部分。

埃及学在法国的崇高地位第一次遭遇重大打击,是由拿破仑的一名随行人员造成的。尽管在考古学的编年史中很少提及他,但他被认为是整个埃及学历史上最引人注目的人物之一。多米尼克·维旺-德农出生于边城小镇索恩河畔沙隆附近的小贵族家庭。16岁时,他前往巴黎谋生计,并成功地在路易十五的宫廷里被任命为贵族的随从。和同时代许多雄心勃勃的人一样,德农意识到,勾引宫廷中有影响力的女性,与奉承君主本人一样,都是政治地位和收入步步高升的有效方法。德农利用自己在宫廷中的地位(他是王室古董宝石收藏的负责人)吸引了路易十五的情妇蓬帕杜尔夫人的注意,并讨得了她的欢心。

德农因机智敏捷、谈吐活泼而广受欢迎,他魅力十足、举止文雅,极具说服力。他的才华得到了国王的关注,路易十五正式任命他为法国外交人员。对于像德农这样有才华和兴趣的人来说,这是一个完美的职业。在圣彼得堡,他利用自己的社会关系"查出了国家机密和闺阁阴谋，这对他的大使极有帮助"[1]。1775 年，在前往瑞士的一次秘密任务中，他经常出入伏尔泰家，为这位年迈的哲学家画了一系列生动的素描。随后，在那不勒斯任职期间，外交上的钩心斗角少之又少，德农便以自己对绘画的热爱和对文物的兴趣来取乐。他参观了罗马的赫库兰尼姆和庞贝遗址，搜集了很多珍贵的伊特鲁里亚花瓶，后来他把它们卖给了新国王路易十六（这些花瓶被送往塞夫勒皇家瓷器厂进行复制）。德农在更偏远的西西里岛的漂泊经历成为他于 1788 年出版的第一本书《西西里岛之旅》(*Voyage en Sicile*)的素材。那是一段幸运的美好时光，法国的利益和德农的利益是完全一致的。但这种情况并没有持续太久。

  1789 年的法国大革命摧毁了旧政权。贵族要么逃跑，要么被送上断头台，他们的土地被没收，特权被废除。德农之所以逃过一劫，是因为他当时正在威尼斯考察当地的绘画和艺术珍品（他于 1787 年当选为皇家美术学院院士，辞去了外交职务，转而开启了艺术家生涯）；但他过去 20 年来辛苦赚来的全部财产都被没收了。在等待财产恢复的同时，德农充分利用自己作为雕刻师的技能和丰富的性经验，受到庞贝古城内一幅色情壁画的启发，出版了一本挑逗意味十足的色情图画集，题为《勃起作品集》(*Œuvre*

---

1. Nowinski (1970): 33.

priapique，1793）。这当然与未来他成为古埃及研究的权威几乎没有任何关系。不过，德农拥有广泛的、高水平的朋友圈。他的朋友纷纷伸出援手，密谋协助他开启第二个意想不到的职业生涯。

同年，德农做出了一个勇敢的决定——返回巴黎，试图利用外交技巧来追回自己的财产。通过在艺术界的人脉，他获得了革命画家雅克-路易·大卫的赞助。有了这样一位有影响力的支持者，德农向罗伯斯庇尔请愿成功。罗伯斯庇尔撤销了对他的放逐令，并恢复了他被没收的财产。正如德农的传记作者所说，"维旺-德农最重要的才能是他对不断变化的政治制度的适应能力"[1]。德农再次成为一个自由而富有的人，重新开始以他最喜欢的方式生活。不久之后，他赢得了一位迷人的年轻寡妇和社交名流玛丽-约瑟夫-罗丝·塔舍·德拉帕热里的欢心。据罗丝的朋友们所知，她也幸运地逃过了审判。她的丈夫亚历山大·德·博阿尔内和他同阶级的许多人一样，被当作人民的敌人逮捕，并于1794年在革命广场被送上断头台，留下了一贫如洗的罗丝和两个年幼的孩子。罗丝被监禁在巴黎的卡姆斯监狱，直到她的丈夫被处决五天后，罗伯斯庇尔失势，恐怖统治结束，才被释放。同样在失去一切后又被赦免，罗丝和德农因为类似的经历而走到了一起。对德农来说，这是一次异常幸运的会面，因为罗丝做了处于她这一位置的

---

1. Nowinski (1970): 66.

女性唯一能做的事情：讨好政界要人，以便为她自己和孩子提供某种程度的安全保障。1795年，在追回已故丈夫的财产后，罗丝遇到了一个比她小六岁的年轻革命者，名叫拿破仑·波拿巴。罗丝成为他的情妇，次年与他结婚。拿破仑更喜欢用她中间名的昵称"约瑟芬"来称呼她，而不是"罗丝"。如今，德农发现自己重新受到青睐，回到了权力的中心。他经历了很多，然后又回到了原点。

1798年，德农作为远征队正式招募的艺术家之一，与拿破仑一起征战埃及。德农与法国士兵一起沿尼罗河航行，他的坚韧品格与坚定决心令士兵们惊叹不已。据说，"就算是在吃少得可怜的餐食时，他也要随身携带素描本"[1]。他并不符合那些身经百战的同胞对养尊处优的贵族的印象，而是一个忠于远征及其革命目标的仆人。尽管如此，德农并没有失去他的创作热情。继早期涉足游记写作之后，在返回法国的一年内，他出版了一部关于此次埃及探险的私人记录，即两卷本《下埃及和上埃及游记》（*Voyages dans la Basse et la Haute Egypte*，1802）。这本书作为拿破仑穿越法老土地的大胆旅程的直接目击记录，一经出版，就立即成为畅销书。《下埃及和上埃及游记》被翻译成英文和德文，重新唤起了欧洲公众对古埃及的兴趣，并影响了19世纪的学术进程。它印刷

---

1. Ceram (1978): 80.

了近150年，在埃及学史上创下了纪录。一位伟大的考古历史学家这样总结德农的成就："拿破仑用刺刀征服了埃及，占领了短短一年时间。但德农用他的笔征服了法老的土地，并永久地占领了它。"[1] 为了表彰德农在学术上的贡献，他（与拿破仑一起）在美国艺术学院成立第一年就被选为荣誉会员。法国政府任命他为博物馆总监。他一直担任这一职位，直到1815年他的赞助人倒台。（与此同时，德农将随拿破仑的军队走遍欧洲，为卢浮宫搜集艺术品，将其打造成世界上规模最大的文物艺术收藏馆之一。）

正如德农所预期的那样，他的《下埃及和上埃及游记》与拿破仑远征时的官方出版物相比，在出版时间上取得了相当大的优势。不过，后者是一项更具里程碑意义的事业。在拿破仑本人的支持下出版的《埃及记述》是埃及学史上第一部伟大的著作。1802年2月，一项领事法令宣布了这本书的出版计划，该法令还确认（绝大部分）费用将由政府承担。项目主编将直接向内政部长汇报。拿破仑在这部出版物中看到了挽救此次失败的远征的声誉、恢复法国民族自豪感的机会。（其序言由数学家傅里叶撰写，由拿破仑亲自审阅，序言断言，埃及这个"将其知识传播至众多国家的国家，如今却陷入了野蛮状态"，为法国远征进行了有力的辩护。）而且，《埃及记述》将有助于维护法国对埃及文化财富的

---

1. Ceram (1978): 79.

主张。

随着时间的推移，共有三位主编陆续负责《埃及记述》的编撰工作。第三位，也是任职时间最长的，是若马尔，他为该项目投入了 20 余年的时间，见证了该项目的完成。（法国政府出于感激，正式任命他为国家图书馆馆长，然而，这项对良好行为的奖励看起来却像是进一步的惩罚。）尽管这个项目是为了纪念拿破仑的事业，但在他垮台和被流放之前，整部作品只出版了大约一半。恢复君主制之后，路易十八可能已经打算放弃这个项目，但又意识到这是提升法国国家声誉的机会，于是决定继续进行。最终的结果没有让人失望。整部作品包括八卷巨大的对开卷文本（四卷关于文物，两卷关于现代埃及，两卷关于自然历史）和九卷随附的对开卷图册（分别为五卷、两卷和两卷）。其中丹德拉黄道带的彩色图版是第二卷的主要内容。

事实上，让《埃及记述》声名赫赫的正是图册中的 974 幅配图，它们经受住了时间的考验。尽管艺术家不知道画的是什么，因为许多象形文字铭文的复刻并不准确，但大型遗迹的图像要可靠得多；有的图甚至是某些历史建筑留下的唯一记录，它们随后遭到了破坏或损毁。近 400 名雕刻师参与了该项目，德农本人贡献了 140 幅插画。第一卷（日期是 1809 年，于次年出版）宏大的卷首插图是宣传的杰作，它"定义了古代埃及，并宣告了主导权"[1]。它展示了一个复杂的、神秘的法老遗址场景：一条蜿蜒的道路从前景的方尖碑引出，经过狮身人面像、金字塔、神庙、柱廊和圆柱大厅，通向远方。在图画边框处，在埃及带翼圆盘的保护之下，写着一句古代谚语，总结了这次远征的英勇无畏的精神。在画面顶部，拿破仑被描绘成亚历山大大帝的形象，骑在战车之上，手持长矛，他的前面是一只法兰西帝国之鹰，正朝一群倒霉的敌人猛冲下来。画面两侧上方还有几只鹰，它们站在一堆标有"被征服"的地域名称的战利品上面——从亚历山大到金字塔和底比斯，一直到阿布基尔湾（拿破仑在尼罗河海战中的战败之地，但是画中提及这个地点时，不带任何讽刺意味）。画面底部画了一群恳求饶恕的埃及人，他们带着马和骆驼，走在代表拿破仑皇帝的字母组合图案前面。为了让图画的象征意义更加显著，其中还有一对王名框——写有法老之名的椭圆形环——每个圆环上都有一颗星星和拿破仑的个人徽章——蜜蜂。

  1828年，当《埃及记述》最后一卷出版时，皇帝已被废黜，虽然波旁王朝复辟，但君主制也将很快被废除。《埃及记述》证明了法国在文化层面的优越性，宣告了法国对埃及古代历史的所有权。1822年9月商博良的突破仅仅是巩固了法国人的这一信念。

---

1. Reid (2002): 3.

* * *

  在公元 394 年 8 月 15 日最后的象形文字铭文被雕刻在石板上之前，尼罗河谷的人们就已经难以对该文字进行充分理解和阐释了。在埃及边境线之外，人们不再掌握确切的知识，只能猜测，各种关于这些文字符号含义的奇特理论开始涌现。早在公元前 1 世纪，古希腊历史学家狄奥多罗斯·西库鲁斯就曾推测，埃及文字"潜在的含义不是用音节的组合来表达的，而是由所指事物的形象和惯用的隐喻意义构成的"[1]。于是，人们开始错误地认为，象形文字是一种符号文字，而不是表音文字；虽然托勒密时代的一些符号可能确实如此，但这是一个根本性的误解，并将在接下来的 19 个世纪使学者误入歧途，一直无法成功破译。

  文艺复兴初期，欧洲人重燃对古埃及文字的兴趣，当时有人在希腊岛屿上发现了赫拉波罗 4 世纪的著作《象形文字》的手稿，随后于 1505 年在意大利出版。这部作品引起了轰动，出版了 30 个版本（其中一个版本附有阿尔布雷希特·丢勒的插图）；但其研究方法受到了新柏拉图神秘主义的影响，不是阐明而是混淆了象形文字的内在结构及表意方式。事实上，赫拉波罗的解读"更像是一个自我膨胀与神秘谜题的集合，而不是对一个严肃的文字

---

1. 引自 Robinson (2006): 144。

系统真正意义上的探索"[1]。无论如何，埃及文字的内核在于神话而不是语言学这一观点已经牢牢地扎根于欧洲人的意识之中。关于这一主题的第一部后古典主义著作是威尼斯学者皮耶里奥·瓦莱里亚诺（Piero Valeriano）于1556年出版的书《象形文字》（*Hieroglyphica, sive, De sacris Aegyptiorum literis commentarri*）。这部颇具影响力的作品遵循了同一种有缺陷的方法，就像一个世纪后基歇尔发表的关于罗马方尖碑上铭文的疯狂猜测一样。一个赤裸裸的事实是，40多年来，没有一个活着的人能够准确地阅读古埃及文字。

学者开始认为这是一项不可能完成的任务。到了18世纪初，英国古文物研究者威廉·斯图克利自信地断言："埃及象形文字是神圣的字符……埃及纪念物上刻的文字只有象征意义……完全理解它们是不可能的。"[2] 波科克在1743年埃及之旅的记述中，做出了重要的判断："因此，就象形文字的象征意义而言，它们似乎代表事物；而由于它们是铭文，因此既代表文字或声音，又代表事物，祭司的孩子可以用粗俗的语言来阅读。"[3] 20年后，法国神职人员让-雅克·巴泰勒米（Jean-Jacques Barthélemy）正确地推测

---

1. Thomas Young, 引自 Robinson (2006): 144。
2. 引自 Wilson (1964): 11。
3. Pococke (1743): 230.

出，王名框中可能包含国王或神祇的名字。然而，这些理论都是在误解之迷雾笼罩下偶现的洞察。就连伟大的法国东方学家安托万·西尔韦斯特雷·德·萨西（Antoine Silvestre de Sacy）也遗憾地总结道，完全破译象形文字"过于复杂，在科学上无法解决"[1]。

直到18世纪末，一位勇敢的丹麦学者格奥尔·索伊加（Georg Zoëga）才敢于提出与公众认知相反的观点，即一部分象形文字可能是表音文字。索伊加在1797年出版的《论方尖碑的起源和用途》（De origine et usu obeliscorum）一书的前言中指出："当学者对埃及有了更多的了解，当那里众多的古代遗存被发现并准确地探索和出版时，也许读懂象形文字、更深入地理解埃及纪念物的含义才会成为可能。"[2] 这是一个颇具先见之明的说法。仅仅一年后，拿破仑就开始了对埃及的远征，探索当地的古迹，出版了相关记述，并发现了罗塞塔石碑，为学者提供了最终解开埃及文字之谜的钥匙。

在开罗，拿破仑的一位学者、工程师让-约瑟夫·马塞尔（Jean-Joseph Marcel）认出石碑中间部分的文字是埃及世俗体文字，并通过与希腊文部分中出现11次的文字进行比较，正确地识

---

1. 引自 Ceram (1978): 87。

2. 引自 Ray (2007): 24。

别出了帝王之名"托勒密"。他还猜测该组符号中的前两个必定代表字母"P"和"T"，但无法基于这种预感进一步研究。[1]因此，当石碑铭文的副本开始在欧洲流传时，它们引起了当时最杰出的、在才华和气质上迥然不同的两位思想家的注意，这实为一件幸事。其中一位是令人赞叹的博学家，另一位是一心一意的痴迷者。一位平易近人、学识渊博，另一位则是自尊心强、嫉妒心重的知识分子。更精彩的是，一位是英国人，另一位是法国人。于是，一场激烈的破译竞赛开始了。

托马斯·杨是那个时代了不起的人物。他出生于一个重视学习的、富裕的贵格会家庭，很早就显露出了语言天赋，而且非常迷恋科学。据说，他2岁时就能够阅读，14岁时就已经熟练掌握了法语、意大利语、拉丁语、希腊语、希伯来语、叙利亚语、阿拉伯语、波斯语、土耳其语、埃塞俄比亚语，以及晦涩的古代语言迦勒底语和撒玛利亚语。他的学习受到一位活跃在伦敦知识分子圈的叔祖父的鼓励。但是，托马斯·杨本人并不富裕，他需要一份职业来养活自己。医学似乎能提供一个受社会尊重且经济回报丰厚的职业。因此，他先就读于爱丁堡大学，然后又进入哥廷根大学（在18世纪以其出色的图书馆而闻名）学习。一篇关于人眼工作原理的论文使他在21岁时被选为英国皇家学会会员。（他

---

1. Tyldesley (2005): 56.

后来担任该学会的外事秘书。）最后，为了获得行医所需的医学博士学位，他于1797年进入剑桥大学伊曼纽尔学院（此举也要求他放弃贵格会的信仰，信仰英国国教），同学给他起了个绰号，叫"奇人杨"。这是一个尖刻的"雅名"。托马斯·杨将全部精力投注于学习和研究，很少听课，总是独自待在房间里，在令人兴奋的物理学新领域里进行实验和探索。

对于托马斯·杨来说，进入剑桥的那一年是苦乐参半的。他的叔祖父去世了，托马斯·杨失去了一位有影响力的、全力支持他的导师。不过，由于叔祖父给他留下了大量财产，他实现了经济独立，能够追求自己热爱的事业了。1799年，托马斯·杨搬到伦敦，开始行医，但科学仍然是他的热情所在。他自学成才。在剑桥时，他曾写信给一位兄弟说："任何学有所成的男女都需要弥补自己在兴趣和努力方面的不足，但要想取得卓越的成就，就必须自学成才。"[1] 尽管如此，他还是取得了非凡的见解，实现了惊人的突破。除了对人眼的观察（解释晶状体如何调节，描述散光机制，并提出色觉理论），他还证明了光的波动理论。爱因斯坦将这一理论视为继牛顿的《光学》之后，该学科"下一个伟大的理论进步"[2]。托马斯·杨的成就不胜枚举，他提出了弹性模量（至今工

---

1. 引自 Robinson (2006): 15。

2. 引自 Robinson (2006): 1。

程师仍在使用），为海军部提供造船建议，担任经度委员会秘书，而且是人寿保险专家。1802—1803年，20多岁的托马斯·杨在伦敦皇家学会开展了一系列讲座，几乎涵盖了科学的各个方面；就知识的广度而言，从未有人超越他。同年，在拿破仑战争短暂的停火期间，托马斯·杨前往法国，听了刚刚结束埃及探险的拿破仑在巴黎国立学院的演讲。两人都不知道，托马斯·杨很快就会成为最接近从法国人手中夺取埃及学桂冠的那个人。

凭借对古代和现代语言的渊博知识，以及作为语言学家的卓越天赋，托马斯·杨对这个时代最令人困惑的语言学难题——象形文字的破译产生兴趣，这一点也不奇怪。用他自己的话说，他无法抗拒"尝试揭开近20个世纪以来覆盖着埃及文字的神秘面纱"[1]。这个挑战第一次激起他的好奇心是在1814年，当时他阅读了最近出版的一本关于语言史的德国出版物——约翰·克里斯托夫·阿德隆（Johann Christoph Adelung）的《米特拉达梯，或普通语言学》（*Mithridates, oder allgemeine Sprachkunde*）。与此同时，托马斯·杨开始研究罗塞塔石碑铭文的副本。借助近乎过目不忘的记忆力，他开始尝试辨别被其他不那么细心的观察者所忽视的规律和相似之处。他注意到埃及世俗体文字和象形文字中的某些符号有几个类似的特征（此前两者一直被认为是不相关的）。

---

1. Young (1823): ix.

次年，当他查阅一部借来的《埃及记述》时（其中包括古埃及纸莎草纸的摹本），他的直觉得到了证实。因此，托马斯·杨成为第一个（正确地）提出古埃及象形文字、草写象形文字和世俗体文字密切相关的学者。这种洞察力不仅需要非凡的天赋组合，还需要想象力的飞跃，同时抛弃几个世纪以来关于古埃及文字的错误理论。托马斯·杨没有彻底否认赫拉波罗的"幼稚"解读，也没有对基歇尔的翻译尝试表示蔑视："无论他碰巧是从每一行的开头还是结尾开始，他的翻译都同样成功。每一句都包含着某些神秘的宗教或形而上学的教义。"[1]对于基歇尔画的著名的埃及方尖碑图，托马斯·杨则在批评中夹杂了一点赞许，称它们"虽然远非精致，但比较忠实地重现了埃及艺术的重要遗存，这些古物早就被带到了欧洲"[2]。托马斯·杨还颠覆了人们的普遍认知，正确地提出世俗体文字是象征性符号和表音符号的结合体。相比之下，当时研究罗塞塔石碑的其他学者，比如商博良的老师西尔韦斯特雷·德·萨西和瑞典外交官约翰·阿克布莱德，则错误地得出世俗体文字是完全由字母组成的这个结论。然而，即便是托马斯·杨，也没能进行下一步逻辑推演，未意识到象形文字也是一种混合文字。这一突破只得继续等待商博良那一道划破黑暗的

---

1. Young (1823): 2.

2. Young (1823): 2.

灵光。

　　与 19 世纪初的许多绅士学者一样，托马斯·杨与同时代英国内外的其他学者保持着频繁的通信，分享各自的观点和理论，及时了解最新发现。但是，托马斯·杨从未与商博良直接通信，原因是西尔韦斯特雷·德·萨西于 1815 年 7 月 20 日给托马斯·杨写了一封特别的信件。这位法国东方学家在信中警告说："我冒昧地给阁下提供一点建议，不要与商博良先生过多地探讨你的发现，因为之后他可能会声称是自己率先提出的。"[1]

　　这位老师显然很了解他以前的学生，他的预言一定会实现。西尔韦斯特雷·德·萨西的信（可能是由与商博良的政治争吵引发的；后者是波拿巴主义者，而老师则是保皇主义者，路易十八在不到一个月前刚刚复辟）导致托马斯·杨从未与唯一一位能够真正欣赏它的学者分享他关于象形文字的研究成果。

　　在与埃及相关的学术研究之外，托马斯·杨的研究范围非常广泛。他对 1816 年版《大英百科全书》的贡献涵盖了从年金到波动性等各个领域。他在一篇关于语言的文章中首次使用了"印欧语系"一词，因为他认识到，英语、拉丁语和希腊语等多种语言都属于同一语系。（他在十几岁的时候就通过比较数百种语言的关键特征而得出了这一结论。）但是，由于托马斯·杨生性保守，而

---

1. **引自** Robinson (2006): 158。

且贵格会在对孩子的教养中又重视谦逊的美德，因此他在写作时很少署真名。他的大多数文章虽然具有开创性，但都是匿名发表的。对于托马斯·杨而言，科学探索过程中的思想冒险本身就是最丰厚的回报。从1816年到1817年，他继续致力于破译工作，热切地寻找和研究他能找到的所有新出版的埃及文字手抄稿。他于1817年创立伦敦埃及学会，目的很明确，就是要出版与法老有关的文献。作为一位绅士学者，他无意追随贝尔佐尼的脚步，亲自前往埃及搜集手抄稿。相反，他呼吁筹集资金，"雇用一些贫穷的意大利人或马耳他人到埃及去寻找更多的东西"[1]。

1818年，托马斯·杨在给《大英百科全书》撰写的另一篇文章中总结了他对象形文字和世俗体文字的认识，次年在第四版的增编中出版。在这篇被简单地命名为《埃及》的文章中，他正确地推测出一部分世俗体符号的音值，以及世俗体文字和象形文字之间的一些对应关系。这篇文章也是匿名发表的；直到1823年，即商博良发表《致达西耶先生的信》一年后，托马斯·杨才以自己的名义出版了这本书。不过，托马斯·杨作为《埃及》一文作者的身份在其出版时就已被他所在的知识分子圈（当然不包括商博良）所熟知和认可。亨利·索尔特借助这篇文章解释了努比亚达卡神庙里出现的托勒密的王名框，并于1819年5月1日在

---

1. 引自 Robinson (2006): 211。

开罗写给威廉·汉密尔顿（William Hamilton）的信中提到了这件事。[1] 1820 年，贝尔佐尼曾提及托马斯·杨"发现了埃及字母表"[2]，并将《埃及》一文纳入自己作品的附录："对一些主要象形文字的解释，摘自《大英百科全书》增编中的《埃及》一文；附附加说明。"然而，正如西尔韦斯特雷·德·萨西所预测的那样，托马斯·杨匿名发表文章，导致商博良后来得以包揽破译象形文字的全部功劳。

让-弗朗索瓦·商博良比托马斯·杨小 17 岁。他出生于法国洛特省菲雅克镇，父亲是一名书商。商博良在书籍环绕的环境中长大，早早地展露出了语言天赋。11 岁之前，商博良一直在家里接受哥哥雅克-约瑟夫的教育，雅克-约瑟夫本人也是一位才华横溢的学者和语言学家。[3] 1798 年，雅克-约瑟夫申请加入拿破仑的远征队，前往埃及，说明他已经对埃及研究十分关注，但他的请求被拒绝了。尽管结果令人失望，但他继续对新兴的埃及学学科抱有浓厚的兴趣，而且显然也将这种热情传递给了他的弟弟。商博良 11 岁时，进入了离家 500 千米外的格勒诺布尔市的中学，那里是著名的学习殿堂。据说，1802 年 4 月，著名数学家、拿破仑

---

1. **转载自** Young (1823): 29–30。

2. Belzoni (1821): 162.

3. 雅克-约瑟夫后来将自己的姓改为"商博良-菲雅克"，以区别于他（更有名的）弟弟。

远征队的成员傅里叶访问格勒诺布尔时，年轻的商博良受邀参观这位伟大学者私人收藏的文物，从此对古埃及产生了迷恋。可惜这只是一个故事，并没有历史事实支撑。不过，商博良兄弟二人很可能参加了 1804—1806 年傅里叶在他位于格勒诺布尔的官邸举办的联谊会。（1801 年从埃及回国后，拿破仑任命傅里叶为伊泽尔省省长。）当然，商博良于 1804 年第一次看到了罗塞塔石碑的副本，并在次年开始学习科普特语。1806 年，他向格勒诺布尔学院提交了一篇论文，其中他（正确地）认为科普特语是古埃及语的直系后代；正是这一洞见，以及他后来流利的科普特语，对象形文字的破译起到了决定性的作用。据报道，同年夏天，格勒诺布尔市市长询问商博良是否打算学习更时髦的自然科学。据说商博良回答："不，先生。我想为获得古埃及的知识而奉献一生。"[1]

对于一个有如此雄心壮志的年轻人来说，只有一个地方可以让他实现梦想——巴黎，法国学术的中心和风向标。因此，1807 年，他就读于现代东方语言学院，他的老师包括西尔韦斯特雷·德·萨西。在巴黎的两年间，商博良不仅积极学习研究，还写就了他的第一部著作《埃及法老介绍》（*Introduction à l'Egypte sous les Pharaons*，1811）的主要部分，完成了第二部著作《法老

---

1. 引自 Robinson (2012): 49。

第 1 章　记述与破译

统治下的埃及，或对冈比西斯入侵之前埃及地理、宗教、语言、经文和历史的研究；附地理描述》(*L'Egypte sous les Pharaons, ou Recherches sur la géographie, la religion, la langue, les écritures et l'histoire de l'Egypte avant l'invasion de Cambyse. Description géographique*, 1814)。在巴黎完成学业后，商博良回到家乡，在格勒诺布尔担任历史和政治教职，并于 1818 年晋升为格勒诺布尔皇家学院的教授。这为商博良带来了一定程度的职业和经济保障，最终让他有更多的时间投入对古埃及的研究。与此同时，在英吉利海峡对岸的英国，托马斯·杨正在撰写那篇名为《埃及》的开创性文章。在几乎完全不了解对方工作的情况下，那个时代最伟大的两位思想家展开了一场破译象形文字密码的竞赛。

然而，一次奇妙的命运转折，也是促使商博良取得决定性突破的一个事件，却险些彻底结束他的职业生涯。商博良在革命时代的法国长大，接受了自由、平等、博爱的激进思想，经历了拿破仑的迅速崛起，所以他持当时普遍存在的反君主制态度，这很正常。因此，当 1815 年拿破仑战败并被流放后，波旁王朝复辟，这一定会令某些人感到愤懑和失望，甚至是背叛。对于像商博良这样固执己见并且深信自己是正确的人来说，面对局势如此逆转，是绝对不会坐视不管的。1821 年 3 月，格勒诺布尔的波拿巴主义者发动叛乱，用革命的三色旗取代了波旁王朝的白旗。商博良被指控为叛乱头目，新上任的伊泽尔省保皇党行政长官德奥塞男爵（Baron de Haussez）试图以叛国罪起诉商博良。如果这次审判成功，商博良被判有罪，那么他可能会面临死刑。幸运的是，巴黎仍然认可商博良在学术上的才华，身处法国首都的支持者介入了这一案件，让他在民事法庭而不是刑事法庭受审。他被无罪释放，但在政治对手和嫉妒者眼中，他从此以后成了一个危险的革命者。虽然德奥塞没能使商博良以叛国罪受审，但他却设法使商博良失去了在格勒诺布尔皇家学院的职位和收入。商博良没有工作，没有薪水，在家乡也不受欢迎，于是他回到巴黎，和永远可以倚靠的哥哥住在一起。1821年7月20日，商博良来到了马扎林街28号。由于没有其他事情可做，而且哥哥又拥有丰富的藏书，他得以全身心投入破译语言的挑战。14个月之后，他将取得开创性的成就。

抵达巴黎前3个月，商博良出版了他的第一部关于古埃及写作的重要著作《古埃及的僧侣体文字》（*De l'écriture hiératique des anciens Egyptiens*）。这项研究的重点是埃及文字的草书形式，显然是在完全不了解托马斯·杨在《大英百科全书》上的文章的情况下进行的。因此，商博良坚持认为，僧侣体（又译祭司体）文字和世俗体文字都完全是象征性的。不过，他很快就意识到了这一错误，并感到十分后悔（甚至试图阻止这本书的传播，并将所有流入市场的书收回）。在接下来的一年里，商博良读了托马斯·杨的文章，改变了想法：他现在得出的结论与普遍认知相反，即古埃及文字中确实包含语音字符。

与此同时，托马斯·杨的工作也在继续开展。1821年夏天，他在意大利旅行了很长时间，研究了罗马的方尖碑，还在临时存放在里窝那某个仓库中的德罗韦蒂文物收藏中发现了第二件刻有双语铭文的文物。当时，威廉·班克斯从菲莱岛移走的方尖碑上的铭文副本已经开始四处传播，但托马斯·杨收到的副本中有一个错误，这让他走错了方向，而商博良于1822年1月收到的副本是准确的，这使他能够取得进一步的进展。克娄巴特拉的王名框和托勒密的王名框在为各个象形文字符号分配音值方面发挥了决定性的作用。通过将副本中相似的符号应用在留存下来的托勒密和罗马古物上的其他王名框中，商博良读出了埃及古代历史上更多统治者的名字：亚历山大和贝勒奈西、图拉真和恺撒。商博良确信自己取得了飞速进展，他绘制了一张表格，显示了与希腊字母对应的世俗体和象形文字。（同年晚些时候，他出版了这张"音标表"，作为《致达西耶先生的信》的一部分。在这一页底端，他还顽皮地用王名框的样式，以世俗体拼写出了他自己的名字。）

其他人也在尝试破译古埃及文字。1822年4月26日，在开罗的索尔特写道："班克斯先生走后，我在菲莱岛本不抱希望能做多少事，却发现并发掘出一座小神庙的正立面，上面刻着希腊语的铭文，证明它是托洛缪斯·埃皮法努斯（Ptolomeus Epiphanus）为祭祀埃斯库拉庇乌斯（古希腊神话中的医神，在古罗马神话中被称为埃斯库拉庇乌斯，是太阳神阿波罗之子，形象为手持蛇杖）而建造的。我在象形文字破译方面取得了些许进展，不过进展也不大。"[1] 无论如何，索尔特总是可以为他最伟大的成就而感到自豪，那就是帮助大英博物馆收购了"年轻的门农"，这座雕像的名气正与日俱增。1822 年，关于这座雕像的首个科学研究成果发表[2]，文中认定它不仅是一件古玩寻宝的战利品，而且本身在艺术史上具有重要意义。法国则于 1822 年发行了德农肖像纪念铜章，当时德农已从卢浮宫退休。十年前，法国学术界因"记述"古埃及的成就而享誉世界；而现在，它将在破译文字方面发挥同样重要的作用。

最后的突破出现在 1822 年 9 月 14 日早上。当时，商博良收到了一份新的象形文字铭文副本：若干来自阿布·辛拜勒神庙的王名框。它们是由最近与班克斯一起前往埃及的法国建筑师让-尼古拉斯·于戈（Jean-Nicolas Hugot）复制的。商博良借助自己对罗塞塔石碑、某些象形文字符号的音值、科普特语言和法老历史的熟稔（他长期辛勤努力积累下来的所有知识元素）来阅读其中包含的法老名字，发现它是拉美西斯的王名框。受这一成就的鼓舞，商博良终于明白，象形文字确实是一个混合表意系统（至少在名字书写方面），其中包含象征符号和表音符号。商博良把同样

---

1. 索尔特写给李先生的信，引自 Halls（1834）：186。

2. G. H. Noeden, "Über das sogenannte Memnons-Bild im Brittischen Museum in London", 引自 Long（1832），1: 251。

第 1 章　记述与破译　　　　　　　　　　　　　　　　　　　　77

的方法应用于罗塞塔石碑上长长的托勒密王名框的后半部分，破译出托勒密的王衔"卜塔[1]之至爱，永生"。快到中午时，他已经不再需要进一步的证据来证明他的破译系统的正确性了。他手里拿着文件，沿马扎林街一路飞奔，冲进哥哥在法兰西文学院的办公室，宣布了他的发现。

* * *

巧合的是，托马斯·杨两周后正好在巴黎，参加了9月27日的科学院会议，商博良在会上发表了《致达西耶先生的信》。此外，托马斯·杨还受邀坐在商博良旁边，听他宣读他的发现。学院的另一位成员、物理学家弗朗索瓦·阿拉戈（François Arago）在会议结束后向托马斯·杨和商博良介绍了对方。这是两人首次见面。两天后，托马斯·杨在一封信中承认了这位法国人的非凡成就："小商博良先生……最近在埃及文字研究领域取得了一些进展，实际上确实是极为显著的进展。可以说，他在英国找到了打开大门的钥匙。人们常说，万事开头难；但如果他真的从英国借了一把钥匙，那把锁可真是锈迹斑斑，普通人的手臂没有足够的

---

1. 卜塔是古埃及孟菲斯地区所信仰的造物神，而后演变成工匠与艺术家的保护者，形象为一具木乃伊。——译者注

力量来转动它。"[1]

但这种表面上的宽宏大量掩盖了更深层次的不满——商博良没有承认托马斯·杨对文字破译的贡献。(不久之后,托马斯·杨以他特有的低调口吻说:"我确实希望将自己研究发表的时间更清楚地表述出来。"[2])他暗下决心要澄清事实,不再像以前那样匿名发表。几个月后,他出版了一部署名著作,标题直截了当:《关于象形文字和埃及文物的一些最新发现的说明,包括作者原创的字母表,后由商博良先生拓展完善》(*An Account of Some Recent Discoveries in Hieroglyphical Literature and Egyptian Antiquities, Including the Author's Original Alphabet, As Extended by Mr Champollion*)。托马斯·杨将这部著作献给他的朋友、普鲁士学者亚历山大·冯·洪堡(1769—1859)。9月底,洪堡也出席了商博良在学院的演讲。

托马斯·杨在这部著作中的文字出人意料地极具个人色彩,使我们得以罕见地洞察他的思想和内心。在序言中,他承认希望公众认可他所付出的努力:"我无法抗拒内心的希望,想让自己的成就得到公众的认可,因为我付出了劳动,试图揭开近20个世

---

1. **托马斯·杨写给威廉·汉密尔顿的信**,1822年9月29日,引自Robinson (2006): 209。

2. Young (1823): 43.

第 1 章 记述与破译　　　　　　　　　　　　　　　　　79

纪以来一直包裹着埃及文字的谜之面纱。"[1]但为了防止读者认为他是一个心胸狭隘、脾气暴躁的学者，他在几页之后又摆出了一种更加谦虚的态度："虽然我还有几年的时间可以继续学习研究，但我认为自己完全有理由……为自己努力取得的研究成果争得一些认可和尊重，在闲暇时间获得的这些新发现为我提供了不少乐趣。"[2]（这是一句虚伪的话。实际上，托马斯·杨是个工作狂，他曾向一位朋友承认："我或多或少已经完全地学会了这个世界上各种各样的事物，但有两件事我还没有学会，而且我想我永远也学不会——站起身，上床睡觉。"[3]）即便在描述他出色的学术成就时，托马斯·杨仍然希望让自己看起来像一位业余涉猎该领域的绅士学者。无论如何，在整个19世纪，英国埃及学界一直延续着这样的治学态度。

令托马斯·杨尤其气愤的是，商博良不满足于声称自己对象形文字有独特见解，还要在罗塞塔石碑中间部分的研究中插足，而托马斯·杨则认为这是他的专业领域。更糟糕的是，商博良决定弃置托马斯·杨对草书体文字的命名法，用自己的命名法取而代之。托马斯·杨提醒读者："我称这些文字为通俗体

---

1. Young (1823): ix.

2. Young (1823): xiii–xiv.

3. **托马斯·杨写给赫德森·格尼的信**，1820年12月18日，引自 Robinson (2006): 5–6。

(enchorial),而商博良先生选择用世俗体（demotic）一词来将它们与其他文字区分开来……在我看来，我的著述出版时间更早，他应当采用我发明的术语，放弃他自己的。"[1] 作为一个擅长自我营销的人，商博良赢得了这场争论。如今，即便托马斯·杨在语言学的编年史中被提及，那也是作为世俗体的破译者，而非通俗体的破译者。

在《关于象形文字和埃及文物的一些最新发现的说明，包括作者原创的字母表，后由商博良先生拓展完善》中，托马斯·杨在切入主题之前，最后又鼓起勇气试着表现出大人不记小人过的态度：

> 我满怀诚意地宣告，商博良先生没有任何不光彩的企图：如果我曾暗示过，他的行为似乎给我留下了心胸狭隘的印象，那只是出于为我自己辩解的目的……虽然商博良先生可能已经得出了结论，对此我十分高兴，也非常感谢他，但我认可他的结论，绝对不是因为他取代了我的破译系统，而是因为他充分地证实和扩展了它。[2]

---

1. Young (1823): 9.
2. Young (1823): 39, 46.

但他最终还是写了更多关于自己的发现的内容，抛却了与生俱来的保守态度，并且写了 15 页尖刻的评论。其中针对商博良的一条建议正好总结了托马斯·杨的感受：

> 事实上，他越发挥自己的聪明才智，就越容易承认我的成果为他后续的所有研究奠定了重要基础，同时也无须过度牺牲他的名誉……我不禁想到，他最终会因为自己获得了显要声誉而有最强烈的感受，所以比其他人更急于承认他们对这项事业的贡献。[1]

法国当事人并不打算认同这种感受。在 1823 年 3 月 23 日写给托马斯·杨的一封愤怒的信件中，商博良反驳道："除了我自己原创的字母表，我永远不会承认任何其他的字母表……学者在这一点上达成的一致意见，将通过公众对其他主张的检验而越来越得到证实。"[2]

托马斯·杨的朋友对这种轻蔑的态度感到愤怒，但在反驳商博良一事上也未能取得任何进展。这位法国人固然善于自我推销，但他的英国竞争对手托马斯·杨即使是"在最日常的谈话中，

---

1. Young (1823): 53–4.

2. 引自 Robinson (2006): 219。

也无法忍受丝毫的夸张和渲染"[1]。就连托马斯·杨的朋友弗朗索瓦·阿拉戈也支持商博良的主张；和友谊相比，民族主义还是占了上风。此后，托马斯·杨基本上对象形文字失去了兴趣，他那天才的头脑转向了其他事情。

商博良则不然。1823 年 1 月，他在巴黎某拍卖行偶然结识了路易十八宫廷中颇具影响力的朝臣布拉卡·多尔普公爵（Duke of Blacas d'Aulps）。这位公爵将成为商博良的恩人，支持他的研究，并保护他免受嫉妒他的对手和政敌的迫害。这次相识很快就结出了果实。2 月，公爵给了商博良一个国王赠送的金盒子，盒子上镶满了钻石，刻着王室花押，还刻着"国王路易十八赠予商博良先生，以表彰他破译象形文字之成就"的铭文。[2] 即使对于商博良这样的波拿巴主义者来说，王室对他这一突破的认可也一定让人感觉像是为他平反了。受到这样的赞扬和鼓舞后，他继续致力于破译工作。这让他有了第二个至关重要的新认识。商博良在《致达西耶先生的信》中断言，象形文字仅在书写专有名称时使用语音。在接下来的 7 个月里，他的想法彻底改变了。1823 年 4 月，商博良向法兰西文学院宣布，象形文字终究完全是一种混合的表意系统，并且在整个埃及历史上一直如此。他表明，他的新系统

---

1. Hudson Gurney，引自 Robinson (2006): 211。
2. Champollion-Figeac (1887): 58.

可以成功地应用于读出法老的名字，例如拉美西斯，而且同样可以应用于普通文本，科普特语可以作为古埃及单词含义的指南。[例如，埃及语单词 *pa-netjer*（上帝）的含义可以由科普特语单词 *pnoute* 推演出来。]

商博良的第二次突破（而非第一次），真正标志着古埃及文字重新能被人们理解。他于1824年初出版了一部题献给路易十八（多亏了布拉卡公爵的努力）的著作，名为《古埃及象形文字系统概要》(*Précis du système hiéroglyphique des anciens Egyptiens*)，系统地介绍了他的破译系统，路易十八私下接见了他。在这本书中，商博良总结了古埃及文字的特征："象形文字是一个复杂的系统，是一种同时具有图画性、象征性和语音性的文字，在同一个文本、同一个句子，甚至可以说在同一个单词中。"[1]

至此，商博良在历史上的地位已经坚不可摧，他甚至承认了最大对手的成就，虽然听上去不太情愿：

> 我承认他是第一个在埃及古代文字研究领域发表了一些正确观点的人；他也是第一个对这些文本的一般性质做出正确区分的人，通过对文本的大量比较来确定几组字符的价值。我甚至认识到，他在我之前就已经发表了他关于几种声音符

---

1. Champollion (1824): 327.

号存在可能性的想法，这些声音符号本来可以用来在埃及用象形文字书写外国专有名称；最后，托马斯·杨先生也是第一个尝试为构成托勒密和贝勒奈西这两个名字的象形文字赋予音值的人，但没有完全成功。[1]

最终，尽管托马斯·杨和商博良的性格和气质截然不同，但他们都对象形文字的破译做出了重要的贡献，即使不是完全相等的。托马斯·杨开发了概念框架，认识到世俗体文字的混合性质及其与象形文字的联系。如果他坚持完成这项任务，并且没有被众多的其他科学兴趣分心，那他很可能已经解决了这个问题。相反，商博良凭借他的语言能力和专注，才解开了这个谜题。

1825年，商博良正沉浸在破译象形文字的荣耀之中；托马斯·杨搬到了摄政公园一栋新的、宏伟的房子里，在那里，"他过着舒适的哲学家的生活，享受着广泛而有教养的社会的乐趣，这些社会知道如何欣赏他"[2]。如果不是1827年6月收到都灵科普特学者阿马德奥·佩龙（Amadeo Peyron）的一封信，他可能很容易就把埃及学研究完全抛在了脑后。佩龙写道：

---

1. Champollion (1824): 7.
2. Gurney, 引自 Robinson (2006): 234。

> 你写道，你会不时发布新材料，这将增加我们对埃及事务的了解。我很高兴听到这个消息，并敦促你遵守诺言……大家都很遗憾的是，你多才多艺，如此广泛地涉足科学领域……你无法继续你的发现，并使它们达到完美的程度……因为你不断地从一门科学转向另一门科学。[1]

托马斯·杨在破译象形文字方面已经落后了。他不想让同样的事情再次发生在他心爱的世俗体（他称之为通俗体）上。因此，从那一刻起，直到他去世的那一天，他一直在孜孜不倦地研究这个问题。他甚至向商博良寻求帮助，也许是出于相信这位法国人现在正忙于其他事务（他已被任命为卢浮宫的馆长），无法对这项学术研究构成严峻的挑战。事实上，托马斯·杨似乎已经原谅了商博良此前怠慢的态度。1828年夏，当托马斯·杨前往巴黎接受国立研究所外籍院士的荣誉时，他告诉一位朋友，商博良"对我的关心远远超过了我对任何人的关心：有一次，他花了整整7个小时和我一起浏览他的文章，以及欣赏他负责保管的那些了不起的收藏"[2]。商博良远没有那么宽宏大量。第二年春天，他在给哥哥的信中写道："这个英国人想做什么都无所谓——它（指破译象形

---

1. 引自Robinson (2006): 230。
2. 托马斯·杨写给格尼的信，未注明日期，引自Robinson (2006): 230。

文字的成就）将永远属于我们：整个古老的英国都将向年轻的法国学习如何使用一种完全不同的方法来拼写象形文字。"[1]

6周后，1829年5月10日，即将度过56岁生日的托马斯·杨与世长辞。临终前，他手里还拿着铅笔（他太虚弱了，拿不住钢笔），在为他的一部意义重大的著作做校样。这是他对商博良的《古埃及象形文字系统概要》的回应，这部作品拥有一个谦虚的标题：《基础埃及古代通俗体文字词典，包含所有已确定含义的单词》(*Rudiments of an Egyptian Dictionary in the Ancient Enchorial Character; Containing All the Words of Which the Sense Has Been Ascertained*)。这部作品在他去世后才出版，至今仍然是埃及语言学史上的一个里程碑。但是，托马斯·杨的去世，就像他的成就一样，几乎没有引起同时代人的任何关注。《柳叶刀》上的一篇短讯报道了受人尊敬的医生托马斯·杨的去世；英国皇家学会主席发表了一次讲话，宣告了一位科学忠仆的去世。其他的就没有了。后来，托马斯·杨去世5年后，他的朋友赫德森·格尼（Hudson Gurney）出资在威斯敏斯特教堂的圣安德鲁礼拜堂为他立了一块白色大理石纪念牌。著名雕塑家弗朗西斯·钱特里爵士（Sir Francis Chantrey）创作了一块圆形侧面浮雕像，其下方的

---

1. 商博良写给商博良-菲雅克的信，1829年3月25日，引自Champollion（1986）：249-250。

墓志铭（由格尼撰写）写道：

> 谨以此纪念托马斯·杨，医学博士、研究员，英国皇家学会外事秘书、法国国家研究所会员。他几乎在人类知识的每个领域都取得了杰出的成就，在文学与科学研究中最艰深的研究方向也做出了卓越的贡献。他奠定了光的波动理论，而且是拨开长期以来掩盖埃及象形文字之迷雾的第一人。他因高尚的德行而受到友人的喜爱，因无与伦比的成就而受到世界的尊敬，他满怀重申正义的希望而死去。1773 年 6 月 13 日生于萨默塞特郡米尔弗顿，1829 年 5 月 10 日卒于伦敦公园广场，享年 56 岁。[1]

直到 1972 年，人们才在真正意义上承认了托马斯·杨的贡献。当年，在巴黎举行的纪念埃及文字破译 150 周年的展览上，大英博物馆将罗塞塔石碑借给了法国，这是一个特殊的学术合作项目。作为回礼，巴黎在这块石碑旁边摆了两张尺寸相同的画像，分别是商博良和托马斯·杨。[2]

---

1. http://www.westminster-abbey.org/our-history/people/thomasyoung，2018 年 5 月 3 日获取。
2. Ray (2007): 6.

第 2 章

追随拿破仑的脚步

图2 拿破仑一世时期的《埃及记述》卷首插图,为欧洲学术界"定义了古代埃及,并宣告了(对尼罗河谷的)主导权"

卡尔纳克神庙的一根圆柱比卢浮宫庭院的四个立面更像一座纪念碑。[1]

——让-弗朗索瓦·商博良，1829 年

1824 年夏天，让-弗朗索瓦·商博良的事业蒸蒸日上。他的突破性成果《致达西耶先生的信》，以及一部具有里程碑意义的著作《古埃及象形文字系统概要》，无可争议（或许不那么正当）地确立了他作为古埃及文字破译者的声誉。他在学术领域的付出，也为祖国做出了巨大的贡献。最令人欣慰的是，他打败了英国人。正如他的侄子在后来的传记中所说，商博良的发现"不仅属于他，

---

1. 商博良写给商博良-菲雅克的信，1829 年 7 月（《青年商博良信件集》，2: 387），引自 Robinson（2012）：222-3。

最终也属于法国"[1]。在商博良的贵族赞助人布拉卡公爵的关照下，他即将收获应得的奖励，作为对祖国做出杰出贡献的回报。公爵成功地说服国王资助商博良前往意大利考察，使他能够目睹自古罗马时代以来从埃及带回的各种文物。

同年夏天，商博良从巴黎出发，首先前往撒丁王国首都、萨伏伊王朝领地都灵。多亏了他在巴黎的人脉，这位法国人准备了奥尔良公爵及其夫人致撒丁国王和王后的介绍信，作为敲门砖。都灵的埃及博物馆是欧洲历史最悠久的埃及文物收藏地之一，众多学者纷至沓来。1753年，国王卡洛·埃玛努埃莱三世（Carlo Emanuele III，1730—1773年在位）派遣植物学家维塔利亚诺·多纳蒂（Vitaliano Donati）前往埃及探险，寻找供王室收藏的物件。多纳蒂带回了300件文物，其中大部分来自卡尔纳克神庙和科普托斯（今吉夫特），这些文物构成了博物馆的核心馆藏。后来，就在商博良抵达前几个月，时任撒丁国王卡洛·费利斯（Carlo Felice，1821—1831年在位）购买了法国领事德罗韦蒂收藏的大量文物的一部分，极大地扩充了馆藏。国王此次共拍下5 000多件藏品，其中包括100尊雕像、石碑、木乃伊和170件纸莎草纸抄本。当商博良抵达都灵时，许多宝藏还在等待拆箱。

除了研究这些文物，商博良还期待能够测试自己破译大量没

---

1. Champollion-Figeac 1887, 引自 Robinson (2012): 130。

见过的铭文的能力。其中有一件特殊的纸莎草纸，对于能够读懂它所使用的僧侣体文字的人来说，有望获得令人激动的新启示：这件被称为《都灵王典》的纸莎草纸可以追溯到古埃及新王国时期，上面写的不是一篇，而是两篇内容丰富的文本。纸莎草纸的一面罗列了尼罗河谷沿岸各个地区的纳税申报单；不过，像商博良这样的学者，更感兴趣的是另一面，上面有11列文字，其中包含从众神时代到新王国初期埃及的所有统治者。当德罗韦蒂得到这份纸莎草纸时，它仍然是完整的。商博良热切地期盼能够读到它，发现古埃及年表中至今仍不为人知的细节，然而，打开包装时，他感到极度沮丧和失望。在从埃及到都灵的漫长运输过程中，纸莎草纸已经变成了一堆碎片。商博良看到的不是一个纸卷，而是一堆杂乱的碎纸。[1] 他哀叹道："我承认，我在文字研究生涯中最失望的一次，就是发现这件抄本已经无法挽回。我永远无法忘记这件事——它将是很长时间之内都无法愈合的伤口。"[2]

对于身在都灵的商博良来说，面对《都灵王典》的糟糕状况，为将其重新拼凑起来所做的各种努力，比法国国王路易十八去世一事更令他心事重重。尽管商博良参加过革命，但他还是得到了王室的青睐，既保护他免受敌人的伤害，又给了他游学的机

---

1. Kitchen (2001): 235.

2. *Lettres de Champollion le Jeune*, 1: 87, 引自 Robinson (2012): 158。

会。事实上，都灵贵族的盛情款待，以及撒丁国王邀请他整理德罗韦蒂的藏品，这些事情导致商博良对共和国的同情减弱了一些。他享受着象形文字破译者的名声，而且乐于接受皮德蒙特（Piedmont）贵族沙龙的邀请。他的下一个旅行目的地是罗马，那里有地位更加尊贵的欣赏者在等待着他。

自恺撒大帝时代以来，这座永恒之城就拥有了令人艳羡的埃及文物古迹收藏，其中最著名的是方尖碑。在罗马帝国时期，至少有15座这样的尖顶石碑被运送到这座城市，其中有13座留存至今。在商博良到来之前的一个半世纪，阿塔纳修斯·基歇尔（拙劣地）临摹并（颇具想象力地）解释了最著名的一座方尖碑上的象形文字铭文。此刻，作为自罗马时代以来第一位真正能够阅读这些铭文的学者，商博良开始进行系统的研究。他很快就意识到基歇尔所做工作的缺陷，并决心制作一些经得起时间考验的精确复制品。（这将成为商博良职业生涯余下部分的一个主题。）但是，在研究完成之前，商博良（通常不会半途而废）却不得不中断他的工作。1825年6月，他接到了一项更加棘手的任务；教皇利奥十二世（1823—1829年在位）召唤他前往梵蒂冈，想要私下接见他。

利奥十二世以其反动观点而闻名，他对埃及学并不是特别感兴趣。然而他关心的是天主教教义的绝对正确性，而且他敏锐地注意到，自从拿破仑远征队发现丹德拉黄道带，并于1821年将其从勒洛兰移至巴黎以来，关于丹德拉黄道带创作年代的争论一直在激烈地进行。通过研究其中描绘的星体位置,《埃及记述》的主编若马尔及几位专家学者提出,黄道带可追溯至公元前 15000 年。这对天主教会而言是诅咒,因为他们仍然坚持世界是在公元前 4004 年由上帝创造的。持传统观念的路易十八对此感到震惊,而极端保守的利奥十二世则又惊又惧。另一位天文学家提出了一个更晚的日期,即公元前 747 年。结果,这场学术争论成为宗教与科学之间冲突的缩影。最终,商博良证明,答案不在于黄道十二宫星体的位置,而在于图画旁边说明性的象形文字。1822 年夏,他正在最后完善自己的破译系统,他将黄道带图右下角的王名框翻译成一个名号"独裁者",并坚定地将这处古迹的年代追溯至罗马时期。(目前,黄道带以及丹德拉神庙地基的年代被确定为克娄巴特拉七世统治时期,即罗马征服埃及前不久)。若马尔是个劲头十足的人,这件事之后,他一直是商博良的死对头,一有机会就挫败他的野心。不过,天主教会很高兴,也松了一口气:此前的挑战不复存在,可以继续坚持传统的创世年代。据说,当商博良在罗马见到那位心存感激的教皇时,利奥十二世用标准的法语说,这位学者"为教会做出了伟大、出色的优秀贡献",并重复了三遍。[1] 教皇甚至提议任命商博良为红衣主教。商博良礼貌地回绝了。教皇坚持认为如此有价值的贡献需要得到正式认可,因此建

---

1. Robinson (2012): 163.

议法国政府授予商博良荣誉军团勋章。身为科学和政治的革命者，商博良对这些荣誉的看法并没有被记录下来。这无疑是他辉煌的职业生涯中最奇怪的时刻之一。

两天后，商博良逃离罗马，前往佛罗伦萨，他发现自己身处一个更熟悉的环境之中。看到了撒丁国王的大手笔，托斯卡纳大公利奥波尔多二世（1824—1859年在位）也不甘示弱，近期收藏了大量埃及文物。这些藏品是由意大利外交官朱塞佩·迪·尼佐利（Giuseppe di Nizzoli）搜集的，他曾担任奥地利驻开罗领事馆领事七年之久。1821年，他将第一部分收藏品卖给了奥地利政府。三年后，德罗韦蒂藏品拍卖抬高了市场价，借此机会，尼佐利开始售卖第二部分藏品。利奥波尔多二世抓住了机会，为托斯卡纳争取到了这些藏品。还有谁比全欧洲最伟大、最著名的古埃及学者让-弗朗索瓦·商博良更适合对这些物品进行编目呢？大公与商博良的这种关系对商博良下一阶段的研究至关重要。

不过，在第一次访问中，商博良仅在佛罗伦萨停留了两周。他迫不及待地想回到都灵，潜心研究精彩绝伦的德罗韦蒂藏品。在途中，他收到消息称，德罗韦蒂的劲敌亨利·索尔特搜集的更多文物已被送往欧洲出售，目前存放在里窝那码头。商博良顿时来了兴致。于是，1825年7月，他绕道至里窝那，亲自查看索尔特的文物。他的发现远超预期。这位英国领事显然具有获取珍贵文物的天赋。鉴于德罗韦蒂和迪·尼佐利的藏品已被都灵、维也纳和佛罗伦萨雄心勃勃的统治者抢购一空，商博良当场决定将索尔特的藏品带到巴黎。商博良的动机并非完全无私。如果巴黎要收购大量埃及文物，那么卢浮宫就必须任命一名馆长来管理它们；商博良认为自己完全有资格获得这个能够提升威望的职位。他所需要做的就是说服法国政府，特别是法国新国王查理十世（1824—1830年在位）。

1825年11月，就在穿越阿尔卑斯山的道路被冬季积雪封住之前，商博良从都灵出发，前往格勒诺布尔与家人短暂团聚，然后返回巴黎开始游说活动。不幸的是，索尔特的藏品并非市场上唯一可供出售的埃及文物。商博良发现，他也不是卢浮宫馆长的唯一合适人选。由于《埃及记述》和古埃及文字破译这两个事件引发了古埃及文化大流行，欧洲收藏家搜集的大量文物被一件一件地拍卖给了欧洲竞争对手的宫廷。最近流入市场的藏品是由意大利马商转行成挖掘工的朱塞佩·帕萨拉夸（Giuseppe Passalacqua）搜罗的一大批文物。商博良的死对头若马尔是主张法国政府购买这批文物的人之一，他自认为应当担任卢浮宫埃及文物收藏的首任馆长。布拉卡公爵再次拯救了商博良。公爵成功说服查理十世于1826年2月批准了一笔王室拨款，让商博良返回里窝那，对索尔特的藏品进行全面研究，并评估其价值。商博良的评估结果有力地支撑了他的判断。仅仅两个月后，在布拉卡公爵的进一步干预下，法国国王批准购买索尔特的藏品，并在几周后任命商博良为法国国家博物馆新设部门的负责人。

商博良在里窝那待了整整6个月，监督将藏品运往勒阿弗尔港口。即使是这种不得已的延迟，也被证明是幸运之神的另一次眷顾。托斯卡纳大公利奥波尔多二世派了一位年轻学者、比萨大学东方语言教授伊波利托·罗塞利尼（Ippolito Rosellini，1800—1843）去见商博良，希望这位能人能够将这个25岁的年轻人招至麾下。罗塞利尼直接询问商博良是否愿意收他为学生。罗塞利尼后来回忆道："我立即决定追随他，无论他去往何处。"[1] 两人不仅关系融洽，开始了持久的友谊和合作关系，而且共同制订了一个大胆的计划：联合法国—托斯卡纳，追随拿破仑的脚步，进行一场埃及探险，这一次可以充分利用埃及文字破译的成果来研究法老文明。近期法国铸造了一枚纪念章来庆祝《埃及记述》第二版的出版，这正是推动这个计划的最佳时机。这枚纪念章正面描绘的是一位身着高卢罗马服装的征服者，正在揭开一位体态丰腴的女性（埃及的化身）的面纱。[2] 如果要重新发现埃及，那么由法国人和意大利人来完成这项任务是理所应当的。罗塞利尼于年底赴巴黎与商博良会面，详细地讨论了他们的计划。

商博良一生致力于研究古埃及。与在书本中读到的埃及相比，他对亲身前往法老之地充满向往，这一愿景已经牢牢地扎根在他的想象之中。但是，他却被繁杂的日常工作困住了。继购买了索

---

1. 引自 Robinson (2012): 165。
2. Reid (2002): 142.

尔特的 5 000 件藏品之后，1827 年，法国又购买了第二批德罗韦蒂的藏品。在这两次交易之后，卢浮宫现在拥有除埃及本土之外最高质量的古埃及文物。作为埃及馆馆长的商博良负责对新埃及展厅中的展品进行分类、研究和陈列。他打破传统，决定将这些藏品不仅仅作为艺术品展出，而且要按照年代来排序，以呈现法老文化的发展历程。这是一项艰巨的任务，他在法国首都的众多敌人和卢浮宫的既得利益者都没有帮助他。巴黎的老朝臣对这位思想激进的外省新贵学者并不友善，处处阻挠他。早在 1826 年 11 月，商博良就在给罗塞利尼的信中写道：

> 我的生活变成了一场战斗……我一到博物馆，就搅乱了整个博物馆的节奏。所有同事都在密谋反对我，因为我没有把自己的职位当作闲职，而是忙于处理部门事务，这难免显得他们在自己的部门无所事事……幸运的是，有部长为我撑腰，但我很不情愿一直让他参与其中，让他对这些政治手段不胜其扰。我多么渴望在底比斯荒凉的平原上安营扎寨啊！只有在那里，我才能同时获得快乐和平静。[1]

雪上加霜的是，1827 年，商博良被禁止竞选法兰西文学院院

---

1. 引自 Robinson (2012): 170。

士。他在政治和历史领域的激进观点似乎逐渐使他失去了极度保守的查理十世政府的青睐。商博良饱受来自各方面的挫折和失望的困扰，埃及对他的呼唤越来越强烈。

* * *

虽然《埃及记述》使尼罗河谷的古物在欧洲文化视野中取得了核心地位，但实际上，它记录了一个正在迅速消失的埃及。穆罕默德·阿里所推动的埃及现代化进程在整个19世纪20年代步伐加快。随着越来越多的土地被开垦，工厂如雨后春笋般沿着河岸出现，埃及的古迹首当其冲。在拿破仑远征结束后的25年里，"年轻的门农"和塞提一世的石棺被运往伦敦，菲莱岛方尖碑被运往金斯顿莱西，丹德拉黄道带被运往巴黎。欧洲领事和探险家无情地搜集了大量小型文物，然后以可观的利润出售。许多留在埃及当地的文物的情况甚至更糟。在阿斯旺，为了建造营房和仓库，大象岛上的柱式教堂于1822年被拆除；其他古代遗迹被拆除，石块被扔进了石灰窑，而古老的泥砖则被做成了优质肥料，以促进农业生产的增长。1810—1828年，共有13座神庙被毁。穆罕默德·阿里甚至鼓励他的工程师以吉萨金字塔作为最便捷的石料来源，去建造尼罗河上的新水坝。埃及的考古遗址逐渐被拆毁，用以推动工业革命的发展。在经济发展的车轮下幸免于难的那些遗迹，又会惨遭寻宝者和粗暴的挖掘工的毒手。1824年，德罗韦蒂发现了古埃及英雄杰胡蒂将军（General Djehuty）的墓地，但里面的珍宝已经散失，没有任何记录，甚至连墓穴的位置也找不到了。

随着有关文物古迹被肆无忌惮地破坏的消息开始传到欧洲，学者的担忧日益增长。从商博良往后，19世纪埃及学家的一个重要动机，就是希望在埃及古代遗产永远消失之前记录和保护它们。就他本人而言，进一步刺激他采取行动的可能是英国在埃及的活动日益增多，这可以从越来越多的旅行者的描述中看出。法国输掉了尼罗河海战，但绝对不能输掉思想或科学之战——尤其是在商博良参与这场战役的情况下。

罗塞利尼的赞助人利奥波尔多二世大公从一开始就支持法国－托斯卡纳联合探险的想法。这将为他所统治的王朝带来荣耀（当时他正在与萨伏伊家族争夺意大利的主导地位），而且能带来更多的宝藏，以扩充他在佛罗伦萨的收藏。法国的查理十世则没那么积极。不过，与托斯卡纳建立更密切的政治盟友的前景，以及双方分摊成本的机会（与法国独立资助的探险队相比费用减半），再加上顽强的布拉卡公爵不断游说，最终赢得了国王的支持。1828年4月26日，经王室大臣拉罗什富科（La Rochefoucauld）安排的觐见之后，国王批准了此次探险活动。

根据商博良和罗塞利尼于去年年中首次提出的方案，此次探险将在拿破仑及其学者奠定的基础上进行，并将扩展《埃及记述》的工作（其最终卷尚未出版）。商博良认为，现在是时候利用破译方面的突破来推进对古埃及的实地研究了。大家一致同意，商博良作为年长且名声最大的学者，将担任探险队队长，罗塞利尼将担任副队长。费用五五分摊，双方将各派 7 名成员。法国方面，加入商博良队伍的有查尔斯·勒诺尔芒（督察长），安托万·比本特（建筑师），亚历山大·迪歇纳、皮埃尔·弗朗索瓦·勒乌和爱德华·贝尔坦（均为画家），以及内斯托尔·拉奥特（艺术家兼海关官员）。与罗塞利尼一起加入托斯卡纳探险队的有他的叔叔加埃塔诺·罗塞利尼（建筑师）、姐夫凯鲁比尼（艺术家）、朱塞佩·安杰莱利（画家）、朱塞佩·拉迪和加埃塔诺·加拉斯特里（均为博物学家）以及亚历山德罗·里奇（医生）。最后一位成员的加入是探险队出于实际考虑的结果，事实证明，他确实发挥了不可取代的作用。一切看上去都很合理。只有最后一个问题需要解决：获得埃及统治者穆罕默德·阿里的许可。

不幸的是，东地中海的一系列政治事件导致埃及与欧洲列强的关系突然陷入危机。起初的骚动始于 1821 年，当时希腊各省反抗奥斯曼帝国的统治，并企图获得独立。在接下来的几个月里，奥斯曼军队无法平息希腊的起义，希腊人和土耳其人之间的暴力冲突蔓延到君士坦丁堡。由于英、法、俄联合起来支持希腊，奥斯曼苏丹四处寻求军事援助。颇具讽刺意味的是，曾经最不安分的埃及省似乎决定提供帮助。1822 年，穆罕默德·阿里为了巩固和增强自己的权力，创建了一支新的埃及军队，这也是他的埃及现代化建设计划的一部分。他的"新秩序"有意识地效仿拿破仑政权，要求所有军营、军校和训练营服从统一的指令和纪律。[1] 埃及各地大大小小的社区共有 20 多万名男子被征召入伍，通常一次服役数年，并且该国所有主要城镇附近都为士兵及其家人建造了要塞。穆罕默德·阿里的政策导致了埃及社会的彻底军事化，这也许是他的所有改革措施中效果最为持久的一个。而且这意味着，当君士坦丁堡发出军事援助的呼吁时，穆罕默德·阿里已准备好做出回应，但他的参与是有条件的。他最终派遣了 1.6 万名士兵和 63 艘海军舰艇，由他的儿子易卜拉欣指挥。作为回报，克里特岛将成为埃及领土的一部分。如果此次干预成功，奥斯曼苏丹将保持他的权威，而埃及统治者的地位也将大大提升。遗憾的是，英法俄联军是一个过于坚决和强大的敌手。1827 年 10 月的纳瓦里诺海战成为双方对抗的一个转折点，当时整个埃及舰队以及许多奥斯曼帝国的船只均被击沉。穆罕默德·阿里感到羞愧和绝望，不得不向欧洲列强求和。从此以后，他再也不会冒险让埃及军队到遥远的君士坦丁堡去保卫他名义上的宗主国了，埃及的外交政策将坚定不移地以维护自身利益为主要目标。

在这样的背景下，由法国人率领的欧洲探险队不太可能受到埃及政府的欢迎。更糟糕的是，商博良的计划在国内也有反对者：自 1827 年 10 月亨利·索尔特去世以来，法国领事德罗韦蒂几乎

---

1. Mitchell (1988): 36.

垄断了在尼罗河谷搜集文物的业务；当他得知法国—托斯卡纳探险计划的消息时，他认为这项由国家支持的科学任务即将插足他利润丰厚的活动，感觉受到了威胁，于是立即试图阻挠它。尽管如此，早在1824年，他就承诺过帮助商博良进行任何未来的埃及探险。为了维护自己的地位和收入，德罗韦蒂写信给商博良，精心设计了一番措辞，试图恐吓和劝阻他："目前这种情况阻碍了今年的项目进展，我比任何人都更遭罪……与奥斯曼帝国的所有其他地区一样，埃及普遍弥漫着一种对欧洲人的敌意。在某些情况下，这种敌意甚至会煽动叛乱行为，危害那里的定居者或旅行者的人身安全。"他以再虚伪不过的语气继续写道："请您相信，我无法满足您的愿望，并对此感到十分抱歉。"[1]

如果不是法国国王查理十世在德罗韦蒂写信的前一周准许探险队继续前进，探险队可能就在那里驻足不前了。获得国王批准后，商博良立即离开巴黎前往土伦港，渴望尽快启程。商博良在南下的途中一定与德罗韦蒂的信擦肩而过，那封信正在飞向他在巴黎的住处。商博良的哥哥打开了这封信，并敏锐地嗅到了其中的阴谋，于是故意拖延了一段时间才将其转寄至土伦。当信件抵达港口时，法国政府向当地长官提出扣留探险队的请求，而此时商博良的队伍已经起航了。他在抵达亚历山大港后才得知这封信

---

1. 德罗韦蒂写给商博良的信，1828年5月3日，引自 Champollion (1986): 1–2。

的存在，并评论道："阿蒙神使这封信未能达到目的。"[1] 他写给哥哥的临别赠言是："再见，我亲爱的朋友；别担心，埃及众神将守护我们。"[2]

1828年7月31日，商博良和他的同伴从土伦港起航，经过18天的航行，第一次看到了埃及海岸。商博良一生都在等待这一刻，他感觉自己仿佛回到了家乡。在定期写给哥哥的一系列信件的第一封中——这封信，再加上他的日记，为整个探险活动留下了生动而珍贵的记述——他写道："我感觉就好像自己出生在这个国度一样，欧洲人已经得出结论，认为我看起来像科普特人……此外，我还适应了当地人的风俗习惯。"[3]

他肤色黝黑，说着流利的阿拉伯语，的确很容易被误认为是当地人。(后来他穿上当地的服装，蓄起了长胡子，彻底变成了科普特人。)现在，古埃及的历史遗迹已经触手可及，他立即开始工作。抵达埃及的第一天，他参观了亚历山大最著名的景点——克娄巴特拉方尖碑，并从其铭文中得出结论，这些方尖碑与克娄巴特拉毫无关系，而是可以追溯到法老时代。他还采用类似的方法，

---

1. 商博良写给商博良-菲雅克的信，1828年8月29日，Champollion (1986): 41。
2. 商博良写给商博良-菲雅克的信，1828年7月30日，Champollion (1986): 15。
3. Champollion (1986): 33–4.

确定了亚历山大另一座著名的古迹——庞培柱——是戴克里先皇帝在庞培访问埃及 300 年之后竖立于此的。就这样，商博良凭借阅读古埃及文字的能力，在几个小时之内就揭示并解构了几个世纪以来积累的各种神话、传说和误解。自罗马帝国时代以来，古埃及的遗迹终于能够讲述自己的故事了。

当商博良游览多年前拿破仑及远征队的学者去过的地方时，近代帝国的记忆在他心中激起了爱国情怀。1828 年 8 月 23 日，他在给哥哥的信中写道："这座城市的一切都让人想起我们从前的力量，也表明了法国对埃及人民施加影响是多么容易。"[1] 但商博良并不想止步亚历山大港，他还希望前往埃及其他地区。如果要追随儿时英雄的脚步，探索整个尼罗河谷，那么他需得到埃及统治者的许可。幸运的是，商博良离开法国几周后，埃及的政治局势就已经平静了下来。英国与穆罕默德·阿里签署了一项条约，允许埃及军队从希腊撤离。埃及帕夏对欧洲人的态度不再那么恶劣了，或许最终还可以被说服为此次探险颁发一道敕令（官方许可）。

抵达亚历山大港仅仅 6 天后，穆罕默德·阿里就正式接见了商博良。商博良一定对这次觐见的结果感到既惊讶又高兴：探险队不仅获准南下至埃及与苏丹的边境，还将被两名埃及警卫全程

---

1. Champollion (1986): 33–4.

护送。愤怒的德罗韦蒂试图干预,但商博良已经与法国领事馆建立了直接联系;9月10日,他收到了穆罕默德·阿里的敕令,其中甚至准许法国—托斯卡纳探险队参观以前为德罗韦蒂和他的文物收藏家同事阿纳斯塔西保留的遗址。这标志着商博良的完胜。他欣喜若狂,如释重负,在给哥哥的信中写道:

> 我不得不运用我所有的外交技巧(这封信是绝对保密的)。你在德罗韦蒂的信中看到的那些阻止我前往埃及的原因实在是夸大其词。归根结底,这只是个人利益的考量。得知我抵达埃及并打算进行挖掘的消息后,文物经销商都感到不安。[1]

当穆罕默德·阿里将一艘名为"伊西斯号"的大型帆船交给探险队使用时,德罗韦蒂摆出了殷勤的姿态,为探险队提供了几瓶上等的法国葡萄酒。但他不会忘记自己的垄断地位被如此粗鲁和彻底地剥夺所带来的侮辱,并会在探险过程中通过阻碍从法国寄给商博良的信件进行报复。商博良后来这样描述德罗韦蒂:

> 就考古挖掘和取得敕令这两件事而言,他应该为他待我

---

1. **商博良写给商博良-菲雅克的信**,1828年9月10日,Champollion (1986): 44。

的态度感到羞耻……我对他没有丝毫信任，对他的政治活动和在埃及的举动不以为然，他只关心自己的利益……所有法国人都鄙视他，我觉得他们说得没错。[1]

商博良凭借学术声誉和政治关系击败了他的对手。1828年9月13日，在离开亚历山大港前夕，这位埃及学的奠基人满怀期待地说："48小时后，我将看到那条神圣的河流，迄今为止，我只喝过它的水；还有我一直以来梦寐以求的埃及这片土地。"[2]

* * *

商博良以奉献者的身份来到埃及，实现了一生的抱负。他以饮尼罗河水为荣（尽管也担心瘟疫），而且感觉在开罗的后街上漫步比在巴黎的林荫大道上更自在。他发现，与法国首都的肮脏相比，埃及的首都相当干净。不过，他对法老之地的热爱，并没有使他忽略它在现代主人统治下严酷的生活现实。抵达开罗几天后，他在日记中写道："如果能有一个善意的政府来管理不幸的埃及，

---

1. 商博良写给商博良-菲雅克的信，1830年1月14日，土伦附近，Champollion (1986): 469。

2. 商博良写给商博良-菲雅克的信，Champollion (1986): 46。

这里的文明将飞速发展。极权主义会吞噬、耗尽一切。"[1]

如果说当代埃及的状况令人沮丧，那么古迹的景象同样让人忧心忡忡。商博良对萨卡拉尤其失望，那里有掠夺过后留下的大量遗迹碎片和废墟，这让他难以理解。他写道："这片辽阔的土地上坐落着几座金字塔，周围遍布被遗迹碎片覆盖的沙丘。这些沙丘都是为了寻找木乃伊和文物而进行挖掘之后留下的，想想看，如果挖掘一个竖井时堆起的沙子会埋住其他几个竖井的洞口，那么萨卡拉的竖井或陵墓的数量一定是巨大的。"[2]

19世纪初，古埃及仍埋藏在黄沙之下。这在吉萨尤为明显。1828年9月19日，商博良首次从远处眺望吉萨，并在3周后开始认真探索。他在10月8日写道："我想清除覆盖在（狮身人面像）胸前的沙子，以便阅读上面镌刻的图特摩斯四世铭文；但从金字塔顶降落到我们身边的阿拉伯人告诉我，这需要40个人花8天时间才能完成。所以，我不得不放弃。"[3]

奇怪的是，商博良原本很全面的日记中有一小段空白，对应的正是他接下来在吉萨度过的三天。不知他是被金字塔的宏伟壮观所震撼，还是身心俱疲，抑或只是被古代遗址吸引，无暇将自

---

1. **商博良的日记**，1828年9月20日，Champollion (1986): 77–8。
2. **商博良的日记**，引自 Robinson (2012): 199。
3. Champollion (1986): 119–20.

己的观察记录在纸上。在他对埃及探险的详细记录中，这是一个无法解释的断层。

追随拿破仑的脚步，商博良感到责任重大：不仅要研究《埃及记述》中所记录的古迹，还要通过准确地复制所有铭文（在他阅读铭文的能力的帮助下）来改进这部伟大的作品，并纠正其他不准确之处，从而提出迄今最权威的法老文明研究报告。他确实有资格承担这样的任务。事实上，在他来到埃及之前，身为象形文字破译者，他早已声名远播。他在准备从开罗港出发时也发现了这一点："我在这里遇到了普拉德霍勋爵、伯顿先生和菲利克斯少校，他们都是英国人，是专业的象形文字研究者。他们把我当作一个教派的领袖，对我关怀备至。"[1] 然而，当商博良到达伟大的南部城市底比斯时，他发现任何此前的成就都没有让他为研究大量古迹和临摹铭文做好充分准备。这些神庙规模宏大——"可以说……我们欧洲只不过是小人国，没有哪个民族，无论是古代还是现代，能像古埃及人那样构思出如此崇高、宏伟和令人敬畏的建筑艺术"[2]——他很快就意识到，要充分研究这个遗迹，需要的不是几天，而是几个月。不过，他非但没有被任务压垮，反而

---

1. 商博良写给商博良-菲雅克的信，1828年9月27日，Cairo–Champollion (1986): 88。
2. 商博良写给商博良-菲雅克的信，引自 Robinson (2012): 206。

干劲十足。他写信给哥哥说:"我的健康状况很好;这里气候适宜,而且我比在巴黎时感觉好多了。"[1] 事实上,埃及不仅改变了商博良的健康状况,而且改变了他的精神面貌。他激动地宣布:"我完全属于埃及——它是我的一切,我必须向它寻求慰藉,因为我在欧洲无法得到。"[2]

每访问一个新遗址,他的这种反应就会变得更强烈。在丹德拉(正在巴黎展出的著名黄道带的出土地点),商博良和他的同伴"在狂喜中度过了两个小时,拿着我们可怜的手电筒跑过宽阔的大厅,试图在月光下阅读建筑外面雕刻的铭文"[3]。任何不便或危险都不会妨碍科学研究。在阿布·辛拜勒,挑战尤其令人生畏,两座伟大的神庙都是从岩壁上凿刻出来的——最近有一位游客称这里是"埃及人工艺的精粹……尼罗河畔最伟大的古代遗迹"[4]。15年前,即1813年,当伯克哈特重新发现该遗址时,整个正门和四座侧面巨像的大部分已被25个世纪累积的沙子完全覆盖了。班克斯曾于1815年到访此处,但未能进入神庙。1817年,贝尔佐尼

---

1. **商博良写给商博良-菲雅克的信**,1828年11月24日,Thebes–Champollion (1986): 164。

2. **商博良写给商博良-菲雅克的信**,1828年11月24日,Thebes–Champollion (1986): 150。

3. Champollion (1986): 153.

4. Henniker (1823): 158–61.

第2章 追随拿破仑的脚步   111

利用他专业的工程专业知识清理了黄沙，并打开了神庙；两年后，班克斯回到这里，却发现黄沙几乎掩埋了神庙的入口。如今，又过了 10 年，沙漠夺回了它的战利品，入口被完全堵住了。商博良费了九牛二虎之力才清理出一个刚好能让人挤过去的洞口，但他毫不畏惧：

> 我几乎脱光了衣服，只剩下阿拉伯衬衫和亚麻长内裤，然后趴在地上，从门口的小洞钻了进去。如果将沙子全部清走，这个洞口至少有 25 英尺[1] 高。我以为自己进入了一个火炉口，当我完全滑进神庙时，我发现自己置身于一个高达 52℃ 的高温环境中：我们穿过了这个令人惊叹的挖掘现场，罗塞利尼、里奇、我和一个手持蜡烛的阿拉伯人……在欣赏了两个半小时，看完了所有浮雕之后，我们感到需要呼吸一点新鲜空气，于是我们不得不重新回到火炉口。[2]

在阿布·辛拜勒紧张的两周内，探险队成功复制了所有神庙的浮雕；这是一次英勇的行动。正如商博良对他哥哥所说："这就

---

1. 1 英尺=30.48 厘米。——编者注

2. **商博良写给商博良-菲雅克的信**，1829 年 1 月 1 日，Wadi Halfa–Champollion (1986): 177。

是令人难忘的阿布·辛拜勒之战,是我们在整个旅程中所取得的最艰苦、最光荣的胜利。法国人和托斯卡纳人在热情和奉献精神方面一直不相上下。"[1]

他们准备离开时,把入口处的脚手架移开,沙子随即塌陷,又堆积到了门楣以上两米深的地方。神庙说出了它的秘密之后,再次陷入寂静。商博良知道,他再也不会回来了。

阿布·辛拜勒的艰巨任务让探险队身心俱疲。当商博良和他的同伴到达埃及南部与苏丹交界的瓦迪哈勒法,也就是他们旅程的最远端时,他们只能靠从阿斯旺带来的饼干度日。他们在镇上的集市补充了物资,然后用一顿努比亚风格晚餐和两瓶圣乔治葡萄酒庆祝了1829年元旦和返程的开始。顺利抵达尼罗河第二瀑布及在阿布·辛拜勒复制铭文并不是仅有的值得庆祝的事情。这次探险还为商博良的理论平反,并证明了他的破译系统的准确性。他得意扬扬地写信给他的老朋友兼导师邦-约瑟夫·达西耶:

> 我感到非常自豪,因为沿着尼罗河从河口行至第二瀑布之后,我能够正式向你宣布,我们的《象形文字字母表》中没有任何需要修改的内容。我们的字母表很好:它可以同样

---

1. 商博良写给商博良-菲雅克的信,1829年1月12日,Abu Simbel–Champollion (1986): 213。

第 2 章　追随拿破仑的脚步

成功地应用于罗马和托勒密时代的埃及纪念碑,更有趣的是,它可以应用于所有法老时代的神庙、宫殿和陵墓上的铭文。因此,一切都证明,在没有人愿意支持我在象形文字上所做的工作时,你非常明智地给予了我善意的鼓励。[1]

商博良的自我申辩洋溢着自豪感,一些私人想法在一瞬间侵入他的脑海,他在信件的附记中要求他的哥哥"告诉我一些关于我妻子的消息"[2]。他还表现出了一丝幽默,在一次不成功的狩猎之旅之后,他在日记中写道:"就这样,我们第二十次失去了吃烤鳄鱼的甜蜜希望,只好继续航行。"[3]然后,他又投入了研究。

当商博良踏上回程,展望探险的圆满结束时,他开始考虑在埃及和法国之间建立更持久的联系。一个特别的想法在他的脑海中扎下根来。当"伊西斯号"在阿斯旺和考姆翁布之间航行时,他想:"我们最终能在巴黎的某个广场上看到一座埃及方尖碑吗?如果能该多好!"[4]在埃及现存的所有方尖碑中,卢克索神庙前的

---

1. 商博良写给达西耶的信,1829 年 1 月 1 日,瓦迪哈勒法,Champollion (1986): 181。

2. 商博良写给商博良-菲雅克的信,1829 年 1 月 1 日,瓦迪哈勒法,Champollion (1986): 180。

3. 商博良的日记,1829 年 1 月 17 日,下努比亚,Champollion (1986): 203。

4. 商博良写给商博良-菲雅克的信,1829 年 2 月 10 日,Champollion (1986): 217。

这两座尤其让人们敬佩不已。在拿破仑远征期间,德农就说过,"地球上没有任何事物可以与之媲美"[1]。商博良也持同样的观点,他沉思道:"如果最多花 40 万法郎就可以买一座这样的纪念碑,为什么还要花心思把亚历山大的那座运走呢?在巴黎的某个广场上竖立起这样一尊令人钦佩的巨石的政治家,不费吹灰之力就能使自己名垂千古。"[2]

虽然商博良阅读古代文献的能力可能颠覆了早期关于方尖碑铭文的理论,但是,纪念碑本身的魅力仍然没有减弱。"这些理论远没有证实人们长期以来的想法——深邃的宗教奥秘、高深的哲学思辨、隐秘的超自然科学或天文观测——它们只是对这些纪念碑竖立在前面的建筑物的献礼,而且或多或少掺杂着愚昧的因素。"[3] 随着离开埃及的日期逐渐临近,商博良开始鼓动相关人士将一座卢克索方尖碑运到法国首都:"如果我们想在巴黎放一座方尖碑,就选卢克索方尖碑中的一座吧。古底比斯将不得不安慰自己,卡尔纳克神庙留下了,它是所有建筑中最精美的……无须花费 30 万法郎进行前期准备,可以用大木筏通过河流将两座卢克索

---

1. Denon (2003): 58.

2. **商博良写给商博良-菲雅克的信**,1829 年 3 月 12 日,底比斯,Champollion (1986): 244。

3. **商博良写给商博良-菲雅克的信**,1829 年 3 月 25 日,帝王谷,Champollion (1986): 273。

方尖碑中的一座运走……这是可行的。如果真的希望如此，是可以做到的。"[1]

与此同时，探险队的工作尚未完成。拥有无数古迹的底比斯比阿布·辛拜勒更令人畏惧。在帝王谷，商博良坚持不懈地工作，记录了不少于16座陵墓。他坚持独自工作，告诉其他探险队队员："我需要绝对的安静，才能听到历史的声音。"[2] 他们不止一次发现他因精疲力竭而倒在地下深处的某个房间里，昏迷不醒。当他的责任感和使命感驱使他不断前进时，他的同伴却有点跟不上他的步伐，渐渐地没了精神。他们一个接一个地找各种借口离开了，留下商博良自行其是。当探险队正式离开底比斯西部时，法国成员只剩下一半了。由于当地的劳动力更加吃苦耐劳，而且商博良与底比斯地区的村民和阿巴布达贝都因人（Ababda Bedouin）的良好关系，他得以在6月、7月和8月炎热的夏季继续进行挖掘工作。他抱怨缺乏额外的资金，而且确信这些资金是被故意扣留的，不过，他仍然设法从塞提一世陵墓的墙壁上凿下了两幅真人大小的浮雕。对于探险队的王室赞助人来说，这是"又大又漂

---

1. **商博良写给商博良-菲雅克的信**，1829年7月4日，底比斯，Champollion (1986): 387。

2. Champollion (2009): 241.

亮的东西"[1]。如今，一个浮雕在巴黎，另一个在佛罗伦萨。

当商博良离开底比斯时，他也已经筋疲力尽了，准备回家。但他的磨难还没有结束。抵达亚历山大港后，托斯卡纳探险队成员乘坐自己的一艘船返航了，但商博良却在那里待了两个月，等待一艘法国海军舰艇来接他。不过，他充分利用了这段时间，应穆罕默德·阿里的要求写了一部古埃及简史。作为回报，这位埃及统治者将两座卢克索方尖碑赠予法国。（其中一座最终于1836年被运往巴黎，竖立在协和广场，直到今天。）受到王室这番慷慨举措的鼓舞，商博良决定大胆地代表陷入困境的农民发言，请求穆罕默德·阿里改进埃及的教育体系；但这个冒昧的请求没有得到任何回复。商博良也许是最懂法老历史的大师，但穆罕默德·阿里才是牢牢地掌控埃及的未来的人。商博良对此持乐观态度。他说："古老的埃及已经够我忙的了，不必再去关注新埃及的事务了。"[2]

在穆罕默德·阿里的领导下，埃及坚定地向前看，渴望摆脱几个世纪以来的经济停滞和政治无作为的状态，勇于开辟一条属于自己的发展之路。从统治之初，穆罕默德·阿里就意识到，经济现代化将是国家繁荣并最终实现自决的关键。国内灌溉和交通

---

1. 商博良写给商博良-菲雅克的信，1829年3月25日，帝王谷，Champollion (1986): 249。
2. 引自 Robinson (2012): 183。

运输网的重大改善，为引进棉花生产和开发新的国际市场铺平了道路。在进行农业革命的同时，埃及也开始了工业革命。欧洲经验已经表明，原材料生产并不是获得财富的通行证：依靠加工和出口高附加值产品才能成为发达经济体。埃及也需要做同样的事情，减少对进口商品的依赖（这种依赖只会凸显和强化其殖民地位）。因此，在19世纪20年代以及随后的几十年里，尼罗河谷回荡着建筑工程的铮铮之声，其规模是自法老时代以来从未有过的。工程项目（水坝和桥梁、运河和铁路）以及工业建筑（棉纺厂、糖厂、碾米厂、纺织厂和军工厂）取代了神庙和宫殿。[1]

由于以上这些活动，埃及的面貌在穆罕默德·阿里统治的头20年中发生的变化可能比此前的1 000年还要大。商博良是自罗马时代以来第一位能够阅读古埃及古迹的旅行者，也是最后看到这些自古以来就保存完好的遗址的旅行者之一。探险结束时，他明确地知道，这个国家的宝贵遗产即将面临消失的危险。他试图利用自己的科学声誉说服穆罕默德·阿里对文化遗产进行保护，他认为："（如果）殿下能够……确保对神庙、宫殿、陵墓和其他各种古迹进行保护……整个欧洲都会注意到，因为这些古迹不仅证明了古代埃及的强大与壮盛，同时也是现代埃及最美丽的装饰品。"[2]

---

1. Owen (1981): 66, 69, 71.
2. 引自 Elshakry (2015): 187。

为了回应这种情绪，穆罕默德·阿里选择了一座金字塔放在他的新期刊《金字塔》（*Al-Ahram*）的刊头，该期刊至今仍是埃及政府的官方发声渠道。但现代埃及的统治者对欧洲技术的兴趣大于对保护文物的讲座的兴趣，更关注埃及的工业潜力，而不是一堆古老废墟的情感价值。如果欧洲想要获得文物，穆罕默德·阿里非常乐意拱手相赠，以换取优惠政策和技术知识。因此，当他向法国赠送卢克索方尖碑时，他宣称："我赠予它一个古老文明的遗迹，作为交换，它在东方播撒种子，成长出一个新的文明。"[1]

1829 年 11 月 28 日，在踏上埃及 15 个月后，商博良告别了他梦想的土地。他在埃及的土地上写下的最后一句话，是在给他忠实的哥哥的信中，言语之间充满了悲伤，但也充满了成就感："再见……我希望我这出戏的结局会像前四幕一样愉快。再见，全心全意爱着你……法国万岁！"[2]

12 月 23 日，也就是他 39 岁生日那天，他抵达土伦，然后必须忍受一个月的隔离，才获准返回巴黎。1830 年 3 月 4 日抵达后，他写道："我已经积攒了足够一生所需的工作。"[3]

---

1. 引自 Hassan (2003): 61。
2. **商博良写给商博良-菲雅克的信**，1829 年 11 月 28 日，亚历山大，Champollion (1986): 418。
3. 引自 Robinson (2012): 225。

* * *

托马斯·杨是一位杰出的语言学家和博学家，伊波利托·罗塞利尼是一位卓有成就的学者和挖掘工作者；而商博良则理所应当地作为埃及学的奠基人被载入史册。虽然他的对手一直在阻挠他的进步，贬低他的成就，但他最终还是得到了（有些迟来的）认可，被授予世界上第一个埃及学教职（在法兰西学院），并第三次当选法兰西文学院院士。在1822年9月那个气候适宜的日子，他跑到了这个学院，宣布正式开启他的职业生涯。

商博良的伟大探险意味着自罗马时代以来第一次有人能够按照自己的方式去了解埃及古迹，但其所造成的影响却不够显著。商博良回到巴黎整整两年后因中风去世，年仅41岁。他的意外去世导致法国队和托斯卡纳队关系破裂。结果，双方各自出版了一部相互竞争的作品：十卷本的意大利文著作《埃及与努比亚的纪念碑》(*Monumenti dell'Egitto e della Nubia*，1832—1840)和四卷本的法文同名著作《埃及与努比亚的纪念碑》(*Monuments de l'Egypte et de la Nubie*，1835—1845)。导师去世后，罗塞利尼的职业生涯陷入了停滞。而且，即使在商博良去世后出版了他的《埃及语法》(1836)之后，批评者仍然继续谴责他的整个破译系统，称其为"一个巨大的骗局"[1]。商博良早有预言，1830 年 1 月，他在法国南部隔离期间写信给罗塞利尼说："我的语法书将于今年年底问世……它不会改变那些反对我的破译系统和贬低我的工作的人，因为他们不想被改变。"[2]

最终，商博良的学术影响力和他的破译系统的充足证据平息了所有反对的声音。如今，为了纪念他的成就，人们在他位于菲雅克的旧居庭院里安置了一个巨大的罗塞塔石碑复制品；从开罗解放广场向外延伸的一条道路被命名为"商博良大街"，而埃及博物馆则骄傲地矗立在广场的一侧，建筑显眼的位置上刻有商博良的名字。他被葬在巴黎拉雪兹神父公墓，坟墓上有一座埃及风格的方尖碑。作为一个毕生致力于解开埃及古代文明之谜的人来说，据说他的遗言是："来世，去埃及，去底比斯！"[3] 但对于这位最有敬业精神和天赋的先驱来说，最合适的墓志铭也许正是他简单的信条："心怀热情，是唯一的生活方式！"[4]

---

1. 保罗·德·拉加德写给海因里希·吕克特的信，1867 年 7 月 18 日，引自 Marchand (2009): 90。

2. 商博良写给罗塞利尼的信，1830 年 1 月 29 日，普罗旺斯地区艾克斯，Champollion (1986): 476。

3. 引自 Robinson (2012): 235。

4. 引自 Ray (2007): 59。

第 **3** 章

海外的英国人

图3 约翰·加德纳·威尔金森,身穿土耳其服装的典型英国人

> 让自己彻底离开这个地方和整个埃及太困难了。我仿佛被它牵系一生。[1]
>
> ——约翰·加德纳·威尔金森，1832年

在拿破仑远征之后，埃及学的诞生不仅在法国，而且在其长期敌人和主要竞争对手英国也有影响。自从18世纪中叶波科克和诺登的游记出版以来，在英国人的想象之中，埃及的吸引力越来越大。拿破仑的功绩和他的学者的科学成就充分唤醒了整个欧洲大陆和英吉利海峡的公众对法老文明的兴趣。在不列颠群岛，19世纪初是属于历史与文物协会的时代，地方和国家层面的各类

---

1. 威尔金森写给罗伯特·海伊的信，1832年5月20日，引自 Thompson (1992): 119。

团体如雨后春笋般涌现，以满足人们对过去日益增长的迷恋。在伦敦，绅士学者组成了一个紧密的圈子。他们大多受过良好的教育，有一定的经济能力，他们经常聚会和通信，在学术研究方面互相协助，分享地中海和更远地区的考古发掘与探险所带来的新信息。[1]

与此同时，拿破仑的帝国野心造成的两个后果，出人意料地使埃及成为最受喜爱冒险的英国旅行者欢迎的目的地之一。首先，19世纪前15年的拿破仑战争实际上使西欧地区对游客关闭了大门，迫使那些寻求冒险的人前往更远的地方，如东地中海甚至更远的地方。其次，在法国占领埃及并最终战败之后，穆罕默德·阿里作为埃及统治者的崛起，导致整个尼罗河谷的安全局势显著改善。因此，埃及不仅交通便利，而且安全。事实上，正如一位英国旅行者所说："我不知道还有哪个欧洲国家比埃及更安全。"[2] 这一切意味着，从19世纪初开始，埃及成为英国人在国外寻求消遣、获取知识或财富的首选目的地。

有些人，比如威廉·班克斯，来到埃及为家里的乡间别墅搜集文物。其他人，比如弗雷德里克·卡瑟伍德（Frederick Catherwood），作为艺术家前往埃及，被壮观的废墟、万里无云的

---

1. Levine (1986) passim.
2. Madden (1841): 25–6.

蓝天和繁星点点的夜空所吸引。[1] 有些人是为了抛却过往，开创新的未来，比如威廉·汤姆森（William Thomson），他在因弗内斯卷入一场斗殴，随后加入了英国军队，前往埃及。被俘后，面临着死亡或改信伊斯兰教成为奴隶的选择，他选择了后者，余生穿上土耳其的服饰，遵循当地的习俗，并改名为奥斯曼·埃芬迪（Osman Effendi）。他在阿拉伯半岛的穆罕默德·阿里军队中服役，在那里结识了伟大的旅行家约翰·伯克哈特。在伯克哈特的推动下和英国总领事亨利·索尔特的干预下，奥斯曼于1815年摆脱奴隶身份，定居开罗。在那里，他帮助了无数英国旅行者，直到20年后他因痢疾去世。

19世纪初，一些前往埃及的英国游客只是想通过满足公众对游记的兴趣来赚钱。（1798—1850年，英国作家出版了100多本这样的埃及游记，是法国作家的两倍多。[2]）还有一些人前往埃及，是为了体验这个在欧洲人想象中仍然与《圣经》故事和《一千零一夜》（又译《天方夜谭》）联系在一起的国家的风景如画和浪漫刺激。弗雷德里克·亨尼克就是一个典型，他在他的游记中写道："我的乐趣在于自然，而不是艺术品。"事实上，他对古埃及的历

---

1. 卡瑟伍德于1823—1824年首次访问埃及，并于1832年再访埃及，绘制了一系列卡尔纳克神庙的图画。这些图画为他在朋友罗伯特·伯福德位于莱斯特广场的圆形展厅展出的一幅全景画奠定了基础。卡瑟伍德后来去美洲旅行，死于"北极号"在纽芬兰岛附近沉没。

2. Reid (2002): 43.

第3章 海外的英国人

史遗迹不怎么感兴趣。他忽略了大金字塔，并指出，"德农对这座世界上最大的金字塔的精彩描述使任何进一步的观察评论都显得没有什么必要"；萨卡拉金字塔和代赫舒尔金字塔"与吉萨金字塔一样无趣"；他说，卢克索神庙"挤满了狗、阿拉伯人、房屋和其他污物"；在底比斯，"百门之城，东岸的居民住在泥屋里，西岸的居民住在地下"；他发现大象岛"部分被棕榈树和玉米覆盖，部分被废墟覆盖"，并补充道："当地人的泥屋是一道美丽的风景线。"[1]

1822年11月，就在商博良的《致达西耶先生的信》发表一个月后，英国期刊《折衷主义评论》（*Eclectic Review*）颇有先见之明地指出，"从各个角度来看，埃及都是最受关注的对象，而且可能会越来越受关注"[2]。18个月后，它断言，"现在，如果有人不曾在尼罗河上游玩过，那么他就无法自称见过世面"[3]。确实，到1824年，旅行者对埃及的记述已经随处可见，以至于《埃及与意大利的风景和印象》一书的作者不得不承认，"我要引导读者走的路线已经被人走过了，还有上百位旅行者写过了，而且……也许

---

1. Henniker (1823): vi, 76, 82, 130, 135, 144.

2. *Eclectic Review*, N.S. XVIII (November 1822): 444.

3. *Eclectic Review*, N.S. XXI (April 1824): 306.

就像我们祖国的任何一条道路或省份一样众所周知"[1]。通过陆路往返于英国和印度之间的家庭增加了前往埃及的游客数量；1828年，当商博良首次访问埃及时，显然"几乎不可能在街角遇到一个最近抵达的英国人，无论是从红海边界、尼罗河瀑布还是巴尔米拉遗址"[2]。

法国人对这种旅游的兴盛嗤之以鼻，将其归咎于英国自身的缺陷所造成的弊病。[3] 身处这些奇怪的旅行者之间，埃及人现在疑虑重重，认为外国人一定是在寻找财富或政治利益（他们在这两点上都是正确的）。幸运的是，在埃及学的历史上，至少有几个英国人（和一两位女性）对尼罗河谷的好奇是充满善意的——他们不寻求黄金或权力，而是寻求知识；他们专心致志的学术研究和详尽的记述将确保埃及学成为一门像样的科学。

* * *

如果让约翰·加德纳·威尔金森（1797—1875）介绍自己，他会自称绅士学者、旅行家和古文物研究者，但可能不会

---

1. Sherer (1824): iii.

2. Macmichael (1828): 157.

3. Ahmed (1978): 5.

给自己冠以科学家的头衔。然而，他在伟大埃及学家的名单中却有着稳固的地位。他几乎研究过所有重要的考古遗址，他的大量著作比任何人都更努力地向公众普及法老文明。他的作品与商博良的学术出版物区别甚大，但其影响力却丝毫不逊于后者。

威尔金森出生在一个舒适的中产阶级家庭，他的父母受过教育，而且完全接受了启蒙运动的理想，抓住了它带来的机遇。他的牧师父亲是文物学会会员和非洲探险学会（后来的皇家地理学会）会员，他的朋友中有旅行家詹姆斯·格雷·杰克逊（James Grey Jackson）；杰克逊穿越摩洛哥的故事让年轻的威尔金森激动不已，给他留下了深刻的印象，这在他心中种下了一颗种子，唤起了他对异国冒险的强烈欲望。

威尔金森夫人和她的丈夫一样博学。在儿子还在上幼儿园的时候，她就教他法语、拉丁语和希腊语。他的童年令他学识增长，却也充满了失落。威尔金森6岁时，他的母亲去世了，两年后，父亲也去世了。他们的过早离世使威尔金森成为一名富有的孤儿。经济条件和学习动力的结合促使他追随自己的兴趣，而那个时代的兴趣是以古代历史为中心的。16岁时，威尔金森进入哈罗公学完成学业，为上大学做准备。校长乔治·布彻是托马斯·杨的朋友，曾与这位伟大的博学之人一起研究象形文字。布彻发现了年轻的威尔金森对古代世界的兴趣，很可能向他的新学生介绍了关于法老时代埃及的研究。（威尔金森对这一早期的启发记忆犹新，他将自己收藏的埃及文物遗赠给了自己的母校,这些文物被保存至今。)

从哈罗公学毕业后,对于像威尔金森这种背景的人来说,他应该在牛津大学学习三年,但这对他的学术成就并没有多少助益。和许多同时代的人一样,他决定进行一次盛大的欧洲旅行来改变这种状况。因此,1819年6月25日,就在离开大学几周后,他踏上了欧洲之旅,打算在年底前返回家乡从军。但是,一旦过上了优渥的旅居生活,从军的念头很快就烟消云散了。事实上,威尔金森接下来的14年都待在国外,其中12年在埃及。不过,他的第一个目的地是日内瓦,他途经法国和德国到达,在那里度过了1819—1820年的冬天。从那里出发,他前往罗马和佛罗伦萨,然后返回日内瓦,次年冬天再回到罗马。正是在永恒之城的一次旅途中,威尔金森第一次遇到了改变他人生轨迹的人:古典学者、藏书家和热心的通信员威廉·盖尔爵士(Sir William Gell)。

盖尔是19世纪早期那些杰出的人物之一,他不仅本身是一位出色的学者(他是英国皇家学会和文物学会的成员,因其对考古学的贡献而被封为爵士),而且与他所在领域以及整个欧洲的几乎所有其他严肃学者保持着密切的联系。有一段对他的描述令人难忘:他像"某种埃及学研究交流中心。他收集了各方的想法,并将每个人的发现传达给其他人"[1]。他定期与托马斯·杨、亨利·索尔特以及商博良通信。他阅读了迄今为止出版的所有关于埃及学的著作,无论是古代的还是现代的。他了解赫尔墨斯主义和新柏拉图主义的著作。1820年,他意识到古埃及研究正处于重大突破的边缘,"在丰富的古文物学术传统和前所未有的机遇之间保持平衡"[2]。

因此,他对最近在罗马遇到的旅行者一定比平时更感兴趣。眼下这个年轻人既有探究精神,又对古代世界有着浓厚的兴趣,还是一位颇有造诣的艺术家。于是盖尔邀请威尔金森到他在那不勒斯的书屋做客。1821年夏天,拿破仑在圣赫勒拿岛逝世几周后,盖尔主动提出向威尔金森传授他所知道的关于古埃及的一切——当时已知的一切。从托马斯·杨正在开发的象形文字的音译法,到刚刚开始进入欧洲博物馆的埃及文物藏品,盖尔与他的门徒分享了所有最新的见解和发现。当威尔金森离开那不勒斯前往埃及时——因为法老之地必然成为他的宏大旅行的下一个目的地——他比之前任何前往尼罗河谷的旅行者都做好了更充分的准备。

1821年11月22日,威尔金森从马耳他经海路前往亚历山

---

1. Hall (1915): 78–9.

2. Thompson (1992): 30.

大,第一次看到了埃及海岸。上岸后,按照盖尔的指示,他尽职尽责地考察了亚历山大的古典遗迹,但他真正想看的是更南边的尼罗河谷的法老遗迹。抵达后不到三周,他就踏上了前往开罗的旅程。埃及首都很大程度上仍未受到穆罕默德·阿里加速改革的影响,在那里,威尔金森在索尔特的介绍下觐见了统治者(毫无疑问是在盖尔的敦促下)。当时在英国总领事馆担任翻译的奥斯曼·埃芬迪带威尔金森去购买奥斯曼人的衣服,并教他如何假装成土耳其人。到1822年2月,一切准备就绪。威尔金森在朋友詹姆斯·塞缪尔·威格特(James Samuel Wiggett)的陪同下,从开罗起航,前往上埃及,去领略那里多姿多彩的风光。

尽管威尔金森之前的英国旅行者写过许多关于埃及的书,但很少有人出版过任何可以用作可靠的旅游指南的著作。威尔金森和威格特只带了一本诺登的《埃及和努比亚游记》出发,途经底比斯和阿斯旺,一直向南,到达尼罗河第二瀑布脚下的塞姆纳(Semna)。在回程之前,威尔金森像前前后后的众多其他游客一样,在俯瞰大瀑布的阿布西尔岩石上刻下了自己的名字和到访日期——1822年4月14日。不到三个月后,两个人又回到了底比斯。在那里,尼罗河差点夺走他们的生命。威格特因为喝了被污染的水而感染痢疾,而威尔金森则在夜间乘船去接索尔特的医生时差点被淹死。值得庆幸的是,威格特康复了,然后他选择返回英国,这当然是可以理解的。不过,威尔金森却被深深地吸引住了。他放弃了从军的念头,选择留在埃及,一头扎进了文物之中。

索尔特向盖尔报告道:"他对我们埃及文物的兴趣远远超过了普通旅行者。"[1] 这封信写于1822年9月16日。就在两天之前,商博良在巴黎宣布:"我解出来了!"盖尔对这两个人的直觉判断被证明都是正确的。

威尔金森决定在开罗买一所房子,但不在欧洲人经常光顾的法兰克区(以肮脏和盗窃闻名)。相反,他选择住在该市的土耳其区,先是哈萨南区,然后是更时尚的埃兹别基亚区。和他的朋友奥斯曼·埃芬迪一样,他也穿土耳其服装,吃土耳其风味食物(这让他的一些英国熟人很苦恼)。而且,无论从哪方面看,他都过着土耳其人的生活。对威尔金森来说,这不仅仅是一种浪漫的姿态:埃及在很大程度上仍然是奥斯曼帝国的属地,土耳其人是社会的特权阶层。因此,采用土耳其人的风俗习惯可以保证受到一定程度的尊重和保护。此外,威尔金森在谈到埃及长期受苦受难的农民时,表现出欧洲人的偏见和奥斯曼帝国人的傲慢。他写道:"生而为奴的法拉欣[2]是人类中最堕落的人,缺乏感恩之心和各种美德,他在周围的人身上看不到任何美德;对他来说,暴政就

---

1. 索尔特写给盖尔的信,1822年9月16日,引自Hall (1915):138。

2. 法拉欣(fellah),阿拉伯语"农夫"的意思,在英语中,该词特指在古埃及文明被基督教文明和阿拉伯文明取代以后,仍继续在尼罗河谷及中东其他地方耕耘的、主要带着古埃及血统的佃农。——译者注

是优越者的标志,他只尊重这一点。"[1]

和许多19世纪的欧洲旅行者一样,威尔金森迷恋古埃及的统治者,但对其现代居民却没有多少同情心。穆罕默德·阿里的现代化计划给他留下了深刻的印象,他含蓄地表达了一点希望,或者说是期望,"如果现任帕夏继续统治这里,人民的状况可能会大大改善"[2]。

威尔金森在开罗逗留了很长一段时间,其间最值得关注的情况之一就是他的朋友圈子和艺术家同行。他与他们分享他的房子、他的兴趣和他的女人。除了奥斯曼·埃芬迪之外,还有詹姆斯·伯顿,威尔金森于1821年在那不勒斯的盖尔家里第一次见到他。[3] 伯顿随后在穆罕默德·阿里政府中谋得了矿物学家的职位(作为帕夏雇用的众多欧洲顾问之一),并与他的私人秘书查尔斯·汉弗莱斯(Charles Humphreys,卒于1839年)一起抵达埃及,时间上比威尔金森晚四个月。与威尔金森不同,伯顿在开罗的奴隶拍卖市场上购买了一名希腊妇女,并与她结了婚。在为埃及地质调查局工作期间,他与威尔金森一起前往东部沙漠,找

---

1. 引自 Thompson (1992): 49。

2. 引自 Thompson (1992): 51。

3. 伯顿是一位才华横溢的艺术家,他出版了一卷版画《象形文字选集》(*Excerpta Hieroglyphica*,1825—1828),并留下了重要的绘画、平面图和古文物收藏,其中大部分现藏于大英博物馆。他的弟弟德西默斯·伯顿是雅典娜俱乐部及其他伦敦地标建筑的建筑师。

到了为古罗马提供帝王斑岩的矿井，同时也接手了一些考古工作，比如清理了哈布神庙和卡尔纳克神庙的沙子，并在帝王谷发掘了几座陵墓。

威尔金森圈子的另一名成员是18岁的罗伯特·海伊（Robert Hay）[1]，他于1818年作为皇家海军见习官首次造访亚历山大。从他哥哥那里继承了一大笔遗产后，受贝尔佐尼的书影响，他回到了埃及。他在埃及度过了两个漫长的时期（1824—1828和1829—1834）。在此期间，他也娶了一个从奴隶市场"救"出来的希腊女人。在希腊独立战争期间，战败的叛乱村庄中的希腊女基督徒被许多埃及军队视为战利品的一部分。这些被俘虏并被卖为奴隶的女人在开罗的奴隶市场上要价很高：一个白皮肤的希腊人的价格是一个黑皮肤的阿比西尼亚人的3~10倍。居住在开罗的富有的欧洲男人经常买希腊女人做妻子。海伊购买了几名希腊女人，为她们提供了教育资源，并帮助她们重新安顿下来。（他对非白人奴隶则没有表现出这样的关怀。）

威尔金森在埃及的朋友有像奥兰多·菲利克斯少校这样的军人，有像普拉德霍勋爵这样的贵族以及拥有商业人脉资源的商人，还有艺术家弗雷德里克·卡瑟伍德和杰出的爱德华·莱恩（Edward Lane，1801—1876）。我们即将看到，莱恩在各方面与

---

1. 他的绘画、平面图、抄本和古文物收藏也在大英博物馆。

威尔金森不相上下。最后，还有雕塑家兼制图员约瑟夫·博诺米（Joseph Bonomi）。他担任海伊的助手，也与威尔金森、莱恩甚至罗塞利尼一起工作过。在他漫长的职业生涯后期，他于19世纪40年代陪同卡尔·理查德·莱普修斯（Karl Richard Lepsius）去埃及探险，于19世纪50年代在水晶宫布置埃及宫廷部分，于19世纪60年代为大英博物馆买下海伊的藏品。19世纪70年代，在阿梅莉亚·爱德华兹（Amelia Edwards，1831—1892）编写其里程碑式的埃及著作时，莱普修斯曾与她通信。大英博物馆第一位埃及文物保管人塞缪尔·伯奇（Samuel Birch，1813—1885）认识19世纪中叶的所有埃及学家，他认为博诺米"对埃及的了解和经验比当时除威尔金森之外的任何人都丰富"[1]。无论这种赞扬是否夸大其词，博诺米确实与19世纪埃及学故事中许多最伟大的人物都建立了独特的私人关系。

上述几个人各自忙于事业，但他们经常通信，并在沿尼罗河旅行时相聚。威尔金森从第一次到达埃及开始，就受到了他的导师盖尔的远程指导，来自那不勒斯的信件源源不断，为威尔金森建议值得探索或挖掘的地点。早在1822年7月，盖尔就提出，阿拜多斯是一个很有前途的地点，其依据是它在古代晚期的名声很响："阿拜多斯是一个非常有名的墓地，我坚信，挖开覆盖着它的

---

1. Bierbrier (ed.) (2012): 68.

第3章 海外的英国人

黄沙，会发现有很多事情可以做。"[1]（事实证明，他的预感是正确的：随后在阿拜多斯——冥界之神奥西里斯的祭拜中心——出土的文物中，有两座壮观的神庙，由塞提一世和他的儿子拉美西斯二世建造，还有埃及最早的国王的陵墓。后来的王室纪念碑，以及无数的私人墓葬。）尽管盖尔从未去过埃及，但他对古代和现代相关文献的百科全书式知识是无与伦比的。威尔金森则勤奋而热情，并且具有艺术家对细节的洞察力。这两个人是完美的搭档。此外，与书生气十足的盖尔不同，威尔金森时刻准备着冒险。例如，1823年，他带领一支由66头双峰骆驼和20头单峰骆驼组成的车队，进行了一次艰苦的史诗级别的探险，深入东部沙漠的红海丘陵，寻找古代世界最著名的两个采石场——克劳迪安努斯山和斑岩山。这两个偏远而荒凉的地方分别为罗马皇帝提供了砂岩和帝王斑岩。

但欧洲发生的一系列事件很快就让威尔金森转向了不同的目标。盖尔再次牢牢把握着西方学术的脉搏，首先传播了这个消息。他一直预测文字破译方面会取得突破，而当这一突破来临时，他对商博良的成就十分肯定。他告诉威尔金森："我无法给你寄一篇（关于破译的）论文，不过确实已经破译出来了。"[2]

---

1. **盖尔写给威尔金森的信**，1822年7月，引自 Thompson (1992): 78。
2. **盖尔写给威尔金森的信**，1823年，引自 Thompson (1992): 74。

盖尔甚至寄了商博良著作的一部分手抄本,这样威尔金森就可以自己学习这个系统。很快,凭借这些新知识,威尔金森开始对古埃及遗迹上的文字进行现场破译,比破译者本人还早五年。他应该算是一位绅士学者,但在19世纪20年代初期的埃及,没有任何人像威尔金森那样拥有能够推进法老文明研究的知识。他的众多成就之一是将吉萨金字塔的建造时间正确地推断为第四王朝。很多年以后,才有人在金字塔里发现了法老的名字,证明了他的理论。

穆罕默德·阿里也许改善了埃及的国内安全状况,但对于埃及人和欧洲人来说,19世纪20年代初期的尼罗河谷仍然充满危险。那时,鳄鱼生活在底比斯河里;1824年,海伊抵达底比斯后不久,一个去河边打水的孩子被抓走了,几天后,一名妇女也被抓走了。后来,当地经常暴发瘟疫,痢疾也很流行。亨利·索尔特的妻子在1824年的一场致命的瘟疫中丧生。索尔特(1827)和奥斯曼·埃芬迪(1835)都死于痢疾。结膜炎是另一种常见病,威尔金森不时会遭受这种疾病的困扰。19世纪的埃及和古代一样,"村庄里到处都是眼花、独眼和失明的人,他们的眼睑发炎、溃烂,不分年龄"[1]。

19世纪20年代中期,埃及与欧洲大国之间的外交局势不

---

1. Caminos (1997): 24.

断恶化，国内尤其是首都的压力和紧张程度直线上升。当海伊从欧洲抵达时（一定是带着盖尔的介绍信），他很高兴在短暂停留后得以离开这座城市，前往相对安静（除了鳄鱼）的底比斯。甚至威尔金森也认真考虑过离开埃及，前往印度。但事实证明，威尔金森强烈的好奇心和盖尔的鼓励驱使他自己很快又踏上了前往上埃及及其他地区的探索之旅。他比商博良和罗塞利尼早四年参观了贝尼哈桑（Beni Hasan）的陵墓，并在浮雕几乎仍处于原始状态时制作了它们的副本。1824年，他成为第一个参观阿马尔那附近陵墓的欧洲人，他对那里奇怪的装饰风格（"异端法老"埃赫那吞统治时期的特征）感到困惑，并认为它可能源自波斯。威尔金森当然知道他发现了一些重要的东西，并要求他的旅伴伯顿发誓保守秘密，以防其他古文物研究者或寻宝者将阿马尔那据为己有。

凭借充足的资源和强大的动力，威尔金森在埃及的岁月里收获显著。他想过回国——那是1826年，埃及舰队在纳瓦里诺海战中被击沉，埃及和英国的关系跌入谷底。他甚至将文件寄回了家，并且计划很快也跟着回去。但出乎意料的是，这一冲突导致他无法在地中海航行，因此他决定留下来。毕竟，他的心在埃及。他孜孜不倦，下定决心尽可能全面地探索和记录埃及。在一系列探险中，他走遍了埃及的各个区域，探访了几乎没有欧洲人涉足过的偏远角落，包括西部沙漠中的绿洲和东部沙漠的旱谷。他的好奇心永不满足，不仅爱研究古迹，还爱研究地理环境和现代居民。

人与文化之间的联系令他着迷。正如他的朋友爱德华·莱恩一样，这也将成为两人的开创性作品的出发点和根基。

在埃及逗留的头六年里，威尔金森基本上是整个国家唯一一个在进行严肃的古文物探索研究的人。1828年，随着商博良和罗塞利尼以及他们的法国—托斯卡纳探险队的到来，一切都发生了变化。尽管威尔金森和商博良对埃及古物有着共同的热情，而且他们还共同结识了威廉·盖尔，但令人惊讶的是，他们从未谋面。或许是因为他们之间的竞争关系相当激烈。或许，威尔金森和他的许多同胞一样，对商博良排挤和贬低托马斯·杨感到不满。无论出于何种原因，尽管威尔金森确实与商博良在巴黎的哥哥交换过信件，但是他从未与商博良通信。更为明显的是，在法国—托斯卡纳探险队进行探险的大部分时间里，威尔金森"撤回东部沙漠，停留了很长时间"[1]，并依靠他在开罗的朋友（其中几个人见过商博良）向他提供关于商博良的信息。他们绝对不会说商博良的好话。这位法国人的夸夸其谈和他的意大利同事的热情洋溢让保守的英国人感到不快。奥兰多·菲利克斯就是其中之一（他是滑铁卢之战的老兵，因此可以原谅他有一点恐法情绪），他报告说，"整个团队都非常令人厌恶"[2]。

---

1. Thompson (1992): 123.
2. 引自 Thompson (1992): 124。

商博良离开两年后，威尔金森仍在埃及。他的经历与前者截然不同，他遇见了被派去拆除卢克索方尖碑之一的法国探险队。他与负责的工程师让-巴蒂斯特·阿波里耐·勒巴（Jean-Baptiste Apollinaire Lebas）建立了友好的关系，甚至还绘制了图纸。同年，即1831年，另一位来到底比斯的游客是年轻的本杰明·迪斯累里。他当时27岁，仍在探索自己的生活。他与妹妹的未婚夫威廉·梅雷迪思一起经欧洲前往埃及，进行了一次长期旅行，部分旅行资金来自他前一年出版并大获成功的小说《年轻的公爵》（*The Young Duke*）。在底比斯期间，两人住在威尔金森的挖掘屋里，该挖掘屋建在一座贵族墓上方的山坡上，旁边有一棵古老的梧桐树。迪斯累里后来在他的回忆录中写道："在威尔金森先生的陪伴下，我们在底比斯度过了一周。他是一位学识渊博的英国人，十年来致力于象形文字和埃及古物研究，他能轻而易举地读懂方尖碑侧面或神庙大门前面刻着的古代文字，就和我们读最新一期《评论季刊》一样轻松。"[1]（威尔金森的房子后来成为当地的地标，是一代代英国游客最喜欢的景点，也是考古学家路过时的便利基地。莱普修斯在1842—1845年探险期间曾在那里住过，学者直到1909年一直待在那里。）

尽管威尔金森是彻头彻尾的当权派，他的朋友中不乏未来的

---

1. 引自 Blake (1982): 92。

首相（迪斯累里）和未来的诺森伯兰公爵（普拉德霍），但他的观点并不总是一成不变的。他对商博良的明显敌意似乎并非出于对法国人的普遍偏见，他与勒巴的友谊就证明了这一点。此外，尽管英国和法国领事的代理人之间长期存在敌意——索尔特的一名雇员就住在威尔金森据点的山下，而为德罗韦蒂工作的一名意大利人则在附近有一所房子；两人经常为相邻租界的精确边界争论不休，并向当地官员行贿，以便自己获益——威尔金森仍然保持中立。他似乎对卢克索方尖碑被移往巴黎一事并不特别在意。他乐于让工人在无人监管的情况下偷窃文物，并卖给收藏家；然而，他在自己的调查中煞费苦心，尽量不损坏塞提一世墓室内的精致浮雕。（相比之下，商博良却"砍下了他最喜欢的部分，并将其带走"[1]。）威尔金森赞同他的朋友从开罗奴隶市场购买妇女，他也会出面帮助当地的底比斯村民解决他们与盛气凌人的政府当局之间的纠纷；他们为了表示感谢，在他离开时照看他的房子，甚至在他离开埃及很久之后也是如此。也许最令人惊讶的是，威尔金森公开支持穆罕默德·阿里于1831年征服叙利亚，尽管一个强大、独立的埃及会对英国的经济和政治利益构成威胁，而且英国政府也表示强烈反对，担心过早瓦解奄奄一息的奥斯曼帝国会对俄国有利。

---

1. Thompson (1992): 88.

威尔金森是一个内心充满矛盾的人，也是一位尽职尽责并卓有成就的测量员、绘图员和学者。他对底比斯情有独钟，尤其是贵族墓中展现的古埃及日常生活的场景。他后来写道："在这里，风俗习惯、历史事件和宗教仪式将我们带回它们所表现的社会；我们能够研究古埃及人的娱乐活动和工作，如同身临其境。"[1]

威尔金森拥有众多不朽的成就，比如他绘制了第一张底比斯西部的综合平面图，为帝王谷的陵墓引入了一套编号系统（沿用至今），并临摹了后来遭到破坏或毁坏的场景，其中包括现已失传的古埃及艺术杰作，为后世学者提供了一份珍贵的记录。

就在威尔金森接待迪斯累里一年后，埃及学的世界突然发生了意想不到的变化。托马斯·杨于1829年去世，1832年，商博良也去世了。这门新学科将走向何方成为未知数。听到巴黎传来的噩耗，威尔金森写信给海伊："这是多么大的损失啊——象形文字研究就此终结了——因为除了他自己，没有人对这门学科有任何了解，尽管在某些情况下，他也犯下了错误——这在其他研究中也必然会出现。"[2]

更令人担忧的是，威尔金森发现自己独自举起了古埃及学

---

1. Wilkinson (1835): 127.

2. **威尔金森写给海伊的信，开罗，**1832年4月15日，引自Thompson (1992): 126。

术研究的火炬。盖尔写信给他:"我们将来的研究只能靠你了。"[1]威尔金森并不这么认为,他回复盖尔:"他(商博良)非常自信,极富创造力。我想,在这项研究中,很难再看到像他这样的人。"[2] 盖尔不断向威尔金森提出新的研究方向,但对于一个偶然发现埃及学,并将埃及之行作为其伟大旅行的延伸的人来说,期望的压力似乎最终变得太大了。最终,在这个国家度过了近12年后(这很可能是自罗马时代以来欧洲人在埃及逗留时间最长的一次),他做出了返回英国的重大决定,并于1833年6月1日带着一箱木乃伊头颅从亚历山大港起航。(他们抵达里窝那后立即被隔离检查。)

在穆罕默德·阿里改革的阵痛中离开埃及后,威尔金森发现自己出生的国家同样处于转型期。自从他离开后,英国的经济、物质生活和社会结构都发生了翻天覆地的变化。第一条客运铁路在斯托克顿和达灵顿之间开通,梅奈悬索桥将安格尔西岛与主岛连接起来。禁止工会的《联合法》被废除,第一部改善童工工作条件的《工厂法》获得通过。继天主教解放之后,又通过了《大改革法》。大都会警察局成立,政府首次向英国学校拨款。莫尔斯

---

1. 盖尔写给威尔金森的信,那不勒斯,1832年4月10日,引自 Thompson (1992): 78。
2. 威尔金森写给盖尔的信,1832年10月3日,引自 Thompson (1992): 126。

发明了电报，乔治王朝随着"普林尼"的去世和威廉四世的登基而结束。

威尔金森更关心的是公众对古埃及态度的转变。流行趋势在不断变化，威尔金森的旅行手记——记录了英国人有史以来最重要的旅行——没有找到出版商。威尔金森向盖尔哀叹道："没有人关心埃及。"[1] 这并不完全公平。大英博物馆新的埃及雕塑展厅于1833年完工，也就是威尔金森从埃及归来的那一年，开馆后广受好评。同年，威尔金森的朋友、医生兼古文物研究者托马斯·佩蒂格鲁（Thomas Pettigrew）——他也认识贝尔佐尼——从索尔特的收藏中购买了埃及文物，他在查令十字医院的解剖室面向公众拆开了一具木乃伊。据《文学公报》(*Literary Gazette*) 报道，"文学界和科学界的许多人士出席了这次活动，当这位能干的讲师结束他有趣的工作时，他们向他致以热烈的祝贺"[2]。（在接下来的18年里，这位医生主持了数十次类似的活动，为自己赢得了"木

---

1. 威尔金森写给盖尔的信，1832年10月3日，引自 Thompson (1992): 118。
2. *Literary Gazette*, 13 April 1833, 引自 Moshenska (2015): 206。

乃伊佩蒂格鲁"的绰号。[1] 1834年，他出版了《埃及木乃伊史》（*History of Egyptian Mummies*），该书被称为"英国对埃及考古学的第一次科学贡献"[2]。）虽然没有英国出版商愿意接受威尔金森的书，但他通过一位朋友设法让马耳他政府出版社出版了这本书。他对古埃及历史的理解是迄今为止最准确的，比商博良的著作更进一步。

虽然英国公众对古埃及书籍和旅行者故事的兴趣可能有所减退，但前往埃及的游客人数却丝毫没有减少的迹象。富有进取心的出版商约翰·默里（John Murray）发现了这一市场空白，于是委托威尔金森撰写一本尼罗河谷旅游指南，因为没有比他更合适的人选了。（第一本现代旅游指南几年前就以法文出版。[3]）如今，威尔金森又稳稳地回到了伦敦上流社会，他的写作与其他社交活动并行，经常参加完派对回家后于凌晨工作。尽管这样的写作方

---

1. 佩蒂格鲁在埃及学史上是一个了不起的人物（虽然只是边缘人物）。他的熟人包括狄更斯、迪斯累里、柯勒律治、透纳、兰西尔和法拉第。他在萨维尔街的房子里举办的"对谈会"吸引了伦敦社会各界的精英，包括贵族、法官、下议院议员和著名科学家。作为肯特公爵和公爵夫人的外科医生，佩蒂格鲁为尚在襁褓之中的维多利亚女王接种了疫苗。1841年，在威尔金森等人的鼓励下，他着手编写《埃及百科全书》，介绍埃及学的最新成就。该书原定每月出版，分24期，但由于未能吸引足够的订阅者，因此没有出版，只在计划书中摘录了一小段。1852年，佩蒂格鲁主持了第十代汉密尔顿公爵亚历山大的木乃伊制作，并将其安葬在苏格兰汉密尔顿府家族陵墓的埃及石棺中。

2. Dawson (1934): 170.

3. Rifaud (1830).

式存在诸多风险，但最终出版的《底比斯地形图》(*Topography of Thebes*，1835）还是取得了巨大成功。除了主要古迹指南外，该书还首次收录了便于查阅的英语—阿拉伯语词汇对照表。威尔金森在书中充分表达了他对法老文明的看法，例如，他称赞"埃及严厉的规章制度使君主免受庸俗奢华的致命诱惑"，以及"虽然富裕和华丽取代了埃及人早期的淳朴，但他们仍然拒绝东方的一些令人受不了的习惯"[1]。

威尔金森在埃及度过了十多年，他比任何人都更了解欧洲游客所面临的考验和磨难，因此他深思熟虑，为读者提供了一份附录，列出了"在埃及旅行所需的物品，以及提供给从欧洲或印度前往埃及的游客的注意事项"。近两个世纪过去了，威尔金森的这份清单提供了早期埃及旅游状况的一个缩影，颇具启发性和娱乐性。它的开头是这样写的：

> 我只想指出必要的东西：露营床、被褥和蚊帐；露营凳和绘图桌；双层或有衬里的伞；绘图纸、铅笔和印度橡皮；如果他打算遵循欧洲习俗，还要备上充足的茶叶、葡萄酒、白兰地、芳香醋和蒸馏醋，以及他认为合适的各种奢侈品。

---

1. Wilkinson (1835): xiv.

我认为在炎热的气候中，白葡萄酒比红葡萄酒更适宜。[1]

生病是外国游客一直担心的问题，埃及甚至缺乏最基本的医疗设施，这意味着欧洲游客需要携带一个完备的医药箱。威尔金森推荐了一些必需品："一把刀、铅膏和水疱膏、盐、大黄、酒石、吐根制剂、树皮硫酸盐、詹姆斯粉、汞膏、鸦片酊、铅糖或硫酸锌、硝石、薄荷油以及其他常用药。"[2] 除了药物之外，一个像样的图书馆是严肃的旅行家的另一个必备品。在这方面，威尔金森展示了他的博学和对古今资料的熟悉度，推荐了希罗多德，商博良的《象形文字语音系统》(*Phonetic System of Hieroglyphics*)，波科克，德农，汉密尔顿的《埃及》《现代旅行者》以及利克上校或他自己版本的埃及地图。其他建议包括布朗、贝尔佐尼、伯克哈特、托勒密、斯特拉波和普林尼的作品。[3]

在导师威廉·盖尔的热忱和鼓励的影响下，威尔金森从一个业余爱好者转变为一名严肃的学者。事实上，在托马斯·杨和商博良死后，他就是当时最重要的古埃及专家。但是，从根本上讲，埃及学从来都不是威尔金森的使命，他只是出于好奇（尽管这种

---

1. Wilkinson (1835): 559–60.
2. Wilkinson (1835): 560.
3. Wilkinson (1835): 560.

好奇让他沉迷其中 15 年之久)。1836 年 2 月,在《底比斯地形图》出版几个月后,盖尔去世,威尔金森的学术追求之路失去了指路明灯。他很快发现,自己既没了方向,也没了动力。他最后一项伟大的埃及学事业,也是他的巨著,在很多方面反映了他自己而非盖尔的兴趣,即对古埃及日常生活的全面研究,其灵感来自他在底比斯逗留期间精心研究和临摹的贵族墓中所呈现的场景,并配有插图。

到 19 世纪 30 年代,流行的主观游记已经让位于对外国文化更加客观的民族志研究;威尔金森的天才之处在于将这种新的人类学方法应用于过去。他的《古埃及的风俗习惯》(*Manners and Customs of the Ancient Egyptians*,1837)一经出版就大获成功。这是第一本使用古埃及(而非古典文学或《圣经》)证据来阐释法老文明的著作,也是第一本将古埃及人作为真实人物而非神话传说人物来介绍的著作。最重要的是,这本书让普通读者也能了解埃及学,既激发又满足了大众对通俗历史的兴趣。(对威尔金森来说,幸运的是,那些可能会对他的通俗方法嗤之以鼻的学者都已经去世了。)该书便携,价格合理(与《埃及记述》巨大而昂贵的对开卷不同)。该书出版于维多利亚女王登基的那一年,在她漫长的统治期间,它一直是关于古埃及的权威性著作。威尔金森甚至以一种极具讽刺意味的姿态前往巴黎,向路易·菲利普国王赠送了一本书,以示对已故的让-弗朗索瓦·商博良的敬意。

* * *

当威尔金森撰写《古埃及的风俗习惯》时,他在开罗的一位朋友爱德华·莱恩正忙于对当代埃及进行一项里程碑式的研究,题为《现代埃及的风俗习惯》(*Manners and Customs of the Modern Egyptians*,1836)。这两本书以同样的方式描述一种外国文化,成为姊妹篇。莱恩的书在出版前修改了设计,以便与威尔金森的书采用相同的尺寸、格式和风格。虽然后来的学术研究在很大程度上使《古埃及的风俗习惯》变成过时的作品(具有历史价值),《现代埃及的风俗习惯》却经受住了时间的考验,如今仍然是阿拉伯世界历史学家的关键文本。该书的构思和创作故事是西方重新发现埃及的重要篇章,也与威尔金森的冒险经历形成了一个富有启发性的对比。

在莱恩访问埃及之前,人们对他的早年生活知之甚少。与威尔金森一样,他出身于一个受过良好教育和文化熏陶的中产阶级家庭:父亲是赫里福德大教堂的牧师,母亲是画家托马斯·庚斯博罗的侄女。爱德华似乎继承了庚斯博罗的艺术天赋,在伦敦当了一名雕刻师的学徒。正是在这里,他第一次对埃及产生了兴趣。当莱恩来到伦敦时,这座城市最著名的新地标之一是皮卡迪利大街的埃及厅,它于1812年开放,并于1821年举办了贝尔佐尼的埃及文物展。与同时代的许多人一样,莱恩对埃及非常着迷,并决心亲自前往埃及。不过,与同时代的大多数人不同,他为这次旅行做了最充分的学术准备，研究阿拉伯语言和文化长达三年之久。当他启程时，他已经为研究现代埃及做好了充分准备，就像三年前威尔金森研究埃及古代文明一样。1825 年 9 月 19 日，莱恩的船停靠在亚历山大港，他写道：

> 当我接近岸边时，我感觉自己就像一位东方新郎，即将揭开新娘的面纱……我不只是作为一个旅行者来到埃及，考察它的金字塔、神庙和石窟，在满足了我的好奇心之后，就离开它，去寻找其他景致和乐趣，而是要把自己完全扔到陌生人中间，采用他们的语言、习俗和服饰，在完全融入当地人生活的过程中，研究他们的文学。[1]

他先住在亨利·索尔特家，这位英国领事像欢迎老朋友一样欢迎莱恩（虽然两人从未谋面），而且对他的品质印象深刻。索尔特写道："对于莱恩的赞美，说多少都不够。"[2] 然而，经过仔细观察之后，亚历山大港却令莱恩失望了："几乎无法想象这里会有如此荒凉的景象。垃圾堆和流沙几乎占据了整个古城遗址。"[3] 于是，

---

1. 引自 Ahmed (1978): 1。
2. Halls (1834): 273–4.
3. 引自 Ahmed (1978): 24。

莱恩继续前往开罗,在那里与威尔金森和他的朋友会合。像所有新来的游客一样,莱恩抵达后第一时间前往金字塔参观。但与大多数游客不同的是,他在那里逗留了两个星期,为金字塔遗址绘图。在凉爽的夜晚,他会坐下来,抽着烟斗,眺望莫卡塔姆山,远处开罗的尖塔包裹在一片朦胧之中。他睡在附近的一座陵墓里(65年后,另一位伟大的英国学者弗林德斯·皮特里也睡在陵墓里)。莱恩后来写道:"我从未度过如此快乐的时光。"[1]

在开罗由英国前侨民组成的紧密小圈子里,莱恩和威尔金森成为铁杆朋友。他们用阿拉伯昵称称呼对方:莱恩叫曼苏尔,威尔金森叫伊斯梅尔。然而,在很多方面,两人的性格却截然不同。威尔金森热情好客,而莱恩则喜欢独自工作。威尔金森采用了埃及土耳其统治阶级的着装和习俗,而莱恩则过着土生土长的埃及人的生活。即使身着当地服饰,精通阿拉伯语,思想开放,在19世纪的头25年,欧洲人在埃及旅行仍然是一件危险的事情。当莱恩和海伊决定参观位于开罗以南约30英里[2]处的萨卡拉金字塔和陵墓时,他们就发现了这一点。一天下午,他们骑着驴,带着装载设备的行李车出发了。日落时分,他们只走了到萨卡拉一半的路程,就与行李和仆人失散了。他们在一个穆斯林墓地前停下来,

---

1. 引自 Sattin (1988): 69。

2. 1 英里 ≈ 1 609 米。——编者注

第 3 章　海外的英国人

但不愿睡在陵墓里,所以继续前往附近的一个村庄。不幸的是,因为村民前一晚刚遭到了贝都因人的抢劫,对陌生人很警惕,所以不让莱恩和海伊进村。最后,他们把面包扔到墙外,使村民相信了他们的好意。第二天一早,他们继续前行,与队伍的其他成员会合。莱恩以特有的冷静写道:"我们的麻烦就这样结束了;我们的床垫被铺好了,我们舒舒服服地度过了一夜。"[1] 在随后前往法尤姆的旅途中,莱恩和他的同伴忘记给水瓶装满水;他们口渴难耐,无奈之下只能喝死水潭里的水,吃田里的黄瓜,结果染上了慢性痢疾。这种疾病在以后的日子里一直困扰着莱恩,甚至在他回到英国后也是如此。

尽管危险重重,莱恩还是于 1826 年 3 月开始了漫长的尼罗河之旅。在接下来的两年里,他借助投影描绘器(一种将图像投影到绘图表面的设备)绘制了大量图画,并将自己沉浸在埃及的生活方式中。事实上,当他 1828 年返回英国时,他已经成了一个彻头彻尾的埃及人——例如,他沉迷于水烟——以至于他发现自己很难再适应高雅的伦敦社会。他曾试图出版他的画作,但版画的成本高昂,使他无法负担出版一本《埃及图绘》(*Description of Egypt*)的费用。由于缺乏资金,他无法在 1830 年陪伴他的朋友海伊返回埃及。"只要埃及的气候和语言保持不变,"莱恩感叹道,

---

1. 引自 Ahmed (1978): 32。

"它就永远是我的祖国。"[1] 最终，他对这个国家的深刻了解和热爱说服了一家出版商，委托他撰写一本关于现代埃及的书，他得以在 1833 年 12 月返回埃及开展进一步的研究。他按照伊斯兰教规过着模范的生活，开罗也完全接受了他作为阿拉伯诗人和学者的身份。在两年内，他完成了《现代埃及的风俗习惯》的手稿。该书于 1836 年 12 月出版，比威尔金森的《古埃及的风俗习惯》早几个月，并配有他自己的木刻插图。

莱恩的书是一本开创性的著作。它将埃及重新定义为阿拉伯世界的一部分，重塑了西方人对伊斯兰文明的看法。长期以来，欧洲人一直仰慕法老的遗存，但同时也滋生了根深蒂固的伊斯兰恐惧症，这是十字军东征和基督教斗争故事的遗留问题，一直以来影响了他们对埃及的看法。19 世纪初，前往开罗的旅行者惊叹于"金字塔和清真寺、方尖碑和尖塔；人类劳动最崇高的纪念碑，屹立于撒拉逊人权力的腐烂遗迹之中"[2]。其他评论家的观点更为激烈，他们将埃及描述为"圣人与野蛮人的国度；哲学之光的源泉，野蛮无知的沉沦；最强者的情妇，最卑贱者的仆人；地球上辉煌的宫殿、悲惨的医院"[3]。令读者感到惊喜的是，莱恩的《现

---

1. 引自 Ahmed (1978): 33。
2. Clarke (1814): 95.
3. *Retrospective Review*, III (1821): 96–7.

第 3 章　海外的英国人

代埃及的风俗习惯》摒弃了这种懒惰的、根深蒂固的偏见，将阿拉伯社会描绘得复杂、连贯而微妙。更具革命性的是，莱恩以局内人的视角，帮助人们形成了这样一种观念：伊斯兰世界可能是西方世界的替代品，甚至是避难所。[1] 评论家惊讶地发现，他们读到的关于埃及的书的重点竟然不是该国的文物。其中一位写道："我们确信，方尖碑、金字塔、神庙这些字眼从未出现过……木乃伊更是一句未提。"[2] 读完莱恩的书后，托马斯·卡莱尔发表了关于伊斯兰教基础的著名演讲，"这是欧洲文学界对穆罕默德诚意的第一次有力肯定"[3]。

继《现代埃及的风俗习惯》之后，莱恩又投入了另一项雄心勃勃的计划——翻译《一千零一夜》，该书于 1838—1840 年每月出版一期。随后，他又翻译了《古兰经》中的一些段落。但母亲去世后不久，莱恩在埃及染上的慢性病复发，医生劝他搬到气候温暖的地方。他正需要这样的借口。1842 年，他再次出发前往埃及，开始编纂他最后一部巨著——综合性的《阿拉伯语—英语词典》。这一次，他得到了老朋友普拉德霍勋爵每年 150 英镑的资助。(这并不像听起来那么慷慨：这笔资金不仅要养活莱恩，还要

---

1. Ahmed (1978): 103.
2. *Quarterly Review*, LIX (July 1837): 165.
3. Ahmed (1978): 121.

养活莱恩的妻子、妹妹、两个侄子和一名阿拉伯语翻译。）和第一次旅行一样，莱恩也是有备而来。他带上了装在书柜里的130册私人藏书和一张便携式写字台。

莱恩的妹妹索菲亚·莱恩·普尔在开罗和他一起住了两年。在此期间，她也开展了自己的研究，走访后宫，亲身观察埃及女性的生活。和她的哥哥一样，她也是一位冷静客观的学者，不受同时代许多人的偏见的束缚。她记录了当地人的妻子、孩子和奴隶每天所遭受的残酷对待，也记录了她所目睹的母性的温柔。她对埃及女性的观察是细致入微且公正全面的："在某些情况下，我觉得她们的亲切感很有趣，我常常为她们自然优雅的举止感到着迷。"[1] 由此诞生的著作《在埃及的英国女人》（*The Englishwoman in Egypt*，1851）是《现代埃及的风俗习惯》的女性版本，同样引人注目，但它在今天却鲜为人知。

* * *

在穆罕默德·阿里统治的最初几十年里，埃及妇女的命运可能没有任何改变，但整个国家正在发生深刻的变化。"开罗正在迅速变得越来越不像过去的样子，"莱恩观察道，"最近发布了

---

1. Poole (1851), 1: 206.

一项广泛的'改进'令。"[1] 这波最新的现代化浪潮始于 1829 年 12 月,即莱恩首次访问埃及后不久,当时埃及政府出版了一本长达 60 页的小册子,题为《农民成功耕种计划和政府法规的应用》(*Programme for Successful Cultivation by the Peasant and the Application of Government Regulations*)。这本小册子是 400 名省级、军方和中央官员为解决政府收入下降问题而召开的一次会议的成果,它规定了埃及的田地应如何耕作以及应种植哪些作物。它还要求将农民关在村庄内进行例行检查和看管。[2] 任何不履行职责的农民都将被处以鞭笞 25 下,第二次发现将被处以鞭笞 50 下,第三次鞭笞 100 下。酋长如果玩忽职守,也将受到惩罚。这本小册子出版后,政府很快于 1830 年 1 月颁布命令,要求所有埃及人必须获得官方许可和身份证件才能出境旅行。就连间谍也被指挥系统更上层的领导监视,最高级别是中央监察局。这种高压统治的结果是,数以万计的农民逃亡,成为不法之徒,这只会让农村的情况变得更糟,给那些留下来的人带来更多的负担和痛苦。

然而,故意对埃及普通民众的苦难视而不见的英国评论家却赞同穆罕默德·阿里,因为他"表现出的意图不仅仅是建立一个

---

1. **引自** Ahmed (1978): 44。
2. Mitchell (1988): 41.

王朝……而是同时要使一个因千年政治奴役而士气低落、堕落的民族获得新生，并将其引入欧洲文明发展的轨道"[1]。更值得称道的是，他通过学习欧洲方法和聘请欧洲专家来实现这一目标。例如，在19世纪20年代，他派遣了20名埃及青年到伦敦约瑟夫·兰开斯特的中央学校学习，该学校实行军事化管理。他还从爱资哈尔派遣了44名学生到巴黎学习现代技能。这批学生与一位伊玛目里法·拉菲·塔赫塔维（Rifa'a Rafi el-Tahtawi，1801—1873）同行，后者返回埃及后成为该国19世纪文艺复兴运动的重要人物。[2]

欧洲的默许导致穆罕默德·阿里敢于采取更大胆的措施来增强他的个人权力和国家的独立性。在整个19世纪30年代，埃及的领土扩张（正如我们所见，先是入侵叙利亚以弥补纳瓦里诺海战的损失，接下来全面进攻君士坦丁堡）只能通过旷日持久的外交谈判加以遏制。最终在1840年，面对埃及与奥斯曼帝国的进一步对抗，欧洲大国召开了伦敦会议。他们向穆罕默德·阿里提出了一项交易：如果他同意从黎巴嫩和叙利亚撤军，他们将准予他和他的王朝对埃及享有世袭统治权。他的边缘政策奏效了。他不得不接受对埃及军队规模的限制，但他实现了完全脱离苏丹控制

---

1. St John (1834), 1: viii.
2. Reid (2002): 52.

第 3 章　海外的英国人

的独立,并确立了自己作为尼罗河流域无可争议的统治者的地位。

穆罕默德·阿里的政治目标已经实现,他开始着手改革埃及的经济。他的农业改革使耕地面积增加了4 000多平方千米,进而导致人口迅速增长——在25年间从250万增长到450万。政治稳定也导致前往和途经埃及的欧洲人数量激增。八年内,英国和印度之间陆路旅行的人数增加了十倍。半岛和P&O(东方蒸汽航行公司)赢得了向印度运送邮件的合同,并在苏伊士地峡两侧运营。经由直布罗陀和马耳他的P&O轮船服务为英国旅客提供了一条更快、更频繁的前往埃及的航线。为了满足数量激增的过境旅客的需求,名叫希尔和埃文的两位英国企业家在开罗和苏伊士之间建立了一系列旅客驿站。每家驿站都有独立的水井供应淡水,并备有食物和饮料:啤酒和麦芽酒每瓶一先令,甚至还有一些可供选择的葡萄酒。然而,即使有如此舒适的旅行条件,苏伊士运河(更不用提东部沙漠了)也无法与开罗的众多景点相媲美。因此,19世纪30年代,由欧洲人经营、为欧洲人服务的酒店开始在首都遍地开花。一个名叫塞缪尔·谢泼德(Samuel Shepheard)的人受雇经营希尔的酒店,其中包括一家位于开罗市中心的酒店;该酒店后来以他的名字命名,成为欧洲人体验埃及时的一个重要场所。前往印度的乘客可以留在开罗,直到汽船准备就绪,汽船抵达苏伊士时,沙漠上的一串信号灯会陆续发出警示。[1]

　　这些经济发展使埃及的文化遗产处于日益脆弱的境地。早在1829年，商博良就呼吁穆罕默德·阿里保护埃及的遗产。六年后，埃及政府终于通过了第一部文物法。它将埃及古迹遭到破坏的责任归咎于欧洲人（有一定的道理），但也引用了欧洲的先例，引入了文物出口禁令，并建立了国家收藏馆。后者被命名为"古藏馆"（Antiqakhana），最初在伊玛目塔赫塔维的指导下建在了埃兹别基亚区。然而，没过几年，古藏馆的状况就已十分窘迫："除了大量乱七八糟的残破木乃伊和盒子，一些不完整的石碑和各种残片外——这些东西即便有人呵护保管，也会因地点潮湿而失去价值——什么都没有。"[2]（由于负责人疏于管理、漠不关心，藏品在建立仅20年后就消失殆尽；1855年，最后一批藏品被作为外交礼物赠送给了奥地利大公马克西米连。[3]）

　　在埃及政府通过一项保护其古迹的法律的同时，穆罕默德·阿里下令建造18座新的硝石厂，其中一座就是用卡尔纳克第九座塔楼上拆下来的砖块建造的。对埃及法老遗产的忽视和肆意破坏令西方观察家感到绝望和愤怒。法国人占据道德制高点，声

---

1. Sattin (1988): 49.
2. Wilkinson (1843), 1: 264.
3. Colla (2007): 118.

称:"法国,从尼罗河越来越深的泥淖、从无知的人那里挽救了一座方尖碑……欧洲的有识之士理应得到感谢,所有的文物均应归其所有,因为他们了解文物的价值。文物就像一座花园,只有种植和收获果实的人享有花园的自然所有权。"[1]

美国驻开罗领事乔治·格利登(George Gliddon)更是直言不讳,声称"埃及现政府破坏古迹是因贪婪、恣意妄为和疏忽在作祟"[2]。他赞扬商博良将文物从"这个为奴之家"[3]送到安全的欧洲博物馆,并对穆罕默德·阿里进行了猛烈抨击,因为他不仅忽视了法老时期的古迹,而且无视伊斯兰教的古迹:"除了毁坏埃及遥远古代的遗迹外,这位有文化的、广受赞美的埃及统治者没有建造任何值得一提的替代物,也没能保留那些伟大而崇高的宗教建筑物,称他为宗教的捍卫者和代表人物是大错特错的。"[4]

格利登描绘了如果不采取行动将会发生的惨淡景象:"旅行者将会大失所望……发现,神庙变为土丘,雕塑精美的石门变为大坑,巨型柱廊变为一堆碎石,岩刻神庙变为一道裂开的深渊,君

---

1. de Verninac Saint-Maur 1835, 引自 Reid (2002) 的翻译 : 1。
2. 引自 Colla (2007): 111。
3. Gliddon (1841): 138.
4. Gliddon (1841): 88–9.

主的陵墓变为被火药炸开的洞穴!"[1]在每种情况下,他都列举了一个已经发生或即将发生这种情况的遗址的真实例子。他呼吁读者在为时已晚之前进行干预:"因此,埃及现存的文物即将遭到不可避免的迅速破坏,请急于拯救这些文物的各方、个人或协会,向各自的政府请愿,敦促其注意这一问题。"[2]

至于少数积极关注本国伊斯兰教之前的历史的埃及人,比如塔赫塔维,承认欧洲学术的优越性,但并不认为这就赋予了外国人随意拿走埃及文物的权利。[3]

正是在这种不断破坏和相互指责的火热气氛中,第三位英国人走出国门,来到埃及,并带来了爆炸性的后果。

* * *

与威尔金森和莱恩相反,理查德·威廉·霍华德·维斯(Richard William Howard Vyse,1784—1853)既不是学者,也不是美学家。他是一个彻头彻尾的军人。他的父亲是一位将军,祖父是一位陆军元帅。1800年,16岁的维斯秉承家族传统,加

---

1. Gliddon (1841): 3-4.
2. Gliddon (1841): 146.
3. Colla (2007): 123.

入了英国军队，并迅速晋升：1801 年晋升为中尉，1802 年晋升为上尉，1813 年晋升为少校。[1] 他在履行军职的同时，还担任了两届贝弗利议员和霍尼顿议员（当然，这是在《大改革法》颁布之前）。

维斯于 1835 年 12 月底抵达埃及，打算游览主要景点，满足自己的好奇心，并证明《圣经》的历史真实性。他后来写道："在众多有趣的景点中……金字塔，尤其是吉萨金字塔，吸引了我的注意力。"[2] 他对金字塔的年代、建造目的和构造很感兴趣，决心揭开它们的秘密。维斯按照军队的习惯，首先对吉萨高原进行了侦察，然后于 1836 年 11 月开始"行动"。在他之前，探索金字塔的尝试都是半途而废，而维斯则下定决心不遗余力地执行计划。在他的探险记述中，有大量关于"爆破"的内容。"两名采石工负责爆破第二金字塔下部入口处的石头。"[3] "达乌德被派去爆破戴维森室；在其他工程中，只要能爆破的地方，都使用了少量火药。"[4] 门卡乌拉金字塔及其下层花岗岩外壳对早期考察者来说尤其棘手，但维斯并没有被吓倒："我决心检查路面的每一个部分，甚至拆掉

---

1. 他随后于 1837 年晋升为上校，1846 年晋升为少将。
2. Vyse (1840–2), 1: 1.
3. Vyse (1840–2), 1: 199.
4. Vyse (1840–2), 1: 200.

建筑物的正面；总之，无论花费多少金钱或时间，我都要找到神秘的入口。"[1] "灰浆材料几乎和石头本身一样坚硬，因而对于使用普通工具的阿拉伯工人来说，工作非常烦琐……在这项工作接近尾声时，使用了火药，效果很好。"[2]

爆炸对古迹造成了冲击，也给维斯的工人造成了有害影响——"禁卫兵艾哈迈德因眼炎被送往开罗……考虑到他在第三金字塔底部工作，日夜不停歇地暴露在灰尘和高温下，这种情况不足为奇"[3]——但金字塔还是如期交出了它们的秘密。在大金字塔中，维斯在墓室上方又发现了一组减压室。他不带任何讽刺意味地用当时英国名人的名字为这些墓室命名：惠灵顿公爵、纳尔逊海军上将、如今已默默无闻的阿巴思诺特夫人（Lady Arbuthnot）和（早已被遗忘的）外交官帕特里克·坎贝尔（Patrick Campbell）。维斯在 1837 年 4 月 28 日的日记中自豪地记录道："希尔先生在最近发现的墓室中刻下了纳尔逊的伟大名字。"[4] 在门卡乌拉金字塔中，维斯找到了仍存放着法老的玄武岩石棺的墓室。石棺被迅速提取出来，并被送往伦敦大英博物馆，

---

1. Vyse (1840–2), 2: 33.
2. 引自 Tyldesley (2005): 110。
3. Vyse (1840–2), 2: 34.
4. Vyse (1840–2), 1: 236.

第 3 章　海外的英国人

但由于装载石棺的船只"比阿特丽斯号"在西班牙海岸沉没,石棺遗失在大海里(目前仍在等待打捞)。维斯还钻进了狮身人面像的背面,试图找到一个隐藏的密室。这座伟大的雕像对攻击进行了顽强的抵抗——"由于阿拉伯人的粗心大意,在狮身人面像后面 27 英尺深处,钻杆被折断了。为了把它们取出来,人们进行了各种尝试,7 月 21 日还为此使用了火药"[1]——但最终以失败告终。什么也没找到。

维斯对自己的能力充满自信,对自己的观点也很有把握。不出所料,他与第一助手卡维利亚闹翻了。维斯随后聘请了一位来自林肯郡的土木工程师约翰·谢·佩林(John Shae Perring),他最近刚刚抵达埃及,担任穆罕默德·阿里的公共工程经理。维斯让佩林完成金字塔的工作,自己则返回英国继续他的军事生涯。[2] 尽管维斯在金字塔方面的工作存在诸多不足,但仍属于 19 世纪在吉萨进行的最重要的工作,并且最终的出版物直到 20 世纪仍是一部具有重要价值和影响力的著作。维斯曾前往埃及证明《圣经》的真实性(《圣经》将金字塔归功于牧羊人国王),回到英国后,他最终证明金字塔实际上是古王国时期的王陵。这是考古学战胜意识形态的一次微小但意义重大的胜利。

---

1. Vyse (1840–2), 1: 274.

2. Usick and Manley (2007).

就在维斯带着他的炸药棒和钻杆在吉萨工作的时候，两项重要的进展标志着研究和保护埃及文化遗产的新时代的到来。在开罗，对文物抱有浓厚兴趣的欧洲居民成立了埃及学会。受拿破仑短命的埃及研究所的启发，该学会的目标是作为"旅行者的聚集地，将不时访问埃及的文学和科学界人士联系起来"[1]。埃及学会的会员人数稳步增长，在七年内从最初的十几人增加到100多人。该学会建立了一个运转良好的图书馆，并向埃及学术界所有杰出的欧洲人授予了荣誉会员资格：若马尔、罗塞利尼、威尔金森和莱恩。与此同时，在伦敦，另一位未来的会员塞缪尔·伯奇在大英博物馆开始了他漫长而辉煌的职业生涯。在接下来的半个世纪中，他将大英博物馆打造成研究古埃及的领先学术中心，并为其不断增加的藏品编目和研究工作注入了新的专业精神。从莱普修斯到欧内斯特·巴奇（Ernest Budge，1857—1934），每一位对埃及感兴趣的学者都会慕名而来。他后来创建了颇具影响力的《圣经》考古学会，并协助出版了维斯的考察报告和威尔金森的《古埃及的风俗习惯》。

至于威尔金森本人，在《古埃及的风俗习惯》1837年出版后，他的充沛精力越来越多地驱使他走向不同的方向。1833年

---

1. *Laws and Regulations of the Egyptian Society*, Alexandria, 无日期, 1; 引自 Reid (2002): 49。

离开埃及时，他就告诉朋友海伊，他计划在两年内返回埃及。但他很快就被其他事情吸引了。他把大部分时间花在拜访他那些博学多才的朋友上，为他们的乡间别墅绘制精致的水彩画，沉迷于他热爱的谈话和辩论。他与科学家查尔斯·巴贝奇（Charles Babbage）和拜伦的女儿、数学家埃达·洛夫莱斯（Ada Lovelace）通信。他还加入了东方俱乐部和雅典娜俱乐部；后者位于詹姆斯·伯顿的弟弟德西默斯（Decimus）设计的一栋新建筑中，几乎每周三都会招待成员共进晚餐。威尔金森参加的两个俱乐部，连同皇家学会和皇家文学学会（他被选为这两个学会的会员）以及皇家地理学会（他成为皇家地理学会的理事会成员）提供了充足的智力挑战。他很享受自己作为公共知识分子的角色，人们在当时的重大议题上都会征求他的意见，他于 1839 年被封为爵士（他选择被称为"加德纳爵士"，而不是"约翰爵士"）。

威尔金森对埃及学保持着浓厚的兴趣，他向大英博物馆提出了进一步购买文物的建议，自己也向大英博物馆捐赠了他的一些文物收藏。1841 年，他终于重返埃及，为第二版《底比斯地形图》（更名为《现代埃及和底比斯》，1843）搜集材料。他并不喜欢自己的发现。他写信给埃达·洛夫莱斯："自从我之前看到埃及以来，它已经被糟蹋得不成样子了……沿尼罗河旅行的游客恐怕很快就会像莱茵河上的游客一样,商人军团将占领埃及。"[1] 当然,这些游客正是他写作的《现代埃及和底比斯》的目标读者。该书的后续版本——默里的《埃及手册》(*A Handbook for Egypt*, 1847)的读者也一样,后者是一系列作品中的一部,是后来所有旅游指南的模仿对象。

1848—1849年冬,威尔金森第三次返回埃及和努比亚。他一直向南航行到吉布巴加尔(Gebel Barkal)神庙,只有少数欧洲人到访过该遗址。通过对法老遗迹的深入研究,威尔金森对古埃及建筑产生了浓厚的兴趣。但在出版相关资料时,他选择将这一领域留给他的朋友海伊。直到发现海伊无法完成该任务时,威尔金森才完成了自己的研究,并通过订阅的方式私下出版。《古埃及建筑》(*The Architecture of Ancient Egypt*, 1850)与大卫·罗伯茨六卷极具影响力的《圣地、叙利亚、埃及和努比亚》石版画同年出版。[2] 威尔金森的书可能没有像后者那样广泛地流传开来,

---

1. 威尔金森写给埃达·洛夫莱斯的信,1842年5月18日,引自Thompson (1992): 169。

2. 大卫·罗伯茨(David Roberts, 1796—1864)是第一位到埃及旅行的职业艺术家,他在1838—1839年冬天参观了尼罗河沿岸的古迹和开罗的清真寺,在各处写生。在此期间,他与海伊通信,并租下了奥斯曼·埃芬迪的房子,而托马斯·佩蒂格鲁则在罗伯茨的伦敦工作室打开了他的一具木乃伊。离开埃及时,罗伯茨写道:"我相信一切都会有好结果——然后带着从东方获得的最丰富的一本对开本画作回家。冒险是值得的。"(引自Sim, 1984: 159)的确如此。他早年接受过布景设计训练,这使他的作品具有戏剧色彩,而技术的进步使他能够将画作印刷成具有丰富色彩的图版。它们一直是最受欢迎、最令人回味和最有影响力的埃及绘画作品。

第3章 海外的英国人

但它对 19 世纪中叶建筑的影响却十分深远。突然之间，埃及风格的建筑形式风靡一时，而且往往出现在最不可能的场合。约翰·马歇尔在利兹的亚麻纺织厂的外墙仿照伊德富神庙的设计，还有一个装饰成方尖碑的窗户。阿尔伯特纪念碑的建筑师甚至也曾短暂地考虑过埃及风格的设计方案。

1855 年 10 月，威尔金森因身体不适，第四次也是最后一次乘船前往埃及，但中暑使他大部分时间都被困在自己的船舱里。他为埃及学的发展做出了巨大贡献，埃及学的学术研究突飞猛进，新一代的学者将他甩在了身后。爱德华·莱恩的侄子雷金纳德·斯图尔特·普尔（Reginald Stuart Poole）让他随时了解最新进展。但威尔金森现在只是一个观察者，不再是积极的参与者了。1856 年返回英国后，他与小他 24 岁的卡罗琳·卢卡斯结了婚，两人是经共同的朋友、威尔士女继承人兰诺弗夫人介绍认识的。在卡罗琳的陪伴下，他在高尔半岛度过了晚年生活，他的兴趣集中在威尔士文化和英国文物上。他于 1875 年去世，葬于兰达弗里，墓碑是他自己设计的方尖碑。

与此同时，莱恩——威尔金森唯一一位对埃及保持着持久兴趣的朋友——一直在努力为他的巨著《阿拉伯语—英语词典》寻找出版商。普鲁士政府曾承诺承担印刷费用，但 1848 年欧洲革命让这个计划泡汤了。最终，莱恩说服了他的朋友普拉德霍勋爵（他于 1847 年继承了诺森伯兰公爵的爵位）为这部著作提供资金，而莱恩和他的家人只能依靠英国政府特别服务基金每年提供的微薄补助金维持生计。1849年后，他再也没有回到埃及，但他在余生中一直致力于《阿拉伯语—英语词典》的编纂工作，几乎每天都投入其中。该词典在其领域中一直处于至高无上的地位。莱恩于1876年去世，比威尔金森晚10个月。

19世纪30年代，威尔金森和莱恩与他们的朋友和旅伴一起，改变了西方与埃及的关系。在商博良的领导下，法老时代的历史一直是博学人士的专业领域，而现在，对之感兴趣的公众也开始了解这段历史了。长期以来，人们通过十字军东征和《一千零一夜》故事的视角来看待阿拉伯埃及，而威尔金森的作品则揭示了一个充满活力、复杂和快速现代化的社会。最重要的是，威尔金森和莱恩通过他们的《古埃及的风俗习惯》《现代埃及的风俗习惯》为过去和现在的埃及人民赋予了生命。威尔金森和他的同事被后人视为业余爱好者，直到现在，他们对埃及学的长期贡献才最终得到认可。[1]

---

1. Thompson (1992).

第 **4** 章

普鲁士计划

图4 理查德·莱普修斯和他的普鲁士探险队成员在吉萨大金字塔顶端，由探险队艺术家约翰·弗雷绘制

> 我的下一个计划是：对埃及和阿拉伯富含铜矿的土地进行科学考察。[1]
>
> ——理查德·莱普修斯，1840 年

拿破仑与纳尔逊、索尔特与德罗韦蒂、托马斯·杨与商博良：在 19 世纪的头 30 年，对埃及的争夺——描述、获取、理解与控制——是法国和英国之间的赛跑。商博良使人们能够用法老文化自己的语言和方式来理解它；威尔金森和莱恩开辟了新的探究途径，使普通读者能够了解古代和现代的埃及文明。但 1832 年商博良去世后，他的同事或学生中没有一个人有同样的学习深度、同

---

1. 莱普修斯写给普鲁士的腓特烈·威廉四世的信，1840 年 12 月，引自 Freier (1988): 98。

样的动力或决心来进一步推进他的语言学研究。1836年盖尔去世后，威尔金森对古埃及的研究缺乏方向上的引导，英国在埃及考古学和历史学方面的领导地位也随之被削弱。埃及学这门新生学科可能会就此消亡了。法国因1830年七月革命的余波而动荡不安，英国则被政治、社会和工业动荡困扰，古埃及世界在争夺人们的注意力方面举步维艰。此外，法国和英国考古学家还找到了新的竞技舞台：美索不达米亚。[1]如果对埃及古代历史的研究要实现下一次飞跃，就需要一支新的力量和一位新的领军人物。

19世纪30年代席卷欧洲的变革，挑战并改变了英国和法国这两个旧势力，也为新势力在欧洲大陆和更远的地方展示自己的力量提供了一扇机会之窗。普鲁士王国诞生于18世纪初，由勃兰登堡和东部领土合并而成，经历了西班牙王位继承战争、七年战争、拿破仑战争等一系列冲突，领土完好无损，地位更加稳固。1834年1月1日，在普鲁士的主张下，德意志关税同盟成立，开创了经济繁荣、机遇遍地的新时代。[2] 1840—1841年，法国军队越过莱茵河，德意志民族主义浪潮被释放出来，普鲁士得以乘势而上，加以利用。其结果是，到1842年，普鲁士毫无悬念地成为德国在欧洲的动力引擎，成为英法殖民野心的有力竞争者。

---

1. Reid (2002): 43.

2. Clark (2006).

自古罗马时代以来，新兴国家就开始从历史中寻找依据，以证明自己的合法权力：通过挪用伟大祖先所带来的文化荣耀，新的政体就有可能获得领导地位，并在世界舞台上占据一席之地。法国在拿破仑远征中就做到了这一点，后来还将卢克索方尖碑之一运到了巴黎。(查理十世曾得到保证，如果巴黎得到一座方尖碑，"它就再也没有任何理由嫉妒罗马了"[1]。) 英国也曾将罗塞塔石碑作为战利品，将"年轻的门农"运往伦敦，从而实现了这一目标。现在，普鲁士作为新的欧洲强国，亦希望回顾过去，把握现在，开创未来。

时势造英雄。卡尔·理查德·莱普修斯比商博良小 20 岁，注定要接过先辈曾经点燃的火炬。莱普修斯也很早就显示出语言天赋，他在莱比锡大学和哥廷根大学学习梵文、比较语言学和考古学，并于 1833 年凭借一篇关于古代意大利方言的论文获得了博士学位。他本可以选择任何方向进行研究。他之所以选择埃及，是因为 19 世纪德国学术界的另外三位杰出人物，他们在莱普修斯的整个职业生涯中扮演着导师、倡导者和支持者的角色，引导他的精力和热情，为埃及学添砖加瓦。第一位，也是最年长的一位是亚历山大·冯·洪堡，他是个博学之人，也是历任普鲁士君主的科学顾问。洪堡的兴趣极其广泛，他本人认识当时欧洲的大多

---

1. **德奥塞男爵写给查理十世的信**，1829 年 11 月 25 日，引自 Lebas (1839): 15。

数知名知识分子。（正如我们所知，1822年，他参加了法兰西文学院举行的一场具有里程碑意义的会议，商博良在会上宣布破译了象形文字；10年后，洪堡在商博良的葬礼上担任护柩者。）莱普修斯的第二位导师是卡尔·约西亚斯·冯·本生，他是另一位学识渊博、能力出众的学者，不仅是东方语言、语言学、神学和古代历史方面的著名专家，还是一位卓有成就的外交官。他在长达20年的大部分时间里（1824—1841）担任普鲁士驻罗马公使，之后又在14年的时间里（1841—1854）担任普鲁士驻伦敦大使（他在伦敦的熟人还有威尔金森和伯奇）。三巨头中的第三人是考古学家爱德华·格哈德（Eduard Gerhard），他的大部分时间都在罗马度过。1829年，在当时普鲁士王储的赞助下，他和本生在罗马成立了考古通信研究所（Institute of Archaeological Correspondence）。

在意大利期间，本生身边有一个才华横溢的知识分子圈子，类似于盖尔在那不勒斯的人脉圈，他们欢迎来访学者讨论和辩论最新的发现和观点。正是在这样的背景下，本生认识了商博良（后者于1825年4月至5月访问罗马），并由此了解了埃及学这门新兴学科。在余下的职业生涯中，本生一直热切关注着这门学科的发展，并与主要业内人士保持着联系。1832年罗塞利尼的《埃及与努比亚的纪念碑》出版，证实了埃及文明的重要性。次年，格哈德在柏林遇到了莱普修斯，立即向本生推荐了他：他就是普鲁士埃及学研究的领军人物。在格哈德的鼓励下，莱普修斯前往巴黎，花了三年时间学习商博良的破译系统，并开展自己的私人研究。商博良在莱普修斯到来的前一年去世了，但埃及学的学术标准却好像从一个人无缝衔接地传递给了另一个人，莱普修斯接过了商博良的接力棒。莱普修斯的研究不仅证实了商博良体系的正确性，还将埃及语言学带入了下一个阶段，第一次能够翻译连续的象形文字，而不仅仅是人名和称谓。[1]

普鲁士埃及学有了这样一个良好的开端，洪堡建议柏林科学院正式将这门新学科作为其研究领域之一；还有谁比莱普修斯更适合领导它呢？莱普修斯最初对将自己的职业生涯献给一个尚处于萌芽阶段的领域持保留态度，但后来他同意了这一建议，并开始学习科普特语，收集古籍副本，并沉浸在象形文字的研究中。1836年，在洪堡、本生和格哈德的帮助下，莱普修斯获得了学院的资助，得以前往意大利进行长时间的考察。他的行程紧随10年前商博良的步伐。在都灵，他复制了《亡灵书》和《都灵王典》；在比萨，他遇到了商博良的学生、法国—托斯卡纳探险队的联合指挥官罗塞利尼，并得到了他的鼓励。在里窝那，他研究了存放在仓库中的埃及文物；在罗马，他会见了本生圈子里的成员，包括普鲁士外交使团的牧师赫尔曼·阿贝肯（Hermann Abeken）和瑞士艺术家约翰·弗雷（Johann Frey），后者曾为莱普修斯制作罗

---

1. Thompson (1992): 75.

马纪念碑上象形文字铭文的雕版。本生和格哈德对莱普修斯信任有加,任命他为考古通信研究所的秘书。他创办了该研究所的期刊《研究所年鉴》(*Annali dell'Istituto*),作为埃及学研究的主要载体。莱普修斯第一阶段深入研究的成果是1837年出版的《致H. 罗塞利尼教授的关于象形文字的信》(*Lettre à M. le Professeur H. Rosellini sur l'alphabet hiéroglyphique*)——这是他有意识地向商博良致敬的作品,既支持了优秀前辈的系统,又通过证明音节符号和语音符号的存在扩展了这一系统。莱普修斯于1838年离开罗马,准备开始他职业生涯的第二阶段。与商博良一样,他将前往埃及。

* * *

早在1820—1821年,在商博良和威尔金森踏上埃及土地之前,柏林学院就曾派出一支探险队前往尼罗河谷搜集文物。由于没有考古专家,该小组由普鲁士军官约翰·海因里希·冯·米努托利(Johann Heinrich von Minutoli)领导,陪同的还有两名医生兼博物学家克里斯蒂安·戈特弗里德·埃伦伯格(Christian Gottfried Ehrenberg)和威廉·弗里德里希·亨普里奇(Wilhelm Friedrich Hemprich)。他们行至遥远的锡瓦,最南到达栋古拉(亨普里奇死于阿比西尼亚),搜集文物,以及动植物和矿物标本。他们带回的一些法老物品在巴黎出售,被商博良看到了;其他的文物则被柏林博物馆收藏。也许这次探险最重要的成果是激发了年轻的普鲁士王储对埃及的兴趣。在米努托利的鼓励和洪堡与本生的培养下,王储的兴趣日益增长。结果,1827年,他买下了帕萨拉夸收藏的埃及文物。这些文物曾向法国政府出售,但遭到了拒绝。它构成了新柏林博物馆的核心藏品,帕萨拉夸本人也正式被任命为普鲁士埃及收藏馆的第一位馆长。

1840年6月7日,老普鲁士国王去世,他的长子、王储腓特烈·威廉四世(1840—1861年在位)继位。柏林学院的学者抓住了这一时机。仅仅6个月后的12月21日,洪堡向新国王递交了一份关于埃及探险的正式提议书,建议由莱普修斯担任领队。探险队需要一位精通象形文字和法老文明的学者;而莱普修斯经济拮据,在柏林举步维艰,正需要这次探险来推动他的事业发展。这是一个互惠互利的安排。为了推动这项事业,莱普修斯直接写信给王宫,恳求国王准许这次机会,为自己及家人的前途提供保障。他写道,"我的下一个计划是,对埃及和阿拉伯富含铜矿的土地进行科学考察。洪堡基于对我真正的信任,向您提出了建议,陛下对此表示了极大的支持和赞赏",并承诺得到"商博良无法获得的见解",前提是国王授权这次考察"明年秋天开始,为期一年半到两年,费用由国家承担"[1]。这位爱好文物的君主无法抗拒这

---

1. 莱普修斯写给腓特烈·威廉四世的信,1840年12月,引自 Freier (1988): 98。

第 4 章 普鲁士计划

次考察的吸引力，在年底前就批准了一支大型探险队的经费，探险队定于次年秋天出发前往尼罗河谷。

筹划立即启动。国王任命宗教、教育和医疗事务大臣约翰·阿尔布雷希特·弗里德里希·艾希霍恩（Johann Albrecht Friedrich Eichhorn）负责监督筹备工作。第一项任务是确定探险队成员。莱普修斯要求有一位建筑师，以便对所有古迹进行精确测量，这是拿破仑和法国—托斯卡纳探险队都没有做过的事情。他解释说："我特别希望能有一名技术人员协助实现考察队在建筑研究方面的目标，因为这些建筑是埃及文化史的重要组成部分，但迄今为止却被忽视了，这是非常不公平的。"[1]

很快，一个合适的人选出现了，他就是柏林建筑师兼测量师乔治·埃尔布卡姆（Georg Erbkam）。然而，在埃尔布卡姆被任命后没几天，莱普修斯就开始怀疑其他准备工作能否在规定时间内完成。如果他的探险是一次真正意义上的科学考察，而不仅仅是另一次尼罗河上的文物探险，那么就需要缜密的计划和大量的前期研究。他已经开始在脑海中构思他希望通过此次探险解决的问题。其中最重要的是古埃及年表中的各种未解之谜。莱普修斯意识到，要在这一领域取得重大进展，就必须详细了解现存的资料，尤其是《都灵王典》。他不可能在短短几个月内充分掌握这份文

---

1. 莱普修斯写给艾希霍恩的信，1841年3月4日，引自 Freier (1988): 101。

献，同时又能做出所有其他安排。无奈之下，他向导师告知自己的疑虑。他们的意见是一致的。1841年3月，本生写信给艾希霍恩，请求推迟这次探险。几周后，洪堡也给国王写了同样的信。延迟一年造成的财务不确定性可以通过额外的准备时间来弥补。

莱普修斯着手研究《都灵王典》以及同一文集中的《亡灵书》。令人尴尬的是，他的两位学术导师本生和古典主义者奥古斯特·伯克（August Boeckh）对古埃及历史的研究方法截然不同。莱普修斯不能惹恼任何一位导师，因此他只完成了一份手写的《都灵王典》手稿。但他还是出版了《都灵的象形文字纸莎草版本埃及文献〈亡灵书〉》（*Todtenbuch der Aegypter nach dem hieroglyphischen Papyrus in Turin*），并于1842年1月3日自豪地将一本复制品作为新年礼物送给普鲁士国王。莱普修斯还利用探险延期的机会参观了巴黎、莱顿和伦敦最重要的欧洲埃及文物收藏馆，并出版了第二本著作《埃及古代重要文献选编》（*Auswahl der wichtigsten Urkunden des Aegyptischen Altherthums*）。他的学术研究取得了长足的进展，在春季结束之前，国王任命莱普修斯担任柏林大学哲学系的杰出教授，这引发了争议。（当时哲学系已有23位杰出教授，而预算只够14位，而且他们反对在埃及学学科设立这样一个职位；但艾希霍恩成功说服国王，官方政府探险队应该由具有教授身份的人领导。普鲁士人的民族自豪感占了上风。）

在完成了主要的语言学和文化研究后，1842年5月24日，莱普修斯向艾希霍恩发去了一份正式的计划书，确定了即将进行的探险的背景，并概述了他的建议："自商博良的《致达西耶先生的信》发表以来的 20 年间，埃及历史已经被公布于众，起初可以追溯到摩西和雅各的时代，现在则可以追溯到古王国最初的繁荣时期。"[1] 他接着介绍了埃及学迄今为止取得的主要成就，包括法国—托斯卡纳探险队；将托马斯·杨誉为商博良的先驱；赞扬威尔金森最近出版的《古埃及的风俗习惯》；并指出，由于英国个人和政府收购文物的热情高涨，因此大英博物馆现拥有仅次于都灵的最丰富的雕塑和手稿收藏。这份计划书经过精心策划，力求直击所有痛点：通过赞扬法国和英国学者的成就，它揭示了德国学术界明显乏善可陈的实际情况；通过提及伦敦和都灵令人印象深刻的埃及藏品，它强调了柏林文物收藏的二流地位。

在激起了普鲁士国家的使命感之后，莱普修斯继续阐述他的探险目标："以历史和文物的视角，调查和搜集尼罗河谷和西奈半岛上的古埃及遗迹。"[2] 当时为数不多的在世的埃及学家（罗塞利尼、威尔金森、伯奇和莱顿的莱曼斯[3]）要么专注于语言学，要么忙于博物馆藏品的整理工作；没有人从事法老历史的研究。这将是莱普修斯的任务，也是他的机遇。他希望通过艺术、神话和语

---

1. 莱普修斯写给艾希霍恩的信，1842 年 5 月 24 日，引自 Freier (1988): 103。
2. Lepsius (1853): 6, 作者的序言。
3. 康拉德斯·莱曼斯（Conradus Leemans，1809—1893），莱顿文物博物馆馆长，也是首位为欧洲重要馆藏出版一部系统性目录的埃及古物学家。

言来了解古埃及文化，不仅要了解古埃及文化本身，还要了解古埃及文化与其他文化和世界历史的关系。探险队将系统地搜集这方面的研究材料，还将填补拿破仑远征和法国—托斯卡纳探险留下的空白，特别是在古埃及建筑方面。

得益于细致的研究，莱普修斯清楚地知道他需要考察哪些遗址，以解决古王国（这个术语最初由本生创造，指的是约公元前2575—前2175年金字塔时代法老文明的第一次伟大繁荣）的年代问题。他认为孟菲斯、法尤姆、三角洲、阿拜多斯和哈马马特干谷是最有研究前景的遗址，而它们基本上都被商博良忽视了。他还打算前往利比亚沙漠的绿洲和西奈半岛的铜矿。探险队将试图了解埃及和努比亚之间的关系，并找到小亚细亚、叙利亚和巴勒斯坦的拉美西斯遗迹。莱普修斯还怀疑，帝王谷有更多第十八王朝的王陵等待被发现。探险队的任务是制作纸模（在浮雕表面涂抹湿纸浆，形成一个结实的拓模），并复制埃及法老时期每一个重要的浮雕和铭文。最后，如果这一切还不够的话，莱普修斯将把一些重要的文物转移到柏林博物馆，以使普鲁士的国家收藏与伦敦、巴黎、莱顿和都灵的收藏相媲美。具体来说，他想到的是卡尔纳克神庙雕刻的国王名单（大英博物馆有一个阿拜多斯的版本）；贝尼哈桑的柯南姆霍泰普墓中沙漠部落居民进贡的场景；砖匠（据说是被奴役的希伯来人）的工作场景以及底比斯雷克米拉王陵中阿蒙霍特普一世和雅赫摩斯-奈菲尔塔丽（Ahmose-Nefertari）的雕像；位于赫利奥波利斯和克罗科迪洛波利斯的辛努

第4章 普鲁士计划

塞尔特一世小方尖碑中的一个或两个；以及具有代表性和历史意义的纸莎草纸和科普特手稿。总而言之，这是一个宏伟的目标。

莱普修斯的雄心壮志令柏林学院的成员印象深刻，但他们也对短短两年能否实现这么多目标表示怀疑。他们还认为莱普修斯提出的预算（19 000 塔勒）完全不够。6 月 19 日，他们孤注一掷，授权艾希霍恩将这份附有大量专家论证的建议书递交给国王，但总预算为 33 100 塔勒。这笔钱得到了批准，大家都松了口气。此次探险即将成行。（最后核算下来，共花费 34 600 塔勒——有点超支，但超得不多。）

随后，考察队负责人展开了热火朝天的工作，以确定其余成员，他们将为这项工作的成功做出巨大贡献。莱普修斯想要的不是一名，而是两名绘图员，他解释说："当第一名绘图员忙于临摹铭文时，第二名绘图员几乎是必不可少的，他将负责雕塑和遗址。"[1] 目前居住在柏林的恩斯特·魏登巴赫（Ernst Weidenbach）和马克斯·魏登巴赫（Max Weidenbach）两兄弟得到了极力推荐，但马克斯（当时 19 岁）将于次年开始服兵役。莱普修斯写信给外交部请求推迟。他已经与在罗马时的老朋友约翰·弗雷签约，但他还想要一位能为重要雕像制作石膏像的铸模师，于是他想到了家乡瑙姆堡的一位雕塑家卡尔·弗兰克。普鲁士政府同意

---

1. 引自 Freier (1988): 102。

资助莱普修斯、埃尔布卡姆、魏登巴赫兄弟、弗雷和弗兰克六人，并派遣阿贝肯（莱普修斯的另一位在罗马的朋友）担任探险队牧师，"以各种方式宣传这次旅行途中遇到的文物"[1]。出发前，还有两名成员将在伦敦加入探险队：第二位建筑师詹姆斯·怀尔德（James Wild）和约瑟夫·博诺米。后者是一位值得信赖且经验丰富的埃及问题专家，曾是威尔金森在开罗的圈子中的一员。

1840年《伦敦公约》签订后，普鲁士在埃及的外交话语权日渐薄弱，埃及的利益交到了瑞典总领事阿纳斯塔西的手中。事实证明，这是因祸得福，因为阿纳斯塔西与穆罕默德·阿里很熟。尽管如此，莱普修斯在准备他的探险时仍不抱任何侥幸心理。1842年7月初，他写信给普鲁士外交大臣海因里希·冯·比洛，请他向君士坦丁堡的奥斯曼苏丹和穆罕默德·阿里分别请示一份诏书，并附上奥地利、英国和法国外交大臣写给他们驻埃及代理人的推荐信，明确说明这次探险的目的是文物研究：莱普修斯不仅希望获得官方许可，还希望避免与受雇搜集文物的其他国家代理人发生潜在冲突。最后，普鲁士国王写信给穆罕默德·阿里，以个人名义批准了这一行动，并从皇家瓷器厂选了一对花瓶作为赠礼。帕夏对这份礼物很满意，称普鲁士瓷器的质量比他10年前

---

1. Lepsius (1853): 12.

第 4 章　普鲁士计划　　　187

从法国路易·菲利普那里得到的法国餐具还要好。[1] 这种互惠的外交礼节令双方都感到愉快。

莱普修斯意识到柏林的埃及藏品是在帕萨拉夸的指导下收购的，因此他提出了最后一个请求，虽然从埃及带回的所有文物都是普鲁士国家的财产，但他可以在有生之年不受限制地使用它们。事实证明，这是一个明智之举。请求得到批准后，一切就绪。1842年9月1日，莱普修斯从南安普敦起航，开始了有史以来规模最大、准备最充分的埃及科学考察。正如他后来所指出的："在国王的慷慨资助下，考察队进行了三年多的准备和调整，其间一直能够得到国王的恩惠和理解，以及亚历山大和洪堡最积极和友善的关注，天时地利人和，这次考察才能完全达到预期的目标。"[2]

* * *

经过"比斯开湾的狂风暴雨，在直布罗陀和马耳他短暂停留"[3]后，莱普修斯于9月18日登陆埃及，与通过不同路线抵达的探险队其他成员会合。尽管有阿纳斯塔西的协助，莱普修斯还是

---

1. **莱普修斯写给艾希霍恩的信**，1843年，引自 Freier (1988): 110。
2. Lepsius (1853): 6, **作者的前言**。
3. Ebers (1887): 140.

对普鲁士在当地缺乏外交支持感到担忧，他向他的朋友乌泽多姆伯爵（Graf Usedom）指出："土耳其人非常重视礼节、好的推荐和重要人物的介绍。"[1] 不仅普鲁士没有代表，在亚历山大港，也没有人相信普鲁士驻君士坦丁堡公使馆馆长冯·瓦格纳会访问埃及，更不用说定居埃及了。莱普修斯恳求普鲁士派一名代表常驻埃及。[2] 事实证明，莱普修斯无须担心。穆罕默德·阿里仍然对《伦敦公约》耿耿于怀，正在四处寻找一个友好的欧洲国家。正在崛起的普鲁士完全符合这个条件。结果，穆罕默德·阿里的诏书到达时，上面的内容异常慷慨，无限制地允许莱普修斯进行他认为必要的所有发掘，并指示地方当局向他提供协助。[3] 此外，最近颁布的禁止出口文物的法律也因莱普修斯的利益而被免除。因此，探险队满怀信心和希望离开亚历山大港，前往开罗，开始着手执行一项史诗级别的工作计划。

自14年前商博良到访埃及以来，埃及首都发生了翻天覆地的变化。最显著的变化可能是，居住在这里的欧洲人数量大幅增加。1836年，开罗还是一个只有3 000人左右的相对较小的社区，到

---

1. 莱普修斯写给乌泽多姆伯爵的信，1842年10月23日，引自Freier (1988)：110。

2. 瓦格纳的请求显然得到了认真对待：就在他给乌泽多姆写信一周后，经苏丹和帕夏同意，瓦格纳被从君士坦丁堡召回，并被派往亚历山大担任普鲁士总领事。他于1843年1月抵达亚历山大。

3. Lepsius (1853): 40.

19世纪40年代末，人口已达到5万人。[1] 为了接待数量激增的西方游客，开罗的旅游基础设施也发生了一些变化。威尔金森在1843年出版的《现代埃及和底比斯》一书中提到了这些变化："多年来，首选的酒店一直是希尔酒店或东部酒店。但现在，东方酒店取代了这一位置……据说非常舒适。"[2] 他对这些企业家充满敬佩——"在开罗这样的地方，房屋不适合做旅馆，人们也不了解欧洲的舒适设施，每样东西都要重新设计，以适应旅客的需求，因此，任何有足够魄力建造这种大型酒店的人都应该受到高度赞扬"[3]——但他们只是满足了日益增长的市场需求而已。19世纪40年代，途经开罗的游客中有古斯塔夫·福楼拜和弗洛伦斯·南丁格尔；事实上，他们抵达开罗的时间前后不超过两天，但住在不同的酒店。福楼拜被东方地域的异国风情和随处可见的妓女所吸引。另一方面，南丁格尔对她在埃及后街看到的贫困和肮脏场景感到震惊。她在给父母的信中写道："没有一个欧洲人能够体会到非洲村庄的苦难；如果他没有亲眼看见，任何描述都无法让他感同身受。"[4]

---

1. Kröger (1991): 19.

2. Wilkinson (1843): 202.

3. Wilkinson (1843): 203.

4. 引自 Sattin (1988): 86。

让南丁格尔感到震惊的不仅仅是贫穷。对19世纪40年代穆罕默德·阿里统治下的埃及的许多人来说，生活是肮脏、残酷的，而且生命也很短暂。虽然《伦敦公约》遏制了帕夏在国外的领土野心，但没有限制他在国内使用军事力量。尽管埃及军队的人数大大减少，但他们受到了重用，都被派去围捕穆罕默德·阿里严酷经济制度下的逃兵，并将他们强行送回村庄。在为欧洲市场生产经济作物而建立的大型私人庄园里，工人的待遇比奴隶好不了多少。随着局势的恶化，1844年4月颁布的一项新法律规定，任何窝藏不法分子的人都将被处以死刑。在这样的环境中，逃兵人数急剧上升，男人为了逃避征召，不惜自残。穆罕默德·阿里的对策是进一步镇压，无情地强调服从和纪律。埃及政府甚至在巴黎建立了一所由法国陆军部管理的学校，向年轻的埃及人灌输这些价值观，希望他们回到埃及后能成为国家未来的领导人。

与日益专制的穆罕默德·阿里相比，莱普修斯的王室赞助人、普鲁士的腓特烈·威廉四世是一位仁慈的君主。此外，他对古埃及有着浓厚的兴趣，促成了整个探险活动。自拿破仑时代以来，还没有一位欧洲统治者对文物和考古研究如此投入。也许正是出于这个原因，莱普修斯决定在1842年10月15日国王生日这天，以探险队首次参观吉萨金字塔的方式来纪念。这是一个令人难忘的时刻，充满了爱国情怀：

> 早上的天气美好无比，清新的空气中洋溢着喜庆的节日

气氛。我们排着长长的队伍，穿过宁静的城市，穿过现在铺设在城市的林荫大道和花园……当我们从种满枣椰树和金合欢树的林荫大道中走出来时，眼前呈现的景象无法用语言形容；太阳从莫卡塔姆山的左后方升起，照亮了前方金字塔的尖顶，金字塔就像一块巨大的岩石晶体一样横亘在我们面前。所有人都被这晨景的辉煌壮美所震撼，感到庄严肃穆……多么宏伟的景象，多么令人回味无穷！当亚伯拉罕第一次来到埃及时，他看到的就是这些金字塔，而它们竟然在许多世纪之前就已经建成了。[1]

为了庆祝这一时刻，探险队队员登上了大金字塔顶，展开了普鲁士国旗。（弗雷为这一场景绘制了一幅令人难忘的画，现存于柏林国家美术馆图画部）。他们还在墓室里唱起了普鲁士皇家赞美诗。最后，他们在一块 5 英尺宽、4 英尺高的石碑上刻下了纪念铭文，并涂上了色彩鲜艳的颜料，以示永久纪念。铭文以象形文字精心刻写，可能是 15 个世纪以来首次将其他文字大篇幅翻译成古埃及文字。全文如下：

> 国王的仆人们，普鲁士太阳与磐石之王、抄写员莱普修

---

1. Lepsius (1853): 47, 49（开罗来信，1842 年 10 月 16 日）.

斯、建筑师埃尔布卡姆、画家魏登巴赫兄弟、画家弗雷、铸模师弗兰克、雕塑家博诺米、建筑师怀尔德，这样说：让我们向十字架的守护者雄鹰、普鲁士太阳与磐石之王、解放故土的太阳之子、腓特烈·威廉四世，以及爱父者、国父、仁慈者、智慧与历史的宠儿、德国所选择的莱茵河的守护者、生命的施予者致敬。愿至高无上的上帝赐予国王及伊丽莎白王后、富足之人、爱母者、国母、仁慈者，在世时永远年轻长寿，在天堂得到永恒的祝福。1842年10月15日，正值国王陛下47岁生日，在胡夫金字塔上。[1]

这是一段与法老之位相称的文字。莱普修斯轻松掌握了古埃及文字的原理，他用普鲁士鹰取代了国王头衔中常用的猎鹰，并用它来代表"普鲁士"，而双头鹰则代表"德国"。铭文刻好后，莱普修斯自豪不已——年轻的普鲁士在古代最伟大的纪念碑上留下了自己的印记。威尔金森回到英国后，写信给一位朋友说："你一定读过莱普修斯博士从埃及写来的信，我敢说你和我一样，都想知道怎么会有人如此愚蠢，竟然在伟大的金字塔上用象形文字刻上关于普鲁士国王和其他人的铭文。英国人在古迹上乱写自己

---

1. Lepsius (1853): 57.

的名字就曾被人嘲笑，但这一举动比那还要愚蠢得多。"[1] 字里行间透露出了一丝嫉妒之情。

11月9日，莱普修斯的探险队第二次回到吉萨，在此扎营，开始对遗址进行系统性的勘探。这将耗时6个多月。正如莱普修斯所言，商博良和罗塞利尼"只是路过而已"，除了维斯和佩林最近的"行动"之外，"几乎没有做什么工作来对这座非凡的遗迹进行更细致的调查"[2]。1842年的最后一天，莱普修斯和他的团队在金字塔顶上燃起了篝火，但仍在继续工作："还在这里！从11月9日开始就在全力以赴地工作，也许在新的一年里还要再工作几个星期。但是，从旅行者迄今为止的描述中，我又怎么能推测出将在这里得到多少收获呢？"[3]

探险队雇用了40多名工人来清理古迹周围的黄沙和碎石，但并非一切都能按计划进行。在1843年的头几个月里，探险队接连遭遇灾难，有些灾难的规模如同《圣经》中的天谴。首先，一场突如其来的暴雨和山洪摧毁了营地，"我们的书籍、图纸、素描、亚麻布和各种仪器"都被冲进了"满是泡沫的泥水泊中"；浑身湿漉漉的探险队队员不得不蹚着齐腰深的水打捞他们的物品，或

---

1. 威尔金森对一位身份不明的记者说，引自 Thompson (1992): 238 n.33。
2. Lepsius (1853): 13.
3. Lepsius (1853): 51.

者说是"尚未被沙子吞没的东西"。[1] 几周后，一群蝗虫在方圆几英里的土地上肆虐。第二个月的某天晚上，一群武装暴徒袭击了营地，抢走了所有值钱的东西。莱普修斯很乐观，他说："我们一行人都没有受重伤，也没有任何无法挽回的损失。所以这件事就算过去了，唯一的后果可能就是给我们上了一课。"[2] 此后，营地每晚都有 8 名守夜人巡逻，时刻提防阿拉伯人或贝都因人的袭击。最后，雪上加霜的是，莱普修斯得了重感冒，不得不返回开罗养病。"希望我的健康状况不会让我在这里耽搁太久，"他哀叹道，"因为我每天都更加迫不及待地想从马穆鲁克人的生命之城回到古代法老庄严的死亡之城。"[3]

莱普修斯总结了探险队在头 6 个月中遭受的各种考验和磨难：

> 看来我们要尝尝埃及所有灾难的滋味了。我们的经历始于大金字塔被洪水淹没；接着是蝗虫……再加上之前足以导致饥荒的牛病；然后是敌人的袭击，而在此之前，还发生了一次可怕的抢劫。甚至还有过一场火灾。在萨卡拉，有一次，怀尔德的帐篷被点燃了，部分被烧毁……除此之外，还有老

---

1. Lepsius (1853): 54.
2. Lepsius (1853): 69（萨卡拉来信，1843 年 4 月 13 日）.
3. Lepsius (1853): 80（开罗来信，1843 年 4 月 22 日）.

鼠的骚扰……它们在我的帐篷里啃咬、玩耍、吱吱叫……夜里，它们在我的床上乱窜，还会爬过我的脸……不过，尽管烦恼重重，我们仍然保持着愉快的心情。[1]

最后，弗雷身患重病，不得不返回欧洲。（这可能与探险队的饮水习惯有关；莱普修斯曾宣称："尼罗河水的味道不错，即使大量饮用，也不会对身体造成任何损害。"[2]）当然，莱普修斯觉得自己负有责任，他要求普鲁士政府额外拨出资金，为弗雷和他年迈的母亲提供生活费。19世纪40年代的埃及考古工作并非一帆风顺。

莱普修斯的探险队为研究独立的遗址和纪念碑树立了新标准，但在文物保护方面却走了回头路。他手持王室法令，肆意掠夺，把雕像、石碑甚至整座墓室都运回柏林，作为城市博物馆的装饰。将战利品从吉萨运送到开罗，需要一支由10头骆驼组成的骆驼队。然而，讽刺的是，莱普修斯却抱怨起从古迹中采石的行为："每天都有一整队骆驼从附近的村庄来到这里，然后又排成长队，满载着建筑石料返回，这实在令人震惊。"[3] 10年前，威尔

---

1. Lepsius (1853): 87（**来自迷宫的信**，1843年5月31日）.

2. Lepsius (1853): 103.

3. **孟菲斯来信**，引自 Ebers (1887): 146。

金森曾对凿下墓墙上的浮雕表示反对，但莱普修斯却没有这样的顾虑。固然，政府官方文物收藏的窘迫状况无法说服他将那些无价之宝留在原处。穆罕默德·阿里曾说过要建立一个国家博物馆，但即使像威尔金森这样开明的欧洲学者，也对这一想法嗤之以鼻。他宣称："在埃及建立博物馆纯属空想；虽然阻碍从埃及移走文物的行为对世界没什么好处，但埃及也并未从中获益。发掘工作既无知识支持，也不尽心尽力，工作人员欺骗了帕夏，那里没有人对博物馆感兴趣。"[1]

莱普修斯特别想获得的文物之一是卡尔纳克国王年表，但他的竞争对手也对之虎视眈眈。1843年夏天，正当莱普修斯沿尼罗河逆流而去时，被穆罕默德·阿里任命为工程师和军事学校讲师的法国探险家阿基里斯·普里斯·达文内，在莱普修斯的眼皮底下，趁着夜色偷偷地将神庙上的石块切割下来，装上他的船，顺着尼罗河运往巴黎。两人在河上擦肩而过时，普里斯·达文内邀请莱普修斯上船，让他坐在一个箱子上，莱普修斯并不知道箱子里装的就是这件无价之宝。[2] 这是典型的法国人的夸张嘲讽之举，也提醒了普鲁士人，在争夺埃及历史的过程中，民族竞争依然存在。

---

1. Wilkinson (1843): 264.

2. Reid (2002): 46.

莱普修斯的探险队仅在底比斯短暂地停留了一阵，便继续向南进发，"迫不及待地想立即开始第二项新任务，即调查位于河流上游的埃塞俄比亚国家"[1]。这是莱普修斯打败法国人（和英国人）的机会，因为"法国—托斯卡纳探险队没有走到瓦迪哈勒法以南，（而）威尔金森对尼罗河土地及其古迹的细致记述……只延伸到上游一点的地方，最远到达塞姆内就结束了"[2]。不过，莱普修斯的爱国主义和打败法国人的愿望并没有影响他对商博良的深深钦佩。由于两人的生日恰好是同一天，他对商博良有着特殊的感情。1843年12月23日是莱普修斯33岁的生日，也是商博良53岁的生日，普鲁士人为他的英雄创作了一首颇为拙劣但情真意切的诗，并把它写在了日记里：

> 商博良！商博良！
> 让你的眼镜响起来，叮当咚！
> 愿他在坟墓里找到答案！
> 今日是他的吉日，
> 我远远落后于他，
> 几近21年整。

---

1. Lepsius (1853): 17.
2. Lepsius (1853): 17.

> 商博良！商博良！
>
> 让你的眼镜响起来，叮当咚！
>
> 商博良万寿无疆！
>
> 愿我在他的道路上有所作为，
>
> 我多想在言与行上，
>
> 为他争光。[1]

从许多方面来看，对上努比亚及其当地语言的研究是探险队最具突破性的、影响深远的成就。当时，人们对第二瀑布以外的尼罗河谷的了解仍然非常有限；很少有欧洲人去过那么远的南方，那里的条件极其艰苦和危险。但是，莱普修斯并不轻易灰心丧气（年初的一系列灾难就证明了这一点）。在科罗斯科，探险队不得不等待了两个月，才等到有骆驼能带他们前往梅罗埃。其中一头骆驼后来被狮子咬死了。[2] 考察队最终于 1844 年 2 月 5 日抵达喀土穆，并在接下来的 5 个月中仔细考察了瓦迪哈勒法下游的所有地点。同年 7 月，穆罕默德·阿里和他的儿子之间爆发了一场政治危机。尽管消息传到了欧洲，莱普修斯的父亲听说后写信询问儿子是否安全，但这场危机几乎没有影响到遥远的尼罗河。当莱

---

1. Lepsius day book 12°, Nr. VII, 172, 引自 Rainer (1988): 59。

2. Lepsius (1853): 133（来自森纳尔省青尼罗河的信，北纬 13°，1844 年 3 月 2 日）.

普修斯和他的同事回到文明世界时，危机已经过去了。

探险队的下一次重要行程是去底比斯，莱普修斯和他的同事在那里共逗留了七个月，其中四个月在西岸，三个月在东岸的卡尔纳克。这座城市宏伟的古迹令人精神振奋。莱普修斯写道："在这里，荷马史诗中的第十八和十九王朝法老的形象以其辉煌和壮丽的姿态与我相遇，我再次像刚开始旅行一样感到振奋。"[1] 他确实需要充沛的精力储备，因为他很快就意识到："底比斯地面上下的各类古迹数量如此之多，即使是对于像我们这样多人联合的队伍，也难以穷尽对这一切的研究。"[2] 由于不可能对每一座底比斯古迹进行完整的调查和记录，探险队选择了他们认为对实现既定目标最重要的古迹，并据此确定了工作重点。在附近进行发掘时，探险队住在威尔金森的房子里。莱普修斯在记录中感谢这位英国人"为后来的旅行者提供了重要帮助，修建了可供居住的房间，我们希望在底比斯逗留很长时间，因此受益匪浅"[3]。

到 1845 年 3 月，探险即将结束，莱普修斯急于为柏林博物馆完成重要文物的搜集工作。在他最初的目标中，无论是沙漠部落居民的场景还是砖匠工作的场景，都无法在不受损害的情况下被

---

1. 来自底比斯的信，1844 年 11 月 24 日，引自 Ebers (1887): 159。

2. Lepsius (1853): 20.

3. Lepsius (1853): 271（来自底比斯的信，1845 年 2 月 25 日）.

移走；他们发现克罗科迪洛波利斯的辛努塞尔特一世方尖碑根本不是方尖碑，而"更像是一个类似方尖碑的加长版石碑"[1]；而赫利奥波利斯的方尖碑是一座真正的方尖碑，但据说，穆罕默德·阿里已经许诺将其赠予教皇。这一任务出师不利。莱普修斯知道，他需要的是真正具有纪念意义的文物，适用于纪念由王室资助的探险，并被纳入国家级收藏。他想，至少也应该拆下一整面拉美西斯二世神庙的墙壁，于是他写信给柏林，请求允许他开始拆除工作。但普鲁士政府不想破坏与穆罕默德·阿里新建立的友好关系，因此拒绝了他的请求。伟大的拉美西斯法老的"百万年神庙"拉美西斯二世神庙完好无损。然而，位于吉萨和萨卡拉的一系列古王国时期的神庙就没那么幸运了。在出口许可证还没有发放之前，工人就被秘密派去拆除了三座神庙。[2] 在拆卸和打包完毕后，瓦格纳才去征求帕夏的同意，请求将其运往柏林。结果到了9月9日，莱普修斯不得不报告说，这些神庙还不能运走，因为冬季的冰会使船只无法进入德国港口，而且在英国或荷兰的仓储费用要比在亚历山大高得多。瓦格纳现在已经对埃及彻底厌倦了，他无疑对自己离开君士坦丁堡的举动感到后悔，于是前往柏林度假，还表示永远不再回来。他带走了一名探险队队员，其他人各奔东

---

1. 引自 Freier (1988): 105。
2. 它们是梅里布神庙（吉萨）、梅特扬神庙和马诺费尔神庙（萨卡拉）。

西。莱普修斯则留在亚历山大,看管着他珍贵的货物。

最终,莱普修斯在 10 月初离开了埃及,此时距离他抵达埃及已经过去了三年多的时间。在短暂地绕道前往他的家乡瑙姆堡之后,他于 1846 年 1 月回到柏林,开始着手发表他的研究成果。这些成果令人惊叹不已。

* * *

此次探险的成功超出了所有人的预期,也充分证明让莱普修斯作为领队是正确的选择。正如他从一开始就希望的那样,最重要的成果出现在历史和年代学领域。对被商博良和威尔金森严重忽视的古王国时期古迹的仔细研究显示,埃及文明的起源应该向前推 1 000 年,并将其牢牢地定位于尼罗河流域。(早先几代学者认为起源可能在埃塞俄比亚甚至印度;莱普修斯凭借比较语言学知识和他对努比亚的仔细探险,推翻了这两种假设。)

古王国时期的历史真实性和第十二王朝统治者的继承顺序得到了确凿的证明,阿马尔那时期的中断——"异端法老"埃赫那吞给埃及的宗教、艺术和建筑带来了翻天覆地的变化——也首次被揭示出来。在底比斯,莱普修斯确定了第十八王朝一位以前不为人知的统治者——女法老哈特谢普苏特;通过对铭文的系统研究,他正确地建立了第十三、十五、十七和二十王朝的国王年表。

在其他调查领域,成果也毫不逊色。数以千计的纸模和铭文副本为古埃及语带来了新的见解——"由于我们熟悉了几百个符号或符号组,词汇量增加了,语法也得到了大量修正"[1]——而莱普修斯对尼罗河语系(尼罗河上游民族使用的语言,是古埃及语的远亲)的研究则具有真正的开创性。他揭示了在埃及历史的不同时期所使用的不同比例准则(为描绘人体而制定的规则),因此,"埃及历史上的不同时代都有不同的比例准则,现在,埃及艺术的几个不同时代之间的区别首次变得清晰明了,每个时代都有其独有的特征……它们经常被误解,以至于没有人相信这些区别的存在;古埃及大致统一的艺术风格让差异看起来不那么显著"。[2]

探险队带回了尼罗河谷和各个遗址的地图和平面图,"比迄今为止的任何地图和平面图都更加完美和精确",[3]以及"相对重要的地点"的石头和土壤样本。[4]当然,还有那些文物。在离开亚历山大港之前,莱普修斯收到了一份诏书,授权他将这些藏品运走,它们被视为穆罕默德·阿里送给普鲁士国王的礼物。总共有1.5万件文物和石膏模型。冬季冰雪融化后,这些藏品于1846年5月23日抵达汉堡,标志着这次探险的正式结束。文物被卸下船,运

---

1. Lepsius (1853): 26.
2. Lepsius (1853): 28.
3. Lepsius (1853): 29.
4. Lepsius (1853): 32.

到柏林，使柏林博物馆一举成为巴黎、伦敦和都灵博物馆的有力竞争对手。为了表彰莱普修斯对科学和祖国做出的卓越贡献，他被国王任命为柏林大学埃及学教授，薪水为1 500塔勒。

不过，莱普修斯回来之后也发生过一件令人不快的事。莱普修斯显著改善了柏林的埃及收藏，但这一收藏由另一个人帕萨拉夸管理。莱普修斯想打造一个引人注目的新展厅，展示埃及艺术和文化的发展历程，同时也作为他此次探险的永久纪念。展品将按时间顺序排列，以现代的科学布局取代旧式的"珍品柜"陈列。在莱普修斯看来，此举不过是体现了柏林应得的荣誉。毕竟，从10年前开始，埃及文物就已成为伦敦大英博物馆收藏的核心和主要亮点；此外，博物馆指南明确承认埃及艺术是西方艺术传统之源，"雕塑和绘画艺术，甚至科学，都是从埃及人传给希腊人，再由希腊人传给我们的"。[1] 莱普修斯为柏林设计的新展览将更加清楚地表明这一点。他对展厅本身的装饰也有自己的看法，认为埃及神庙和陵墓中的彩色场景最适合作为法老文物的背景。但不是所有人都赞同。正如一位评论家以夸张的外交辞令所表达的那样，"柏林博物馆展厅的装饰绝对没有得到普遍的认可"。[2] 但是，帕萨拉夸在争论中被驳得哑口无言，只好让步。莱普修斯得以按照

---

1. Bonomi and Arundale (1842–3): 1.

2. Ebers (1887): 189.

他的想法布置展馆，埃及展厅于1850年向公众开放，受到了好评。1855年，莱普修斯成为博物馆的联合馆长。10年后，帕萨拉夸去世，莱普修斯成为馆长。

此后，柏林博物馆不止一次地进行了重新设计，莱普修斯色彩斑斓的新法老风格装饰方案也被彻底取代了。对他这次探险最永恒的纪念，不在于一砖一瓦，而是体现在了纸墨之上——有史以来（也很有可能后无来者）最大规模的埃及学出版物。在这方面，莱普修斯的雄心壮志是明确而直接的："以一种与我们带来的瑰宝相称的风格"出版探险成果。[1] 1847年3月，他在给父亲的信中写道："我要出版包含1 000幅对开图版的地图集提案就快提交给国王了……需要的资金数额巨大，必须由国库支付……因此，财政大臣有可能取消这笔预算，除非国王亲自批准。"[2]

莱普修斯最信任的导师洪堡站出来为他辩护。然而，普鲁士国王几乎不需要任何游说，就立即批准了15 000塔勒作为首期款项，为莱普修斯的创作开了绿灯。最终完成的作品《埃及和埃塞俄比亚的古迹》（*Denkmäler aus Aegypten und Aethiopien*）共有894张对开页，分12卷出版。正如另一位埃及学家所言："需要一个下士和四个士兵才能打开莱普修斯的《埃及和埃塞俄比亚的古

---

1. Lepsius (1853): 7.

2. 引自Rainer (1988): 40–1, n.27。

迹》。"[1] 无论是在数量上还是在内容质量上,这本书都令人惊叹。根据莱普修斯的学生和传记作者的说法,《埃及和埃塞俄比亚的古迹》"是,而且将永远是埃及学研究的主要和最基本的著作"[2]。作为摄影技术问世前最后一次大规模埃及考察的记录[3],这部作品有效地总结了19世纪早期古文物研究者和考古学家的英勇业绩。威尔金森的私人图书馆里也有一套德国皇帝赠送给他的《埃及和埃塞俄比亚的古迹》。莱普修斯的这部巨著至今仍是埃及学史上最珍贵的出版物。

在出版《埃及和埃塞俄比亚的古迹》的同时,莱普修斯还出版了他从埃及写给艾希霍恩、他的学术同事,以及他父亲的信。他"怀着最崇高的敬意和感激之情"将这些信题献给洪堡。与不朽的官方巨著不同,这些书不仅面向古文物研究者和学者,也面向大众:

> 向更多感兴趣的读者介绍此次探险考察的特点、探险队不同成员之间的个人合作、旅途中遭遇的障碍或幸运事件、我们所探索的国家的状况,以及这些情况对我们直接考察对

---

1. Auguste Mariette, 引自 Ebers (1887): 168。
2. Ebers (1887): 171.
3. 第一张埃及学领域的照片由福克斯·塔尔博特于1846年拍摄。

象的影响；最后，对这个历史最悠久的国家的各个古迹遗址发表一系列评论……可能也会加强人们对这门新生学科的重大意义的认可。[1]

    与之前的威尔金森一样，莱普修斯希望为新兴的埃及学这门学科赢得更多支持者。与威尔金森不同，莱普修斯在埃及的伟大探险结束后，他的学术成果并没有减少。恰恰相反，在他余下的40年职业生涯中，他发表了关于金字塔的建造、塞姆纳的尼罗河深度测量、埃塞俄比亚人的语言和文化的论文；第一部关于古埃及年代学的科学研究著作《埃及编年史》(*Die Chronologie der Aegypter*, 1849)，该著作因挑战《圣经》的正统性而引发了神学家的批评，但为之后的所有研究奠定了基础；一部全面的埃及统治者名录；努比亚语语法；以及关于古代世界测量和比例的研究。他发现的双语铭文《卡诺普斯法令》(Canopus Decree)毫无疑问地证明了商博良的破译系统，他也是第一个触及埃及史前历史问题的学者。1869年苏伊士运河通航时，莱普修斯带领普鲁士新王储（后来的腓特烈三世）乘船游览尼罗河。从1874年直至去世，他一直担任皇家图书馆馆长。

    在埃及学的历史上，很少有人（甚至连商博良都不能）取得

---

1. Lepsius (1853): 7.

如此多的成就。1850年，见证莱普修斯事业起步的柏林科学院选他为正式成员（1844年，他在埃及考察期间成为通信成员），从而公开承认古埃及研究与神学、语言学及所有其他学科并驾齐驱，各有千秋。商博良破译了密码，威尔金森赋予了古埃及人以人性的面貌，而莱普修斯通过他细致而系统的研究方法，将埃及学从古典的古代研究中分离出来，作为一门独立的科学学科正式建立起来。

第 5 章

法国根基

图5 哈夫拉国王坐像，由奥古斯特·马里耶特在吉萨的山谷神庙中发现

> 这无异于为科学事业而占领埃及。[1]
>
> ——奥古斯特·马里耶特，1858 年

  1848 年是整个欧洲及其他地区的革命之年。马克思和恩格斯在伦敦发表了《共产党宣言》。波希米亚和匈牙利发生了民族主义起义，迫使哈布斯堡王朝的皇帝斐迪南退位。在法国，路易·菲利普国王被推翻，迎来了第二共和国。埃及也经历了内部的政治巨变，穆罕默德·阿里因年事已高被废黜。这位扼杀马穆鲁克王朝，对奥斯曼帝国横眉冷对，使欧洲列强相互制约的阿尔巴尼亚士兵，不仅让自己被承认为手握实权的埃及独立统治者，也为他的继承人和继任者赢得了世袭总督的地位：他还在长达 43 年的统

---

1. 引自 Reid (2002): 100。

治期间，将埃及从一个前工业化的社会转变成一个经济充满活力的国家，并一鼓作气地迈入了现代社会。在个人强大意志和武装力量的共同推动下，他推行了计划经济政策，彻底改变了农业生产，引进经济作物，以促进出口，建造工厂和磨坊，以减少埃及对进口的依赖，并通过修建道路和桥梁、运河和水坝来改善交通和通信。经常来访埃及的人一定会注意到，1848年的埃及与穆罕默德·阿里最初接手的埃及相比，几乎完全不同了。

但是，评论家也很快指出，所有的现代化进程都是以沉重的代价换来的。长期受苦受难的法拉欣是埃及农村经济的支柱，他们的生活尤其艰难。苛刻的生产指标、沉重的税收、征兵和可怕的徭役（作为一种征税形式的义务劳动）使埃及普通农民的生活举步维艰。在穆罕默德·阿里发展埃及的过程中，首当其冲的不仅是普通民众，还有埃及的遗产。从19世纪20年代的商博良到19世纪30年代的格利登，人们一直在呼吁埃及统治者保护国家的古迹，以免造成更大的破坏。但这些呼吁都被置若罔闻。在帕夏看来，可移动的文物是一种方便的货币，而像方尖碑这样的大型古迹则是有力的谈判筹码，可以用来换取支持和影响力。如果西方人热衷于埃及的遗存，那只会给埃及现任统治者带来更大的筹码。第一批国家文物收藏的命运就是一个很好的例子：它疏于管理，藏品被当作小饰品四处分发，剩下的被作为外交礼物赠给了奥地利大公。虽然穆罕默德·阿里制定了几部文物法，但这些法律更多的是用于被违犯，而不是被遵守，而且往往被统治者随心所欲地弃用。真正关心法老文明的古文物研究者和考古学家要么感到绝望，要么感到愤怒或无奈：至少在穆罕默德·阿里继续掌权期间，现状似乎没有改变的可能性，也不可能制定出一整套保护埃及遗产的措施。

因此，穆罕默德·阿里于1848年7月被废黜，他的长子易卜拉欣（在位仅4个月）和孙子阿拔斯一世·希尔米（1848—1854年在位）相继继位，为变革带来了希望。与此同时，由于莱普修斯的探险取得了惊人的成就，他的公开演讲广受欢迎，商博良的《埃及和努比亚的遗迹》最近出版，威尔金森的《古埃及的风俗习惯》大获成功，古埃及研究重新获得了堪比贝尔佐尼时代的青睐。事实上，这一学科现在有了自己的名字：*égyptologie*（埃及学）。这个词于1850年首次被法语词典收录。（"埃及学"的英文对应单词"Egyptology"在9年后才被收入《牛津英语词典》；在埃及学领域，法国人总是捷足先登。）对于法国当局来说，推翻专制和奄奄一息的君主制、回归拿破仑时期的价值观（迅速成为新制宪会议主席的正是拿破仑·波拿巴的侄子路易·拿破仑亲王）给自己注入了新的活力。而且毫无疑问，拿破仑·波拿巴在第一共和国期间的成就也起到了激励作用。法国当局再次将目光转向埃及，寻求一种民族自豪感的保障。自从商博良去世后，埃及学的接力棒交给了法国的劲敌英国和普鲁士。现在是夺回接力棒的时候了。

被任命执行这项任务的人，并不是一个显而易见的人选。奥古斯特·马里耶特（Auguste Mariette，1821—1881）在参观家乡滨海布洛涅的当地博物馆后，就对古埃及产生了兴趣。博物馆的埃及藏品虽然不多，但是质量上乘。这批藏品是 1824 年搜集的，在 19 世纪 30 年代通过进一步收购进行了补充。尤其吸引年轻马里耶特想象力的物品是一具石棺，它曾经属于维旺-德农，拿破仑远征队的主要成员，也是 19 世纪早期埃及学的先驱。

马里耶特 9 岁时，他的母亲去世了，他只能自力更生，时常在博物馆里待上几个小时，尽可能地了解古埃及。然而，对于财力有限、出身乡村的人来说，古埃及研究很难提供良好的生活前景。因此，18 岁时，马里耶特跨越英吉利海峡，在埃文河畔斯特拉特福的莎士比亚学院担任法语和绘画老师。这不是一份适合他的工作。一年后，他搬到考文垂，在一家丝带制造商那里当学徒，但仍然入不敷出。英国让他失望了，因此，他回到布洛涅完成学业，想要寻找一条新的职业道路。

马里耶特从布洛涅学院获得硕士学位后不久，家里的另一起死亡事件彻底改变了他的人生方向。1842 年，一位远亲内斯托尔·拉奥特去世了，他曾是商博良率领的法国—托斯卡纳探险队的成员。拉奥特将所有藏书文献遗赠给了他在布洛涅的亲戚，其中包括三次访问埃及期间所做的大量笔记和图画。马里耶特如饥似渴地阅读它们，学习象形文字和破译的原理。他找到了自己的使命。正如他后来解释的那样："埃及虫是一种可怕的生物。一旦你被它咬了，它就不会放过你。"[1] 在长达 7 年的时间里，他一边埋头自学，一边做着一系列或多或少有些乏味的当地工作。他研究了《埃及记述》中的图版（没有意识到其中有许多错误），学习了科普特语（作为认真研究古埃及语言学的先决条件），并出版了布洛涅博物馆埃及文物的分析图录。1849 年，他设法在卢浮宫谋得了一个小职位，这使他能够全身心投入埃及学研究；但他发现，依靠微薄的工资很难在法国首都生存。尽管如此，博物馆管理者对他的勤奋和奉献精神印象深刻，特别是在他花 12 个月多一点的时间成功临摹了当时卢浮宫藏品中的所有铭文之后。这可谓一项壮举。

1850 年，莱普修斯的新埃及展厅在柏林博物馆开幕，受到了公众的广泛好评，重新激起了欧洲各国首都之间争夺和展示最好的埃及文物的竞争。自商博良担任馆长以来，卢浮宫就一直享有（真实的或想象中的）卓越的地位，但它突然觉得受到了威胁。因此，博物馆管理者决定，是时候扩大迄今为止尚显不足的地区的藏品规模了。最重要的是，他们希望获得早期基督教时期的科普特语、埃塞俄比亚语和叙利亚语手稿，以便与柏林著名的纸莎草纸收藏竞争。至于完成这项任务的最佳人选，他们自然而然地想

---

1. 引自 Lambert (1997): 43 ('Le canard égyptien est un animal redoutable. Quand il vous mord, il ne vous lâche plus')。

到了这位年轻员工，他一手临摹了所有现藏铭文，并且了解科普特语和象形文字。于是，1850年夏末，他们同意派遣马里耶特前往埃及，只给他6 000法郎的预算，去执行收购任务。

1850年9月4日，马里耶特在马赛登上了一艘名为"奥西里斯号"的邮轮。这艘邮轮横跨地中海，6周后抵达埃及。与之前的许多欧洲旅行者一样，他立即被埃及的日晒、高温和气味所吸引。与当时的其他古文物研究者一样，他也对周围发生的大规模毁坏古迹的行为感到震惊。他在给弟弟的信中写道："每一天，我都在目睹科学的新损失；每一天，我都了解到新的灾难。"[1] 但作为一名29岁的外国政府雇员，他无力干预。他所能做的最大努力，就是在为时已晚之前，找机会发掘并记录那些未被破坏的古迹。

不过，在获得挖掘机会之前，他首先要让巴黎的雇主满意。于是，他住进了开罗的东方酒店，这是法国侨民和游客最喜欢去的地方，古斯塔夫·福楼拜和他的作家朋友马克西姆·杜坎普前一年就住在这里。但他很快就发现，在竞争激烈的文物市场上，既有输家，也有赢家。早在19世纪30年代，两位英国收藏家罗伯特·寇松（Robert Curzon）勋爵和亨利·塔塔姆（Henry Tattam）牧师就曾前往埃及寻找早期基督教手稿，并将修道院的

---

1. 引自 Lambert (1997): 79。

珍贵藏品搜刮一空。毫不奇怪，11年后，当另一位"收藏家"来到埃及寻找更多手稿时，科普特族长不愿合作。[1]马里耶特遭到了拒绝，他的任务看起来从一开始就注定失败。

结果他却因祸得福。在无法实现目标的情况下，马里耶特决定遵循自己的直觉，将卢浮宫的资金和自己的职业生涯赌在一次发掘上，而且不是普通的发掘。因为马里耶特决定，他要找到失落已久的塞拉比尤姆神庙。这座供奉塞拉比尤姆神的古迹在古典时代曾作为埃及的奇迹之一而闻名于世。公元前1世纪，斯特拉波写道："在孟菲斯也有一座塞拉比尤姆神庙，那里风沙很大，大风使沙丘堆积起来；我看到的一些狮身人面像甚至被沙子埋到了头部，还有一些只能看到一半；由此可以推测，如果沙尘暴降临，步行前往神庙的人会面临极大的危险。"[2]

马里耶特应该对这段描述很熟悉[3]，但仅凭这段描述还不足以确定神庙的地点。毕竟，孟菲斯城的墓场是一片绵延约30英里的沙漠，遍布金字塔、陵墓和沙丘。然而，马里耶特拥有过目不忘的记忆力和罕见的思维联想能力。他用自己的一双"鹰眼"发现了别人没有注意到的线索。在亚历山大港登陆之初，他看到了

---

1. Reeves (2000): 40; Reid (2002): 99.
2. Strabo, *Geography*, XVII.1.32–Strabo (1949): 88–9.
3. Piacentini (2009): 424.

许多小型石狮身人面像，当时并没有多想。但当他注意到开罗综合理工学院花园里有两座类似的雕像时，他开始怀疑起来。他找到了文物经销商萨洛蒙·费尔南德斯（Salomon Fernandez），后者的珍贵收藏曾引起威尔金森和莱普修斯的注意。原来，费尔南德斯的储藏室里还有三尊一模一样的狮身人面像。而且，它们都来自孟菲斯墓地的同一个地方，在阶梯金字塔附近。马里耶特有了线索，他立即动身前往萨卡拉，同行的还有他的得力助手马里于斯·弗朗索瓦·约瑟夫·博纳富瓦（Marius François Joseph Bonnefoy），一位来自布洛涅的朋友。

马里耶特的首要任务是绘制该遗址的详细地图。（他不知道莱普修斯的探险结果，因为《埃及和埃塞俄比亚的古迹》尚未出版）。这似乎是一项几乎不可能完成的任务。四处散落着的陵墓和神龛、受损和被重复使用的古遗、地下长廊和暗井，再加上不断移动的沙丘，构成了一幅令人生畏的图画。更糟糕的是，在萨卡拉进行任何形式的文物或考古工作，都必须首先与当地的贝都因部落进行谈判，因为贝都因部落认为遗址是其财产。幸运的是，马里耶特身材高大（身高 1.8 米，姜黄色头发），给人一种威严的感觉——当地村民给他起了个绰号叫"红色巨人"——因此他获得了他们的同意。他开始了有条不紊的工作，很快就取得了成果。他后来回忆说："有一天，我手持米尺，走在古墓群中，试图理清陵墓的布局，我的目光落在了另一座狮身人面像上。这让我大吃一惊。虽然四分之三被埋住了，但这座狮身人面像显然还在原来的位置上。于是，一条为开罗和亚历山大的收藏家供应了众多古迹的大道就这样被发现了。"[1]

在被掩埋的狮身人面像周围匆忙进行了一番挖掘后，马里耶特发现了一个供品桌，上面刻着向奥西里斯-阿庇斯祈祷的文字。秘密逐渐浮出水面：马里耶特知道，传说中的塞拉比尤姆神庙一定就在附近。1850年11月1日，在没有得到卢浮宫雇主的允许和埃及政府许可的情况下，他在沙地上画出了第一次发掘的路线。很快，他又发现了第二座狮身人面像——距离第一座狮身人面像仅20英尺，但被埋在16英尺深的黄沙中——接着发现了一座又一座。到12月底，经过两个月的工作，他发现了134座狮身人面像。然后，这条大道就消失了。

此时，一个不那么执着的学者可能就会放弃了，但马里耶特没有这么做。圣诞节前夕，他在垂直于大道第一部分的轴线上发现了第135座狮身人面像。寻找塞拉比尤姆神庙的比赛又开始了。在新的轴线上，他发现了法老奈克塔尼波二世（Nectanebo II）供奉神圣的阿庇斯公牛的小礼拜堂、家庭之神贝斯的雕像以及一尊保存完好的抄写员坐像[2]。这让马里耶特确信他已经步入正轨。但

---

1. Mariette (1857): 5–6, 引自 Tyldesley (2005): 122。

2. 卢浮宫收藏的艺术杰作之一"抄写员坐像"的发现情况存在争议。马里耶特坚称是他在萨卡拉发掘的，而普里斯·达文内（他的消息向来不太可靠）则声称这是他花120法郎从萨洛蒙·费尔南德斯手中买来的。

是，当时的条件几乎不允许进行大规模的发掘。黄沙很快又涌了上来。在如此恶劣的条件下工作，马里耶特的眼睛受到了急性感染，他不得不返回开罗接受治疗。当他回到萨卡拉时，一场沙尘暴吹走了他的帐篷。马里耶特没有气馁。他轻装上阵——他的所有家当都装在两个行李箱和一个铁箱子里——他只带了一本书，因为他有着惊人的记忆力。（如果需要更加准确的参考资料，他可以去开罗一个朋友的图书馆中查阅。）

马里耶特继续挖掘，发现了几十尊青铜雕像。这些雕像是法老时代和古典时代到塞拉比尤姆神庙朝圣的人留下的祭品，大多破损不堪，但只要在埃及的黄沙下发现金属物品，很快就会引起人们的注意。关于宝藏的传言流传开来，政府从开罗派了一名督察员进行调查。但马里耶特仍坚持不懈，在没有许可证的情况下进行挖掘。他在夜间工作，以避免被发现，白天则在附近草草搭建的一个棚屋里休息，这个棚子还比他以前的帐篷要结实舒适一些。

他在埃及的沙漠里挖掘了一条有史以来最长、最深的壕沟[1]，一年的辛勤劳作终于结出了硕果。1851 年 11 月 12 日凌晨 3 点，也就是夜里最冷的时候，他发现了一块磨光的白色石灰石门楣。他知道这一定是某个门洞的一部分，一个通往塞拉比尤姆神庙的

---

1. Lambert (1997): 13.

门洞，但门洞后面会是什么呢？他还没来得及满足自己的好奇心，天就亮了。此时此刻，不能让人发现他在非法挖掘。于是，他命令工人掩盖门楣的所有痕迹，填平壕沟，并在撤退时抹去他们的脚印。第二天晚上，当夜幕降临，文物检查员都下班后，马里耶特又开始了他之前的工作。他挖开门楣周围的沙子，清理堵住门口的石头。污浊的空气从缝隙中喷出，表明门的另一侧有一个空室。把一支点燃的蜡烛穿过洞口，蜡烛立即熄灭了。于是，他扩大了洞口，让新鲜空气涌进去，也给自己留出了活动空间。然后，他在腰间系了一根绳子，爬进洞里，沉入黑暗之中。在下降了大约6英尺后，他的脚触到了地面。在蜡烛被令人窒息的空气熄灭之前，他有足够的时间环顾四周。在黑暗中，他可以看到岩石上凿出的拱形长廊，高约10英尺，宽约高的两倍，看上去仿佛没有尽头。地面上布满了几个世纪以来留下的残骸：破碎的石碑、雕像、祭品、萨布提（仆人雕像）和石板（用于记事的石灰石薄片）。在一个侧室中，他瞥见了一副巨大的石棺。除了几个强盗之外，他很可能是20世纪以来第一个进入这座墓穴的人。但他没有多少时间来回味这一刻：他快要窒息了，只好不情愿地呼唤上面的工人把他拖上去。重新呼吸到新鲜空气后，他低声对他的同事博纳富瓦说:"我是对的。"[1] 马里耶特"寻找失落的神庙"[2] 的辛勤工作终于得到了回报。他发现了塞拉比尤姆神庙。

这不仅是 20 世纪的重大发现,也是埃及考古史上的第一个重大发现。然而,至少在目前,他必须保持沉默。马里耶特只将这一发现透露给了法国驻埃及总领事阿尔诺·勒穆瓦纳(Arnaut Lemoyne)和工程师兼探险家路易·利南·德·贝勒丰(Louis Linant de Bellefonds),后者曾与班克斯、贝尔佐尼和商博良共事,是第一个探索尼罗河上游的欧洲人。勒穆瓦纳负责与帕夏宫廷达成外交协议,并与巴黎当局交涉。法国人最先行动起来,他们认识到了这一发现的重要性以及它将带来的荣耀,更何况马里耶特发掘出的 230 箱文物将被送往卢浮宫。法国议会通过了将出土文物运往巴黎的拨款决议,但他们操之过急:帕夏尚未颁布文物出口许可,而且他立即派卫兵阻止进一步的发掘工作。马里耶特只好继续他以前的工作方法,在夜间秘密挖掘;他还让他的一名助手制作了假文物,以搪塞检查人员。[3]

在争夺古埃及的竞争中,欧洲列强长期在幕后操纵,现在则完全公开化了。在阿拔斯的统治下,英国人大可认为他们在争夺

---

1. **引自** Lambert (1997): 19。
2. Lambert (1997): 13.
3. Reid (2002): 99.

埃及主导权的竞争中获胜了。例如，1851 年 7 月，帕夏与罗伯特·斯蒂芬森（火箭发明者的儿子）签署了一项协议，在亚历山大和开罗之间修建一条铁路——这不仅是埃及的第一条铁路，也是欧洲大陆以东的第一条铁路。斯蒂芬森随后被任命为埃及铁路总工程师，另一位英国人、来自印度的陆军军官被任命为总监。就在英国工程师忙于改造现代埃及的同时，水晶宫中重建的埃及古迹也对英国艺术和学术产生了深远的影响。[1] 伦敦政府一定觉得自己已经将埃及收入囊中。因此，马里耶特的到来以及法国考古力量的恢复是一个警钟。

英国领事和奥地利领事都游说阿拔斯对马里耶特采取强硬立场，但勒穆瓦纳设法促成了一个妥协：迄今为止发现的 100 多件文物可以被送往卢浮宫，马里耶特可以继续进行发掘，但今后的所有发现都将归埃及国家所有。[2] 1852 年 11 月 19 日，帕夏正式放弃了政府对已发现文物的所有权，但拒绝批准进一步的发掘，除非他对未来发现的文物的所有权能够得到法律承认。但是，所有权只是法律的十分之九，埃及检查员根本不是老谋深算的马里耶特的对手。他继续秘密发掘，并将发现物藏在一个很深的地下竖井里，然后把它们装进谷物袋偷运出去。在勒穆瓦纳的秘密协

---

1. Moser (2015): 250.

2. Reid (2002): 99.

助下，这些文物被装上法国船只，在法国海军护卫舰的护送下离开埃及领海，被运往法国。马里耶特后来为自己的行为辩护，他指出，上缴埃及政府并送往开罗城堡的文物后来都被作为礼物赠送了。不过，对于一个在其职业生涯后期负责保护埃及文物的人来说，马里耶特当时的行为确实是厚颜无耻的。

无论他采用何种手段，他所取得的巨大成就都是不言而喻的。塞拉比尤姆神庙的大拱顶是马里耶特的第一个发现，里面有24个巨大的石棺。从公元前4世纪到公元前1世纪，神圣的阿庇斯公牛一直被埋葬在这些石棺中。墓葬的连续性使学者能够完善从第二十六王朝到托勒密王朝的年表，为埃及历史增加了新的精确度。1852年春发现的小拱顶包含了更多的公牛墓葬。根据贝勒丰的计算，一个石棺重达17 000千克；至今还没有一个石棺被成功移走，这让人们对古埃及工人在没有现代机械帮助的情况下将石棺移入原位感到敬畏和惊叹。贝勒丰还在清理长廊的过程中发挥了关键作用，他借鉴霍华德·维斯的做法，使用了炸药（总共使用了100多次）。

晚期的阿庇斯墓葬都在古代被盗，但马里耶特随后发现了一个更早期的完整墓葬。该墓葬是在拉美西斯二世统治时期建造的，由他的儿子、卜塔大祭司卡姆瓦塞特（Khaemwaset）负责监督。在覆盖石棺周围地面的薄薄沙层中，古埃及工人的脚印依然清晰可见；而在门口周围，则留有3 000多年前封棺祭司的指纹。马里耶特被这跨越许多世纪的人类之间的联结深深打动了。[1]

马里耶特起初只是为了获取科普特手稿而进行短期考察，但两年多后，他已经具备了进行长期考古考察的条件。在巴黎的马里耶特的妻子放弃了等他回来的打算，带着三个女儿乘船前往埃及。她们在萨卡拉与他会合，在一座被称为"沙中小屋"的简陋建筑中安顿下来。马里耶特在卢浮宫的雇主原谅了他未能买到纸莎草纸，非常乐意让他继续进行挖掘工作。塞拉比尤姆神庙成为继罗塞塔石碑之后最著名的发现，也是学者和开罗游客最喜欢的一日游景点。当塞拉比尤姆神庙的数千件出土文物运抵卢浮宫时，第二共和国制宪会议主席路易·拿破仑已经宣布自己登基成为拿破仑三世皇帝（1852—1870年在位）。马里耶特的发现及其为祖国带来的文化财富，被视为新帝国时代的祥兆而广为传颂。法国带着自拿破仑时代以来从未有过的自信，期待着在埃及学研究领域重新成为世界领先的国家。

马克西姆·杜坎普的摄影研究报告《埃及、努比亚、巴勒斯坦和叙利亚》（*Egypte, Nubie, Palestine et Syrie*）于同年出版，马里耶特发现的影响波及整个欧洲，使古埃及文明重新成为时尚的焦点。这波新的"埃及热"最奇特的表现形式，是贵族两种愚蠢的行为：在苏格兰，刚去世的第十代汉密尔顿公爵被制成木乃

---

1. Tyldesley (2005): 122.

伊，并按照他自己慎重表达的意愿，被安葬在家族墓室的托勒密石棺中；[1] 而在德国，新近丧妻的皮克勒-穆斯考亲王（Prince of Pückler-Muskau）开始在他的风景园林中建造巨大的陶土金字塔，其中一座将作为他最后的安息之地，并按照古埃及的习俗举行葬礼。[2]

在重新发现了萨卡拉沙漠之下著名的塞拉比尤姆神庙之后，马里耶特将目光转向了孟菲斯墓群最具标志性的地区——吉萨高原。维斯和佩林早在 15 年前就到过那里，并炸开了三座主金字塔的墓室；但马里耶特认为，他们只是触及了狮身人面像的表面（更准确地说，是钻到了背面）。1817 年，卡维利亚发现了一些东西——登上狮身人面像的阶梯以及狮爪之间的路面——但沙丘又回来了，覆盖了卡维利亚挖掘的壕沟和大雕像的主体。和在萨卡拉一样，仅仅是挡住沙子就需要耗费巨大的人力物力，更不用说清除沙子了。法国政府对最近从塞拉比尤姆神庙获得的文物感到欣喜，但却不愿意为进一步的奇思妙想提供资金。因此，与之前的商博良和莱普修斯一样，马里耶特向一位有影响力的赞助人求助，以推进他的事业。德鲁热子爵埃玛纽埃尔（Emmanuel, Vicomte de Rougé）比马里耶特年长 10 岁。他是一位才华横溢的语言学家，

---

1. 公爵的灵感来自"木乃伊"托马斯·佩蒂格鲁打开木乃伊的工作（见第 3 章）。
2. Kluckert (2006): 245.

也是第一个翻译现存古埃及文本的人。1849年，他被任命为卢浮宫埃及藏品的保管人，同年，马里耶特开始在卢浮宫工作。他们成了亲密无间的朋友。德鲁热子爵通过他的贵族关系，为马里耶特争取到了一位著名收藏家吕讷公爵奥诺雷·达尔伯特（Honoré d'Albert, Duc de Luynes）的赞助，这位收藏家热衷于解开狮身人面像之谜。公爵为马里耶特的新任务送来了6万法郎的巨款，工作于1853年9月15日开始。

清理覆盖狮身人面像肩部的沙土和移除雕像顶部的住宅共需50名工人。仅清理北面就花费了近一个月的时间。在此过程中，马里耶特首次揭开了狮身人面像的全貌。他重新定位了卡维利亚发现的墓室，以及早先的旅行者范斯莱布神父（Father Vansleb）在17世纪描述的水井。马里耶特希望这口井可以通向一个隐藏的密室，但经过15天的清理，他发现这只是岩石上的一个天然裂缝。21世纪的吉萨考古学家不无同情地指出："马里耶特陷入了沙海之中，30年前卡维利亚的壕沟再次被沙海填满。他挖得越多，沙子就会越多地涌入他的壕沟，而且没有像他在塞拉比尤姆神庙发掘时那样马上就有新的发现。他很快就失去了耐心。"[1]

没有发现虽然令人沮丧，但它所否定的东西却非常重要：狮身人面像没有入口，没有隐藏的房间，没有秘密的走廊；它只是

---

1. Lehner and Hawass (2017): 99.

一个天然山丘加上砖石垒砌的结果。虽然狮身人面像可能没有更多的秘密，但马里耶特有一种直觉——东南方的一个区域可能更有希望，威尔金森曾在那里发现了一系列坑洞。马里耶特的预感再次得到了回报。1854年6月，他发现了哈夫拉法老金字塔群的山谷神庙。神庙被沙子填满，有些地方深达26英尺。随后又进行了一次大规模的清理工作，但在只剩下3英尺深的沙子时，马里耶特的资金耗尽了。他向巴黎求助，但无济于事。他极不情愿地放弃了这项工作，将隐藏的宝藏（其中有一个非常重要）留待日后再挖掘。

马里耶特既沮丧又欣喜，准备离开埃及，返回祖国。7月底，他带着妻子和3个孩子从亚历山大港登船。就在两周前，阿拔斯被他的保镖暗杀，将王位留给了他的儿子、亲法国王赛义德（1854—1863年在位）。事实证明，这一变故对未来而言是个好兆头。马里耶特的首次埃及之行充满了意想不到的曲折、失望和重大发现。正如他后来总结的那样："我去埃及是为了寻找科普特手稿。我什么也没找到，但我带回了一座神庙。"[1]

---

1. 引自 Lambert (1997): 33。

* * *

回到巴黎后,马里耶特发现自己成了名人。《费加罗报》报道了他在法兰西文学院的演讲。拿破仑远征队的地理学家若马尔(拿破仑远征队的地理学家,商博良的宿敌)、路易·德索西(炮兵博物馆馆长、参议员)以及马里耶特自己的朋友和导师德鲁热子爵等知名人士都对塞拉比尤姆神庙的发现大加赞赏。人们排队等候参观卢浮宫展出的抄写员坐像。马里耶特在博物馆的雇主对他的成就非常满意,并将他提升为"兼职馆长",这是他在埃及学领域获得的第一个实质性职位。他在给同父异母的弟弟爱德华的信中写道:"我的命运已定。"[1] 他立即开始撰写他的发现,但很快又有其他工作要做,只完成了第一卷。他渴望回到埃及,但卢浮宫却派他到欧洲各地考察其他埃及藏品(无疑是看中了他作为抄写员和编目员的技能)。第二次埃及之行似乎变得越来越遥远。这时,幸运之神再一次眷顾了他。

1857 年 8 月 14 日,拿破仑三世参观了卢浮宫,为新展厅揭幕。几周后,马里耶特奉命返回开罗。当时的情况再奇怪不过了。拿破仑三世的堂弟拿破仑亲王曾表示希望亲自访问埃及,而不仅仅是作为一名游客。亲王希望发现一些文物。为了法埃关系,这

---

1. 引自 Lambert (1997): 33。

第 5 章 法国根基

次访问必须取得成功。作为法国领先的（实际上是唯一的）埃及考古学家，马里耶特的工作就是发掘出一系列物品，然后重新把它们埋起来，让亲王"发现"。这正是马里耶特所希望的机会。在卢浮宫，他几乎不可能得到晋升，他非常希望回到挖掘工作中去。

一回到埃及，他就向新统治者递交了自己的证件。赛义德（现在更多时候被称为"总督"，而不是"帕夏"）对马里耶特的动机存疑，怀疑他此行的真正目的是保护法国在苏伊士运河项目中的利益。但他还是慷慨地提供了一艘蒸汽轮船，供马里耶特个人使用，而这位法国人也不失时机地在尼罗河谷各地开始了新的挖掘：在他的老本营萨卡拉和吉萨，以及蕴藏丰富的阿拜多斯、底比斯和大象岛考古遗址。[1] 结果立竿见影，收效显著。在萨卡拉，马里耶特发现了第四王朝国王谢普塞斯卡夫（Shepseskaf）的石棺，石棺仍放在其棺形金字塔的墓室中。马里耶特与他的好友、埃及学家海因里希·布鲁格施（Heinrich Brugsch）一起乘坐王室蒸汽船游览尼罗河，以示庆祝。作为一名外交官，马里耶特将他当年出版的精美的对开本《孟菲斯的塞拉比尤姆神庙》（*Le Sérapéum de Memphis*，1857）献给了拿破仑亲王，并在前言中特意回顾了半个世纪前由拿破仑亲王的祖先领导的远征："埃及远征之所以引起后世的关注，不仅是因为我们士兵的英勇和指挥官的

---

1. Reid (2002): 100.

天才。如果科学没有从我们的胜利中获益，如果我们的军队没有同时将埃及开放给学者进行研究，也许这场光荣战役的声望就会大打折扣。"[1]

但出乎意料的是，亲王宣布无限期推迟访问，马里耶特的任务也从考古变成了收购。他现在的目标不是为亲王寻找出土文物，而是为亲王的个人收藏搜集具有代表性的文物样本，赛义德将把这些文物作为外交礼物赠送给亲王。马里耶特毫不犹豫地答应了。这些文物被送往巴黎，亲王非常高兴。马里耶特恢复了与赛义德的良好关系。拿破仑亲王在给总督的感谢信中，提出了一个大胆的建议："如果殿下需要从法国聘请一位学者来保护（埃及）遗产，并建立一座博物馆，政府将毫不犹豫地推荐唯一人选（马里耶特）。"[2]

与最初建议将马里耶特送回埃及时一样，费迪南德·德莱塞普斯（Ferdinand de Lesseps）的影响也是显而易见的——他与赛义德从小就在开罗相识，如今已是总督圈子中颇具影响力的一员。赛义德接受了这个建议。1858 年 6 月 1 日，根据王室法令，埃及文物管理局成立；马里耶特被任命为埃及历史古迹部负责人，年薪高达 18 000 法郎。由赛义德签署的任命书上写道："你要确保

---

1. Mariette (1857)：题献部分。
2. 引自 Lambert (1997): 154。

古迹的安全；你要告诉各省省长，我禁止他们触碰任何一块古石；你要监禁所有踏入神庙的农民。"[1] 马里耶特简明扼要地概括了他的感受："这就像是为了科学事业而占领埃及。"[2]

除了手握在埃及全境的独家发掘权，新负责人还得到了非同寻常的资源。马里耶特可以使用王室蒸汽船"萨曼努德号"（前一年冬天，他曾与布鲁格施乘坐该船游览尼罗河）进行考察，还有权召集军队和征召徭役。他总共可以征用7 000名工人。他毫不犹豫地让他们派上了用场。他的老朋友博纳富瓦被任命为上埃及挖掘工作的负责人，许多遗址的挖掘工作同时展开。马里耶特在阿拜多斯动员了100名工人，在吉萨动员了300多名工人，在底比斯动员了500多名工人，在帝王谷挖掘了四座新陵墓。[3] 1859年初，年轻的埃及学家泰奥迪勒·德韦里亚（Théodule Devéria）来到开罗，成为马里耶特的助手。他写道："他们正在清除整个山谷和开罗周围的沙子——这是一支名副其实的挖掘工大军。"[4]

在史无前例的努力下，埃及古代的发现纷至沓来：[5] 1858年发

---

1. 引自 Reeves (2000): 49。
2. 引自 Reid (2002): 100。
3. Piacentini (2009): 429.
4. 引自 Lambert (1997): 158。
5. 博物馆《日志》中的第一条记录可追溯到1858年6月，也就是马里耶特上任当月。

现了庞特女王浮雕；[1]次年2月发现了阿霍特普女王的棺椁和珠宝；同年晚些时候发现了塔尼斯的阿蒙涅姆赫特三世（Amenemhat III）的狮身人面像；1860年发现了萨卡拉的"村中老者"（Sheikh el-Beled）木雕像和赫西拉（Hesira）木板。最伟大的发现之一，也是对马里耶特来说最有价值的发现之一，是来自吉萨山谷神庙的宏伟的哈夫拉坐像。由于资金短缺，马里耶特不得不在6年前放弃了对该神庙的发掘，这也是他执掌新的文物管理局后首批重新打开的遗址之一。正如他所猜测的那样，这座神庙在古代就已被遗弃，而在神庙的内殿中，有一尊真人大小的法老雕像。雕像由一整块闪长岩雕刻而成，历经43个世纪而完好无损。它曾经是，现在仍然是古埃及最伟大的艺术杰作之一。

马里耶特的成果可能令人印象深刻，但他的方法却明显粗疏，即使以当时的标准来看也是如此。由于同时在多条战线上开展工作，他对工人不加监督，几乎不做任何记录，也不关注地层学，并乐于将各组文物分割开来。其实大可不必如此。1855年，一位名叫亚历山大·莱因德（Alexander Rhind）的苏格兰人为了健康

---

1. 庞特女王的故事说明了马里耶特所扮演的角色所需要的敏感的外交手腕。在他的工人发现浮雕后不久，他得知为业余收藏家达弗林勋爵工作的工人砍掉了浮雕，并计划将其带回英国。马里耶特没有将此事公开，而是在谢泼德酒店悄悄会见了伯奇（时任英国副领事），商定了一个外交解决方案：达弗林将保留他的一小部分"发现"，但大部分文物，包括庞特女王的绘画场景，将归还马里耶特，供埃及博物馆使用。这样做保住了双方的面子，最重要的是，事情还没有传到总督的耳朵里。

来到底比斯。他是一位律师，而非考古学家，却在底比斯发掘了几座陵墓。他认为，古迹和文物应该原封不动地留在原地，博物馆只应该展示铸件和摹本。但他的想法超前于时代，他在30岁生日前去世，使考古学失去了一位有远见的实践者。马里耶特虽然不完全属于维斯阵营，但思想也相当陈旧。他的发掘工作被（或许有失公允地）描述为"欧洲人施加的苦难……没有给工人带来实际利益"[1]。当然，他的工头在使用徭役时确实毫不手软。

早在文物管理局任职期间，马里耶特就意识到他未来的事业在埃及。他回到法国与家人团聚，但卢浮宫的雇主见到他却一点也不高兴。他们不希望自己的员工为埃及政府工作——尤其是马里耶特的第一项任务，就是派检查员前往未经授权的挖掘现场，没收任何非法发掘的文物（他自己不到10年前曾在塞拉比尤姆神庙从事非法挖掘，因而此举极具讽刺意味）。最终双方达成妥协，马里耶特辞去了卢浮宫的职务，改任名誉副馆长。[2] 他携妻子、孩子（马里耶特现在有四个女儿和一个儿子）在布拉克港安家，住在一间老鼠、蛇和蝎子出没的房子里，甚至还不如"沙中小屋"舒适。

狂热的考古活动带来的一个最紧迫的问题就是如何存放所有

---

1. Reid (2002): 100.

2. Piacentini (2009): 425.

的考古发现。马里耶特找到了位于布拉克、属于亚历山大—开罗轮船公司的旧机库（铁路开通后已停用）作为合适的存放地点，但仅仅几个月后，储藏室就装满了。他显然需要一个一劳永逸的解决方案，而这一方案很快就浮出了水面。1859 年，赛义德同意建立一个国家博物馆，由马里耶特担任馆长。唯一的问题是，博物馆应该建在哪里。马里耶特的建议是吉萨的哈夫拉山谷神庙（又称阿尔马奇斯神庙），这是他自塞拉比尤姆神庙以来最宏伟的发现。他在给布鲁格施的信中写道："至于博物馆，我坚信它应该就是金字塔本身，可以利用我之前发现的阿尔马奇斯神庙。这是一个很好的地址，其巨大优势在于避开了土耳其人的视线，他们对总督建立博物馆的欧洲思路有些反感。"[1]

在古埃及最伟大的文化成就所在地建造一座现代埃及国家博物馆是一个大胆的计划，但完全不切实际。吉萨仍然被沙丘覆盖，难以到达，而且离尼罗河太远了。（马里耶特在吉萨建立埃及博物馆的设想直到一个半世纪后的今天才得以实现。）相比之下，开罗的主要港口布拉克是一个更明智的选择，因为它位于尼罗河东岸，离开罗市中心很近。因此，马里耶特并没有放弃建造一座存放文物的博物馆的梦想，提出了布拉克港的设计方案。

---

1. **马里耶特写给海因里希·布鲁格施的信，1859 年 4 月 10 日**，引自 Piacentini (2009): 426。

与此同时，挖掘工作也没有放松。博纳富瓦因劳累过度和疟疾而病倒，但马里耶特即使在酷暑中仍坚持挖掘。1859年8月，博纳富瓦在底比斯逝世，这让马里耶特感到震惊——自马里耶特第一次访问埃及以来，两人一直在一起工作——决定回法国休养。回国后，他受到的接待明显没有五年前那么热情。卢浮宫的前同事指责他背叛卢浮宫，在开罗建立博物馆，而且终结了由发掘者和埃及政府共同分配出土文物的方案。尽管如此，他仍然是法国政府在埃及的宝贵资产：在随后访问巴黎时，拿破仑三世私下接见了他，皇帝让他担任秘密特工，以保护法国的利益不受英国人阴谋的影响。

1862年，赛义德总督对法国进行国事访问，马里耶特是他的私人向导，法兰西第二帝国与赛义德的埃及之间的协约得到了巩固。赛义德从伦敦出发，在布洛涅登陆时受到热烈欢迎。在马里耶特的家乡，总督向快乐的人群宣布，他已授予马里耶特"贝伊"的尊贵地位，并让他负责王室子女的教育。为了表彰他的成就，巴黎的法兰西文学院最终选马里耶特为院士。但他的胜利是短暂的：仅仅几个月后，1863年1月17日，赛义德去世，这给马里耶特的计划带来了致命的打击，使他失去了一位坚定的盟友（法国也失去了一位重要的朋友）。他不得不从头开始与新总督、赛义德的侄子伊斯梅尔（1863－1879年在位）建立新的关系。

对于马里耶特和埃及的文物而言，伊斯梅尔登基不失为一件幸事。他对自己的地位有着宏大的构想，对自己的统治也有着同样宏大的计划。他不失时机地宣布希望为埃及建立一个可与欧洲大博物馆相媲美的国家博物馆，并任命马里耶特为博物馆和文物管理局的负责人。伊斯梅尔的设想是在首都中心的埃兹别基亚广场上建造一座纪念性博物馆，但他同意短期内继续在布拉克施工。建设工作立即恢复，布拉克博物馆于1863年10月16日开馆，伊斯梅尔亲自主持了开馆仪式。英国政府的代表是其领事，法国政府的代表是费迪南德·德莱塞普斯。博物馆主楼由四个宏伟的展厅组成，每个展厅的展品都围绕着一个重点遗址陈列。这些核心展品包括来自萨卡拉的"村中老者"木雕像、来自底比斯的阿霍特普女王珠宝以及来自吉萨山谷神庙的哈夫拉坐像。每件展出的文物都配有马里耶特撰写的文字说明。他最引以为豪、与欧洲博物馆的情况形成鲜明对比的是，布拉克博物馆收藏的每一件文物的出处都有详细记录。

该博物馆藏有法老时期的艺术杰作，地理位置优越，靠近达哈比亚（*dahabiya*，尼罗河上的一种带帆客船）出发前往尼罗河上游的码头，于是很快就成为主要的旅游景点。伊斯梅尔写信给博物馆的创始人兼馆长："马里耶特先生，我听说您的博物馆是首都地区继金字塔之后游客最多的地方。我对此感到非常高兴。"[1] 不过，马里耶特的观点有些超前，他表示希望埃及的第二座古藏馆

---

1. 引自 Lambert (1997): 193。

既能为埃及人民服务，也能为西方富裕的游客服务。他在开罗博物馆正式开放五年后出版的馆藏指南中写道："开罗博物馆不仅仅为欧洲旅行者服务。总督希望让当地人也能参观博物馆，并向人们讲述自己国家的历史——不久前，埃及毁掉了它的古迹；今天，它尊重它们；明天，它将热爱它们。"[1]

埃及学者对这一观点做出了积极回应，尽管有些人对伊斯梅尔推动建立文物博物馆的动机持怀疑态度，尤其是据说耗资数十万法郎的博物馆。[马里耶特的传记作者声称，费用要低得多，约为6万法郎（这也许不太可能），而且马里耶特还自掏腰包捐助了部分资金。]阿卜杜拉·阿布·苏乌德是马里耶特馆藏指南的阿拉伯语译者，他主张将古埃及人和现代埃及人同视为"埃及人民"[2]。他更为慷慨，声称伊斯梅尔希望"通过研究祖先的历史，将我们从沉睡中唤醒，重拾光荣的美德，以他们为榜样，成为真正的埃及人和真正的爱国者，为埃及的复兴而努力"[3]。

尽管马里耶特志存高远，但布拉克博物馆对欧洲游客的吸引力始终大于对埃及本地人的吸引力。由于该博物馆收藏了从埃及的黄沙中挖掘出的最新文物，并附有文献资料，这些藏品也成为

---

1. Mariette (1868): 10.

2. Colla (2007): 133.

3. 引自 Reid (2002): 109。

埃及学家的宝贵工具。马里耶特也正是这样打算的,他宣称该博物馆是"一座为埃及学提供务实服务的博物馆"[1]。如果偶尔有参观者对博物馆中收录损坏的残片提出疑问,他会回答说:"考古学家都和我一样,希望看到这些残片发挥作用。"[2] 事实是,他在博物馆陈列和发掘工作方面的基本理念均基于科学研究,而非古玩收藏:

> 实际上,如果一个人认为在埃及进行发掘的唯一目的是发现古迹,并将其保存在欧洲博物馆中,那么他就没有正确理解埃及考古的价值。上述博物馆收藏中的每一块石碑、每一尊雕像、每一座纪念碑,其出土地点旁边都有另外20块相似的东西被留在了原处……这些文物碎片一定都具有某种科学价值。[3]

10年前的莱普修斯开创了一条道路,马里耶特追随其脚步,将埃及文物的发掘与展出从业余爱好者的消遣转变为一门正规的学术学科。

---

1. Mariette (1868): 8.
2. Mariette (1868): 8.
3. Mariette (1868): 8.

在"为科学事业占领埃及"之后,马里耶特期待巩固他的成果,保护这个国家的遗产。然而,令他失望的是,伊斯梅尔支持建立国家博物馆显然是出于个人功绩的考虑,而不是对埃及遗产的浓厚兴趣或热爱。总督暂时收走了马里耶特在尼罗河上下巡视时必不可少的蒸汽船,并大幅削减了预算。到 1867 年,他的挖掘队伍从数千人缩减到只有几百人。[1] 但他仍然坚持不懈。虽然他是经常不在现场的考古学家,让工人自己想办法,结果采用了最糟糕的挖掘方式,但他却是一位勤奋努力、保护欲极强的博物馆馆长。当拿破仑三世的妻子欧仁妮皇后向伊斯梅尔索要埃及的全部文物收藏时,拒绝王室要求的人不是埃及总督,而是马里耶特。为了保护博物馆不被更卑鄙的窃贼盗走,马里耶特将博物馆的侧翼建筑改造成了他的宅邸。他甚至在花园里养了一只宠物羚羊。正如他后来评论的那样:"我们住在博物馆里,虽不能说拥有国王一般的待遇,但至少在博物馆最终落成之前,我们能保证展厅和展品的完整无缺。"[2]

---

1. Reid (2002): 135.

2. 引自 Maspero (1904): cxxxvii。

* * *

马里耶特从未放弃过专门为埃及考古建造一座博物馆的梦想，但他始终未能如愿。他的最大成就是在 1869 年扩建了布拉克博物馆，增加了两个展厅。可想而知，最终说服伊斯梅尔的理由，不是需要更多的空间来存放埃及不断扩充的文物收藏，而是扩建后的博物馆会给当年访问埃及的欧洲政要留下深刻印象。[1] 这也是在法国的影响下，第三座伟大纪念碑的落成典礼，它将与文物管理局和埃及博物馆一起，影响着后世西方与尼罗河流域之间的关系。

18 世纪末，参加拿破仑埃及远征的地理学家和制图师发现了连接尼罗河和红海的古运河遗迹。运河南端附近竖立的纪念石碑上的文字显示，它可以追溯到公元前 6 世纪波斯统治埃及的时期，具体而言，是大流士一世统治时期。大流士的愿景是将埃及的大动脉与"始于波斯之海"（即阿拉伯海及其延伸出来的红海）连接起来，从而通过水上贸易在他广袤的国土之间建立更紧密的联结。这一发现让拿破仑产生了一个更宏伟的构想：修建一条经苏伊士湾连接地中海和红海的运河，使法国能够有效控制通往印度的海上航线，从而使英国无法轻易进入东方的国土。但是，拿破仑在尼罗河海战中的失败，改变了埃及土地上外部的均势，苏伊士运

---

1. Reid (2002): 105.

河的建设止步于梦想。要将梦想变为现实,需要一位像大流士一样雄心勃勃的埃及统治者、一位具有拿破仑式的魄力和决心的天才,以及大量资金。

出于偶然的机遇和精心规划,19 世纪 30 年代初,一切似乎准备就绪。但是,尼罗河谷的统治者几经更迭,又过了 37 年,该项目才得以实现。

法国人费迪南德·德莱塞普斯是主持苏伊士运河建设的天才,他的名字也永远与苏伊士运河联系在一起。德莱塞普斯出生于拿破仑从执政官晋升为皇帝的那一年,从小就受法兰西爱国主义和国家利益至上原则的熏陶。在巴黎完成学业后,他跟随父亲进入法国外交界,1828 年随父亲前往突尼斯:德莱塞普斯家的父亲担任总领事,儿子则担任助理副领事。德莱塞普斯家的儿子很快证明了自己的价值,四年后就被任命为法国驻亚历山大副领事,这是个独当一面的重要职位。小德莱塞普斯踏上了穿越地中海的航程,迫不及待地想在埃及这个伟大的港口城市履职。当小德莱塞普斯的船被隔离在亚历山大港,等待获准上岸时,他利用这段时间为自己的新职位做准备,投入十足的热情,阅读了法国驻亚历山大总领事寄给他的有关埃及历史和文化等各个方面的书籍。小德莱塞普斯在船下锚时收到的那些书中,有一本是法国工程师勒佩尔撰写的关于废弃的大流士一世运河的回忆录。作为拿破仑远征队的首席土木工程师,勒佩尔曾对苏伊士地峡进行了勘测,并思考过开凿一条连接两片海域的运河的可能性。这个想法激发了小德莱塞普斯的想象力，但很快，其他更紧迫的事项占据了他的头脑，实现这一伟大工程壮举的想法被暂时搁置了。

在亚历山大港登陆后，小德莱塞普斯又迎来了第二次好运。当时的埃及统治者穆罕默德·阿里应该能认出德莱塞普斯这个名字：费迪南德的父亲在穆罕默德·阿里崛起时曾任驻埃及总领事，还建议法国政府支持这位阿尔巴尼亚军队指挥官升任总督。穆罕默德·阿里虽然是个冷酷无情的独裁者，但他从未忘记别人的恩惠，尤其是外国势力的恩惠。小德莱斯普斯作为新任法国副领事受到了热烈欢迎，并被介绍给穆罕默德·阿里的儿子赛义德，当时他还是一个 10 岁的孩子。两人的友情历久弥坚。巴黎外交部注意到了小德莱斯普斯与埃及王室的良好关系，他很快就得到了晋升：1833 年被任命为驻开罗领事，几个月后又被任命为驻亚历山大总领事，成为法国驻埃及外交使团的负责人。在为法国的利益服务了四年之后，小德莱塞普斯离开埃及，去其他地方就职，1851 年从外交界退休。但他从未忘记自己与赛义德的友谊，也从未忘记那条连接地中海和红海的运河的构想。

1854 年 7 月，赛义德当上了总督，万事俱备，只欠东风。埃及的新统治者立即邀请他儿时的老朋友来访。同年 11 月 7 日，小德莱斯普斯抵达亚历山大，并在一个月内获得了修建苏伊士运河的皇家特许权。几个月后，小德莱塞普斯回到巴黎，召集了欧洲各地的工程师，对不同的建设方案进行评估。出于外交关系的考虑，他从英国、法国、荷兰、意大利、西班牙、奥地利和德国各邀请了代表。1856年,"苏伊士地峡贯通国际委员会"（Commission internationale pour le percement de l'isthme de Suez,一个听起来冠冕堂皇的名称）同意了两位法国工程师路易·阿道夫（Louis Adolphe）和利南·德·贝勒丰起草的计划（这并不令人意外）,后者刚刚与马里耶特一起在萨卡拉完成了任务。

不出所料,英国的反应相当激烈。首相帕默斯顿勋爵强烈反对任何可能加强法国在埃及影响力的计划,尤其是可能威胁英国进入印度的项目。他在给英国驻巴黎大使考利勋爵（Lord Cowley）的信中写道:"我们并不缺少埃及那片土地,也不希望埃及成为我们的囊中之物,就像任何一个在英国北部拥有庄园、在南部拥有宅邸的理性人,都想要拥有北上道路沿路的旅馆一样。他只是希望这些旅馆保存完好,随时可以使用,并在他到来时为他提供羊排和驿马。"[1]

迪斯累里在1831年访问过埃及,他固然对埃及有所了解,但同样反对这一计划。加德纳·威尔金森爵士现在已经是英国埃及学界的老前辈了,他公开宣布反对修建苏伊士运河,理由是"这显然会损害我们的印度贸易,并将利益拱手让给奥地利人、希腊人、法国人、俄国人以及所有能比英国人更便宜地运输商品的小

---

[1]. A. E. M. Ashley, *Life and Correspondence of Palmerston* (London, 1879), 338, 引自 Mansfield (1971): 4。

商贩手中"[1]。只有威廉·尤尔特·格莱斯顿提出了更为慎重和现实的评估，他问道："一个看起来对人类有益的计划，可能会对我们自己的利益造成间接的、偶发的危害，此时向世界表明我们反对该计划，还有比这更不明智的举动吗？"[2]（无论怎么看，英国人对运河的反对都显得有些站不住脚，因为他们在埃及铁路网中一直占据着主导地位：继亚历山大至开罗的铁路线取得成功后，1858年又建成了开罗至苏伊士的第二条铁路线。）

尽管来自伦敦的反对声音不绝于耳，但小德莱塞普斯还是一意孤行，通过发行新成立的苏伊士运河公司的股票来筹集必要的资金。1859年4月25日，小德莱塞普斯亲自在运河线路的地中海末端（为纪念总督而被命名为塞得港）掘开了第一铲土。

成千上万的埃及农民被征召参加徭役，在恶劣的条件下从事劳动，因此这项浩大的工程进展迅速。英国继续反对整个计划，当然这并非出于对工人的关心。但小德莱塞普斯选择视而不见。赛义德的继任总督伊斯梅尔也不在乎英国的态度，他对埃及的设想甚至比他叔叔的更宏伟。在英国不断施加的压力下，君士坦丁堡的奥斯曼帝国苏丹最终同意向苏伊士运河公司发出最后通

---

1. 威尔金森写给托马斯·佩蒂格鲁的信，贝鲁特，1844年5月18日，引自 Thompson (1992): 195。

2. 引自 Mansfield (1971): 4。

牒，声称赛义德的特许权从未得到高门的批准。[1] 英国和法国意见相左，于是同意成立一个仲裁委员会；但由于该委员会由拿破仑三世领导，它永远不会是客观的，更何况皇帝的妻子欧仁妮皇后是小德莱塞普斯的表亲。裙带关系和民族忠诚赢得了胜利。委员会支持继续实施该项目，但考虑到英国人的利益，要求该公司放弃土地所有权和航行权，埃及政府将为此支付1.3亿法郎的巨额经济赔偿。欧洲列强仍然是最终赢家，而输家是埃及，这不是第一次，也不会是最后一次。埃及为挽救运河项目而欠下的债务，将在未来20年内使其陷入被殖民占领的厄运。[埃及学历史上最具讽刺意味的一件事是，第一部以埃及本国语言出版的阿拉伯埃及征服之前的重要历史著作——塔赫塔维的《伟大的陶菲克光耀下的埃及历史及伊斯玛仪后裔考》（*Anwar tawfiq al-jalil fi akhbar Misr wa-tawthiq Banu Ismail*）——出版于1868年，也就是运河竣工的前一年。]

实现小德莱塞普斯的蓝图总共花费了4.536亿法郎，清理了约7 416万立方米的废物。在建设过程中，苏伊士地区的人口增长了7倍。最后，在掘开第一块土之后仅仅10年，运河就竣工了。运河从地中海的塞得港延伸至红海的苏伊士，途经大苦湖，全长193.3千米。旅游企业家托马斯·库克称其为"19世纪最伟

---

1. Mansfield (1971): 5.

大的工程壮举"[1]。事实确实如此。为了庆祝这一伟大成就，伊斯梅尔（他最近赢得了奥斯曼帝国和国际社会的认可，成为世袭的埃及"赫迪夫"）举办了极尽奢华的运河启用仪式。贵宾团以欧仁妮皇后为首，还有奥地利皇帝和普鲁士王储。威尔金森反对整个计划，但他还是收到了正式邀请函，感到受宠若惊。

1869年11月17日，在塞得港举行了一场盛大的宗教仪式，拉开了为期5天的庆祝活动的序幕。亚历山大港的科普特牧首和法国宫廷牧师（杜伊勒里宫廷牧师）主持了弥撒和圣歌仪式。随后，开罗大穆夫提和爱资哈尔的神职人员诵读了《古兰经》，向真主祈祷。宗教仪式结束后，宾客应邀参加了在政府大楼举行的盛大宴会：专程从欧洲请来埃及的500多名厨师准备了50道菜，1 000多名服务员负责上菜。宴会结束后，一支庞大的船队沿着运河驶向红海。欧仁妮皇后乘坐王室游艇"雄鹰号"率先出发，小德莱塞普斯在她身旁，马里耶特和德·贝勒丰在后面远远地跟着；紧随其后的是乘坐王室游艇"未婚妻号"的伊斯梅尔和其他宾客的船只，大批人群在岸边观看。在蒂姆萨湖（Lake Timsah），从红海驶来的埃及海军舰艇加入了船队，鸣枪致敬。第二天，在新落成的伊斯梅利亚城，伊斯梅尔在他为这一场合专门建造的王宫里举行了舞会；欧仁妮乘坐由6头白色单峰骆驼拉着的马车抵达。

---

1. 引自 Sattin (1988): 62。

第三天，船队航行至红海，在苏伊士港抛锚。两天后，即 11 月 21 日，客人启程返回塞得港，航程仅 15 个小时。

法国著名埃及学家马里耶特陪同欧仁妮游览了尼罗河，为这一法国外交和工程的伟大胜利画上了圆满的句号。她参观了阿拜多斯——从尼罗河骑了四个小时的骡子来到塞提一世神庙——以及丹德拉、卢克索和西底比斯、大象岛和菲莱岛。她丝毫没有疲倦的迹象。伊斯梅尔对这次旅行的成功非常高兴，他向马里耶特授予了荣誉称号，并承诺为这位考古学家的儿子提供教育资金，为他的两个大女儿提供嫁妆。

由于马里耶特、小德莱塞普斯以及欧仁妮皇后（以她自己的方式）的努力，19 世纪 50 年代和 60 年代成为法国在埃及的黄金几十年。法国在科学和文化方面的优势超过了英国和普鲁士，其奠定的基础不仅塑造了埃及学的未来，也改变了西方与埃及的关系。然而，强大如法老哈夫拉，他的雕像也被吉萨的风沙吞噬，埋葬了 40 多个世纪。1869 年之后，埃及内部发生的一系列事件对法国人也不太友好。欧仁妮沿着苏伊士运河和尼罗河凯旋后不到一年，她的丈夫就被推翻了，第二帝国就此终结，拿破仑家族也成为历史。小德莱斯普斯的伟大成就本应保证法国在埃及的经济利益，但却导致英国的贸易通过苏伊士运河实现迅速扩张。[1]

至于马里耶特，虽然他在埃及备受赞誉，但在他的祖国却不那么受欢迎。有人说，他"只以国家统治者为友，既疏远了想借埃及古迹谋利者，剥夺了他们的特权，也疏远了那些想支持文物保护工作的人，因为他孤傲冷酷"[2]。尽管他创建并管理着文物管理局，建立了埃及第一个国家博物馆，发现了大量重要古迹和无价之宝，但他从未在学术界真正拥有一席之地。不过，他对自己的学术声誉并不抱多少期待，他写道："我知道，在我的学术生涯中，我只做了两件事——发掘塞拉比尤姆神庙和建立开罗博物馆。很多人把它们看作我对这一学科的贡献。但是，除了几篇无关紧要的、不完善的文章之外，我没有发表过任何深入的研究成果。"[3]

1878年，就在马里耶特去世前三年，法兰西文学院最终任命他为常任院士。他的石棺没有被安放在巴黎的墓地，而是被安放在开罗埃及博物馆的花园里，石棺上简单地写着"埃及受恩于您"，这是对于马里耶特更合适的不朽致敬。

---

1. 苏伊士运河开通后一年，英国的贸易量就占到了该运河吞吐量的 2/3，并在 10 年内上升到 79%；见 Wilson（1964）: 48。

2. Reid (2002): 113.

3. 引自 Piacentini (2009): 431。

第6章

尼罗河溯流千里

图6 露西·达夫·戈登，作家，埃及穷人的朋友

> 与此同时，破坏工作正在迅速进行。没有人阻止它，也没有人劝阻它。[1]

——阿梅莉亚·爱德华兹，1877 年

从埃及艳后克娄巴特拉去世到 19 世纪中叶，埃及的历史，以及西方与埃及交往的历史，都是由男性书写的。在罗马、拜占庭、阿拉伯或奥斯曼帝国对尼罗河流域的统治中，女性几乎没有扮演过任何重要的公众角色；早期前往埃及的欧洲旅行者中没有一位是女性；拿破仑远征队中没有女性成员，后来商博良或莱普修斯率领的探险队中也没有女性成员。只有索菲亚·莱恩·普尔通过她对开罗后宫生活的第一手描述，使西方得以从女性视角了解埃

---

1. Edwards (1889): 353.

及，让人们看到了埃及女性的命运。但那个时代的道德准则要求她以半匿名的方式出版她的开创性作品。扉页上没有写她的名字，而是提到了她已经很有名气的哥哥：《在埃及的英国女人：1842年、1843年和1844年与E. W. 莱恩先生、〈现代埃及的风俗习惯〉的作者在开罗居住期间写的信。由其妹所写》。索菲亚·莱恩·普尔自己的名字只出现在书的内页和序言的末尾。

19世纪60年代和70年代，两位非凡的女性终于结束了以男性为主导的埃及之旅：她们背景迥异、动机不同，但却拥有同样的热情、不屈不挠的精神以及对埃及的深切感情。其中一位对现代埃及人深深着迷，并发现自己的使命是帮助受苦受难的法拉欣，让他们的困境得到更广泛的关注。另一位则被古埃及人深深吸引，对大肆破坏法老时期古迹的举动感到震惊，发起了一场为子孙后代拯救埃及遗产的运动，并在此过程中为埃及考古学奠定了坚实的根基。露西·达夫·戈登和阿梅莉亚·爱德华兹：虽然她们都没有像商博良、莱普修斯或马里耶特那样享誉世界，但她们的名字和贡献却在埃及学的历史上写下了浓墨重彩的一笔。她们的故事是19世纪中叶欧洲与埃及关系矛盾的例证。

露西·达夫·戈登出生于1821年，即商博良破译象形文字的前一年。她的父亲约翰·奥斯汀是一位法学教授和著名知识分子。她的母亲萨拉是当时少数受过高水平教育的女性之一（萨拉的母亲曾是废奴主义的坚定支持者，并习惯于与男性一起讨论政治和文学）。年幼的露西很有才华，从小就对阅读产生了极大的兴趣。

一位富有洞察力的朋友毫不夸张地形容她"博览群书，善于思考，观点新颖，热衷于表达，她的思想与大多数女性不同"[1]。露西与生俱来的好奇心得益于早年与外国和外国文化的接触。1834—1836年，露西一家住在滨海的布洛涅。在那里，萨拉被称为"美丽的英国人"，而露西童年时恰好与同时代的奥古斯特·马里耶特住在同一个社区。两人是否见过面不得而知，但他们很可能有共同的朋友。

奥斯汀一家回到英国时，露西正处于"初出闺阁"的年龄。第一次在兰斯多恩侯爵（辉格党主要政治家、前财政大臣和内政大臣）的伦敦府邸参加社交舞会时，她的目光落在了一个比她年长10多岁的男人身上——亚历山大·达夫·戈登爵士。作为苏格兰贵族的后裔及男爵，他是一个背景无可挑剔的男人。尽管年龄悬殊，亚历山大和露西还是坠入了爱河，并于1840年5月16日结婚。亚历山大的母亲最初反对儿子娶一个没有嫁妆的女人，但她最后还是被说服了，答应了婚事。他们把家安在了威斯敏斯特，凭借露西的知识分子关系和亚历山大的贵族声望，他们在那里交友广泛。丁尼生经常来他们家朗诵诗歌。其他来访者还包括历史学家麦考莱、小说家狄更斯和萨克雷、首相墨尔本勋爵和当时流亡伦敦的未来法国皇帝拿破仑三世、颇具影响力的《爱丁堡评论》

---

1. Caroline Norton, 引自 Duff Gordon (1969): 11。

(*Edinburgh Review*)的创始人悉尼·史密斯（Sydney Smith）以及旅行作家威廉·金莱克［William Kinglake，他的第一部文学作品《日升之处；或从东方带回故乡的旅行印记》(*Eothen; or Traces of Travel Brought Home from the East*, 1844）讲述了他在埃及的冒险经历］。为了贴补达夫·戈登一家微薄的收入，露西充分发挥自己的学术和语言天赋，将尼布尔（Niebuhr）的《希腊诸神与英雄的故事》(*Stories of the Gods and Heroes of Greece*)从德语翻译成英语。她还关心着更遥远的土地和人民，收留了一个努比亚男孩做仆人，这个男孩在被英国传教士解救之前惨遭奴役。他的名字叫哈桑·巴凯特，昵称"哈蒂"，他一直是达夫·戈登家中的宠儿，直到1850年圣诞节因肺充血去世。

确实，在19世纪中叶的伦敦，爵位和社会关系无法帮你抵御疾病的侵袭。达夫·戈登家族和首都的许多家庭一样，屡遭不幸。露西的第一个孩子珍妮特出生于1842年，第二个孩子在几个月大时就夭折了。1846年，亚历山大差点死于霍乱。1849年，他们唯一幸存的儿子莫里斯出生后，露西自己也患上了结核病。她一边与病魔抗争，一边于1858年生下了第二个女儿乌拉妮娅；但到了1861年冬，露西病入膏肓，医生建议她出国寻找气候更加温暖干燥的地方生活。像许多英国人一样，她先是去了开普省，但后来决定到埃及试试，因为那里是新近流行的冬季度假胜地，尤其适宜患结核病的欧洲人。

她读过《圣经》和希罗多德的书，也读过《一千零一夜》和

《日升之处》，但这些都不能让她对赛义德统治下埃及的严峻生活现实做好思想准备。1862年10月抵达亚历山大后，她写道："令人不快的是，即使是年轻稚气的脸庞上，也没有任何光彩或欢乐。"[1] 从那时起，她在英国对工人阶级政治的支持找到了新的用武之地，她成为埃及受苦受难的农民的坚定保护者。此外，她知道母亲（也许还有她的丈夫）是与她一样持进步观点的同道中人，而且知道她不会因为自己经常对海外的英国人发表尖刻评论而感到震惊。露西·达夫·戈登目光敏锐，对其他文化持开放态度，这使她对殖民地生活的观察异常敏锐。她问道："为什么英国人谈论《圣经》中的美好情感时，假装感同身受，但是当他们来到这里，看到眼前同样的生活时，却又对它嗤之以鼻呢？"[2]

露西对普通埃及人的生活感到失望，她很快意识到，这里的生活成本远远高于她的预期，至少在欧洲人口不断增加的亚历山大是如此。（到1864年，亚历山大有6万多名欧洲人，占该城市人口的三分之一；而在14年前，在埃及的欧洲人仅有5万。[3]）她在抵达后仅几天就写道："我非常后悔来到这里，因为我担心完

---

1. Duff Gordon (1969): 42 (27 October 1862).
2. Duff Gordon (1969): 3.
3. Kröger (1991): 19.

全不可能像我所希望的那样过上低成本的生活。"[1] 但她在逆境中仍然不屈不挠,决定充分利用机会,继续前往开罗。在那里,她找到了更加"美好的生活,阳光明媚,诗情画意,而且,我必须再补充一句,民风淳朴善良"[2]。在那里,她带着仆人奥马尔(绰号阿布·哈拉维,意为"糖果之父"),像所有欧洲游客一样,踏上了沿尼罗河航行的旅程。她写道:"如果这次航行能给我带来和别人一样多的好处,"她写道,"我就满足了。"[3]

尼罗河很快就发挥了它的魔力。在河上仅仅待了 10 天,露西就开始"能吃能睡,咳嗽也少了"[4]。随着健康状况的改善,她对埃及人的迷恋和同情也与日俱增。她被埃及人的"宽容胸怀"[5]打动,并以惊人的理解力指出,"人们津津乐道的脏乱差,其实就是赤贫。这些可怜人的身体就像尼罗河的泥水一样干净,他们只有一件衣服,没有任何床铺,只能睡在干燥的泥巴上"[6]。当她的船到达艾斯尤特时,已经航行了将近三个星期,埃及令她神魂颠倒。

---

1. Duff Gordon (1969): 42 (27 October 1862).
2. Duff Gordon (1969): 44 (11 November 1862).
3. Duff Gordon (1969): 51 (21 November 1862).
4. Duff Gordon (1969): 52 (30 November 1862).
5. Duff Gordon (1969): 56 (1 December 1862).
6. Duff Gordon (1969): 52 (21 November 1862).

她写道:"我听到一个男孩在清真寺里对着一群苦行僧吟唱则克勒(九十九则真主颂词,即对安拉的赞词和颂诗),我想我从未听到过如此美妙动人的歌声。"[1]

但是,埃及正在改变:国内政治觉醒的潮流与新生的殖民主义外部力量交织在一起,而能最深切地感受到这种变化所造成的结果的,往往是普通民众。1863年1月17日,当露西在阿斯旺时,总督赛义德去世,伊斯梅尔继任,他希望埃及成为欧洲的一部分(充满活力和现代感),而不是非洲的一部分(当时被视为落后的、原始的地方)。[2] 可是,伊斯梅尔担任总督之后所做的第一件事就是在罗达岛的王宫接见探险家约翰·汉宁·斯皮克(John Hanning Speke)。他最近刚从喀土穆归来,在那里发现了尼罗河的源头。通过开发非洲,欧洲正在为帝国的征服做准备。事实上,早在几年前,福楼拜在一次尼罗河之旅时就预言:"在我看来,英国很可能在短时间内就成为埃及的主人。"[3]

露西在从埃及寄来的信中,生动地描绘了一个处于临界点的国家,它徘徊在饱经沧桑的过去和前途未卜的未来之间,一步步如履薄冰。与在她之前到访尼罗河谷的旅行者不同,她对古迹毫

---

1. Duff Gordon (1969): 57 (10 December 1862).
2. Sattin (1988): 95.
3. 引自 Sattin (1988): 97。

无兴趣,她宣称:"谈论废墟毫无用处;我想,所有人已经把能说的都说遍了……"[1]她对参观古代世界最伟大的宗教建筑群的经历几乎只字未提:"昨天我骑马去了卡尔纳克……骄阳似火,空气清新。"[2]然而,她不可能对处处可见的、层层叠叠的历史遗迹视而不见,她将埃及描述为"一个重写本,《圣经》写在希罗多德之上,《古兰经》写在《圣经》之上"[3]。到处都能看到法老文明的遗存风貌,而且不仅限于在被毁坏的神庙和陵墓之中。她注意到,阿斯旺附近的努比亚妇女仍然穿戴着"与陵墓中画的一样的"服装和饰品[4],而"出生和葬礼的仪式遵循古埃及的习俗,而非穆斯林的"[5]。远离"高速公路和猎奇的寄生虫"[6],这个国家的生活几千年来几乎未曾改变。露西被"人民的魅力"[7]深深吸引,她宣称(她以为这仍然是一次短期访问),"我将带着真挚的情感告别埃及"[8]。

---

1. Duff Gordon (1969): 60 (11 February 1863).

2. Duff Gordon (1969): 116 (22 January 1864).

3. Duff Gordon (1969): 65 (February 1863).

4. Duff Gordon (1969): 62.

5. Duff Gordon (1969): 65.

6. Duff Gordon (1969): 61.

7. Duff Gordon (1969): 66.

8. Duff Gordon (1969): 63.

然而，即使是乡村地区，也难逃现代生活的侵袭。持续了两年的美国南北战争推动了埃及棉花市场的发展。面对这种情况，伊斯梅尔的对策是下令修建大量新的灌溉工程，以增加经济作物的可耕地面积。埃及新兴的繁荣没有逃过奥斯曼帝国苏丹阿卜杜勒·阿齐兹（Abdel Aziz）的眼睛。1863年，他访问了这个新贵省份（虽然没有任何实际意义，但埃及仍然是他的帝国的官方行省），"目睹了一个据说比他自己的国家更先进、外国人正在那里投资的国家"[1]。伊斯梅尔的一位顾问认为来访者的野心昭然若揭：

> 苏丹，尤其是苏丹的大臣，无法忍受埃及巨额财政收入中的十分之一没有落入他的手中。他们认为，如果埃及和叙利亚一样，是一个完全依附于奥斯曼帝国的省份，他们就可以把这里用于埃及发展的钱财据为己有。他们不断密谋干涉总督的半独立地位。即使在寝宫里，他也被土耳其特工和间谍包围着。这自然使他不得不依靠外国的支持。[2]

阿拔斯将目光投向了英国，而赛义德和伊斯梅尔将目光投向

---

1. Duff Gordon (1969): 73, n.1.
2. 约瑟夫·赫凯基安写给纳索·西尼尔的信，引自 Duff Gordon (1969): 73, n.1.

了法国。没有什么比苏伊士运河项目更能概括法埃关系了。大多数西方评论家对这个项目瞠目结舌、惊叹不已。与之形成鲜明对比的是,露西看到了那些令人印象深刻的数据背后的人力劳动。她写道:"这里的每个人都在咒骂法国人。在苏伊士运河工作的4万人总是处于饥饿之中,他们当然不会对阿拉伯人有什么好感。人们都在期盼着新帕夏的下一步举措。如果他决定叫停强迫劳动,我想,运河项目就必须中止了。"[1]

但伊斯梅尔太专注于埃及的现代化进程和他自己的政绩,无暇顾及臣民的不满;法国的影响和运河项目仍在继续,没有出现间断。

露西于1863年6月返回英国,但同年10月再次回到埃及——不仅是因为她的健康状况不佳(每况愈下),还因为她被这个异域国度深深吸引。尽管她思念自己的孩子,也为自己的疾病给家人带来焦虑而感到痛苦,但她还是坦然承认:"我对开罗的贫民窟看得越多,就越爱那儿的人。开罗最肮脏的小巷远比巴黎最漂亮的街道要美好得多……我爱上了阿拉伯人的生活方式,我比许多在这里生活多年的欧洲人看到和了解更多当地人的家庭生活。"[2]

---

1. Duff Gordon (1969): 66–7.

2. Duff Gordon (1969): 76, 78 (25 May 1863).

然而，开罗的冬季对于一个结核病患者来说过于寒冷和潮湿，于是露西去了上埃及，并说服法国总领事让她住进卢克索神庙屋顶上的"法兰西之家"。这座简陋的住宅是亨利·索尔特在1815年左右建造的。贝尔佐尼在监督搬运"年轻的门农"时曾住在这里，罗塞利尼在1829年法国—托斯卡纳探险期间也住在这里。但"法兰西之家"的绰号是在1831年获得的，当时这处住宅被用作法国海军军官的基地，他们来到卢克索拆除其中一座方尖碑，并把它运往巴黎。露西认为这座房子非常迷人："我的房子四面的景色都美不胜收，正面朝西北，可以俯瞰尼罗河，东南面有一个宽敞的带顶露台，目之所及尽是壮丽的绿色山脉，远处还有橘黄色的山丘。"[1]

有了"带玻璃门窗的房间"[2]和一些二手家具，这里就成了露西的"底比斯王宫"，也是她接下来六年的家。

她以鸟瞰的视角和清晰的散文描绘了伊斯梅尔统治时期埃及的变化，与其说是记录伊斯梅尔的伟大工程，不如说是记录这些工程对埃及普通居民的影响。早在1855年，赛义德就颁布了一项法令，强制奴隶主释放所有要求获得自由的奴隶。[3]但十年后，农

---

1. Duff Gordon (1969): 113–14 (13 January 1864).
2. Duff Gordon (1969): 113–14.
3. Duff Gordon (1969): 73, n.2.

村人口实际上仍然受徭役之苦。"可怜的法拉欣像囚犯一样被成群结队地赶走，留下他们的家人忍饥挨饿。"露西说，"难怪人们喊道，'让英国女王来带走我们吧'。"[1] 露西从祖母那里继承了激进的个性，她成为埃及穷人的拥护者，努力为他们发声。她越来越直言不讳地反对伊斯梅尔的挥霍无度，哀叹道："钱被不断地浪费，还不如扔进尼罗河，因为那样的话，法拉欣就不必把他们本应用于耕农的时间花在建造丑陋的、像铁匠铺一样的所谓宫殿上了。"[2]

在一个到处都是间谍和告密者的国家里，这样的言论是非常危险的。露西的信件被政府特工截获——她后来才发现，许多信件根本没有被寄到英国[3]。有一次，伊斯梅尔还试图贿赂船夫将她淹死，但她在当地的声望拯救了她。由于她心地善良、关心他人——"也许我不太公正，因为我同情阿拉伯人，他们也同情我，我倾向于'善待'他们的美德，或许有时会对他们的缺点'视而不见'"[4]——她在卢克索和周边村庄的居民当中赢得了声誉，成为他们信赖的朋友和代言人。1864年春天，一场流行病席卷了整个

---

1. Duff Gordon (1969): 85–6.
2. Duff Gordon (1969): 86 (21 May 1863).
3. Duff Gordon (1969): 185.
4. Duff Gordon (1969): 171 (23 May 1864).

卢克索，人们宁愿去她那里被救治，也不愿去政府诊所，哪怕要走 20 英里路。她很快就获得了"幸运之眼"的美誉，人们遇到各种各样的事情都向她求助，"作为好运气的使者，去看望年轻的新娘，参观正在建造的房屋，检查牛群等等"[1]。

但是，即使露西神通广大，也无法消除政府轻率的、无节制的发展政策所造成的日益严重的贫困和压迫。1865 年 1 月，到处充斥着"饥饿、痛苦，没有希望也没有回报的劳动，以及无能为力的怨恨所带来的持续不断的痛苦"[2]。露西认为："大肆勒索和掠夺的制度已经到了难以为继的地步。"[3] 她报道了卢克索城镇居民的情绪："不满情绪与日俱增。上周，人们在阿斯旺街头咒骂帕夏，每个人都在大声谈论自己的想法……整个地方一片荒凉。"[4]

然而，她的声音是孤独的。大多数欧洲评论家——坐在安全舒适的客厅里——完全支持伊斯梅尔的"改革"。英国外交官很少走出城市，所有人都对光鲜表面下沸腾的怨恨视而不见。只有露西·达夫·戈登能够预见即将发生的事情，她在给丈夫的信中写道："我希望你能将这些事实公布于众；这些事实已经是公开的秘

---

1. Duff Gordon (1969): 224 (13 April 1865).
2. Duff Gordon (1969): 202 (11 January 1865).
3. Duff Gordon (1969): 4.
4. Duff Gordon (1969): 201 (9 January 1865).

密，除了那些被利益蒙蔽了双眼的欧洲人之外，而他们也很快就会睁开眼睛。"[1] 当然，事实将证明她是对的，但为时已晚。

* * *

就在现代埃及走向镇压与革命的同时，古埃及研究也在马里耶特和刚刚成立的文物管理局的领导下经历着自己的变革。露西·达夫·戈登对东方考古界并不陌生——尼姆鲁德和尼尼微的发现者亨利·莱亚德爵士（Sir Henry Layard）是她的家族朋友，而且每一位路过卢克索的埃及学家都认识她。1864年2月，德鲁热子爵和马里耶特乘轮船抵达卢克索；露西最关心的是"他们是否会成为好伙伴"[2]。更长久的伙伴是美国探险家和文物经销商埃德温·史密斯（Edwin Smith），他也住在卢克索，露西为他从英国购买了最新的考古书籍。[3] 直到19世纪60年代，在卢克索这样的地方，仍能找到一些与拿破仑时代的埃及学的联系；露西的一位埃及熟人曾是贝尔佐尼的向导，她亲切地称他为"我的老'曾祖父'"，而且"他的长子出生在拿破仑领导的法国人进军卢克

---

1. Duff Gordon (1969): 5.
2. Duff Gordon (1969): 126 (12 February 1864).
3. Duff Gordon (1969): 184 (21 October 1864).

索的七天前"[1]。

除了这些历史的回声，新的竞争也开始改变这门学科。莱普修斯的学生约翰内斯·迪米兴（Johannes Dümichen）在埃及临摹铭文时，听说马里耶特的工人在阿拜多斯发现了一份国王名单。他尽职尽责地将抄本寄给了柏林的莱普修斯，后者甚至没有向马里耶特致谢就发表了这份抄本。在这场事关民族尊严的轩然大波中，迪米兴和马里耶特几乎大打出手。[2] 事实上，自从莱普修斯的探险结束和文物管理局成立以来，德国学者很少在埃及进行实地考察，在很大程度上被当局拒之门外。[3] 即使莱比锡教授格奥尔格·埃贝斯（Georg Ebers）出版了一本通俗小说《埃及公主》（*An Egyptian Princess*, 1864），也无法掩盖德国埃及学被边缘化的事实。

与此同时，马里耶特势不可当，在埃及各地进行发掘。令露西反感的是，他"强迫人们工作"[4]。他拥有如此大的权力和权威，难免有时会认为自己凌驾于法律之上。有一次，毫无疑问是在关于文物使用权的激烈争执之后，在国家利益的驱使下，他殴打了

---

1. Duff Gordon (1969): 167 (17 May 1864).
2. Reid (2002): 114–15.
3. Marchand (2009): 204.
4. Duff Gordon (1969): 243 (December 1865).

英国驻卢克索领事馆的代理人穆斯塔法·阿加·阿亚特（Mustafa Agha Ayat），然后矢口否认自己有任何不法行为。露西的一颗公正之心被激怒了，她写信给英国当局，后者派出一名外交部官员进行调查。[1] 1866 年的普奥战争削弱了法国在欧洲的地位，普鲁士在俾斯麦的领导下实力大增；但这一切似乎都没有影响到马里耶特，他的地位稳如泰山，一切都在他的掌控之中。露西继续对她儿时的邻居冷嘲热讽："有个人从上次发掘中偷了一枚非常漂亮的银质古董戒指给我——别告诉马里耶特……我的法拉欣朋友说，'你拿着它，总比马里耶特把它卖给法国人，然后把钱装进自己的腰包要好；反正不是我偷，就是他偷'——所以，我平静地接受了赃物。"[2]

露西确实可能会把偶然得到的不法之物收入囊中，因为她一直在为钱发愁，即使生活俭朴，也难以维持生计。1863 年秋天，一场瘟疫席卷埃及，大量牲畜死亡，物价进一步上涨。露西不得不勉强度日："我干脆住在室外。蝙蝠和燕子是我的好朋友，不过我希望蛇和蝎子能更矜持一些。"[3] 夏季酷热难耐；唯一的解决办法是放下欧洲人的保守，选择更实际的生活方式："天气热得'受

---

1. Duff Gordon (1969): 257 (April 1866).

2. Duff Gordon (1969): 286–7 (21 November 1866).

3. Duff Gordon (1969): 145 (22 March 1864).

不了',我没有勇气继续写信,甚至什么都不想做,只想躺在通道的垫子上,穿着用英语难以形容的最少的衣服。"[1]

尽管露西已经在卢克索安顿下来,一阵阵强烈的思乡之情还是席卷而来,她想念孩子们,感觉自己正在逐渐失去他们。但到了1864年7月,她开始接受自己再也回不了英国的事实。她在给丈夫的信中写道:"我不想再呼吸寒冷潮湿的空气了。这让我非常沮丧,你应该能想象得到。你只能和我离婚了。"[2] 可是,她在遥远国度的英勇事迹非但没有损害她的声誉,反而引得国内的民众对她的生活遐想纷纷,1865年出版的《埃及来信》(*Letters from Egypt*)更是巩固了她的声誉。

尽管埃及的气候对结核病患者有益,但那里的其他疾病也很猖獗。1865年5月,在沿尼罗河的旅行中,露西差点死于胸膜炎,不得不由她忠实的仆人奥马尔悉心照料,才恢复健康。(痊愈后,她在给丈夫的信中写道:"我请求你永远不要忘记奥马尔对我的悉心照顾和真正的爱。"[3])几个月后,在布拉克的马里耶特妻子就没那么幸运了,她因感染霍乱去世。与此同时,普通埃及人的境遇继续恶化。绝望的农民在尼罗河上袭击普鲁士船只泄愤,于

---

1. Duff Gordon (1969): 180 (7 July 1864).
2. Duff Gordon (1969): 180–1.
3. Duff Gordon (1969): 233.

是伊斯梅尔亲自登门拜访,"拿起扫帚把他们扫得干干净净,换言之——消灭了这些居民"[1]。一个埃及人曾向露西吐露心声:"我只祈求欧洲人来统治我们——如今法拉欣比任何奴隶都不如。"[2] 在露西自己看来,在各种因素共同作用下,生活变得难以忍受:"由于缺水,这个国家一片荒芜,牲畜只剩下一副骨架,人们饥肠辘辘,天气开始变得酷热,还有一些疾病,最可怕的是那些大屠杀……让所有人的心都凉透了。"[3]

可是,伊斯梅尔却一意孤行,仿佛报应永远不会到来。1866年4月,他访问了君士坦丁堡,以一大笔钱从苏丹那里换取了将总督头衔传给自己儿子而不是家族长辈的权利,从而打破了土耳其的习俗,成功地建立了自己的王朝。(次年,苏丹认可了这一新的安排,并授予伊斯梅尔赫迪夫的头衔——这是用另一笔巨额资金换来的)。到了7月,埃及政府几近破产;露西的女婿亨利·罗斯的雇主埃及商业贸易公司蒙受损失,使他的经济状况遭受重创。但伊斯梅尔非但没有控制开支,反而对不同政见者进行了严厉打击。"间谍活动的网络越织越密,人们的嫉妒心越来越强,"露西

---

1. Duff Gordon (1969): 207 (13 March 1865).
2. Duff Gordon (1969): 224 (29 April 1865).
3. Duff Gordon (1969): 213 (30 March 1865).

写道,"我受到警告,行事要非常小心。"[1] 农民惨遭殴打,政府要求他们缴纳下一年的税款,但他们身无分文。法拉欣被征召,与土耳其军队并肩作战,以平定克里特岛上的叛乱。与此同时,健壮的男子被从田地里揪出来,为政府的建设项目工作。这一切的结果是灾难性的:

> 政府的操控带来的压力对我们来说非常沉重。整个星期,人们都在夜以继日地收割未成熟的玉米,因为明天有310个人要去艾斯尤特以南建设铁路。当然,这些青玉米卖了不值钱,吃了也不健康;因此,今年本应获得的大丰收在最后一刻变成了苦果。邻村的人都走光了,却还需要派7个人来凑徭役。[2]

1867年夏天,伊斯梅尔陪同他的新挚友奥斯曼苏丹前往欧洲。在那里,他们受到了主人的款待。第一站是到巴黎参观世界博览会。露西尖刻地讽刺道:"现在的人们最常用的祷词是,'但愿他不能平安归来,愿他死在法国,葬在不信教者的坟墓里'。"[3]

---

1. Duff Gordon (1969): 282 (19 October 1866).
2. Duff Gordon (1969): 317 (19 April 1867).
3. Duff Gordon (1969): 329 (28 July 1867).

第6章　尼罗河溯流千里

赫迪夫的下一个目的地是伦敦，在那里，伊斯梅尔被授予巴斯大十字骑士勋章，苏丹则获得了嘉德骑士勋章。陪同王室访问的埃及官员并不仅仅是为了沐浴在君主的荣耀之中：伊斯梅尔希望他们了解欧洲的现代发展（例如豪斯曼领导下的巴黎改造），并将其复制到埃及。阿里·穆巴拉克（Ali Mubarak）是一名工程师，从法国回来后，他被任命为公共工程部长兼教育部长，开始着手改造开罗市，在全国各地建立政府学校。开罗迎来了自中世纪以来最大的建设热潮，荒原被夷为平地，沟壑被填平，城市铺设了新的林荫大道，建设了公共广场，铺平土路，挖了新的下水道系统。统一的理念是"坦兹姆"（*tanzim*）：组织、管理与现代化，将军事秩序延伸到平民生活的方方面面。[1] 开罗新区的地块可以提供给任何承诺建造欧式建筑的人。伊斯梅尔的目光紧紧盯着现代化，仅仅是为了表示对旅游业增长的关注，他才同意在国家的新邮票上采用金字塔和狮身人面像的设计。

游客对开罗的改造感到失望，因为他们期待的是《一千零一夜》中的场景。可以想见，旅游业本身其实也在重塑埃及。1867年，马克·吐温首次访问埃及（为了爬大金字塔）的那一年，露西写道："美国人乘坐蒸汽船蜂拥而至，还有很多人乘坐大帆

---

1. Mitchell (1988): 63.

船。"[1] 她还补充道："今年我一看到蒸汽船来，就会把门闩上。"[2] 底比斯不再是一片宁静的僻壤，而是变成了"英国人的水上乐园。现在这里有九艘船，它们最大的目标就是尽可能快地完成尼罗河（航行）"[3]。1月，她款待了作家爱德华·李尔（Edward Lear）。秋天，她的儿子莫里斯的来访让她的心情大为舒畅，莫里斯似乎把大部分时间都花在了打水鸟上。但是，留给露西的时间已经所剩无几。同年12月，她痛心疾首地写道："在我抵达卢克索的六天前，卢克索的老房子有一半倒塌了，掉进了下面的神庙；我想，法兰西之家就这样没了。"[4] 露西的母亲萨拉·奥斯汀于1867年8月去世，露西本人的健康状况也持续恶化。1869年1月，她在给女儿的信中写道："我相信，我的病比你想象的还要严重。我不想让你父亲担心，但我可以告诉你，我觉得我再撑不了多久了……我想莫里斯最好早点回家……我希望能够再次见到你们，但我不可能回到欧洲了。"[5]

当月下旬，她把莫里斯送回了家，一面唠叨着："他应该做点

---

1. Duff Gordon (1969): 297 (22 January 1867).
2. Duff Gordon (1997): xi.
3. Duff Gordon (1997): 36.
4. Duff Gordon (1969): 348.
5. Duff Gordon (1969): 358 (22 January 1869).

什么事才好。"[1] 2月,威尔士亲王和王妃在尼罗河上游览时,她的身体刚刚好到可以接受他们的拜访。(自从露西的《埃及来信》出版后,她就成了名人。)但到了暮春,她就知道最后的时刻即将来临。开罗能提供更好的临终关怀,所以她在一片哭泣声中离开了卢克索。她几乎立刻就后悔了,在给丈夫的信中写道:"如果我能活到9月,我会去埃斯奈,那里的空气更清新,我咳嗽得也更少。我宁愿死在塞得(上埃及)的同胞中间,也不愿意死在这里。"(她还带着一丝母亲的恼怒补充说:"请不要再让莫里斯出去了,他现在必须开始工作,否则他将一事无成。")[2]

露西的最后一封信是1869年7月9日从开罗南部的温泉胜地赫勒万写给她丈夫的,信的结尾是:"上帝保佑你,我最亲爱的爱人……亲吻我所有的爱人……请原谅我对你的所有过错。我希望能够再次见到你的脸庞——但不是现在。无论如何,我都不希望你此时此刻出现在这里。"[3]

五天后的清晨,她去世了,年仅48岁。忠实的奥马尔一直陪伴在她身边,直到她生命的最后一刻。露西的朋友卡罗琳·诺顿(Caroline Norton)在《泰晤士报》的讣告中简明扼要地总结了她

---

1. Duff Gordon (1969): 360 (25 January 1869).
2. Duff Gordon (1969): 361 (15 June 1869).
3. Duff Gordon (1969): 362.

的一生和她留下的遗产："露西达夫·戈登在埃及生活，在埃及去世，她的伟大和善良给人们留下了美好的回忆。这是其他任何在埃及的欧洲女性都无法企及的。"[1]

伊斯梅尔赫迪夫被形容为"最有魅力的丑陋男人"[2]。至少在"有魅力"这一点上，他的臣民可能不敢苟同。不论他是否迷人，他肯定是爱好奢华的（他喜欢喝苏玳葡萄酒），他的奢侈挥霍是出了名的，招待外宾时尤其大手笔。1869年，当欧仁妮皇后为庆祝苏伊士运河正式开通而访问埃及时，伊斯梅尔下令从开罗市中心铺设一条8英里长的道路，使她"驾车前往金字塔时可以避免劳顿（结果她每天早上都会由着性子骑马到金字塔走一趟），还要在金字塔的背影处建造一座石屋，让她可以在里面休息一晚"[3]。至于他自己在吉萨的宫殿，花园中间相互交错的小路都采用马赛克花纹的路面，由从意大利带来的工匠铺设，据说花费了3万埃及镑。他对欧洲时尚和进步的热爱，使他不仅对开罗市中心，而且几乎对整个埃及进行了改造和现代化建设。除了在露西·达夫·戈登去世当年开通苏伊士运河这一最伟大的工程外，他还主

---

1. *The Times*, 26 July 1869, 引自 Duff Gordon (1969): 364。
2. Mansfield (1971): 6.
3. Caillard (1935): 20.

第6章　尼罗河溯流千里

持开垦了5 000多平方千米的沙漠土地，修建了8 400英里的灌溉渠、1 185英里的铁路、500英里的电报线路、4 500所小学、430座桥梁、64家炼糖厂、15座灯塔、苏伊士码头和亚历山大的一个新港口。

开罗城内的许多建筑都是豆腐渣工程——外表华丽，但结构不够坚固。最能体现纵情声色和对欧洲文化痴迷的莫过于歌剧院。歌剧院建在埃兹别基亚花园的一侧，谢泼德酒店对面，是西方品位最典型的代表。它以巴黎歌剧院为蓝本，内部饰以深红色的挂毯和大量的金色锦缎；奢华的王室包厢中还设有为国王后宫的女眷准备的屏风座位。首场演出是威尔第的《弄臣》，于1869年11月1日上演。如果当时露西·达夫·戈登还在世的话，她一定会痛斥这位赫迪夫最近的虚荣行径。欧仁妮皇后坐在伊斯梅尔和奥地利皇帝弗朗茨·约瑟夫之间的王室包厢里。当晚受邀的埃及人寥寥无几，在以后的日子里，也很少有当地人会观看歌剧演出。相反，开罗歌剧院成了西方侨民最喜欢去的地方，他们可以在这里逃避大理石门厅之外残酷的现实生活。

威尔第的另一部作品原本打算在歌剧院开幕之夜上演，但未能及时完成。《阿依达》推迟了两年，于1871年圣诞节首演，好评如潮。首场演出采用了典型的伊斯梅尔风格，共有3 000名演员参加了演出，其中包括不少努比亚人和奴隶，"他们手持从博物馆借来的古代神像和人物雕像列队游行"[1]。作为一部以法老时代为背景的歌剧,《阿依达》的剧本是委托当时最伟大的埃及学家马里耶特创作的。在主持文物管理局和埃及博物馆 10 多年后,他的声望和影响力达到了巅峰。但是,一系列发生在距尼罗河畔千里之外的事件很快就威胁到了马里耶特的地位,甚至还威胁到他的生命。

在整个 19 世纪 60 年代中后期,法国和普鲁士之间的竞争在埃及和整个欧洲大陆范围内不断加剧。马里耶特与迪米兴之间的争执只是其中的一个征兆。虽然德国人没能积极参与发掘工作,但他们在其他学术领域的成就相当可观,在上一代埃及学家莱普修斯成就的基础上,更上了一层楼。第二代德国埃及学家的领军人物之一是马里耶特的朋友海因里希·布鲁格施。他师从莱普修斯,并在塞拉比尤姆神庙协助马里耶特工作。1863 年,他创办了一份学术期刊——《埃及语言与古埃及考古学报》(*Zeitschrift für Ägyptische Sprache und Altertumskunde*)。它至今仍是该学科最权威的刊物之一,也可以说是古埃及语言学的主要期刊。1864 年,布鲁格施短暂地担任普鲁士驻开罗领事,之后回国在哥廷根大学担任教授。1869 年,在伊斯梅尔与欧洲关系不断升温的时期,布鲁格施受邀回到开罗,担任新成立的赫迪夫埃及学学院

---

1. Caillard (1935): 19.

（Khedivial School of Egyptology）院长。马里耶特曾把布鲁格施视为朋友，而现在两人却像是竞争对手。法国人从一开始就反对埃及学学院：它不仅由德国人管理，还威胁要建立与埃及博物馆形成竞争关系的另一个学术中心。在布鲁格施的领导下，德国的埃及学派自莱普修斯探险以来重振雄风。对马里耶特来说，这是一种诅咒。

更糟糕的事情还在后面。1870 年 7 月 16 日，法国议会考虑到邻国日益增长的自信，又担心德国会再次统一，于是向普鲁士宣战。这是一个灾难性的错误。以普鲁士为首的德意志联军迅速动员，入侵法国东北部。德军很快就取得了一系列胜利，最终在围攻梅斯和色当战役中取得胜利。法军战败，拿破仑三世被俘。9 月 4 日，巴黎的帝国被推翻，第三共和国宣告成立；但这并不足以平息日耳曼人的愤怒。两周后，德意志联军包围了法国首都，并开始勒紧绞索。经过四个月的围困，法国首都于 1871 年 1 月 28 日陷落。法国的失败反而为自己最害怕的事情铺平了道路：德意志地区在强大的普鲁士领导下实现了统一。更糟糕的是，战争结束时签署的《法兰克福条约》将阿尔萨斯的大部分地区和洛林的部分地区割让给德国，打破了自 1815 年拿破仑一世战败以来欧洲的均势。

马里耶特运气奇差，围城战争爆发时，他正在巴黎度假，结果被困在城里长达数月之久。这不仅仅是他个人的不幸：在他缺席期间，埃及的竞争对手开始密谋取代他。布鲁格施被认为是德国接管文物管理局的候选人，但他不愿与昔日的同事作对。巴黎围城一解除，马里耶特就匆忙赶回布拉克，重新确立了自己的地位，以及法国在博物馆和文物管理局的领导地位。他对布鲁格施并无恶意："对我来说，你不是德国人，你是布鲁格施……我把你当作真正的朋友来爱戴。"[1] 两年后，马里耶特指派海因里希·布鲁格施的弟弟埃米尔·布鲁格施到博物馆任职，担任他哥哥的助手。在此后的40年中，埃米尔·布鲁格施一直忠心耿耿地为博物馆服务。

1871年，马里耶特的决心和宽宏大量得到了回报，他获得了一系列惊人的发现。美杜姆（Meidum）出土了鹅的彩绘壁画以及拉霍特普（Rahotep）和诺夫雷特（Nofret）的雕像（至今仍是埃及博物馆最珍贵的宝藏之一），而在萨卡拉的沙漠中则发现了装饰华丽的泰墓（tomb of Ti）。但是，法国对考古和文化影响力的控制已经被削弱，挖掘再多的文物也无法改变这一事实。普法战争后，埃及政府学校在教授法语的同时也开设了德语课程，因为伊斯梅尔和他的大臣试图在哪个欧洲强国最终会取得胜利的问题上设置风险对冲机制。[2] 马里耶特还有其他担忧。不仅赫迪夫埃及学学院由德国人（以海因里希·布鲁格施为代表）控制，新的赫迪

---

1. 引自 Maspero (1904): clxxxii。
2. Reid (2002): 117.

第6章　尼罗河溯流千里

夫图书馆也是如此。路德维希·斯特恩（Ludwig Stern）于1873年成为该图书馆的馆长，随后又有四位德国东方学家相继任职。在第一次世界大战爆发之前，这座图书馆一直是德国施加影响的重要堡垒。成立于1836年的埃及学会于1873—1874年解散，剩余的书籍被捐赠给了赫迪夫图书馆，从而巩固了后者作为开罗主要学术机构之一的地位。

在欧洲，德国也在挑战法国在埃及学领域的卓越地位，在所有著名大学设立了一系列教席。哥廷根大学在1868年（由布鲁格施创建），斯特拉斯堡大学（普法战争后由德国控制），海德堡大学在1872年，莱比锡大学在1875年设置了莱普修斯在柏林大学的埃及学教授职位，成为主要学术基地。对于法国人来说，德国和英国埃及学之间的紧密联系更为糟糕，这种关系可以追溯到博诺米和怀尔德参加莱普修斯探险队的时候。

就这样，在19世纪70年代，法国和英国为控制埃及而进行的长期竞争被法德之间的激烈竞争所取代。因此，当法国最负盛名的两家机构——法兰西学院和卢浮宫出现高级职位空缺时，马里耶特拒绝了回国的机会。虽然1865年他的妻子去世后，当年3月他的爱女约瑟芬也在埃及去世了，但他知道自己的命运和国家责任都在开罗，而不在巴黎。正如他的传记作者后来所写的那样，马里耶特"在埃及和法国之间再次做出选择，他选择了埃及：他至死忠贞不渝"[1]。

正是在这种大国竞争、旧式挖掘与新式学术研究一片混杂的环境中,一位女性于1873年秋出海。她的出海与其说是有意为之,倒不如说是偶然为之。她没有受过学术训练,也没有政府支持。然而,她在埃及的逗留改变了她的一生,也永远改变了埃及学的进程。

* * *

阿梅莉亚·布兰福德·爱德华兹的家人和朋友都叫她埃米。她出生于伦敦一个舒适的中产阶级家庭,比露西·达夫·戈登小近10岁。她的父亲是一名银行职员,曾在半岛战争中担任威灵顿公爵手下的军官。爱德华兹的母亲对这位沉迷阅读的小女孩大加鼓励。和同时代的大多数年轻女性一样,爱德华兹在家中接受教育。在各种游记和《一千零一夜》的熏陶下,她形成了独立的思想,还拥有丰富的想象力。6岁时,威尔金森的《古埃及的风俗习惯》出版,她从头到尾读了一遍。她后来回忆说:"六卷本的旧书,每一行我都读了一遍又一遍。600幅插图中的每一幅,我都

---

1. Maspero (1904): cxci.

熟记于心。"[1] 受这些遥远年代生活的启发，她在 7 岁时写下了一首名为《古代骑士》(The Knights of Old) 的诗，被某个小报转载。这是她第一次发表作品。除了阅读和写作，她的另一个爱好是戏剧。在这方面，她又一次得到了她母亲的鼓励，母亲带她去萨德勒之井剧院看戏。爱德华兹的童年无忧无虑，既在伦敦体验文化，也有在乡下度过夏天的经历，她和叔叔、婶婶一起住在萨福克的农舍里。在那里，她很早就表现出了绘画天赋，她用一幅名为《罗马人登陆不列颠》的壁画装饰了她房间的白色墙壁。娴熟的艺术技巧、充满活力和自信的笔触，以及对历史剧的热爱组合在一起，将在未来让她受益匪浅。

除了这些成就之外，爱德华兹的主要爱好是音乐。她天赋异禀、嗓音甜美、吐字清晰，希望成为一名歌唱家。当疾病堵住了这条路时，她又尝试成为风琴演奏家，但发现这项事业不够有创造力。鉴于在音乐方向发展不顺利，她想要成为一名艺术家，但在维多利亚时代早期的英国，人们认为这个职业完全不适合一位体面的年轻女性。于是，她重拾写作，开始了记者的职业生涯，为《星期六评论》和《晨报》撰稿。这份工作很稳定，但不赚钱，于是爱德华兹通过出版历史故事和小说来补充收入。也许出乎她意料的是，她在这方面表现相当出色。她的文章所传递的信息异

---

1. Edwards (1889): 415.

常丰富，反映了她对天主教的兴趣、对当代风俗的敏锐洞察以及讽刺的智慧。

19世纪50年代初，爱德华兹前往法国、德国和瑞士旅行，培养了对国外旅行的热爱和对其他文化的接受能力，以及对葡萄酒的鉴赏力。更有趣的是，她的巴黎之行似乎让她接触到了一个由艺术家和政治激进分子组成的波希米亚圈子。从他们身上，她学到了一种隐蔽而坚定的社会正义感。带着这些经历和丰富的社会洞察，她于1855年出版了第一部小说《兄弟之妻》(*My Brother's Wife*)，获得了好评。她的第二部小说《生命的阶梯》(*The Ladder of Life*)于1857年出版。随后几年间，她又出版了6部小说和一系列短篇小说。与此同时，爱德华兹的个人生活也并非一帆风顺。1860年，她的父母在四天之内相继去世，这被她后来形容为"我一生中最大的不幸"[1]。她与母亲的感情一直很好，为了寻求陪伴，她决定搬到朋友布雷舍夫妇家居住。他们将她带入了中上层社会，为她这位讽刺小说家提供了丰富的素材。1863年布雷舍先生去世后，爱德华兹和布雷舍夫人决定一起安家，搬到了位于特莱姆河畔韦斯特伯里的一栋房子里，在那里共度余生。

19世纪60年代末，爱德华兹已经安顿下来，并取得了成功，但她仍然渴望新的冒险。回想起年轻时到欧洲大陆游历的经历，

---

1. 引自 Rees (1998): 18。

她决定再次旅行。1871年夏天,她动身前往瑞士和意大利。她在罗马过冬,在意大利南部度过春天,然后前往意大利湖区避暑。到目前为止,一切都很正常。后来,她心血来潮,决定在朋友露西·伦肖(Lucy Renshawe)的陪同下,去探索多洛米蒂山,这是一个至今仍鲜有游客涉足的地区。两个女人独自旅行,探索壮丽的风景和与世隔绝的山村。这就是爱德华兹第一本内容丰富的游记,书名为《多洛米蒂山仲夏漫游》[*A Midsummer Ramble in the Dolomites*,后来以更浪漫的书名《无人涉足的山峰与人迹罕至的山谷》(*Untravelled Peaks and Unfrequented Valleys*)再版],非常感人。意大利之行非常成功,爱德华兹和伦肖小姐在第二年夏天再次出发,徒步游览法国。但由于天气恶劣,她们决定追随无数旅行者的脚步,踏上尼罗河之旅。她们冒着暴风雨从布林迪西航行到亚历山大,在埃及被隔离了48个小时,最终于1873年11月29日抵达开罗。正如爱德华兹所说:"实际上,我们是偶然漂到这里的,没有任何健康或生意上的理由,也没有任何严肃的目的;我们只是到埃及避避风头,就像人们为了躲雨而拐进伯灵顿拱廊或全景廊街一样。"[1]

她的出版商朗曼出版社一听说她在埃及,就委托她写一本书,使这次旅行有了目的。爱德华兹凭借小说家对细节的敏锐感知力

---

1. Edwards (1889): 2.

和对新鲜体验的开放态度，踏上了穿越埃及和努比亚的旅程，沿尼罗河溯流1 000英里。

在伊斯梅尔统治的头10年，埃及发生了巨大的变化。开罗的重建拆除了许多传统的伊斯兰建筑，取而代之的是欧洲风格的现代建筑。城镇中的新工厂如雨后春笋般涌现，大规模的灌溉工程和土地开垦改变了乡村的面貌。旅游业也发生了变化。托马斯·库克于1869年首次在他人陪同下游览尼罗河，他用两艘租来的蒸汽船进行"首次公开宣传的第一瀑布往返之旅"[1]。次年，托马斯·库克的儿子约翰经过谈判租用了"贝赫拉号"蒸汽船，将44名游客送往尼罗河上游，这是"迄今为止由英国和美国游客组成的最大规模的旅游团"[2]。据说，"在每个村庄的登陆点，他都撒下大袋大袋的铜钱"，以讨好当地人和小商贩。[3] 到了1870年秋天，库克公司获得了尼罗河蒸汽船客运服务的独家代理权。由此带来的旅游业爆炸式增长意味着，当爱德华兹和她的同伴抵达埃及时，默里在1847年出版的《埃及手册》中列出的所有难以获得的物品，在开罗和亚历山大都能轻易买到了。[4]

---

1. Cook & Son (1887): 4.
2. Cook & Son (1887): 4.
3. Caillard (1935): 58.
4. Reid (2002): 80.

爱德华兹没有乘坐快速汽船，而是选择了更为传统的达哈比亚。这是一种更为悠闲的游览方式。与她和伦肖小姐同行的还有23名同伴。在接下来的几个月里，他们沿着尼罗河穿过第一瀑布，进入努比亚，一直航行到阿布西尔岩石。她们遇到了在尼罗河上航行可能会面临的所有危险：逆风、无风、沙洲和急流、沙暴和飓风。对爱德华兹来说，这些只是增加了冒险的乐趣。参观一些考古遗址时所经历的考验和磨难也是如此："可能需要爬进坟墓，或者趴着滑入黑暗中。"[1] 竞争也为旅途增添了一点乐趣，在与爱德华兹一行人齐头并进的另一艘达哈比亚上，正坐着日记作者玛丽安·布罗克赫斯特（Marianne Brocklehurst）和她的同伴布思小姐。布罗克赫斯特和爱德华兹是好友，也是出版界的劲敌。事实证明，爱德华兹没有什么可担心的。因为布罗克赫斯特小姐对古迹不屑一顾，对现代埃及人嗤之以鼻，而爱德华兹却如痴如醉。那些被她铭记于心的、威尔金森的《古埃及的风俗习惯》一书中的插图在她眼前栩栩如生。她知道自己正在为一本畅销书搜集素材。

和许多旅行者一样，爱德华兹也被这里的气候和景色深深吸引——"天空总是万里无云，白天温暖舒适，夜色美不胜收"[2]——

---

1. 引自 Rees (1998): 39。
2. Edwards (1889): 90.

但她并不是一个单纯的游客。早年在欧洲旅行时，她就明白"为了充分欣赏尼罗河的美景，需要阅读和整理一些资料"[1]。而且她确信，"要'看懂'埃及，就必须先学习"[2]。为此，她仔细观察每一个细节，查找每一座陵墓和神庙的资料。在萨卡拉，她在马里耶特曾居住过的挖掘屋的露台上吃了午饭，还特意去参观了孟菲斯，但失望地发现那里只剩下"几个巨大的垃圾堆、十几个残破的雕像和一个空名"[3]。不过，总的来说，拥有浪漫心绪、爱好激动人心的事物的爱德华兹，一定会被埃及法老时代的悠久历史与神秘性质所打动。在菲莱岛，她觉得："如果在宁静的空气中传来古老的诵经声，如果一队白袍祭司高举蒙着面纱的神之方舟，从一排棕榈树和神庙大门之间走过，我们应该不会觉得奇怪。"[4] 她对古埃及的宗教也异常敏感，她写道："一种宗教竟能让人如此信仰、崇敬，为之建设如此宏伟的纪念碑，其荣光与力量不能不给人留下深刻的印象。"[5]

然而，她的这种开放的思想并没有延伸到对现代埃及人的

---

1. Edwards (1889): 70.
2. 引自 Rees (1998): 47。
3. Edwards (1889): 66.
4. Edwards (1889): 207.
5. Edwards (1889): 65.

同情。尽管爱德华兹在欧洲背景下属于政治激进分子,但她对法拉欣的苦难却故意视而不见,认为"强迫劳动的问题还有另一面……如果不是通过徭役,那么这些必要的公共工程又该如何进行呢?"[1] 在面对赤贫的人民时,她一贯的洞察力仿佛弃她而去,她又回到了欧洲的陈腐观念中:"在我们看来,法拉欣的妻子实际上是埃及最幸福的女人。她们工作辛苦,生活窘迫;但她们可以自由活动,至少可以呼吸新鲜空气,享受阳光和开阔的田野。"[2]

坐在舒适的达哈比亚("我们的挪亚方舟生活,惬意、安宁、由父权主导"[3])船上,一个娇生惯养的女孩很容易陷入偏见。爱德华兹对普通埃及人的描绘既残忍又生动:"我再也不想看到比这更不体面的人群了——男人既鬼鬼祟祟,又粗野傲慢;女人大胆而凶悍;孩子肮脏、多病、发育不良、目光呆滞。"[4]

因此,十分讽刺的是,在卢克索,她特意参观了露西·达夫·戈登最近居住的房子,说"她的沙发、地毯和折叠椅还在那里",并指出,"卢克索的每一位阿拉伯人都在内心深处怀念露

---

1. Edwards (1889): 116.
2. Edwards (1889): 480.
3. Edwards (1889): 91.
4. Edwards (1889): 85.

图1　拿破仑·波拿巴，他于1798年远征埃及，为埃及学的诞生奠定了基础

图2　乔瓦尼·巴蒂斯塔·贝尔佐尼，游商、马戏团大力士和业余考古学家

图3　法老拉美西斯二世的半身石像，别称"年轻的门农"，贝尔佐尼于1816年成功地将其从原址移走，为大英博物馆收获一件藏品

图4　象形文字破译者、埃及学奠基人让-弗朗索瓦·商博良

图5 丹德拉的哈索尔女神庙；其中一个屋顶小礼拜堂内一块天花板上的黄道带浮雕于1821年被移走，并被送至卢浮宫

图6 大卫·罗伯茨描绘阿布·辛拜勒神庙的水彩画，描绘了该神庙在19世纪上半叶的面貌

图7 底比斯一座贵族墓中的壁饰。复制和记录这些场景是约翰·加德纳·威尔金森对埃及学的主要贡献之一

图8 穆罕默德·阿里,这位阿尔巴尼亚雇佣兵建立了一个王朝,并主持了埃及的现代化进程

图9 奥古斯特·马里耶特在萨卡拉寻找塞拉比尤姆神庙时发现的抄写员坐像

图10　底比斯哈特谢普苏特神庙中的庞特女王浮雕，这是19世纪60年代文物管理局在马里耶特的管理下发掘的众多古迹之一

图11　位于开罗埃及博物馆花园中的马里耶特墓

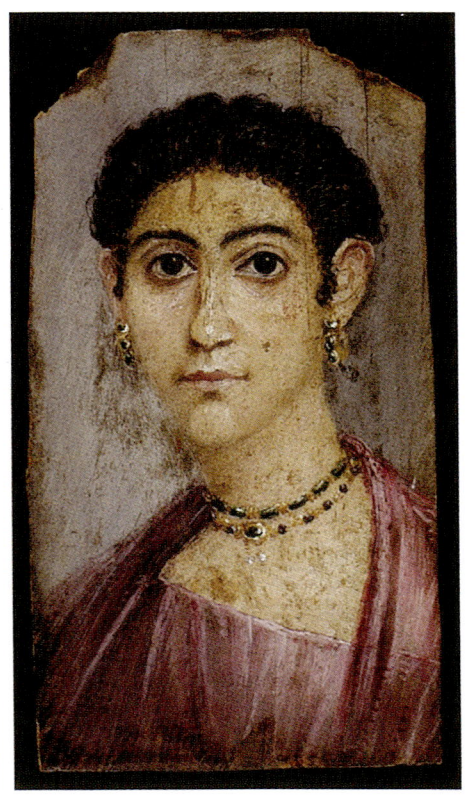

图12 阿梅莉亚·爱德华兹，维多利亚时期的小说家、旅行家、埃及探险协会创始人，埃及古代遗产不屈不挠的捍卫者

图13 弗林德斯·皮特里从哈瓦拉挖掘的彩绘木乃伊画像，这件文物以及其他肖像让我们对托勒密和古罗马时期的埃及文化有了新的认知

图14　卡尔纳克的阿蒙-拉神庙多柱厅1899年的坍塌事件使人们认识到需要更好地保护埃及古迹

图15 位于开罗的埃及博物馆,由法国人设计,其外墙刻有19世纪欧洲伟大的埃及学家的名字

图16 阿布·辛拜勒神庙:对许多游客来说,这是尼罗河游轮之旅的终极目的地和最大亮点

图17 门卡乌拉国王和两位女神的三人像，乔治·赖斯纳在吉萨发现的古埃及雕塑杰作之一

图18 为第四王朝的海特菲莉斯王后制作的镀金木制便携式家具（床、椅子和华盖），大约4 400年后由赖斯纳发现

图19 帝王谷中的图玉镀金面具；1905年由西奥多·戴维斯发现，是迄今为止在埃及发现的最大规模宝藏的一部分

图20　伊夫林·巴林，克罗默勋爵，埃及1/4个世纪的实际统治者，于1907年退休

图21　位于底比斯西部德尔巴赫里的哈特谢普苏特葬祭庙，这是霍华德·卡特作为一名年轻的考古学家初试牛刀的遗址之一

图22 路德维希·博尔夏特于1912年在被遗弃的阿马尔那都城废墟中发现了古代艺术的象征——奈费尔提蒂的石灰石彩绘半身像

图23 图坦卡蒙的金面具;由于霍华德·卡特和卡尔纳冯勋爵的努力,这位曾经默默无闻的少年国王成为埃及法老中最著名的一位

西·达夫·戈登,谈起她时都满心祝福"[1]。

1874年春,爱德华兹回到英国。她花了两年时间整理笔记,撰写游记,准备出版。虽然这本书是为大众读者准备的,但她还是希望它的内容准确翔实。为此,她查阅了专业期刊,并向知名学者寻求建议,其中包括威尔金森的朋友、莱普修斯探险队的成员约瑟夫·博诺米、爱德华·莱恩的侄子雷金纳德·斯图尔特·普尔以及大英博物馆的塞缪尔·伯奇。最终出版的成果既是一项成功的学术研究,也是一部引人入胜的游记。当然,一个多世纪以来,欧洲人在埃及的经历为各类作家提供了极为丰富的资料,"这片土壤已经被耕耘得非常深厚,它孕育了各种各样的文学作品,甚至包括最低级的平庸之作"[2]。爱德华兹的书却并非如此。《尼罗河溯流千里》(*A Thousand Miles Up the Nile*)于1877年出版,获得了评论界的广泛赞誉。这部著作的内容丰富多彩,语言聪慧机智。它的开头并不显眼,前言是一段诙谐的法文谚语和一句即兴之词:"'在废墟中穿插着骑驴和乘船。'事实上,这句话恰好概括了这位尼罗河旅行者的全部经历。"[3] 开头的句子经过精心设计,以吸引随意浏览的读者:"旅行者的命运就是在四处游览

---

1. Edwards (1889): 454, 455.
2. Caillard (1935): 5.
3. Edwards (1889): ix.

的过程中,在许许多多张宾客桌边用餐;但他很少会遇到比在埃及旅行旺季开始时和高峰期在开罗谢泼德酒店的大餐厅用餐更加混乱的聚会。"[1] 而且,文中还进一步示意这部作品是随意撰写的游记:"如果尼罗河上的旅行者能够在阳光灿烂的午后迎着微风出发,那么他们是相当幸福的。"[2] 对巴黎方尖碑的尖刻贬低——"在异国气候的影响下,方尖碑已经在以难以察觉的速度逐渐剥落,它忧郁而冷漠地俯视着协和广场上一波又一波无足轻重的革命与反革命"[3]——旨在让她的英语读者露出会意的微笑。慢慢地,爱德华兹的真正兴趣开始显露出来。文中大量引用了威尔金森、莱普修斯、马里耶特甚至露西·达夫·戈登的观点。整整一章都在介绍拉美西斯二世的生平和统治历史。书中详细描述了埃及博物馆,而且认为即使"没有其他东西可以吸引游客前往开罗",埃及博物馆也值得人们从欧洲远道而来。[4]

爱德华兹将浪漫情怀与学术研究以独特而又引人入胜的方式融合在一起,她对阿布·辛拜勒宏伟的岩刻神庙的描绘是最典型的例子。她追随伯克哈特、班克斯和贝尔佐尼的脚步,详细描述

---

1. Edwards (1889): 1.
2. Edwards (1889): 37.
3. Edwards (1889): 139.
4. Edwards (1889): 487.

了各种历史铭文，但她将最生动、最令人难忘的散文留给了日出时分神庙外墙巨石雕像的特殊魔力："每天早晨，我准时醒来，目睹这个奇迹。每天早晨，我都看到那些可怕的兄弟由死而生，而他们的生命又被石雕凝固。我几乎要相信，迟早会有一天，古老的石缝将裂开，巨人将站起身来说话。"[1]

但这些文字只是引向本章重点的导言而已，体现了全书精神内核的结束语才是真正的重点。她对阿布·辛拜勒的神话般的描述让读者激动不已。紧接着，她又一针见血地指出："与此同时，毁灭的工作仍在快速进行。没有人阻止，也没有人劝停。每天都有更多的铭文被砍下，更多的陵墓被盗掘，更多的绘画和雕塑被破坏。卢浮宫藏有一幅塞提一世的全身画像，是从帝王谷中他的陵墓墙壁上直接切割下来的。柏林、都灵和佛罗伦萨的博物馆都藏有大量战利品，这些战利品讲述着悲伤的故事。当科学引领潮流时，无知是否也会随之而来？"[2]

爱德华兹的真正目的由此揭晓：呼吁学术界树立榜样——"图书馆里的学生、埃及土地上的发掘者，沿着不同的道路，为了共同的目标而辛勤工作"[3]——并将埃及考古学从寻宝和国家竞争的

---

1. Edwards (1889): 285.
2. Edwards (1889): 353.
3. Edwards (1889): xvi，**第一版序言**。

第6章　尼罗河溯流千里

魔掌中拯救出来。她终于找到了自己的使命，埃及之行让她在不知不觉中成为一名埃及学家。《尼罗河溯流千里》出版后，爱德华兹放弃了小说创作，重新定位了自己的人生。她的新任务是成立一个学会，在埃及进行科学发掘，比以往任何时期都更准确地记录和出版埃及现存的文物，为子孙后代保护这些文化遗产，并赢得公众对这项任务的支持。

* * *

就在《尼罗河溯流千里》问世的同一年，贝德克尔出版社出版了第一本埃及旅游指南，这仿佛预示着一个新时代的黎明。至此，埃及旅游业成为真正国际化的、面向公众的市场。1877年是英国与埃及关系中的另一个里程碑。亚历山大的两座小方尖碑中的一座被错误地称为"克娄巴特拉之针"，它是奥斯曼帝国政府在1801年拿破仑的军队被驱逐后不久送给英国的。当时，伦敦政府并不想将一块古老的大石头带到伦敦，更不用说还要付费。20年后，在破译象形文字的热潮中，乔治四世下令外交部重新考虑这一计划，但议会再次以费用高昂为借口表示反对。从穆罕默德·阿里到伊斯梅尔，埃及的统治者不时地提醒英国人，那座方尖碑是他们的囊中之物，但公众对此兴趣不大。

阿尔伯特亲王听到谣言说法国人可能会偷走方尖碑，把它纳入他们的埃及古迹收藏中，这件事暂时激起了他将方尖碑带到伦敦的兴趣。亲王担心给国家蒙羞，于是写信给首相约翰·罗素勋爵，要求他迅速采取行动。议会不出所料地提出了一些问题，不过政府最后决定采取行动。运输费用估计为1.5万英镑。政治家咬紧牙关面对困难，可是他们的决定非但没有得到一片赞许之声，反而遭到了他们本以为会支持这一决定的一群人——英国规模虽小但声势浩大的埃及学界学者——的批评。威尔金森率先提出了反对意见，得到了他的一些学者朋友的支持。例如，海伊认为，克娄巴特拉方尖碑比卢克索方尖碑逊色太多，把它带到伦敦将是国家的耻辱。威尔金森对这一计划的批评更多的是出于美学上的考虑；他在写给伯奇的信中说："我确实认为将方尖碑带到这个国家是一个很大的错误……我们总是将它放在不合适的位置上。"[1]（与此相反，威尔金森在19世纪30年代曾极力游说将孟菲斯的拉美西斯二世巨像搬到英国；也许他认为把一座雕像放到合适的位置上更容易。）在这些知名人士的强烈反对下，该提案最终不了了之。克娄巴特拉方尖碑仍然留在亚历山大港的海滨大道上。

直到1877年，也就是威尔金森去世几年后，面对另一场即将到来的灾难，人们才重新提起将方尖碑搬到伦敦的问题。这一次，迫使英国出手的不是背信弃义的法国人，而是一位计划将方尖碑切割做成建筑石料的希腊富商。由于议会投票通过提供资金

---

1. 威尔金森写给伯奇的信，1865年12月22日，引自Thompson (1992): 193。

的可能性微乎其微，一位富有的商人伊拉斯谟·威尔逊（Erasmus Wilson）表示愿意支付整个项目的费用。一艘名为"埃及艳后号"的驳船被派往亚历山大港，方尖碑被小心翼翼地从码头抬上船。拖船"奥尔加号"开始缓慢而坚定地将"埃及艳后号"及其装载的珍贵货物拖入地中海。船只沿北非海岸航行，经过马耳他，穿过直布罗陀海峡：一切都很顺利，直到船只驶入比斯开湾。在那里，他们遇到了风暴，"埃及艳后号"开始不受控制地左右摇晃。它看上去好像随时会翻船，将上门装载的巨石送入大西洋的底部。"奥尔加号"派出了一艘由志愿者组成的救援船，但它被海浪打翻，船上的六人全部溺水身亡。"埃及艳后号"无助地漂流着，随时都有沉没的危险。后来，它被格拉斯哥的一艘蒸汽轮船救起，并被送往西班牙港口进行必要的检修。最后，它被拖着绕过布列塔尼半岛，驶入英吉利海峡，于1878年1月21日抵达泰晤士河口。

8个月后，在隆重的仪式中，克娄巴特拉方尖碑被竖立在维多利亚堤岸上。如今，它也"在异国气候的影响下……以难以察觉的速度逐渐剥落"。在寒冷、灰暗的泰晤士河畔，看到一座来自阳光明媚的地中海土地上的纪念碑，或许有些不协调，但方尖碑的象征意义才是最重要的。自恺撒大帝时代以来，新帝国就开始通过篡夺早期帝国，尤其是法老帝国的纪念碑，在世界舞台上宣示自己的降临与力量之强大。罗马、君士坦丁堡、巴黎都有自己的方尖碑，现在轮到伦敦了。通过将克娄巴特拉方尖碑带到伦敦，

"英国宣布自己接过了主导世界的权杖。伦敦将成为'新罗马帝国'"。[1] 那些曾向露西·达夫·戈登大喊"让英国女王来带走我们吧"的人即将如愿以偿。

---

1. Hassan (2003): 64.

第 **7** 章

永久的职业

图7　弗林德斯·皮特里第一次前往埃及进行考古探险时，在吉萨的一座岩刻陵墓（他的居所）外面

> 我相信，真正的考古工作既在于对细枝末节的仔细记录和比较，也在于更加全面且及时的现场清理。[1]
>
> ——弗林德斯·皮特里，1882 年

19 世纪 80 年代初也许是整个埃及学发展史以及埃及与西方关系史上最重要的时期。与 1798—1801 年的拿破仑远征一样，80 年代是欧洲发现埃及和埃及发现自我的转折点。从 1881 年 1 月到 1882 年 7 月，三件互不相关却又有千丝万缕的联系的事件撼动了赫迪夫宫廷和欧洲学术界的舒适世界。事件发生后，穆罕默德·阿里、赛义德和伊斯梅尔的埃及，以及商博良、威尔金森和莱普修斯的埃及学将无可挽回地成为历史。这个国家和这个学科

---

1. Petrie (1931): 35（**皮特里写给阿梅莉亚·爱德华兹的信，1882 年夏**）.

都将不复往昔。

对于伊斯梅尔来说，一开始一切都很顺利。1867年，他的赫迪夫之位被正式承认，6年后，"一份帝国敕令使他成为独立的君主，有权以埃及的名义筹集贷款和授予特许权，无须经过奥斯曼帝国高门的批准"[1]。筹集贷款的权力让伊斯梅尔可以为所欲为地执行他的那些宏伟计划，同时使埃及深陷政府债务的泥沼。他根本不懂财务问题，也不是那种会征求意见的人。毕竟，在他的治理下，不是实现了埃及出口总值增长3倍、基础设施全面升级、经济全面现代化吗？为了资助他无限膨胀的野心，埃及的外债从1862年的1 600万美元猛增到1875年的4.43亿美元。由于无力支付利息，伊斯梅尔决定出售他在苏伊士运河公司44%的股份，以筹集急需的现金。英国政府发现了这一机会，迅速采取行动，在罗斯柴尔德家族的协助下，筹集了400万英镑，支付给伊斯梅尔。这笔交易作为既成事实，被提交给议会。同时代的一位观察者指出："英国政府购买了价值400万英镑的苏伊士运河股份，这不仅证明了伊斯梅尔帕夏的资源在不断减少，而且为英国在该国的利益提供了一个立足点，为帝国深谋远虑的迪斯累里在运河项目实施之初就认识到了这一点。"[2]

---

1. Mansfield (1971): 6.
2. Caillard (1935): 16.

面对日益沉重的债务负担，伊斯梅尔很快发现，即使是出售股份筹集到的资金也不够用。在英国和法国债券持有人及其政府的压力下，他被迫接受外国对埃及财政的控制。1876年，亚美尼亚总理、英国财政大臣和法国公共工程部长抵达开罗就职。一位年轻的英国公务员加入了他们的行列，他的名字叫伊夫林·巴林（Evelyn Baring），担任此次债务催收任务的审计长。他还不知道，埃及也不知道，他将在长达30年的时间内主宰埃及的经济和政治事务。

就这样，英法开始操纵埃及政府，即所谓的"双重控制"。在一些人看来，埃及"在70年中取得的进步不亚于其他许多国家在500年中取得的进步"[1]，但这么做的代价是惊人的。从现在起，公共债务委员会和两位执行总审计长（一位英国人负责财政收入，一位法国人负责财政支出）对埃及经济的监督范围越来越大。伊斯梅尔受到了羞辱，但"他感受到的不是悔恨，而是不公正"[2]。为了扭转公共财政局面，埃及全面提高税收，甚至向一家英国公司出售特许权，允许它使用古墓储存肥料。[3] 为了拯救现代埃及，古埃及的重要性只能退居其次。颇具讽刺意味的是，1876年，一

---

1. *The Times*, January 1876, 引自 Mansfield (1971): 7。
2. Caillard (1935): 28.
3. Mansfield (1971): 10.

份新的官方报纸首次出版，以埃及最伟大的古迹命名为《金字塔报》(*Al-Ahram*)。可实际上，这份报纸的幕后管理者是外国人，而不是法老的后代。

尽管"双重控制"竭尽全力，但到了1877年，也就是阿梅莉亚·爱德华兹的《尼罗河溯流千里》出版的那一年，埃及经济持续低迷。英国总审计长提议将公债利率减半，但现任公债专员巴林对此非常愤怒。他的计划是迫使伊斯梅尔接受国际调查委员会对埃及全国收入和支出的调查，他压制了所有的反对意见。正如巴林所预料的那样，委员会的报告是灾难性的，矛头直指伊斯梅尔的腐败和滥用权力。[1] 他被迫将自己所有的个人和家族产业（约占埃及所有耕地的1/5）上缴国家。此后，他将获得一份微薄的文职薪水。他试图装出一副勇敢的样子，宣称："我的国家不再在非洲，我们现在是欧洲的一部分。因此，我们自然要放弃以前的方式，采用适应我们社会条件的新制度。"[2] 然而，最糟糕的情况还在后面。当年的尼罗河洪水导致下一季的作物歉收，与此同时，棉花枯萎病暴发，埃及的主要出口作物遭到毁灭性打击。经济进一步陷入危机，在上埃及，有成千上万人死于饥饿和疾病。贫困的农民为了缴税，倾家荡产，甚至连衣服都上缴了。伊斯梅尔想

---

1. Mansfield (1971): 10.

2. 引自 Mansfield (1971): 11。

尽一切办法讨好他的西方支持者，甚至提议将孟菲斯的拉美西斯二世巨像送给大英博物馆（如果他们能支付搬迁费用的话）。但一切都无济于事，仿佛众神已经抛弃了埃及。

继 1877 年灾难性的低水位洪水之后，1878 年的尼罗河洪水成为 19 世纪最大规模的洪水之一。低水位洪水导致了饥荒，高水位的尼罗河造成了巨大的破坏，位于河岸附近的布拉克埃及博物馆首当其冲。洪水淹没了大厅，冲垮了地基。博物馆的悲惨境遇似乎是整个国家的危机的缩影。最终，博物馆被加固、修复，并重新开放，但此时伊斯梅尔已不再是赫迪夫。他的结局来得相对干净利落一些。1879 年初，他试图重新行使权威，对抗"双重控制"的权力。他解除了首相的职务，并通知欧洲外交官，他计划组建一个完全由埃及人控制的政府。作为回应，埃及各地的欧洲官员（他们的人数在双重控制下激增）举行了大罢工。（1878 年，埃及有 10 多万外国居民，其中许多人受雇于政府部门。）英国和法国政府都不太愿意进行直接干预，但当德国和奥地利政府就外国债券持有者的待遇问题施加压力时，这两个大国便开始采取行动。他们向名义上仍是埃及宗主国的奥斯曼帝国苏丹施压，让他命令伊斯梅尔退位，让其长子特菲克（Tewfiq）继位。[1] 身处某座开罗宫殿的伊斯梅尔收到了一份简短而直截了当的照会："法国和

---

1. Mansfield (1971): 13–14.

英国政府达成共识,建议殿下正式退位,并离开埃及。"[1] 他带走了王冠上的珠宝和 300 万英镑现金,乘坐王室游艇从亚历山大港起航,前往那不勒斯,后来又去了伊斯坦布尔。他再也没有回到埃及。英国人怪罪他让埃及破产,而埃及民族主义者则从未原谅他拱手让出了国家的独立主权。一位当代评论家对他的困境做了最精辟的总结:"伊斯梅尔帕夏的不幸在于他生不逢时。暴君和专制者的时代正在消逝,即使在东方也是如此。埃及离欧洲太近了,早晚会受到欧洲现代化的影响。"[2]

新赫迪夫特菲克不愿接受英国和法国的全面政治控制,因此双方商定,两位总管在内阁中只有作为顾问的权力和地位;但是,未经两国政府同意,赫迪夫不能解除他们的职务。这只是让特菲克得以挽回一些独立颜面的遮羞布而已。巴林担任了英国的总审计长;埃及的债务终于得到了清偿,农民的赋税也减少了。自由党在 1880 年英国大选中获胜后,新任印度总督里彭侯爵任命巴林为其财政秘书(巴林在职业生涯早期曾担任前任总督的私人秘书)。当年 6 月,巴林在埃及待了不到 6 个月就离开了。就在他离开埃及管理次大陆的财政期间,埃及的情况出现了转机。

从一开始,特菲克就在埃及民族主义者面前努力维护自己的

---

1. 引自 Wilson (1964): 46。

2. Caillard (1935): 28.

合法性；他对外国势力的屈服导致立宪派（要求修改宪法）和军队中的埃及军官（埃及自决的坚定拥护者）结成联盟。当赫迪夫颁布一项法律草案，将军队中的高级职位留给土耳其和切尔克斯精英时，埃及裔下级军官在其中一位名叫阿拉比的军官的领导下进行了反抗。对叛乱首领的审判失败，以及他们随后的越狱，使军队成为埃及民族主义的中坚力量（这一地位经过多年的耕耘才取得，一直保持至今），阿拉比也成为民众心目中的英雄。叛军的主张很容易被理解，也得到了广大民众的广泛认同：恢复埃及军队在《伦敦公约》签订前的实力、规范水权、限制高利贷以及废除令人憎恶的徭役。英国人严重低估了人民不满的程度和民族主义威胁的严重性，这在大英帝国历史上不是第一次，也不是最后一次。

在外国主子和叛军的夹击下，特菲克计划发动反击，但军队上校预料到了这一举动，于是向开罗的阿布丁宫进军，与赫迪夫对峙。他同意满足他们的一部分要求，但拒绝接受对宪法进行任何永久性的修改。英国人首先希望维持双重控制的现状，警惕俾斯麦建立大德意志的野心；君士坦丁堡的苏丹则一直摇摆不定，拖延时间。1881年11月，法国新政府全力支持特菲克，而埃及军队在各省的声望也有所提高。到1882年春，僵局再也无法维持下去了。特菲克恳请实施双重控制的两国帮助他一劳永逸地剿灭叛乱。这是一个灾难性的决定。

英法特遣部队驶向亚历山大的消息一传开，就激发了全埃及人民的爱国热情。1882年6月11日，亚历山大发生暴乱，造成至少50名欧洲居民死亡，其中包括一名皇家海军士官，英国领事也受了重伤。当成千上万惊慌失措的侨民撤离时，阿拉比的军队介入，帮助恢复了秩序。法国、奥地利和德国政府敦促特菲克支持阿拉比，但英国人——仍在为最近在都柏林凤凰公园发生的民族主义谋杀案而耿耿于怀——不会支持这样的绥靖政策。随着亚历山大的紧张局势不断升级，欧洲列强对彼此的动机和意图越来越怀疑。在阿拉比的命令下，亚历山大港沿岸修建了炮台，以挫败英国人的侵略企图。负责特遣舰队的海军上将发出最后通牒，要求拆除炮台。但军队对最后通牒置之不理。第二天（7月11日）早上，英国战舰开始轰炸亚历山大。城市被夷为废墟，埃及军队离开了。英国、法国和意大利领事馆遭到轰炸，大广场几乎完全被摧毁。经过两天的猛烈炮击，英国军队于7月13日登陆，阿拉比向外国侵略者宣战。英国下议院以压倒性多数支持军事干预，但法国和意大利都不愿加入这场战争。奥斯曼苏丹一如既往地拖延时间。阿拉比认为，只要人民站在他这一边，他就一定会取得胜利。但是，他错了。

8月16日，一支英国远征军在亚历山大港登陆，不久又有一支来自印度的远征军加入，从而在两端封锁了苏伊士运河。随着包围网的收紧，阿拉比的部队开始抛弃他们的首领。9月13日在泰勒凯比尔（Tel el Kebir）进行的决战只持续了不到40分钟。战斗结束时，1万名埃及人死亡，而英国人只有57人死亡。阿拉比撤退到开罗，宣布投降。经过审判，他被流放到锡兰——英国人最不需要的就是另一个民族主义烈士。为了进一步展示武装力量，英国军队于9月30日在特菲克面前列队游行，然后撤回埃及各大城市的军营。在此期间，英国政府一直谎称其军队驻扎在埃及是为了保护赫迪夫。

在剿灭了阿拉比的叛乱并正式废除双重控制后，英国人面临着下一步该怎么办的问题。虽然远征军主力在泰勒凯比尔战役后不久就撤走了，但埃及的战略地位实在太重要了，不能任其自生自灭。另外，英国并不是特别希望将埃及纳入其殖民地版图。解决这一难题的办法通常是进行调查。达弗林勋爵（Lord Dufferin）1883年的报告提供了一个典型的软着陆方案，既拒绝了直接统治，也否定了间接控制。取而代之的是，英国将继续统治埃及，但是以一种"隐蔽的保护国"的形式——主要是为了避免进一步激怒法国。根据这项新颖的安排，英国代表对埃及政府没有正式的控制权，但其命令将会被执行。还有谁能比伊夫林·巴林更适合秘密执行这一安排呢？伊夫林·巴林自信到了独裁的地步——他的绰号是"专横巴林"——他已经展示了自己的远见卓识和财政手段。他于1883年回到开罗，官方身份是英国代理人和总领事，但实际上，他现在是埃及事实上的统治者。

* * *

19 世纪 70 年代末和 80 年代初，两位赫迪夫相继失势，但在埃及考古学界，马里耶特仍是至高无上的统治者。到 1879 年，他已经掌管文物管理局 20 多年，领导和指引文物管理局度过了动荡的时期，应对了摇摆不定的政治支持。他击退了竞争对手赫迪夫埃及学学院，大规模发掘了比以往任何考古学家都要多的遗址，凭借个人的魄力和决心建立了埃及博物馆，并将藏品完好地保存了下来。成为赫迪夫后，特菲克所做的第一件事就是到上埃及进行王室巡游。在此期间，他参观了马里耶特的工人从数百年的风沙中挖掘出来的所有主要神庙。此行感觉就像是王室对法国人继续执行任务的认可。

然而，尽管马里耶特表面上实力雄厚，但他很快发现，当大国政治介入时，他的影响力也受到了严格的限制。亲欧的伊斯梅尔一流亡国外，美国政府立即游说特菲克送给他们一座古埃及纪念碑。巴黎在 19 世纪 30 年代就获得了一座方尖碑，伦敦最近也得到了一座。既然美国已经结束了内战，宣称自己是世界上最强大的国家，那么是时候在美国的经济引擎纽约市竖立一座这样引人注目的纪念碑了。《纽约先驱报》以调侃的口吻写道："任何在大城市生活的人如果寄希望于在没有埃及方尖碑的情况下获得幸福，那都是荒谬的。罗马有，君士坦丁堡有，巴黎有，伦敦也有。如果纽约没有方尖碑，那么所有这些伟大的城市都会对我们指指点点,暗示我们在拥有方尖碑之前,永远不可能真正占据道德高地。"[1]

虽然记者对这个项目持嘲讽态度,但公民和国家领导人却大力支持。象征很重要,而没有什么象征能比埃及方尖碑更有力量了。

为满足美国的国际形象而选择的纪念碑是克娄巴特拉方尖碑,它是最近被运往伦敦的那座方尖碑的同伴。马里耶特公开抗议出口如此重要的文物——这与他建立布拉克博物馆的初衷背道而驰——但他的抗议无济于事。外交关系战胜了埃及学。[2] 不过,他还是设法得到了一个承诺,即这将是最后一件此类礼物。1879年10月20日,埃及部长会议决定:"今后不得将埃及纪念碑赠送给任何国家或不属于埃及领土的城市。"第二年夏天,载有克娄巴特拉方尖碑的船只从亚历山大港出发,开始了漫长的西行之旅。1880年7月20日,它抵达了目的地,停泊在纽约市23街附近。

与此同时,为保护和保存埃及文化遗产而不断奋斗的马里耶特感到心力交瘁,健康状况急转直下。法国政府内部对文物管理局和埃及博物馆未来领导的担忧再次开始蔓延。在普法战争法国战败后的危险日子里,马里耶特化解了德国人的威胁;但海因里

---

1. 引自 Hassan (2003): 64。
2. Reid (2002): 102.

希·布鲁格施仍然备受推崇，他的弟弟埃米尔已经在埃及博物馆工作了。早先曾有人提议在开罗建立一所法国考古学校，对标雅典和罗马的考古学校，但马里耶特反对，因为他不希望自己的领地有新的竞争对手加入。1880年底，由于马里耶特的身体已经无法恢复健康，该计划重新启动了。巴黎政府认为，如果有一位法国继承人在开罗当地管理一家法国机构，那么当不可避免的时刻到来时，它能挫败将布鲁格施兄弟中的任何一人安置在文物管理局的企图。1880年12月28日，法国部长会议主席朱尔·费里（Jules Ferry）正式下令成立开罗法兰西学院，即后来的开罗法国东方考古研究所。甚至连马里耶特都无法反对首任院长的人选。

加斯东·马斯佩罗（Gaston Maspero，1846—1916）是法国学术精英圈子中的一员。与马里耶特形成鲜明对比的是，马斯佩罗享受了金钱所能买到的最好的教育：他在耶稣会寄宿学校路易大帝中学上学，并在法国统治阶级的培训基地（当时和现在一样）——巴黎高等师范学院上学。14岁那年，马斯佩罗参观了卢浮宫的埃及展厅，从此便入了迷。他后来回忆说："我看到古埃及在我面前铺开了它的画卷，召唤着我。"[1] 在大学里，马斯佩罗学习成绩优异，不仅学会了梵文，还学会了象形文字。1867年，马斯佩罗就读于巴黎高等师范学院的最后一年，马里耶特访问了巴

---

1. **引自** David (1999): 22。

黎，朋友向这位埃及考古学界无可争议的领袖提到了这名年轻的学生和该学生对古埃及语言学的精通。马里耶特要求马斯佩罗翻译一篇未曾见过的文本。马斯佩罗毫不费力地完成了任务，马里耶特对他刮目相看："这个年轻人有望成为一流的埃及学家……他必须继续努力。"[1] 据说他这样评价道。有了这样的推荐，马斯佩罗不可能不成功。不过，当时似乎还没有埃及学家的职位空缺。马里耶特想把这个年轻的学者带到埃及，但德鲁热子爵设法为马斯佩罗在新成立的高等研究学院（Ecole des Hautes-Etudes）谋得了埃及学教授的职位。当时马斯佩罗年仅23岁。

在1870—1871年的普法战争中，马斯佩罗拿起武器保卫他的祖国（他是那不勒斯难民的私生子），并因参战功绩被授予法国公民身份。这个插曲几乎没有对他的研究造成任何影响。1873年1月，他在法国发表了第一篇关于埃及学的博士论文，6个月后，他接替德鲁热子爵成为著名的法兰西学院的埃及语言学和考古学教授。到19世纪70年代末，他已成为同时代法国埃及学家中的领军人物，是领导开罗新成立的法兰西学院的最佳人选。

马斯佩罗在1880年的最后几周抵达埃及首都。他的首要任务之一是通知身体虚弱的马里耶特，自己在两座古王国时期的金字塔内发现了铭文。这些所谓的"金字塔铭文"是世界上最早的

---

1. 引自 David (1999): 25。

宗教文献。马里耶特欣喜若狂，宣称："所以无论如何，确实有刻着字的金字塔，这是我从来不敢相信的！"[1] 但几天后，1881 年 1 月 18 日，马里耶特去世了。欧洲各国纷纷发来唁电，表达了对他的敬意。自丈夫被废黜后流亡英国的欧仁妮皇后给马里耶特的妹妹写了一封长信。这位文物管理局的创始人被授予了国葬的殊荣，他被安葬在布拉克博物馆花园的石棺中（后被迁至吉萨，再迁至现在位于解放广场的埃及博物馆）。

极具讽刺意味的是，就在马里耶特去世仅 4 天后，第二座克娄巴特拉方尖碑在纽约中央公园竖立起来，就在大都会艺术博物馆附近。大都会艺术博物馆首任馆长亨利·G. 斯特宾斯（Henry G. Stebbins）在活动上发表了重要演讲，他借此机会鼓励富有的纽约人支持他们的博物馆，使其跻身世界一流博物馆之列。[2]（他们将热情地响应这一号召。）美国国务卿威廉·M. 埃瓦茨（William M. Evarts）也不甘落后，发表了一份公开声明，指出古代世界的强国已经从埃及移走了方尖碑，他持乐观态度，观望着法国、英国以及现在的美国是否也会取得同样的成就。[3]

石墓中的马里耶特尸骨未寒，法国当局已采取行动，以确保

---

1. Maspero (1904): ccxx.
2. Hassan (2003): 64.
3. Sattin (1988): 174.

他的职位有人接替。马斯佩罗接管了博物馆和文物管理局，并对他的新领域进行了一番评估。博物馆在1878年的大洪水中遭受了严重破坏，虽然它已经被修复并重新开放，但显然已不足以容纳埃及不断增长的国家文物收藏。马斯佩罗计划扩建，以便在找到更大、更安全、不受尼罗河水侵蚀的新展馆之前，暂时解决收藏问题。至于文物管理局，尽管资金匮乏（伊斯梅尔和特菲克都对考古不感兴趣），但它的状况相对较好。

马斯佩罗在法国度过了一个短暂的暑假，整理他的所有个人财产，为移居埃及做准备，之后他于1881年9月回到埃及，启动了一项重要的新发掘计划。埃米尔·布鲁格施被派往底比斯，监督刚刚出土的一批王室木乃伊的运输工作，而马斯佩罗则负责扎维耶特艾利安（Zawiyet el-Aryan）、代赫舒尔和美杜姆金字塔遗址的工作。如果马斯佩罗曾幻想过坐在自己的公务轮船甲板上指挥工作，那么他一定很快就打消了这个念头。10月，他先是患上了痢疾，经过三周才恢复，随后又从墓道上摔了下来，风湿病发作，还有一次轻微中风。12月，他在给朋友的信中写道：

> 许多人认为考古学是一门坐而论道的科学。我希望看到他们吊在绳子上，脚下是30米深的竖井，竖井底部有铭文要临摹；或者匍匐在从金字塔砖石中挖出的狭窄通道里，意识到如果不小心弄掉一块石头，就可能导致100吨重的石头砸在他们的背上……我刚刚在萨卡拉的佩皮二世金字塔里待了

整整四天……有几个地方的砖石损坏得很严重，我们不知道进去之后还能不能出来。[1]

但他深知自己的责任所在，无论是为了科学还是为了法国的利益。在给提出在开罗成立法兰西学院的想法的东方学家约瑟夫·欧内斯特·勒南（Joseph Ernest Renan）的一封信中，他写道：

> 我接受这个职位……只是为了防止马里耶特的权力落入布鲁格施之手。我希望能在这个职位上工作足够长的时间，以便把它传给另一个法国人。埃及政府深知保留这一职位对于法国的意义，如果我不小心给了它任何收回该职位的借口，那么它一定想任命一个本地人或德国人来接管。[2]

德国人在接任失败后表现出的宽宏大量令人惊讶。1882年5月19日，一位地位不亚于莱普修斯的人物写信给马斯佩罗："尽管有马里耶特在先，但您的领导将标志着埃及现代研究史上的一

---

1. 马斯佩罗写给 G. d'艾希塔尔的信，1881 年 12 月 23 日，引自 David (1999): 100。

2. 马斯佩罗写给勒南的信，1882 年 4 月 19 日，引自 David (1999): 103。

个新时代。"[1]

两个月后,英国入侵埃及,马斯佩罗面临着前所未有的外交和文物收藏危机。英国有些人从埃及文物的角度出发,认为亚历山大港遭受的轰炸和随之而来的内乱为博物馆敲响了警钟。阿梅莉亚·爱德华兹自尼罗河航行以来就对古埃及非常感兴趣,她越来越坚定地主张保护法老遗迹。她提醒外交部注意布拉克博物馆的脆弱性,并要求在必要时为它提供武装保护。[2] 她的外交手段——也许是她的顽强精神——赢得了胜利。英军刚进入开罗,就派遣了一名军官检查博物馆,并定期派兵查看,以确保博物馆的安全。泰勒凯比尔遗址及后续处理结束后,马斯佩罗不得不学会与埃及新的实际统治者伊夫林·巴林打交道,而后者并不是考古学的忠实拥护者。也许是为了安抚当地人的情绪,英国当局允许海因里希·布鲁格施的埃及学生艾哈迈德·卡迈勒(Ahmed Kamal)为埃及人建立一所埃及学学校。这是一项富有前瞻性的创举,但只持续了三年,而且只有一届毕业生。[3] 为了进一步向民族主义者示好,埃及政府颁布了一项法令,规定博物馆(以及未来的所有博物馆)及其全部藏品(当前的和未来的)、所有古迹和

---

1. 引自 David (1999): 110。
2. 阿梅莉亚·爱德华兹写给马斯佩罗的信,1882 年 12 月 17 日,引自 David (1999): 129。
3. Elshakry (2015): 189.

文物都属于埃及国家，是埃及不可分割的一部分。这是一份大胆的声明，但由于没有足够的资源来监督执行，它并没有阻止文物交易。

巴林更关心的是如何维持与欧洲列强之间微妙的外交平衡。自从英国占领埃及之后，这种平衡岌岌可危。他不遗余力地支持马斯佩罗担任博物馆馆长和文物管理局局长：让法国控制埃及文化，英国则关注更重要的事务，尤其是经济。为了让不同的欧洲利益集团满意——或者至少参与进来——巴林成立了一个考古咨询委员会（埃及成员明显缺乏），并将文物管理局划归公共工程部管辖，这在一定程度上保障了文物管理局的稳定性。文物管理局负责人不再需要谦卑地向赫迪夫寻求帮助，他将拥有一笔事先商定好的预算。

问题是，预算远远不够：埃及国库还面临着太多其他需求。此外，巴林废除了徭役——徭役和库尔巴什鞭子（kurbash）是奥斯曼帝国统治最令人憎恨的一个方面，埃及的"独立"赫迪夫却心甘情愿地维持着徭役——结果文物管理局负责人失去了一个现成的劳动力资源。由于缺乏财政和人力资源，马斯佩罗发现自己开展大规模行动的能力受到了严重限制。无论如何改组或重组，都无法改变这一基本事实。与此同时，埃及的古迹继续遭到忽视、破坏和损毁。对此，马斯佩罗无能为力：他必须终止文物管理局对发掘工作的垄断，而这一垄断正是马里耶特竭力维持和捍卫的。业余绅士学者和国家资助的探险时代已经结束。那么，谁有能力接过这个重任呢?

* * *

自从踏上尼罗河之旅以来,阿梅莉亚·爱德华兹就下决心致力于研究、出版和保护埃及的古迹。1879年,她主动写信给马里耶特,建议通过募捐筹集资金,以支持为科学目的进行一次新的发掘。她没有收到任何回复。(也许是马里耶特病得太重,无法认真考虑这个问题,也许是他对任何试图削弱他的独家发掘的行为——尤其是英国人的这种行为——心存戒备。)更糟糕的是,大英博物馆东方文物管理员威尔金森去世后,英国著名埃及学家伯奇毫不掩饰他对这项提案的反对,把它斥为"感情用事",暴露出学术机构对业余的外来者插手既蔑视又害怕的态度。[1]

爱德华兹从不轻易服输,她静待时机,开始为自己的事业争取支持。她拉拢了莱恩的侄子,也就是大英博物馆的钱币和纪念章保管员(显然不是伯奇的朋友)雷金纳德·普尔(Reginald Poole);牛津大学亚述学教授、朋友圈子广泛的阿奇博尔德·塞斯(Archibald Sayce)牧师和伊拉斯谟·威尔逊,后者是一位外科

---

1. Melman (1995): 258; **伯奇傲慢的回复全文,见** Drower (1982b): 301。

医生，也是资助将克娄巴特拉方尖碑运往伦敦的赞助人。[1] 1881年1月，马里耶特逝世后，爱德华兹立即写信给他的继任者马斯佩罗。两人已经开始了友好的书信往来——在她为《尼罗河溯流千里》进行研究期间，马斯佩罗曾就象形文字铭文向她提供过建议。新任馆长似乎更加和蔼可亲，但埃及的政治局势剑拔弩张，双重控制导致英法关系十分紧张。马斯佩罗建议她再等等。普尔的一个熟人是名叫爱德华·纳维尔（Edouard Naville）的瑞士学者，他师从莱普修斯，在普法战争中协助过法国人，是欧洲著名的新晋埃及学家。1882年初，普尔请纳维尔利用他的影响力再次从马斯佩罗那里探口风。这次得到的答复是肯定的：马斯佩罗对爱德华兹的建议没有异议，并将尽其所能予以支持。此外，他还建议将尼罗河三角洲作为新的发掘目标，这不仅是因为该地区相对缺乏研究，而且当地一个可能与《旧约》有关的遗址肯定会吸引基督教和犹太教的捐赠者。[2]

1882年3月27日，在普尔位于大英博物馆中的办公室里召开了一次会议，会上通过了一项正式决议——成立"三角洲勘探基金"。（在普尔的建议下，它很快更名为埃及勘探基金，以扩大

---

1. 到1882年2月，爱德华兹还得到了坎特伯雷大主教、红衣主教曼宁、大拉比以及美索不达米亚著名考古学家亨利·莱亚德爵士和亨利·罗林森爵士的支持；见Drower(1982b)。

2. Drower (1985): 58.

其目标地域的范围。）爱德华兹和普尔当选为联合名誉秘书，而威尔逊则被任命为财务主管——他承诺提供一笔可观的捐款。塞斯同意担任该基金在埃及的"代理人"之一。兴高采烈的爱德华兹向新闻界发出了一份正式声明（充分利用了她在新闻界的人脉），称该基金的目的是探索尼罗河三角洲，那里"一定隐藏着《圣经》历史上失落的文献"[1]。这是高明的一招。她开始认真筹款，联系有钱的朋友和熟人，该基金也开始寻找考古学家来领导第一次探险。

和往常一样，爱德华兹已经有了心仪的人选。事实上，她已经写信给他了。海因里希·谢里曼（Heinrich Schliemann）是最近找到古特洛伊遗址的人，也是世界上最著名的考古学家。他这样的人才将为新基金的启动提供必要的支持。他同意了爱德华兹的请求，但马斯佩罗收到这一提议时却大吃一惊。阿拉比的叛乱严重破坏了埃及的政治平衡，使得英法关系愈加紧张。马斯佩罗最不需要的就是一个傲慢无礼的德国人插手此事。在他看来，谢里曼"没有能力，爱争吵，只想为自己宣传，会疏远当局"[2]；他不可能代表埃及勘探基金进行发掘。最好是找一个年轻的、更容易被接受的英国人，他可以在马斯佩罗的指导下工作，只要他证

---

1. 引自 Drower (1985): 65。
2. 引自 Drower (1985): 66。

明了自己的能力，就可能会接任挖掘负责人一职。委员会自然而然地想到了纳维尔：他不是英国人，但其他各方面都符合要求。那年夏天，他同意成为该基金的第一位考古学家。埃及勘探基金首次考古项目的规划工作正式开始。

1882年7月，英国入侵埃及，计划暂时搁置了。但是，尘埃落定之后，英国的占领实际上为埃及勘探基金的目标提供了便利，而且马斯佩罗急需帮助来完成他艰巨的发掘任务。1883年1月，纳维尔在开罗向马斯佩罗递交了证件，出发前往偏远的三角洲地区遗址泰尔马斯库塔（Tell el-Maskhuta，巧合的是，该遗址靠近泰勒凯比尔战场）。这是自40年前维斯和佩林在吉萨进行爆炸式发掘以来，英国在埃及赞助的第一次发掘。发掘季节结束时，也就是那年春天，纳维尔发现了两座雕像，似乎证实了泰尔马斯库塔就是《圣经》中的比东（Pithom）的假设，埃及赫迪夫特菲克将这两座雕像慷慨地送给了伊拉斯谟·威尔逊（从而规避了关于文物出口的新法律），威尔逊又将它们赠给了大英博物馆。纳维尔在伦敦举行了一次公开演讲，宣布埃及勘探基金的下一个挖掘地点将是圣哈加（San el-Hagar），即《圣经》中的琐安（Zoan，《旧约》中提到的一个地点，据说在那里，摩西在法老面前行了神迹）。马里耶特在那里发掘了一系列壮观的古迹。公众的热情被再次点燃了，新的捐款纷至沓来，其中包括威尔逊的1 000英镑和来自大西洋彼岸的捐款，威廉·科普利·温斯洛（William Copley Winslow）牧师在大西洋彼岸发起了一场募捐运动，起了一个典型的美式风格名称"黑桃换琐安"（Spades for Zoan）。一切都按部就班地进行着，为即将到来的冬季挖掘季做好了准备。但是，随着时间的临近，纳维尔却突然向埃及勘探基金宣布，他因忙于其他项目而无法继续担任该基金的挖掘负责人。他的退出给该基金的计划留下了一个缺口。该基金找到了马斯佩罗，马斯佩罗简洁地回复道："给我派一个年轻的英国人，我来培养他。"[1]

马里耶特的去世、英国占领埃及以及埃及勘探基金的成立——从19世纪80年代初开始，埃及的考古工作有了新的发展。有一个人挺身而出，将考古变成了自己的事业。

* * *

19世纪伟大的埃及学家——至少是伟大的英国埃及学家——往往来自最意想不到的领域。医生兼物理学家托马斯·杨通过比较语言学的研究接触到埃及象形文字。旅行家和艺术家约翰·加德纳·威尔金森因为没有更好的事情可做，便投身于埃及学。该学科黄金时代的第三位，也是最伟大的英国埃及学家——被誉为"埃及考古学之父"——是出于对古代测量学和一位非正统天文学家的神秘工作的兴趣而被吸引到这一学科的。

---

1. 引自 Drower (1982a): 18。

威廉·马修·弗林德斯·皮特里（William Matthew Flinders Petrie，1853—1942）从小体弱多病，无法上学，因而他从未接受任何正规教育（除了 24 岁时上过一门代数和三角函数的大学扩展课程）。[1] 但是，在他漫长而辉煌的职业生涯结束时，他被任命为英国首个埃及学教席，当选为英国皇家学会和英国科学院院士、爱尔兰皇家学院和美国哲学学会会员，获得牛津大学、剑桥大学和爱丁堡大学荣誉博士学位，并因学术贡献被封为爵士。他承认，自己完全是自学成才，童年时的兴趣集中在研究各种物品上。他的母亲收藏了许多化石和矿物，他热衷于研究这些东西。他"在伍尔维奇的海运仓库里翻箱倒柜地寻找钱币，就此开始了考古学的研究，当时我还有保姆的陪伴，只有 8 岁"[2]。14 岁时，年轻的皮特里开始与身为工程师和测量员的父亲一起，测量并记录他们位于肯特郡的家附近的古代土方工程。这项工作很快就让他着了迷。1872 年，他和父亲对巨石阵进行了第一次正式测量。随后，他又前往英国各地的遗址进行考察，过程中节约的作风成为他后半生的标志："旅行总是乘坐三等舱，平均花费 1 先令或 1 先令 6 便士的住宿费用……他估计每周花费 5 先令 6 便士购买食物。"[3]

---

1. Tyldesley (2005): 140.
2. Petrie (1931): 7.
3. Drower (1985): 22.

皮特里在野外和在大英博物馆的所有这些活动的成果，收录于他的第一部著作《归纳计量学，或从古迹中发现古代测量方法》(*Inductive Metrology, or the Recovery of Ancient Measurements from the Monuments*, 1877)。同时，他通过苏格兰皇家天文学家、爱丁堡大学天文学教授查尔斯·皮亚齐·史密斯 (Charles Piazzi Smyth) 的著作开始了解古埃及金字塔。皮特里的父亲威廉曾经追求过史密斯的妹妹，因此当史密斯出版了畅销书《大金字塔的遗产》(*Our Inheritance in the Great Pyramid*, 1866) 及续篇《大金字塔中的生活与工作》(*Life and Work at the Great Pyramid*, 1867) 时——这些作品受到了约翰·泰勒 (John Taylor) 的早期推测性著作《大金字塔：为什么建造它？谁建造了它？》(*The Great Pyramid: Why Was It Built? And Who Built It?* 1859) 的启发——皮特里父子对这本书的兴趣远不止随便一看那么简单。他们读得越多，就越被史密斯的"金字塔英寸"理论吸引。这个理论被认为是吉萨金字塔的测量和建造的基础，他将数学和基督教的基本原理融合在一起，论证令人信服。弗林德斯·皮特里很快决定，为了证实史密斯理论的真实性，需要一套可靠的测量方法。必须有人对吉萨大金字塔进行测量，而他就是最佳人选。

皮特里对埃及一无所知，不会阿拉伯语，也没有多少钱。1880 年 11 月底，他从利物浦启程，前往亚历山大港。出发前，他去大英博物馆找伯奇，征求对方的意见。和皮特里一样，伯奇也从未真正去过埃及，但他建议这位年轻人有机会的话，不妨去临摹铭文,并带回一些陶器标本——这类材料在所有考古遗址中都大量存在,但以前从未有人搜集过。对小型器物——陶器、燧石、石器——进行系统的发掘和研究,后来成为皮特里对埃及考古做出的独特贡献之一。

到了吉萨后,皮特里在一座废弃的古墓里住下。尽管有老鼠、跳蚤的骚扰和少得可怜的口粮,他还是享受着这一切的简朴与自由。1881年2月,他写信给一位朋友:"这里的生活真的很舒适,没有日常时间表中的许多累赘,例如摇铃、衣领和袖口、鞋油、桌布等其他许多不必要的文明社会的东西。"[1] 他把禁欲主义作为自己的指导原则,甚至(尤其是)对维多利亚时代的所谓体面嗤之以鼻:"由于室内炎热且无风,脱光衣服工作往往是最方便的。在炎热的室外工作时,穿上背心和裤子就行了。如果穿粉红色的,还能阻碍游客靠近,因为他们会认为这个人太奇怪了,不值得一看。"[2]

从皮特里开始从事考古工作起,自足和自律就成了他的个性标签。他做事专注,有时甚至冷酷无情,在他的思想中似乎很少有感情色彩。他的自传是在漫长而丰富的职业生涯即将结束时写

---

1. **皮特里写给弗拉克斯曼·斯珀雷尔的信**,1881年2月11日,引自Drower (1985): 38。

2. Petrie (1931): 21.

成的，内容相当沉闷，只是简单地记录了他的所作所为和成就，没有任何感情色彩。用他自己的话说，这本自传"与内心生活毫无关系"；事实上，他坚定地认为："别人对一个人的私事不会有什么兴趣，但人类历史发展的考古发现和一个伟大知识体系分支的崛起，确实值得记录下来。"[1] 这种专注的态度虽然不会让人际关系变得轻松，但对埃及考古学的发展大有裨益。

在吉萨的第一个考古季，皮特里在没有任何许可的情况下完全独立工作，其间得到了一位名叫阿里·加布里的当地人的一些帮助，阿里·加布里最初是维斯发掘工作中的一个提篮男孩。尽管皮特里没有接受过正规的埃及学训练，但他对周围破坏古迹的行为仍然感到震惊。他从来不会委婉地表达自己的观点，而是毫不犹豫地指责道："比阿拉伯人的野蛮冷漠更加过分的……就是当权者对古迹的漠视……看到一切都被毁坏的速度如此之快，以及保护措施如此缺乏，简直令人厌恶。"[2]

6月，皮特里完成了对金字塔的考察（考察结果证明，史密斯的理论是完全错误的），回到了英国。10月，皮特里返回埃及，开始了第二季的工作。那年冬天，他与塞斯和其他几个人沿尼罗河航行，在卢克索停留了一段时间，勘测帝王谷中的王陵。

---

1. Petrie (1931): 1.

2. 引自 Drower (1985): 43。

1882年初春，当皮特里回到吉萨时，三角洲勘探基金成立和纳维尔即将进行发掘的消息传到了他的耳中。皮特里迫切希望继续自己在埃及的探险，但却没有资金。他决定放手一搏，直接写信给阿梅莉亚·爱德华兹，阐述了自己的考古原则："我相信，真正的考古工作既在于对细枝末节的仔细记录和比较，又在于更加全面且及时的现场清理。"[1] 爱德华兹听闻后喜出望外。第二年，纳维尔卸任，爱德华兹不顾该基金一些成员的反对，在威尔逊的支持下，决定给名不见经传的皮特里一个机会。1883年9月，皮特里的著作《吉萨的金字塔与神庙》(The Pyramids and Temples of Giza) 出版，获得了（包括爱德华兹本人的）热烈好评；两个月后，皮特里开始为埃及勘探基金在图米拉特河（Wadi Tumilat）和圣哈加进行挖掘。皮特里参观了前一年纳维尔的发掘现场泰尔马斯库塔，在废墟堆中发现了许多被忽视或丢弃的小物件。这让他更加坚信自己所采用的考古方法："我的职责就是打捞和抢救，尽快搜集我能搜集到的一切。"[2]

虽然埃及勘探基金把圣哈加宣传成《圣经》中的琐安，但实际情况完全不是那么回事："圣哈加的阿拉伯人的小棚屋首先映入眼帘，景象十分悲惨……一侧是一条泥泞的小溪，他们把死

---

1. Petrie (1931): 36.
2. 引自 Drower (1985): 64。

去的水牛扔进溪里，却又从中汲水喝，另一侧是一片沼泽，到处都是腐烂的尸体和肮脏的东西。"[1] 尽管如此，皮特里还是定期向英国发送报告。爱德华兹利用这些报告在《泰晤士报》上发表短文，目的是让基金的捐赠者了解最新进展，并鼓励新捐赠者加入。到 6 月中旬，"在经历了多次沙尘暴、超过 37 ℃ 的高温和暴雨之后"[2]，皮特里结束了挖掘工作，前往开罗。爱德华兹带着真挚的热情和感激写信给他。"我想再次告诉您，我是怀着多么浓厚的兴趣关注着您所记录的日常生活和艰苦工作……我为能让公众了解您的工作方式而感到由衷的高兴和自豪，我觉得您为整个欧洲树立了科学发掘的光辉榜样，"然后又写道，"世界上只有一个 W. F. P（马修·弗林德斯·皮特里的简称）……我很高兴能够成为他的伯乐。"[3]

皮特里下一个考古季的工作，是为埃及勘探基金在诺克拉提斯（Naukratis，古希腊商人在尼罗河三角洲建立的贸易定居点）进行发掘，他制作了在埃及发掘史上的第一个分层剖面图。皮特里真正为埃及考古树立了新的标准。他还打破常规，在每个发掘季结束时迅速公布发掘成果，并每年举办一次小型成果展（其中

---

1. 引自 Rees (1998): 58。
2. Petrie (1931): 50.
3. 引自 Drower (1985): 80。

第 7 章　永久的职业

一些是通过海关走私的，显然得到了马斯佩罗的默许）。[1] 虽然皮特里取得了这些了不起的成就，但他与英国的同事之间的关系很快开始紧张起来。大英博物馆轻率地将他的考古发现描述为"毫无价值"，这使其关系大为恶化。他写信给爱德华兹说："那封信假话连篇，对真正科学的考古学一无所知，我无法再与该博物馆有任何瓜葛。"[2]（这种隔阂确实在他的余生中得到了保持。）他还与埃及勘探基金委员会闹翻了。他发现这些人笨手笨脚，不务正业，还质疑他对资金的使用。由于不适应批评和控制，他决定辞职。爱德华兹向他求情，但他无动于衷。1886年10月16日，爱德华兹向委员会宣读了他的辞职信，然后给皮特里写了一封信，信中写道："再见，祝你好运，愿上帝保佑你。你永远忠实的朋友，A. B. 爱德华兹。"[3]

皮特里与埃及勘探基金分道扬镳，但爱德华兹和她的门徒之间的纽带却一直存在。她为皮特里争取到了两位富商兼慈善家杰西·霍沃思（Jesse Haworth）和亨利·肯纳德（Henry Kennard）的赞助，使皮特里能够继续以个人名义在埃及进行发掘。因此，在接下来的40年里，他挖掘的遗址数量甚至超过了马里耶特，取

---

1. Reid (2002): 177.
2. 引自 Drower (1985): 105。
3. Drower (1985): 104.

得的重大发现也超过了古往今来的任何其他考古学家。他积累了大量文物收藏，还出版了成百上千的书籍、文章和评论。

对于爱德华兹来说，她虽然失去了最优秀的考古学家，但她对埃及学的热情却丝毫未减，一直在致力于推动埃及勘探基金的发展。仅在那一年，她就写了4 000多封信，以招募新成员和募集捐款。1889—1890年冬，她刚刚从一场大病中恢复健康，就开始了在美国的巡回演讲，为埃及勘探基金筹集资金。从波士顿到巴尔的摩，她在东海岸的大学、学院和学术团体做了120场演讲。此次巡回演讲大获成功，也是她埃及学生涯的顶峰。她参观的瓦萨学院、韦尔斯利学院和史密斯学院等女子学院给她留下了尤其深刻的印象，她对英国女性教育的落后感到遗憾。由于摆脱了维多利亚时代伦敦社会的条条框框，她自由地发表了一些更为激进的观点。例如，她有一次演讲的题目是《古埃及妇女的社会和政治地位》。她的演讲在当时引起了强烈反响，让听众印象深刻，诗人亨利·W. 奥斯汀（Henry W. Austin）称赞她是妇女解放的先驱：

> 是的，通过这样辛苦的生活
> 我们更快地制订了计划
> 有朝一日，光荣的女人
> 将站起身来：她不再是辛苦的奴隶，

也不再是诱惑男人的玩具，而是胜利者！[1]

这次巡回演讲取得了巨大成功，但爱德华兹也因此精疲力竭。她一直没有完全恢复健康，于1892年4月15日去世，仅比她的终身伴侣布雷舍夫人晚了三个月。但是，阿梅莉亚·爱德华兹对世界的影响并没有就此结束。在她的遗嘱中，她向伦敦大学学院捐赠了英国首个埃及学教席——这是一所激进的学院，也是英国第一个授予女性与男性同等学位的学院。她还为学院留下了自己的书籍和文物收藏。爱德华兹几乎以一己之力，通过她生前的行动和死后的慷慨，在英国将埃及考古学确立为一门严肃的学科。在那个由男性占主导地位的时代，她是一位杰出的女性开拓者。

* * *

对于马斯佩罗来说，埃及勘探基金是埃及考古领域的另一个参与者，但它的出现并没有解决他的问题。他的博物馆和文物管理局仍然极度缺乏资金，但却需要实施一些重大项目，比如卢克索神庙的清理工作。其中涉及对几个世纪以来在古迹旁边、内部甚至顶部（包括露西·达夫·戈登居住的"法兰西之家"）建造

---

1. 引自 Melman (1995): 265; 另见 Rees (1998): 80。

的房屋的所有者进行补偿。他与托马斯·库克协商，向游客征税（后改为参观券），但这还不够。马斯佩罗别无选择，只能向英国殖民政府申请额外的资金。公共工程部副大臣科林·斯科特-蒙克里夫爵士（Sir Colin Scott-Moncrieff）通过一封致《泰晤士报》的公开信做出了回应。他赞扬了马斯佩罗对文物管理局的领导——"这个部门不需要联合控制，因为马斯佩罗先生只有一位"[1]——但拒绝了拨款请求。斯科特-蒙克里夫傲慢地断言，"在英国，我们更愿意在自愿的基础上为这类事业捐款，而不是让政府代劳"，并继续鼓励个人捐款。这是一个典型的公务员式的答复。在他的呼吁下，来自英国的捐款只有区区 90 英镑，而法国的捐款总额则高达 21 789 法郎。卢克索神庙的清理工作最终于次年开始。

马斯佩罗还不得不精打细算，节省出必要的资金来改造埃及博物馆。这甚至意味着要出售一些小的复制品，包括萨布提、护身符甚至木乃伊。皮特里对小件藏品情有独钟，为此大发雷霆。不过，马斯佩罗还是通过这种方式，为其余的博物馆藏品创造了良好的条件，还增加了古希腊罗马时期的藏品，拓展了博物馆藏品的历史跨度。（在他卸任后，他的继任者迅速将法老时代后的大部分藏品送往亚历山大。）

尽管英国在统治埃及期间试图迎合法国的利益，至少在文化

---

1. *The Times*, 23 February 1884, 引自 David (1999): 124。

领域如此，但仍然会令人感到不满。虽然马斯佩罗在公开场合与巴林保持着友好的关系，但他的私人信件却暴露了他的真实想法。他批评英国人（这一点尤其针对巴林）从印度引进了"野蛮行径"，还试图将"英国官僚机构的怪异规则"强加给这片60年以来习惯了法式管理的土地。[1] 和其他人一样，埃及和苏丹的骚乱也让马斯佩罗感到不安。这些骚乱对英国入侵埃及的延迟反应，似乎只会引发更严厉的镇压。马斯佩罗的一位法国朋友在动乱中看到了一种末日的景象，预言"英国民族已经迷失了，从此再无未来可言"。[2] 阿梅莉亚·爱德华兹好心好意地向马斯佩罗保证，英国当局不会干涉他对文物管理局和博物馆的管辖权。但英国的商业利益和政治利益逐渐开始控制这个国家，这让马斯佩罗非常恼火。1885年春，他在给一位朋友的信中写道："在欧洲，你可能会天真地认为，赫迪夫以及在他之上的英国总领事才是埃及的主人。你们大错特错了：目前埃及真正的掌权者是托马斯·库克和他的两位代表罗斯托维奇（Rostowich）和帕尼翁（Pagnon）。去年是库克把军队运到了栋古拉，今年是库克在修建铁路。"[3]

马斯佩罗感到不安的另一个原因可能是，在19世纪80年代

---

1. Maspero, 17 January 1884, 引自 David (1999): 154。
2. 加布里埃尔·沙尔姆写给马斯佩罗的信，1884年5月20日，引自 David (1999): 156。
3. 马斯佩罗写给亨利·玛丽昂的信，1885年4月6日，引自 David (1999): 155。

初，他发现埃及学的英雄时代正在逝去。马里耶特、莱普修斯和伯奇于 1881 年、1884 年和 1885 年相继去世。与商博良和威尔金森时代的最后一缕联系也断开了。取而代之的是新的一代人，他们肩负着考古与科研、保护与管理的重任。与马斯佩罗并肩作战的是皮特里（1880 年开始在埃及工作）、阿道夫·埃尔曼（Adolf Erman，1881 年开始在柏林大学任教）和欧内斯特·巴奇（接替伯奇在大英博物馆工作）。他们必须重新定义埃及学，带它走进一个新世纪。

到 1886 年初，埃及和苏丹恢复了平静。为文物管理局工作的发掘工在德尔麦地那（Deir el-Medina）发现了完整的塞内杰姆墓，马斯佩罗的信心开始恢复。在公众捐款以及埃及学家和慈善家捐款的支持下，马里耶特启动的狮身人面像清理工作正式重新开展。马斯佩罗修建了一条小铁路，用来运走大量沙子，"使高原恢复到法老时代的样貌"[1]。

并不是所有的捐助者都对结果感到满意。罗斯柴尔德男爵在看到"他的"狮身人面像后，撇了撇嘴，然后同意再向博物馆捐赠 2 万法郎，但有一个明确的条件——不能继续在狮身人面像上面进行任何工作。但马斯佩罗并不后悔，他在给妻子的信中写道："狮身人面像是一件如此美丽的艺术品。现在，前半部分已经全部

---

1. 马斯佩罗写给他妻子的信，1886 年 5 月 2 日，引自 David (1999): 128。

清理完毕，前爪被解放出来，胸前的石碑也已经显露。布鲁格施拍了一张照片，下周我会寄给你，真主保佑……当清理工作完成后，我相信人们不会指责我浪费的时间和金钱，或者说是法国的金钱。"[1] 他在卢克索神庙的工作也取得了良好进展："卢克索神庙的清理工作已经放缓了三个星期，现在又重新开始了。征用神庙西侧16栋房屋的命令已经下达，这些房屋的主人将得到他们应得的土地。穆斯塔法·阿迦（Mustapha Aga）的房子就在其中！"[2] 六周后："在卢克索，总督已成功疏散了16栋房屋中的13栋：下级法官和穆斯塔法·阿迦仍在抵抗，但他们最终会回心转意的。"[3]

1886年的另一件大事是，埃及博物馆首次拆开王室木乃伊的裹尸布。这一事件具有重大的历史意义，赫迪夫也亲自参加了。6月1日上午9点整，第一具木乃伊从有3 000年历史的绷带中解脱出来。里面的内容让人有些失望。拉美西斯三世的木乃伊也是如此。法老的面部被一层厚厚的发黑的树脂覆盖着，五官已无法辨认。[4] 11点过后不久，特菲克离开了博物馆，埃及学家得以继续工作，不受干扰。

---

1. Maspero (2003): 207（马斯佩罗写给他妻子的信，布拉克，1886年4月5日）.
2. Maspero (2003): 173（马斯佩罗写给他妻子的信，卢克索，1886年3月2日）.
3. Maspero (2003): 217（马斯佩罗写给他妻子的信，布拉克，1886年4月16日）.
4. David (1999): 139.

在取得了一系列成就之后，马斯佩罗表示，他希望在年底卸任文物管理局局长和博物馆馆长的职位，这让很多人感到惊讶。毫无疑问，他认为自己已经尽力了，希望在人们还欣赏他的功绩之时全身而退。在巴林的全力支持下，另一位法国人接替了这一职位，即法国驻开罗考古代表团团长欧仁·格雷博（Eugène Grébaut）。可想而知，德国人非常愤怒。马里耶特去世后，海因里希·布鲁格施被剥夺了这个宝贵的职位。现在，他的弟弟埃米尔——马斯佩罗忠诚且资深的副手——也同样被放弃了。一封写给《泰晤士报》的匿名信称，埃米尔·布鲁格施"毕生都在为博物馆服务，却只拿着微薄的薪水。没有人比他更适合担任这一职务，而他很可能会被解雇，这将是埃及学的重大损失"[1]。德国方面的反应更为激烈。刚刚退休的海德堡大学埃及学教授奥古斯特·艾森洛尔（August Eisenlohr）给马斯佩罗写了一封尖刻的信，信中问道："你是法国民族主义者吗？你竟然对布鲁格施、纳维尔和我视而不见！"[2] 但马斯佩罗一笑置之：这只是法国、英国和德国在争夺埃及的长期竞争中又一次矛盾爆发而已。马斯佩罗回到法兰西学院担任教授，1886年10月，他当选为埃及勘探基金名誉副主席，以表彰他长期以来对该基金的支持；12月，他被授予牛

---

1. 引自 David (1999): 173。
2. 引自 David (1999): 173。

津大学女王学院名誉院士称号，次年夏天又被授予牛津大学名誉博士学位。显然，一些英国人十分欣赏他对埃及学的贡献。

皮特里和马斯佩罗可能有过分歧，比如在出售埃及博物馆的小型文物这件事上，但总的来说，两人相处融洽。然而，他们之间的差异确实太大了：马斯佩罗毕业于法国最好的学术机构，人脉广泛，衣着光鲜，在博物馆的办公室或他的公务汽船上工作。皮特里则是自学成才，本能地独来独往，生活寒酸又邋遢，他住在帐篷和古墓里，吃的是罐头。但两人每年的工作节奏是一致的，每年冬季致力于埃及考古，夏季返回欧洲。两个人都以自己的方式全身心地投入埃及考古事业中，他们之间的友谊虽然算不上亲密无间，但也心心相印。

马斯佩罗的继任者欧仁·格雷博则完全是另一类人。马斯佩罗为文物管理局保留了萨卡拉遗址，他（合理地）认为还有更多的东西有待发掘，而格雷博则把整个底比斯纳入文物管理局的管理范畴。皮特里在那里进行发掘的请求遭到了拒绝，他不得不另寻发掘地点。1886—1887年冬，皮特里与刚从牛津大学毕业的弗朗西斯·卢埃林·格里菲思（Francis Llewellyn Griffith）一起沿着尼罗河旅行。阿马尔那、阿拜多斯、科普托斯：皮特里敏锐的目光注意到了其他人忽略的细节，他相信，"在每位埃及学家到过的地方，仍然有很多事情可做"[1]。一路上常常发生意外事故，艰辛的旅途成为皮特里挖掘工作的特色。在胡（Hu），他们在忙碌了一天后回到营地，吃了点晚饭，然后在炉子上煮咖啡。格里菲思喝了一大口，才发现营地的男孩在水壶里装的不是水，而是石蜡。在伊德富附近的埃尔霍什（el-Hosh），他们顶着强劲的北风临摹悬崖上的铭文，把折叠毯盖在头上御寒。到达阿斯旺时，他们的给养几乎耗尽，只能靠吃蘸了尼罗河水泡软的硬面包度日。[2]不出所料，格里菲思得了重感冒和风湿病。而皮特里却在这个过程中愈加精神百倍。

虽然皮特里与埃及勘探基金决裂了，但阿梅莉亚·爱德华兹还是为他忙前忙后，竭尽全力为他在埃及博物馆谋得了一个带薪的永久职位。但博物馆和这位潜在候选人本人都意识到这是行不通的。皮特里承认："我讨厌官僚主义以及与之相关的一切……我想要的是自由，在我喜欢的时间和地点，以我喜欢的方式工作。我只需要有充足的资金，其他人不得对我的工作和发现物的分配横加干涉；这就是我的理想。"[3]爱德华兹确实找到了新的私人赞助人来资助皮特里后续的发掘工作。为了表示感谢，皮特里违背

---

1. 引自 Drower (1985): 115。
2. Drower (1985): 109, 114–15.
3. 引自 Drower (1985): 127。

了自己的原则，从卢克索的一个商人那里买下了一具木乃伊，这是爱德华兹为她的一位朋友求购的。这具木乃伊只花了20英镑。用爱德华兹的话说，当时的木乃伊"就像地上的草莓一样多"[1]。

在1887—1888年的考古季，皮特里选择了法尤姆的哈瓦拉（Hawara），这是一个有点不被看好的遗址。格雷博非常高兴地签发了发掘许可证，因为除了一座被严重毁坏的砖砌金字塔和毗邻神庙留下的痕迹（古典时期著名的迷宫，但现在只剩下沙地上杂乱无章的泥泞线条）之外，这里似乎不会什么重大发现。皮特里在附近的一个小帐篷里扎营。正如他在写给爱德华兹的信中所说，"我必须（在这个帐篷里）生活、睡觉、洗漱和接待访客"[2]——不过，第三种情况应该不多，最后一种情况也很少发生。到了3月，白天的气温已升至41℃以上，几乎没有任何阴凉处。就连埃及工人也中暑了。（这让皮特里很担心，因为与他的许多发掘同伴不同，他对埃及工人并非没有同情心。他写道："他们绝对不是天使，但从他们的生活方式来看，他们的品质并不太坏，应该得到真诚的对待。"[3]）皮特里曾在金字塔的隧道中躲避高温，但"隧道太窄了，我只能静静地坐着，里面到处都是工人身上的跳

---

1. 引自 Drower (1985): 120。
2. 引自 Drower (1985): 131。
3. Petrie (1931): 44.

蚤，所以我不得不坐在那里，手边放着一大罐防虫粉，不停地往身上抹"[1]。还有一次，在清理一座古墓时，皮特里不得不"大部分时间深处黑暗中，脱光衣服，在肮脏的咸水中工作……你会撞上漂浮的棺材或晃来晃去的头骨"[2]。

他的辛苦和耐心换来的是埃及有史以来最惊人的发现之一：一系列托勒密和罗马时期的彩绘人物头像。这些人物头像与刚刚完工时一样色彩鲜艳，表情生动，细节丰富。其中一些头像在他的年度夏季展览上展出，引起了轰动，伦敦市民蜂拥而至。为了应对大量的参观者，这次展览没有在皇家学院或伦敦大学学院举办，而是在皮卡迪利大街的埃及厅举办，也就是贝尔佐尼67年前举办展览的地方。

1888年8月，肖像展览结束后不久，皮特里和一小群艺术家和知识分子在伦敦聚会，讨论成立一个新的学会，即古埃及遗迹保护委员会（后来改为学会）。它的工作重点与埃及勘探基金不同——保护古迹，而不是发掘。对于埃及古迹的迅速毁坏感到绝望的不止皮特里一人，该基金将一部分责任归咎于英国殖民政府。巴林政府对文物漠不关心，而且英国统治带来的经济繁荣促进了旅游业和工业的发展，从而给考古遗址带来了可怕的后果："陵

---

1. 引自 Drower (1985): 137。
2. 引自 Drower (1985): 146–7。

墓变成了采石场，绘画和浮雕被砍下来作为纪念品出售，整块的墙壁被移走。"[1] 该基金的任务是筹集资金，支付考古遗址的守卫、检查员以及防洪工程的费用。该基金还要求在底比斯古墓上安装金属门，将埃及博物馆的藏品从布拉克搬到气候更干燥的吉萨，并任命一名英国人担任古迹监察长，专门负责保护遗址的安全。1888—1889年冬，该基金向外交部请愿，外交部同意受托撰写一份报告。

虽然委员会的许多要求都合情合理，英国舆论也越来越多地站在埃及勘探基金一边，但巴林不愿做任何可能会让法国感到不快的事情，损害自己在文化事务中来之不易的优势。最终，他通过斡旋达成了妥协：为底比斯古墓安装大门，保护卡尔纳克神庙免受盐蚀，文物管理局将利用旅游税和门票收入开展进一步的保护工作。但博物馆将暂时留在布拉克，文物管理局也不会任命英国人做监察长。皮特里愤然辞职。当事情不完全按照他的意愿发展时，他常常会采取这种方式应对。[2]

无论如何，他还有其他事情要做，还有其他战斗要打。1888年10月，当他在第二个考古季返回哈瓦拉时，他的发现令他震惊不已。当他夏天在英国时，格雷博批准一位埃及文物经销商在遗

---

1. Drower (1985): 168.

2. Drower (1985): 169–71.

址现场挖掘，以寻找可出售的珍宝。雪上加霜的是，一个独特而精美的彩绘石棺失踪了。皮特里当初花了几个小时才把它保存好，然后交给埃及博物馆保管。当皮特里要求查看石棺时，却被告知它已经碎了：它被遗弃在布拉克的阳台上，暴露在河水带来的潮气和无情的阳光下。[1] 在格雷博的领导下，挖掘工作和博物馆似乎都不安全。他在文物管理局的 6 年任期内任人唯亲，办事拖沓，能力严重不足。皮特里试图绕过格雷博，直接向巴林求助，但英国总领事不想惹恼法国人，"法国领事会不遗余力地将事情掌控在法国人手中"[2]。爱德华兹在给皮特里的最后一封信的结尾写道："祝你顺利取得对法国人的辉煌胜利。"[3]

1892 年，在爱德华兹去世后的几个月内，她的愿望实现了一部分，格雷博被一位更加和蔼可亲的总监雅克·德摩根（Jacques de Morgan）取代。但在格雷博辞职之前，他借助王室法令通过了一系列文物法规。新法规确认了国家对所有文物的所有权，但允许将发掘所得的一部分交给发掘者，以支付费用，政府保留为博物馆买回任何想要的物品的权利。皮特里勃然大怒——一边怒斥巴林允许这些法规通过，一边指责格雷博制定这些法规——他甚

---

1. Drower (1985): 143.
2. Petrie, 引自 Drower (1985): 179。
3. 爱德华兹写给皮特里的信，1891 年 12 月，引自 Drower (1985): 199。

第 7 章 永久的职业

至威胁要加入法国或德国国籍,以激怒英国政府,同时获得更有力的外交支持。[1]这种威胁从来都没什么效果。最终,在这一点上,皮特里不得不退让,接受新法规,并寄希望于与德摩根建立更好的关系。

在哈瓦拉的发掘工作取得巨大成功后,皮特里在给一个朋友的信中写道,他认为自己在五个方面是专家:"1.搜集和保存所有必要信息的高超技艺,意识到所有发现的重要性,并避免疏忽……2.用零散的证据编纂历史……3.材料、颜色、组构和工具机械问题的所有细节;4.考古测量;5.重量。"[2]他少见地谦虚了一回。在不到10年的时间里,通过仔细观察、精心发掘、详细记录和及时出版,皮特里将考古实践从炸药、土方清理和寻宝的混合体转变为一门精确的科学。他还改变了考古学家的角色:过去,挖掘只是绅士学者的业余消遣,现在则是专业人士的全职工作。自此以后,在皮特里的领导下,埃及考古成为一种永久的职业,就像英国在埃及的存在一样稳定。

---

1. Drower (1985): 196.

2. Petrie (1931): 106.

第 8 章

学者与无赖

图8 欧内斯特·阿尔弗雷德·汤普森·沃利斯·巴奇，大英博物馆第一位埃及文物管理员，法老文明的伟大普及者

> 近20年来，情况发生了变化：那些令业余爱好者着迷的轰动发现已经失去了魅力。[1]
>
> ——阿道夫·埃尔曼，1900年

在英国的占领下，法国对文物管理局和埃及博物馆这两大文化机构的控制不仅继续存在，而且不断加强。1881年，海因里希·布鲁格施在马里耶特去世后被弃用；1886年，他的弟弟埃米尔也在马斯佩罗辞职时被弃用，控制权交给了资质较差的法国人格雷博。后来，在英国政府的支持下，另一位法国人雅克·德摩根接替了无能的格雷博。这种英国支持、法国控制的模式一直持续到20世纪。虽然德国学者被排除在埃及文化的权威职位之外，

---

1. 在柏林德国文化部的演讲，引自 Marchand（2009）：203。

第8章 学者与无赖

但他们并没有放弃埃及学研究。实际情况恰恰相反。

莱普修斯在19世纪40年代和50年代取得的非凡成就——对埃及和苏丹的考察、《埃及和埃塞俄比亚的古迹》的出版、柏林博物馆的重组——为德国的埃及学奠定了坚实的基础,德国的学术界将这门学科视为己任。到19世纪70年代,德国大学中的埃及学教席已达五个,超过了其他任何欧洲国家。普法战争的胜利以及随后在俾斯麦领导下的德国统一,使德国对自身命运的认知不断深化。对于古代世界的伟大文明进行学术研究是德意志民族形象的重要组成部分,并有助于彰显帝国的胸怀与抱负。因此,当以马斯佩罗和皮特里为首的新一代法国和英国埃及学家在考古现场忙碌的时候,他们在德国的同行则在自己的大学图书馆和研究室里埋头工作,并在理解法老文明方面取得了重大进展。

在莱普修斯之后,德国埃及学界最伟大的人物是阿道夫·埃尔曼。他只比皮特里小一岁,性情与后者截然不同。埃尔曼家族是瑞士新教徒的后裔,但已经彻底融入了德国学术界。阿道夫的父亲是柏林的一位物理学教授。阿道夫在莱比锡学习一年后,回到家乡师从莱普修斯。这位伟人发现了这位年轻学者的潜力,为他在柏林博物馆和图书馆谋得了助理职位。导师去世后,年仅30岁的埃尔曼接替了莱普修斯的位置,成为埃及学教授和柏林埃及博物馆馆长。在他职业生涯的余下时间里,他一直在德国首都工作,只是偶尔前往埃及。在促进人们对埃及古代文明的了解方面,可以说除了皮特里之外,埃尔曼比同时代的任何其他埃及学家做得都多。

对于 19 世纪中叶的德国和英国学者来说，威尔金森的《古埃及的风俗习惯》仍然是一本基础入门读物。这本书色彩丰富，内容翔实，又不是特别深奥，但仅仅止步于此。埃尔曼在年轻时研究过这部著作，认为它回答了有关法老文化的许多问题，后来学者的任务仅仅是填补空白。但正如他后来所写的那样，"随着我对这本名著了解的深入，我再也无法欺骗自己，他所描绘的那种'古埃及人'可能根本不存在"[1]。威尔金森的埃及之行已经过去了半个世纪；在新发现的帮助下，学术研究取得了重大进展。《古埃及的风俗习惯》不仅残缺不全，而且已经完全过时。因此，埃尔曼决定撰写一本新书来取代它，而且这本书将客观地研究古埃及人，而不是假定他们具有特殊的智慧。埃尔曼在其开创性著作《古埃及与古埃及人的生活》（*Ägypten und ägyptisches Leben in Altertum*，1885）中，破除了仍然笼罩着法老的神秘主义光环，转而认为古埃及人是"其文化发展水平的正常代表"[2]。他的著作史无前例地没有依赖《圣经》或古典传统，而是优先考虑古埃及的资料来源，让法老文化以自己的方式，通过自己的声音得到研究。

---

1. 引自 Marchand (2009): 205。
2. Marchand (2009): 205.

与此同时，埃尔曼的同胞、历史学家爱德华·迈尔（Eduard Meyer，1855—1930）以五卷本的《古代史》（*Geschichte des Alterthums*，1884—1902）巩固了这种激进的研究方法。其结果不仅是从根本上重新评价了古埃及，而且默默地证实了一件事，即前几代学者在埃及找到《圣经》叙事的确凿证据的梦想（这一梦想是由最近成立的埃及勘探基金刻意推动的），是永远不可能实现的。随着越来越多的埃及文字被翻译出来，事实证明，它们对《圣经》历史的贡献微乎其微；大多数埃及文献都是枯燥乏味、乏善可陈的。此外，考古学家的小铲子所揭露的新证据往往指向不同的方向，或者根本无法与书面文字联系起来。埃尔曼的天才之处在于，他认识到，解决这些矛盾和问题的唯一方法就是优先考虑本土的古埃及材料，并将其作为单一的证据体系。[1]

埃尔曼在担任柏林埃及博物馆馆长期间也采用了同样的方法。[2] 他第一次在博物馆工作是在学生时代，当时的工资让他在一定程度上实现了经济独立。他从未忘记这份恩情。1884年，莱普修斯去世后，他接任馆长一职，决心确保前任馆长辛辛苦苦建立起来的埃及藏品能够跻身世界最伟大的藏品之列，即使这意味着要进行一些大刀阔斧的改革。埃尔曼并不是一个天生的革命家，

---

1. Wilson (1964): 112; Marchand (2009): 196, 203.
2. Spinelli (2006).

但他主张对那些 40 年来一直动弹不得的藏品进行根本性的重新排序。他改变了文物的陈列方式，为文物提供单独的描述性标签，让它们自己说话，让所有藏品展示出法老文化的发展历程，并通过明智的收购扩大了藏品范围。1885 年秋天，埃尔曼接手博物馆几个月后首次访问埃及。他搜集了大量文物，尤其是手稿（反映了他对语言学的热情）。他对重要历史文物的敏锐洞察力也促使他在第二年购得了"阿马尔那文书"。这是埃及外交档案中的一组泥板，可追溯到法老埃赫那吞统治时期，它们是从废弃的阿马尔那城中非法挖掘出来的。维也纳和巴黎的博物馆都拒绝了这批文物，认为它们是赝品。埃尔曼确认了它们的真实性和历史价值。在埃尔曼的领导下被纳入柏林博物馆的最伟大的藏品是著名的"绿色头像"，它的重要性甚至超过了"阿马尔那文书"。这是一尊栩栩如生的埃及官员石雕头像，从英国一位私人收藏家手中购得，制作年代为托勒密王朝早期，融合了传统埃及和希腊风格的特征。埃尔曼在自传中将它形容为"我们收藏中最伟大的杰作"[1]。时至今日，它依然如此。总之，在埃尔曼的领导下，博物馆藏品从 8 500 件增加到令人难以置信的 21 000 件。随着时间的推移，他被公认为柏林埃及博物馆的重塑者。在博物馆的发展过程中，他的影响力丝毫不亚于他的导师莱普修斯。

---

1. 引自 Spinelli (2006): 207。

然而，从本质上讲，埃尔曼既不是考古学家，也不是艺术史学家。他所受的训练、他的本能和喜好显示，他是一位语言学家：古埃及语是他的初恋，也是他一直以来的激情所在。正是在这一领域，他做出了开创性的贡献。商博良让古埃及语变得可读，而埃尔曼则让古埃及语变得真正易懂。他的第一部专著《埃及语的复数形式》（*Pluralbildung des Aegyptischen*，1878）证实了他作为语言学家和语法学家的资质，他具有罕见的语言能力和洞察力。他是第一位区分古埃及语三个时期——古埃及语、中古埃及语和晚期埃及语——的学者，他出版的第二部著作是对晚期埃及语的语法研究。他还是研究科普特语的优秀学者，也是第一个认识到古埃及语与早期闪米特语之间联系的人。他对埃及语的主要研究集中在 19 世纪的最后 20 年，当时皮特里正忙着在埃及考古学领域发起革命。与皮特里一样，埃尔曼卓有成效地创立了一门新学科——埃及语语法——并为它奠定了坚实的科学基础。

埃尔曼最了不起的成就，也是今天人们对他最深刻的记忆，是他在学术领域矗立的一座不朽的纪念碑。在他出生的 1854 年，擅长写童话的格林兄弟开始了一项雄心勃勃的计划，即编纂和整理德语。与早期词典编纂者的工作相比，他们的《德语词典》（*Deutsches Wörterbuch*）标志着一个进步。看到了这种新的系统性方法的可能性，再加上对埃及语的热爱，埃尔曼的脑海中萌生了创作一部巨著的想法。1894 年，埃尔曼请他的朋友兼学生、美国语言学家詹姆斯·亨利·布雷斯特德（James Henry Breasted，

1865—1935）在沿尼罗河度蜜月时帮他临摹古埃及铭文，这一计划开始逐渐成形。三年后，埃尔曼正式致函柏林皇家学院，提议编纂一部古埃及语词典。该项目最终于1899年获得批准。这是一项浩大的工程，有来自10个国家的80多位国际学者参与。埃尔曼担任总编，他身边聚集了一批年轻有为的助手，他们都是埃尔曼以前、现在或将来的学生：布雷斯特德、格奥尔格·施泰因多夫（Georg Steindorff）、路德维希·博尔夏特（Ludwig Borchardt, 1863—1938）、海因里希·舍费尔（Heinrich Schäfer）、库尔特·泽特（Kurt Sethe）、赫尔曼·容克尔（Hermann Junker）和艾伦·加德纳（Alan Gardiner）。即使有这样一批杰出的学者，《埃及语词典》（*Wörterbuch der ägyptischen Sprache*）的初稿也花了近三年时间才完成，有近2 000页。这是莱普修斯的明星学生对他的《埃及和埃塞俄比亚的古迹》的继承。唯一的问题是找不到出版资金。幸运的是，布雷斯特德得到了富有的约翰·D. 洛克菲勒的赞助，并成功说服他资助《埃及语词典》的出版。[1] 在埃尔曼退休后的1926—1931年，《埃及语词典》终于出版了前五卷，到1963年又出版了八卷附录和索引。

埃尔曼在有生之年没能看到他的梦想完全实现。由于他的犹太血统，他生命的最后三年是在纳粹迫害的阴影下度过的。但他

---

1. Seidlmayer (2006): 172.

所做的一切，足以为他奠定作为埃及学新学派创始人（他的许多学生都是埃及学新学派的创始人）和自莱普修斯以来德国最重要的埃及学家的声誉。埃尔曼的门徒之一，在《埃及语词典》项目中的合作编辑赫尔曼·格拉波（Hermann Grapow，1885—1967）更是对埃尔曼做出了大胆的评价："继商博良和莱普修斯之后，他第三次重新创立了埃及学。"[1] 确实，埃尔曼打破了早期学者对古典传统和《圣经》的偏见，重视本土资料，在埃及语研究方面推动了一场变革，而且——对于一位如此杰出的学者来说，最不同寻常的是——他愿意为大众和非专业读者撰写书籍。他的职业生涯将埃及学引到了新的方向，并指明了未来的道路。[2]

* * *

埃尔曼和他的学生是埃及学"德国学派"的代表。该学派倾向于利用仔细搜集的详细数据，建立更广阔的历史图景。与之竞争的"法国学派"，如商博良及其后继者，则采取了相反的方法，首先寻求建立一个总体模式，为具体的观察结果提供解释性的背景。不用说，皮特里对这两个学派都进行了攻击：马里耶特和马

---

1. **引自** Schipper (2006): 1。
2. Marchand (2009): 206.

斯佩罗的发掘规模虽大，却粗心大意；德国人的埃及学"纸上谈兵"[1]。埃尔曼则比较宽容：虽然他认为自己在埃及语言学领域出类拔萃，但他也愿意承认英国在埃及考古学领域的领导地位，尤其是在皮特里的领导和推动下。[2]

不过，在19世纪80年代和90年代，并非每个在埃及挖掘的人都像皮特里那样一丝不苟或坚持原则。在尼罗河谷，除了学者，还有无赖。欧内斯特·阿尔弗雷德·汤普森·沃利斯·巴奇就是其中最具争议的人物之一。他与埃尔曼是同时代的好友，但在性情和行事方法上却大相径庭。今天，巴奇被认为是19世纪晚期埃及学的巨匠之一，但他的兴趣和采用的方法与19世纪初的寻宝者更相近，而非皮特里和埃尔曼的严谨治学。

巴奇的身世一直是个谜。他的出生证明上写着他的父亲是"维维安先生"，但没有更详细的信息。[3] 这个名字似乎是匆忙加上的，有人认为这是一个故意编出来的假名，掩盖了巴奇父亲的真实身份，以保护公众人物的声誉。自由党政治家、未来的首相威廉·尤尔特·格莱斯顿对一个出身贫寒的孩子的教育和成长尤为关注，这显然是不太正常的。后来，巴奇随了母亲的姓氏，从

---

1. Wilson (1964): 109.
2. Gertzen (2015): 37.
3. 剑桥大学基督学院的旧图书馆收藏了一份巴奇的出生证明副本。

康沃尔搬到了伦敦，并在很小的时候就对埃及文明产生了浓厚的兴趣，经常参观大英博物馆。巴奇还在上学的时候，学校校长的一位朋友把他介绍给了伯奇。伯奇是大英博物馆的东方文物管理员，也是19世纪中叶英国埃及学火种的守护者（在威尔金森和他的圈子转向其他兴趣领域之后，皮特里开始发掘之前）。伯奇鼓励巴奇继续深造，并在自己的办公室为这位年轻的学者提供了一个位置。正如巴奇后来回忆的那样：

> 当我在他的房间里阅读或抄写时，我认识了当时几乎所有伟大的东方考古学家，以及几乎所有成功破译埃及象形文字和楔形文字铭文的学者……我见到加德纳·威尔金森曾多次来与伯奇讨论他的畅销书《古埃及的风俗习惯》第二版的编写工作……他兴致勃勃地关注着破译工作的进展，但他没有特殊的语言天赋，也从不自称埃及学家……他没有一位伟大的收藏家应有的天赋和热情……他不止一次建议我尽快去埃及，说没有见过那个国家的人永远不可能了解它的历史。[1]

我们已经在字里行间看到了他的自信与傲慢，而这正是巴奇整个职业生涯的特点。

---

1. Budge (1920), 1: 17 and 25 n.2.

1878年，在格莱斯顿和伯奇等权威人士的支持下，巴奇被剑桥大学录取。起初他只是一名"非学院学生"，一年后转入基督学院，被选为学者。他似乎很勤奋，将剑桥的那段时光形容为"充满艰辛"[1]。他于1882年毕业于闪米特语专业。随后，他的两位导师同意为他设立一个新职位，在伯奇的部门担任助理馆长；格莱斯顿（当时是首相兼财政大臣）利用自己的政治影响力，"在大英博物馆当年的预算中做出了必要的安排"[2]，而巴奇则利用这几个月的时间进一步研究阿拉伯语、埃塞俄比亚语和塔木德语文献。1883年4月，新的财年开始时，巴奇正式在大英博物馆任职。在接下来的40年中，他一直以这里为家。

　　眼前的任务或许并不像他所预想的那样光鲜亮丽。1880—1883年，博物馆大量的自然历史藏品被转移到南肯辛顿，成为新落成的自然历史博物馆的核心藏品，这一进展为重新整理剩余的藏品提供了机会。巴奇花了几个月的时间来打包和拆箱，用这些历史文物填满了腾出来的所有展厅空间。伯奇对这位年轻人加入自己的部门表示欢迎，但实际上他并不需要一位额外的东方学家。因此，他决定对巴奇进行埃及学方面的培训，并很快为他找到了

---

1. Budge (1920), 1: 55.

2. Budge (1920), 1: 67. **格莱斯顿还告诉巴奇，"如果需要……访问巴黎、慕尼黑或罗马，在那里的图书馆工作，他会很高兴（帮他）找到必要的资金"（Budge, 1920, 1: 68）。**

证明自己能力的机会。

1886年夏,埃及军队将领弗朗西斯·格伦费尔爵士(Sir Francis Grenfell)访问英国,想找一位埃及学家协助发掘阿斯旺的贵族墓。伯奇推荐了巴奇,给了他四个月的假期,让他与"当地商人建立联系,以便为大英博物馆定期提供文物"[1]。在阿斯旺的发掘将为他的文物搜集行动提供完美的掩护。博物馆圈子知道了巴奇即将开始的旅行的真正目的后,剑桥的菲茨威廉博物馆给了他100英镑的采购费,而英国财政部则批准了150英镑的拨款。

1886年底,巴奇第一次踏上埃及的土地。这个国家立刻给他留下了深刻的印象:"当我看到日出的光芒时,我仿佛进入了一个新世界。我以前从未见过太阳升起。"[2] 不过,对晴朗无云的天气的感叹和满天繁星的浪漫遐想很快就告一段落,巴奇开始着手完成任务。他发现自己在收购文物方面有着与生俱来的天赋。在从塞得港前往开罗的途中,在扎加齐克火车站,"来自布巴斯提斯古城遗址的文物经销商从线路两侧爬上车厢,在火车停留的半小时之内,他们以每件两三皮亚尔的价格买到了上好的三角洲圣甲虫,以每件1皮亚尔的价格买下了相当不错的猫头女神巴斯特雕像"[3]。

---

1. Budge (1920), 1: 75.
2. Budge (1920), 1: 77–8.
3. Budge (1920), 1: 79.

他很快就"结识了两个当地人，并设法赢得了他们的好感"。在以后的日子里，这两个人"为博物馆提供了许多珍贵的文物"[1]。显然，伯奇的选择是正确的。

31岁的巴奇第一次参观吉萨时似乎还有其他想法，他将两座较大的金字塔比作"西边太阳红光下的一对乳房"[2]。这种血气方刚的自信和对外交礼节的漠视很快让他与英国代理人兼总领事伊夫林·巴林发生了冲突。在他们第一次会面时，巴林就告诉巴奇，英国政府雇员在埃及进行的任何发掘活动都可能"使政治关系复杂化"，而且英国人占领埃及"不应成为从该国掠夺文物的借口，不管是掠夺到英国还是其他任何地方"[3]。两人的关系注定不会融洽。根据巴奇的说法，巴林"有些恼火地谈到了当时在开罗的几位英国考古学家和业余文物经销商给他带来的烦恼。在认定我也是同样的人之后，他礼貌而坚定地把我赶出了他的房间"[4]。

巴林的同事（也是后来的继任者）——税务官埃尔登·戈斯特也持同样的观点。他们的态度不仅让巴奇恼火，也让他感到困惑，于是他决定不顾一切地继续完成自己的使命："因为我很清

---

1. Budge (1920), 1: 80.
2. Budge (1920), 1: 80.
3. Budge (1920), 1: 81.
4. Budge (1920), 1: 81.

楚，欧洲大陆各博物馆的代理人会定期从这里寄走文物收藏，所以我决定效仿他们，如果我能学会他们的行事手段，就能把藏品寄到大英博物馆了。"[1]

1886年12月，巴奇在阿斯旺进行了发掘（他此次探险在表面上的目的）时写道："这次发掘所涉及的劳动量非常大，因为必须用小雪橇清理混在沙子中的垃圾和碎石。"尽管过程艰苦，但结果还是值得的。正如巴奇在次月《泰晤士报》的一封信中所描述的那样："整座山的一侧都是陵墓，层层叠叠。从上述对其中随便选取的三座陵墓的粗略描述，就可以看出，等待发掘的是一座规模多么庞大的重要墓地。"[2] 他的赞助人格伦费尔非常高兴，向阿梅莉亚·爱德华兹借鉴了一点经验，趁机呼吁进一步筹集资金：

> 我们已经筹集了多笔资金来开展清理陵墓的工作，现在，经您同意，我们想通过《泰晤士报》向所有考古学家和其他对埃及文物感兴趣的人发出呼吁，希望得到他们的帮助……在英国占领埃及的四年里，我们的同胞在推动埃及考古事业的发展方面所做的工作少之又少。现在，机会来了，如果这项重要的工作因缺少一点经济援助而失败，那将是非常不幸

---

1. Budge (1920), 1: 81

2. Budge (1887).

的。我还想补充一点，我可以从目前驻扎在阿斯旺的埃及军团中抽调士兵，提供一定程度的人力支持。给阿斯旺考古挖掘基金的捐款可寄往莫顿罗斯公司，巴塞洛缪巷，E. C.（伦敦东部中央邮政区）。[1]

由于资金紧张，在阿斯旺的进一步发掘工作即将受阻，但巴奇为他在英国的博物馆赞助商购买文物的任务却进展顺利。在参观了布拉克博物馆并目睹了藏品的保存状况后——"似乎没有人……知道或关心文物的保存"[2]——他坚信，作为一名学者，他有责任将文物转移到安全的地方，让它们得到妥善的保存和研究。埃及博物馆得知了巴奇的意图，于是派一名代表监视他的一举一动；但这么做反而把当地的文物经销商推向了巴奇的怀抱，因为"当地人蔑视政府对埃及所有文物的所有权"[3]。

巴奇为大英博物馆收购文物的努力越来越大胆，也越来越肆无忌惮。在菲莱岛，一支王室工程队在清理神庙时发现了几块石雕；巴奇看到后将它们送到了伦敦。他想把米特拉希纳（Mit Rahina）的拉美西斯二世巨像运到英国，但遭到了法国人的坚决

---

1. Grenfell (1887).

2. Budge (1920), 1: 83.

3. Budge (1920), 1: 111.

反对。他对英国政府的屈服行为横加指责:"巴林出于某种原因,希望安抚在埃及的法国殖民地……因此英国人失去了这尊雕像。"[1] 事实上,要将如此巨大的雕像抬起并通过河流和海路运送数千英里是不可能的。时至今日,该雕像仍留在原处,匍匐在地上。它太大了,甚至无法重新竖立起来。

巴奇为期四个月的任务即将结束。正当他准备将收购的藏品运往国外时,巴林再次出面干预,要求归还从商人手中购买的所有文物。巴奇言简意赅地提醒他:"我不是他的手下,我打算按照受托人的指示行事,尽最大努力增加大英博物馆的藏品。"[2] 难怪据说巴林宣称:"我希望这个国家没有更多的文物了,它们比任何东西都麻烦。"[3] 遇到了巴奇,"专横巴林"算是棋逢对手。接下来,文物管理局试图阻止巴奇从亚历山大港出口这些文物,但他与码头的官员和英国军官串通一气,将这些文物偷运过海关,上了一艘在港口等待的船只。巴奇和他的藏品安全抵达伦敦,这让他在大英博物馆的雇主非常高兴。他按照要求完成了任务,而且超出了预期。

1886 年,格雷博被任命为埃及博物馆馆长和文物管理局局

---

1. Budge (1920), 1: 104.

2. Budge (1920), 1: 117.

3. 引自 Sayce (1923): 285。

长，当地商人的实力进一步增强。巴奇对布拉克博物馆的新馆长大加挞伐，称他"从天性、性格和所受训练来看……都不适合这个职位"，并断言（不带讽刺意味），"所有关心埃及学发展和埃及国家收藏的利益的人都对这一任命表示遗憾"[1]。格雷博越是想维护埃及政府对文物的所有权，就越是发现自己被文物经销商耍得团团转。

1887—1888年，整个欧洲考古学界开始流传上埃及有重大发现的谣言。欧洲大陆各博物馆纷纷派代表前往开罗，"每个人都尽其所能，争取最大的利益"。[2] 这项发现就是埃尔曼为柏林埃及博物馆成功收购的"阿马尔那文书"。而文物管理局之所以知道这件事，完全是出于偶然。一名走私者将其中一块最大的泥板带到开罗，藏在了自己的内衣里：

> 他把它藏在内衣里，用一件大外套裹住身体。当他踏上火车车厢时，这块石板从他的衣服里滑落，掉在火车轨道上，摔成了碎片。火车上和站台上的许多当地人目睹了这场事故，议论纷纷，发现泥板的消息这才传到了文物管理局局长的耳

---

1. Budge (1920), 1: 133.
2. Budge (1920), 1: 133.

朵里。[1]

巴奇沉迷于商人和政府之间猫捉老鼠的游戏，清楚地表明了自己的立场。格雷博不信任巴奇，命令警察监视他，报告他的行踪，并记下他遇到的任何文物贩子的名字。巴奇甚至受到了逮捕和起诉的威胁，但他毫不气馁，坚信自己的所作所为没有问题。

在一次前往底比斯的文物搜集之旅中，他从当地商人那里获得了一套非同凡响的殉葬纸莎草纸（毫无疑问，这些纸莎草纸是从附近的一座古墓中非法发掘出来的），于是将它们偷运回他在卢克索的储藏室。格雷博紧追不舍，但他的蒸汽船船长为了参加女儿的婚礼，故意让船在卢克索以北几小时航程的涅伽达附近的沙洲上搁浅。船在那里停了两天。格雷博感到十分沮丧，派警察逮捕了巴奇和文物经销商，但巴奇成功收买了警察。当格雷博的蒸汽船终于抵达卢克索时，其中一名文物经销商直接登船，从格雷博的仆人手中买下了文物，"当他的雇主在蒸汽船的一头用餐时，仆人从蒸汽船的另一头将文物递给了他"[2]。此时，文物管理局的警卫已经围住了巴奇的储藏室，以阻止他带走任何不义之财。不过，巴奇从他的文物经销商朋友那里学到了两招。首先，他安排

---

1. Budge (1920), 1: 142.

2. Budge (1920), 1: 145.

警卫吃了一顿丰盛的大餐。然后,在黑暗的掩护下,他挖了一条地下隧道,从储藏室通往毗邻的卢克索酒店的花园。卫兵正忙着吃饭时,在他和酒店经理焦急的注视下,"人们一个接一个地走进地下室,把所有有价值的东西一件件、一箱箱地搬出来……就这样,我们从文物管理局官员手中保住了阿尼的纸莎草纸和我的所有其他藏品,整个卢克索都欢欣鼓舞"[1]。

为了将这些文物偷运出埃及,巴奇使用了各种诡计,比如将纸莎草纸藏在照相底板之间。他再一次得到了同情他的英国官员和腐败的海关官员的帮助。他仍然不知悔改,为自己的行为辩护,声称自己只是做了"每位欧洲博物馆的收藏家在埃及都会做的事……不经(当局)允许,将那些较小的、更珍贵的文物带出埃及,以扩充现有的藏品或填补大英博物馆藏品种的空白"[2]。此外,他还断言,由于布拉克博物馆的安全状况极差,"这些文物终究会被偷运出埃及;唯一不同的是,它们将不会被放在大英博物馆,而是进入欧洲大陆或美国的某个博物馆或私人收藏馆"[3]。他说:"无论建造得多么精巧,埃及的陵墓中没有一座能够保护其中的一具或多具木乃伊免遭盗墓者的破坏。但在大英博物馆里,任

---

1. Budge (1920), 1: 144.

2. Budge (1920), 1: 333.

3. Budge (1920), 1: 333, 334.

何木乃伊都会被完好地保存下来。"[1]

1891—1913年，巴奇共13次被派往埃及收购文物。到了19世纪90年代，赝品越来越常见，但巴奇与所有主要经销商的良好关系使他能够买到上乘的真品——这让他的欧洲竞争对手感到相当懊恼。正如他自己所说："只用了几个冬天的时间，大英博物馆的受托人就让经销商了解到，大英博物馆的出价总是很公道。"[2] 他还认识到了解当地情况的重要性。在整个尼罗河谷，考古学家在每个挖掘季节结束后一放下工具，"当地人就开始工作，自行进行挖掘"[3]。此外，"当地人总是比欧洲考古学家更了解在哪里能找到文物，后者在埃及学领域再精通，也无济于事"[4]。

1892年，当德摩根取代格雷博成为文物管理局局长和埃及博物馆馆长时，巴奇一眼就看出，这是一位志同道合的朋友。他发现，德摩根"彬彬有礼、富有同情心、心胸宽广"[5]，可以想象，这主要是因为这位新馆长对文物出口采取了更加开明的态度。"只要这些文物能被安全地存放在卢浮宫和大英博物馆这样的大型国家

---

1. Budge (1920), 2: 395.
2. Budge (1920), 1: 328.
3. Budge (1920), 1: 359.
4. Budge (1920), 1: 329.
5. Budge (1920), 1: 330.

博物馆中……他希望在英国占领埃及期间，欧洲所有的大型博物馆尽可能地收集所有文物。"[1] 为了充分利用这个宽宏大量的新当权者，1892年10月初，巴奇的雇主派他前往埃及，"与文物交易商协商安排埃及和科普特文物的定期供应，并收购希腊和科普特的纸莎草纸及各类手稿"[2]。当他抵达时，他发现，这里的文物搜集已经变成了一场自由的狂欢。在德摩根的默许下，外国特工用外交邮袋从埃及走私文物。巴奇立即行动起来，而且此时他早已声名远扬。每次到访底比斯，他都会发现"又有一群快乐的当地人"带着文物等着卖给他。[3] 通过这种方式，他为大英博物馆收购了一座完整的史前墓穴——"木乃伊立即在第一埃及厅展出，英国公众第一次看到了新石器时代的埃及人"[4]——还直接从吉萨和萨卡拉的商人那里买到了一系列假门、雕像和石碑，为大英博物馆积累了"埃及国土以外最珍贵的早期帝国遗迹收藏"[5]。

即便按照他所处时代的标准，人们对巴奇的看法也是毁誉参半的。一些同时代的人在报纸或刊物上谴责他"为自己的博物馆

---

1. Budge (1920), 1: 330.
2. Budge (1920), 1: 326.
3. Budge (1920), 1: 342.
4. Budge (1920), 1: 361.
5. Budge (1920), 1: 338.

第8章 学者与无赖

搜集文物时不择手段",并希望他们能"在英国引起一波反对他和他的方法的科学舆论"[1];但巴奇毫不畏惧,继续工作。在35年的收藏生涯结束后撰写的自传中,他一如职业生涯之初,为自己的所作所为提供了强有力的辩解。他直言不讳地写道:"自始至终……盗墓和破坏木乃伊的主要力量都是埃及当地人。对考古学家的横加指责是愚蠢的行为,对他的指控更是荒谬之极。"[2]

* * *

1889年,皮特里的年轻助手弗朗西斯·卢埃林·格里菲思在类似巴奇所做的考古工作中对当时考古学的风气进行了抨击。他哀叹道:

> 在埃及文物寻宝,发掘古迹,并将它们出口到毁灭之地,在无人看管的挖掘现场将石灰岩雕塑直接送入窑洞或村里的石匠手中……在所有这些事上花的钱,如果以科学研究的名义,将其中一小部分用于在全国范围内系统性地将所有地面上的、会遭遇危险的铭文全部准确详尽地临摹一份,那么埃

---

1. Budge (1920), 1: 367.
2. Budge (1920), 1: 389.

及流传至今的所有历史证据中最重要的部分就会被完整地搜集起来，而不是被肢解得面目全非。[1]

阿梅莉亚·爱德华兹对这种观点产生了共鸣。次年10月，她写信给《泰晤士报》，宣布在格里菲思的指导和统筹下成立一个埃及考古调查组，并设定了调查组的目标："绘制、规划、拍摄和复制所有现存最重要的遗址、雕塑、绘画和铭文，以忠实地记录这些正在迅速消失的遗迹。"[2] 这是她一生中所推动的最后几项重大举措之一。

正如我们所知，爱德华兹留给埃及学的最后一份礼物，是为伦敦大学学院设立了一个教席。毫无疑问，爱德华兹选择伦敦大学学院而不是两所历史悠久的大学之一，是因为伦敦大学学院致力于推动男女平等。爱德华兹希望像她一样的女性有机会在大学里学习埃及学，而她的愿望从一开始就实现了：在报名参加皮特里开设的第一门课的8名学生中，有7名是女性。皮特里决心利用爱德华兹的遗产建立一个重要的国家级教学和研究中心。为了充实爱德华兹的图书收藏，他利用自己的学术关系说服法国政府捐赠了其考古学丛书，并说服德国皇帝捐赠了一套完整的莱普修

---

1. Griffith, *Inscriptions of Siut and Dêr Rîfeh*, 1889, 引自 James (1982): 144。
2. *The Times*, 15 October 1890, 引自 Drower (1985): 171。

斯的《埃及和埃塞俄比亚的古迹》。两年内，图书馆藏书达到了600册。在他的就职演讲中，皮特里启动了一项埃及研究基金。在私人捐款的支持下，这项基金将资助学生去考古现场发掘；该基金运行了50多年，为许多成功的考古学家开创了事业。皮特里确信，由他的助手玛格丽特·默里（Margaret Murray）教授的课程将"把挖掘者培养成真正的考古学家"[1]。

伦敦大学学院与皮特里达成协议，让他在第一和第三学期讲课，冬季则空出时间前往埃及发掘遗迹。1893—1894年冬季，他作为爱德华兹埃及学教授选择的首个考古挖掘地点，从表面上看并不起眼。在卢克索北部的库夫特（Kuft，古科普托斯，今吉夫特），一条公共道路正好穿过一处考古遗址的中心，为掠夺者提供了进入遗址的便利。皮特里发现镇上到处都是盗贼和商人。当地人也好不到哪里去。他形容他们是"我所共事过的最麻烦的人"[2]。尽管如此，他还是决心对一些人进行科学考古培训，以扩充他在伦敦日益壮大的学生队伍。正如他后来解释的那样，这是一个鼓舞人心的决定：

> 在这群比较麻烦的人当中，我们总能发现少数很不错的

---

1. Sheppard (2015): 118.

2. Petrie (1896): 1.

人，这一点每个地方都一样；其中又有五六个堪称最佳人选，可靠、友好、能吃苦，我们就这样挑选出 40~60 名工人为我们工作……他们是我们上埃及工作队里的骨干，希望我在附近工作时能留住这些好朋友。[1]

在几个考古季内，皮特里选拔的这群库夫特人的技能发展成为当地的一个产业。到 19 世纪末，库夫特的村民几乎垄断了埃及发掘工作中技术熟练考古劳动力的市场。[2] 久而久之，皮特里最初培养的那批库夫特人让他们的技艺代代相传。如今，他们的一些后代仍受雇在埃及从事专业的挖掘工作，"库夫特人"已成为考古学家对技术娴熟的挖掘现场工头的简称。

在库夫特工作期间，皮特里"看到了尼罗河对岸的山丘，听说那里发现了一些东西"[3]。因此，在库夫特工作结束后，他带着考古队来到河对岸，开始在相邻的两个遗址涅伽达（Nagada）和巴拉斯（Ballas）工作。皮特里的工作主要集中在拥有大片墓地的涅伽达，而他的年轻助手詹姆斯·奎贝尔（James Quibell）则带着妹妹在巴拉斯工作。"奎贝尔小姐为大部分发现物绘制了图画；

---

1. Petrie (1896): 2.
2. Doyon (2015): 148.
3. Petrie (1931): 155.

第 8 章 学者与无赖

她似乎很喜欢发掘工作，并对埃及的生活很感兴趣。"[1] 尽管奎贝尔小姐做出了重要贡献，但她的名字却从未出现在皮特里任何出版物的扉页上，大多数埃及学史中也没有她的名字。（后来，在第一次世界大战期间，她在开罗为英国人的子女开办了一所学校。）

皮特里在涅伽达发掘的坟墓与他在埃及遇到的任何其他坟墓都不同。陶器风格奇特——通身红色配以黑色顶盖，或奶白底色搭配红色彩绘装饰——还有以前从未见过的一些器物，比如用于研磨矿物颜料的化妆调色板和燧石刀。皮特里坚持"扩散论"，认为文明一定是从东方更先进的地方传到埃及的，并据此解释了这些奇怪的墓葬。他将埋葬在涅伽达的人认定为一个"新种族"，并一直坚守这个理论，即便出现了很多相反的证据和论点。（据说奎贝尔从一开始就对"新种族"理论持怀疑态度，但他不会蠢到当着皮特里的面说出来。）皮特里的优点也是他的缺点。用他的传记作者的话说："有时候，一旦抓住一个假设，他就会很难想象这个假设是错的……他一生都坚持自己的理论……直到大量证据迫使他承认自己的错误。"[2] 根据奎贝尔后来在上埃及其他地方发掘出的证据，"新种族"墓葬才被正确地认定为史前埃及人的墓葬。

皮特里在涅伽达考古发掘过程中达成的一个影响更持久的

---

1. Drower (1985): 214.
2. Drower (1985): 215–16.

成就，是他开发的"顺序定年法"（sequence dating，现被称为 seriation）技术，即利用特定类别物品（如陶器或石器）随时间推移的风格演变，将一系列文物按照相对的时间顺序排列。皮特里还建立了一套古墓挖掘系统，为后来的考古学家树立了标准。仅在涅伽达的一个考古季里，他就挖掘了 200 多座坟墓，按比例绘制了每座坟墓及其内部的物品。最重要的是，他希望与马里耶特的旧式发掘方法保持距离，马里耶特"几周才去一次他的发掘现场，把一切都交给当地的监工，只命令清理某个特定区域"[1]。

尽管皮特里在考古科学工作的准确性和挖掘过程方面树立了新的标准，但他却过着禁欲主义的生活，甚至到了极度贫困的地步。他喜欢斯多葛派哲学家，去埃及旅行时总是带着一卷爱比克泰德的著作。最早在尼罗河三角洲为埃及勘探基金进行发掘工作期间："他每天给自己注射奎宁和士的宁，以预防沼泽热。他发现，在这种艰苦的生活方式下，他的身体保持得很好。"[2] 1895 年 2 月，詹姆斯·布雷斯特德在尼罗河蜜月旅行期间拜访了皮特里。布雷斯特德很期待见到这位已经在国际上享有盛誉的考古学家，但他对皮特里的生活方式感到既惊讶，又不太理解："那些忍受着他那刻意的原始生活方式的人始终不明白，为什么为考古学做贡

---

1. Petrie (1931): 49.
2. Drower (1985): 83.

献就一定要……衣衫褴褛、污秽不堪、营养不良、慢性消化不良，几乎不能满足最基本的生命需求。"[1]

布雷斯特德发现，皮特里过着清贫的生活，不是为了节省开支，而是一种自主选择。不过，布雷斯特德不得不承认，皮特里"以最小的开支取得了最大的成果"[2]。他在库夫特的发掘工作中雇用了70名工人，历时11周，仅花费了300英镑。

几年后，国民信托基金的创始人卡农·罗恩斯利（Canon Rawnsley）参观了皮特里在美杜姆的发掘现场。他非常喜欢这次经历（估计是一次短暂的访问），于是派自己的儿子诺埃尔作为志愿者在随后的冬季与皮特里一起工作。这无疑是一所难忘的"进修学校"：

> 首先是冰冷刺骨的洗澡水……看到现实中的食物之后，对于火腿和鸡蛋的憧憬幻灭了……我们坐在空盒子上讨论吃什么。餐厅的地上铺满了沙子。这是一个长方形的房间，中间摆着一张粗糙的搁板桌子。木板有些变形，布满污渍，桌面摆放着盛食物的碗或打开的罐头，上面盖着碗碟，以防止灰尘。两侧墙壁上各挂着一块木板作为搁架，上面放着以前

---

1. Breasted (1948): 78.
2. Breasted (1948): 78.

的发掘记录、一些稀奇古怪的发现、公用墨水、钢笔和一卷象形文字抄本。[1]

考古队的食谱里只有茶、船上的饼干和冷冻罐头。在炎热的埃及，食物中毒是家常便饭。甚至有人说，一个考古季吃剩下的罐头会被埋起来，在下一个考古季开始时再挖出来吃。每个罐子都会被扔到石墙上进行测试。如果罐子没有爆炸，里面的食物就被认为可以吃。[2] 至于卫生条件，皮特里告诉他的一个学生说："沙漠很宽广，有很多可以遮风避雨的洞穴。"[3]（根据巴奇的说法，结果是皮特里"又脏，身上又长虫……臭气熏天，就像一只臭鼬"。[4]）年轻的罗恩斯利这样总结整个经历："尼罗河谷的发掘者营地是一个与众不同的地方……是用泥砖和沙子搭起的简易棚屋，是一群在干涸的土地上劳作的、被太阳灼伤的人的小聚居地，孤独地坐落于大自然最严苛的环境之中。"[5] 与皮特里一起度过的时光让他打消了对东方的浪漫幻想。他留下的最深刻的印象是："尼

---

1. Rawnsley (1904): 15.
2. Adams (2013): 98.
3. 引自 Drower (1985): 269。
4. **巴奇写给埃玛·安德鲁斯的信**，1903 年 1 月，引自 Adams (2013): 60–1。
5. Rawnsley (1904): 32.

罗河谷不是天堂,因为那里有尘土、苍蝇、臭气和其他令人不快的东西。"[1]

后来到访皮特里营地的人还有 T. E. 劳伦斯,他在这里待过六周,想要向公认的考古学大师学习考古学的基础知识。他也有过一段难忘的经历:"皮特里的发掘现场极具特色,墓主人的内脏、木乃伊和护身符混杂在一起,让我无从下手;我的床铺上摆满了各式各样的史前雪花石膏罐——晚上我还得保持警觉,防止老鼠钻进面包箱。"劳伦斯还对皮特里的为人有了一定的了解。在他简短的描述中,我们透过这位伟大考古学家的面具,看到了他内心深处固执、率直甚至自私的一面。劳伦斯对皮特里的描述相当宽容,他说:"皮特里是一个有想法、有原则的人,从挖掘神庙到清洁牙齿都坚持采用唯一正确的方法。而且,他的所有判断都是正确的……此外,他脾气随和,充满幽默,喜怒无常,虽然古怪,却令人愉快。他是营地上的开心果,而且一直让大家感到欢欣鼓舞。"不过,这次访问的结束又一次让人深感欣慰。劳伦斯总结道:"我非常高兴能去找他。但那是怎样的生活啊!"[2]

在这种情况下,皮特里的生命中竟然还能容下另一个人,他

---

1. Rawnsley (1904): 47.

2. 劳伦斯写给 D. G. 霍格思的信,1912 年 2 月 20 日,引自 Drower (1985): 319。

能结婚简直是个奇迹。1896年夏天,皮特里在伦敦大学学院举办上一季的成果展时,注意到一个年轻女子正在为一些藏品绘图。他被她吸引住了,于是和她攀谈起来。她的名字叫希尔达·厄林(Hilda Urlin),她的一位家族朋友、拉斐尔前派画家亨利·霍利迪(Henry Holiday)曾邀请她为皮特里发现的一些文物画素描。但希尔达本人的人生追求更加实际。她小时候是个假小子,喜欢帆船、陀螺和其他一般被认为不适合女孩的活动。[1] 皮特里好像发现了一个理想的灵魂伴侣,不到一年就向她表白了。希尔达起初拒绝了他的追求,但最终回应了他的感情。他们于1897年11月底结婚,在埃及度了蜜月。对皮特里来说幸运的是,他的妻子"在考古营地生活得如鱼得水"[2]。她没有任何家务技能,但在以罐头食品为生的营地里,她不会做饭也没关系。她的意志力、耐力和坚韧不拔的精神才是最重要的。皮特里回忆说,在他们早期一起进行的一次发掘中,"一个人从黑暗中走来,近距离朝第一个从我们的帐篷走出来的人开枪,那个人就是我的妻子。幸运的是,她逃过一劫"[3]。还有一次,希尔达写道:"我的床头放了4个巨大的纸盒包装的木乃伊头像,上面的脸孔在凝视着你,床边是一些

---

1. Drower (1985): 232.
2. Drower (1985): 243–4.
3. Petrie (1931): 185.

雪花石膏像和许多骨头；床尾放了 80 个头骨。"[1] 她对这一切泰然处之。

* * *

无论是皮特里还是巴奇，都觉得马斯佩罗在博物馆和文物管理局的继任者欧仁·格雷博不好对付。他的首要任务是不惜一切代价捍卫法国在考古学方面的领先地位，这使他对其他紧迫的问题视而不见。在格雷博的管理下，考古遗址的盗窃和文物的非法交易愈演愈烈。巴奇充分利用了这一趋势，而且可能还是幕后推手。在格雷博的 6 年任期内，唯一有利的进展就是在吉萨开设了一座新的埃及博物馆；在 1878 年灾难性的洪水之后，埃及博物馆的藏品终于从布拉克的河边迁至吉萨。赫迪夫特菲克提供了他父亲伊斯梅尔建造的一座古老的后宫，并于 1890 年 1 月 12 日举行了埃及新的国家博物馆的落成典礼。但这一积极进展并不能掩盖格雷博的失败。私下里，就连法国领事也承认他是个灾难，必须撤换。[2] 格雷博明显感觉到有人在图谋他的职位，于是他坚决抵制聘用德国人（英国人就更不行了），提拔艾哈迈德·卡迈勒为助理

---

1. 引自 Drower (1985): 325。
2. Reid (2002): 183.

馆长。卡迈勒因此成为第一位在埃及博物馆担任重要职位的埃及人。随后不久，艾哈迈德·纳吉布（Ahmed Najib）被任命为文物总督察：他是第一位在文物管理局担任高级职务的埃及人。由于激烈反对其他欧洲国家的人选，格雷博在不知不觉中成为埃及进步的早期推动者。

但是，格雷博在其他方面的无能也不容忽视。1892年，事态到了紧要关头。那年1月，特菲克意外去世，终年39岁，他17岁的儿子阿拔斯继位。（这个男孩会说土耳其语、德语、法语和英语，但不会说阿拉伯语，因此19世纪末，埃及人开始讨论他们在奥斯曼帝国统治下的未来时，开罗掀起了泛阿拉伯民族主义的第一次浪潮。）根据埃及法律，成年年龄为18岁，而且阿拔斯当时还在维也纳上学。更让伊夫林·巴林（新近被封为克罗默勋爵）感到尴尬的是，阿拔斯吸收了哈布斯堡王朝的思想，对英国人并不友好。阿拔斯在继位后的短短一个月内，就任命了一位仇视英国的瑞士人担任私人秘书，而且相信在他与克罗默勋爵摊牌时会得到法国人的支持。特菲克相对更容易操纵，但阿拔斯却处处表现出想独当一面的迹象。克罗默勋爵自己也承认："我真希望他不要那么有文化。"[1]

在过渡期间，英国政府正忙于处理王位继承问题，格雷博

---

1. **克罗默勋爵写给罗斯伯里勋爵的信**，引自 Mansfield (1971): 151。

趁机重申了自己的立场，一气之下拒绝了所有新的发掘特许权的申请，甚至包括埃及勘探基金的申请。这一步迈得太大了。同年晚些时候，阿拔斯年满18岁，回到埃及即位，成为阿拔斯二世（1892—1914年在位）。法国政府迫使格雷博下台，取而代之的是采矿工程师兼地质学家雅克·德摩根。格雷博心胸狭隘，而德摩根则和蔼可亲。他更加温和的态度当然受到了皮特里和巴奇等人的欢迎。有些法国人不可避免地指责德摩根对英国人过于友好。但是，缺少民族自豪感并不是最终导致他的职位不保的原因，而是他在埃及学方面缺乏专业知识。例如，他为了保护托勒密神庙不被洪水冲入河中，决心加固考姆翁布的防洪设施。于是，他像其他优秀的工程师一样，找到了最近的石料来源——附近正好有一堆石块，大约有60块，他将它们压成碎屑，以加固尼罗河岸。这些石块后来被证明是古老神庙的地板。为了使神庙免遭洪水侵袭，德摩根对神庙的结构造成了不可挽回的破坏。他对文物的轻率态度还导致他提议将埃及博物馆中的复制品直接卖给外国博物馆，这激怒了文物经销商。身为埃及文化遗产管理局局长，同时疏远考古学家和文物经销商绝非易事。任职仅五年后，德摩根也不得不卸任了。

  与之前的格雷博一样，他的唯一一个胜利时刻也与埃及博物馆的未来有关。吉萨后宫只是一个临时的解决方案，德摩根在上任之初就任命了一个国际评审团，负责为位于开罗市中心的新的永久性博物馆遴选设计方案。一位法国人、一位英国人和一位意大利人组成的陪审团收到了来自世界各地的设计方案。入围的五个设计方案均为法国人设计；最终胜出的是一位名不见经传的建筑师马塞尔·杜尔尼翁（Marcel Dourgnon），他的设计理念是建造一座具有欧洲新古典主义风格的宏伟建筑。1897年4月1日，阿拔斯二世赫迪夫在伊斯梅尔重建首都时建设的一个宏伟的新广场北端，为博物馆奠基。

但是，到了那年秋天，德摩根已经离职，取而代之的是一位有着无可挑剔的埃及学背景的人。（如果当局推荐的是另一位业余爱好者，那么可能会无法抵挡任命埃及博物馆助理馆长、德国人埃米尔·布鲁格施的压力。）维克托·洛雷（Victor Loret）曾是马斯佩罗在高等研究学院的学生，曾在底比斯参与过现场挖掘工作。他的主要兴趣是考古学，自贝尔佐尼时代以来，他首次在帝王谷重新启动了系统性的发掘工作，在一个月内相继发现了图特摩斯三世和阿蒙霍特普二世的陵墓（后者藏有法老木乃伊），以及14座私人陵墓。他还将开罗考古学校重组为法国东方考古研究所，并重新启用埃及博物馆的藏品总录，以记录所有进入博物馆馆藏的文物。遗憾的是，像许多其他学者一样，洛雷完全不适合担任高级行政职务。在他无能的管理下，秘密发掘和非法文物交易发展得热火朝天。正如一位英国观察家所说："埃及是各国考古学家的狩猎乐园……发掘者可以随意解释埃及政府给予他们的特许权。尽管埃及政府禁止文物出口，但珍贵的文物仍然时不时地被偷渡出埃及。"[1]

面对如此无耻的掠夺行为，洛雷通过了一项保护埃及文化遗产的新法令，但为时已晚。他最擅长考古挖掘，同时树了不少敌。最终，包括法国人在内的所有国家的人都要求他下台。[2]

问题是，谁能接替他呢？自从马斯佩罗于 1886 年离任后，在 13 年的时间里，文物管理局和博物馆已经换了三个领导，结果一个比一个无能。法国人迫切希望能够维持他们来之不易的、一直以来兢兢业业地维护着的控制权。早在 1890 年，他们给埃及贷了一笔款，换取了埃及外交部长的保证，"埃及不会指派英国人担任文物管理局的领导"[3]。九年后的今天，法国总领事不得不提醒他在巴黎的领导，"在这里保留埃及学领地"的重要性，"这是我们应得的地位，因为这门科学从法国起源，马里耶特做了出色的工作，而且法国一直以来都在为增进古埃及知识做贡献"[4]。但在专横的格雷博、无能的德摩根和灾难般的洛雷之后，法国几乎没有什么合适的候选人了。不过，其实还有一个。

---

1. Caillard (1935): 145.

2. Reid (2002): 185.

3. **法国外交部档案**，*Correspondance politique*, vol. 117, fol. 279, MAE to Cairo, 13 May 1890, 引自 Reid (2002): 182。

4. **法国外交部档案**，Cagordan to MAE, 19 March 1898 and 18 May 1899, 引自 Reid (2002): 185。

学者开始恳求马斯佩罗重新上任。1898 年 4 月，皮特里给他写了一封信："我衷心希望在下一个考古季，您能回到博物馆。目前的情况糟透了：如果法国在埃及考古界的权威只能由格雷博和洛雷这样的人来代表，那么最好还是放弃为妙，以避免更大的丑闻。您的回归将是各方都能接受的唯一解决办法。"[1]

但马斯佩罗不愿卷入一场（在他看来是）推翻自己昔日学生洛雷的运动中。局势继续恶化，六个月后，一个法国人恳求马斯佩罗："根据我的所见所闻，我绝对确信，鉴于今年人们的不满达到了前所未有的程度，这一重要职位将由英国人或德国人担任……只有您无可辩驳的声誉才能挽救法国的合法继任权。"[2]

与此同时，克罗默勋爵正忙于处理一件比文物管理局的未来更重要的事情。苏丹的马赫迪叛乱已持续多年，不过，由基奇纳将军指挥的英埃联军最近取得了一些胜利。在新建成的开罗至阿斯旺铁路的推动下，他们想要重新征服苏丹，于 1898 年 9 月 2 日打响了恩图曼战役，击败了哈利法，为死去的戈登将军报了仇。但是，英国人刚刚庆祝完胜利，他们对非洲东北部的控制就遇到了另一个挑战。就在英军和马赫迪军队交战的时候，一支法国军队发现了在上尼罗河地区立足的机会，于是从刚果一路进军，在

---

1. **皮特里写给马斯佩罗的信**，1898 年 4 月 11 日，引自 David (1999): 192。
2. **洛雷写给马斯佩罗的信**，1898 年 10 月 17 日，引自 David (1999): 192。

距离喀土穆不到 500 英里的法绍达（Fashoda）升起了法国国旗。基奇纳匆忙出兵，英法两国一直处于开战的边缘，直到法军投降并撤退。[1]

虽然夺回苏丹和避免欧洲战争在克罗默勋爵心中占据着最重要的位置，而且他认为考古方面的竞争非常令人恼火，但他不能完全忽视埃及文化机构未来的领导权之争。他所选择的干预方式是在"隐蔽的保护国"统治时期的典型做法。他找到了东方学大师阿奇博尔德·塞斯。自 1890 年以来，塞斯每年冬天都会乘坐他的达哈比亚"伊斯塔号"（船上有一个藏书 2 000 册的图书馆和 19 名船员）游览尼罗河。塞斯认识埃及学界的每一个人，他同意打听马斯佩罗是否愿意考虑第二任期。马斯佩罗之前曾三次拒绝回来，但这一次，文物管理局的未来和法国能否维持主导权都将取决于他的决定。他同意回归，不过这次的条件比以前优厚得多：年薪 1 500 英镑，外加其他费用。克罗默勋爵没有提出异议。1899 年 9 月，马斯佩罗踏上了返回埃及的旅程。

10 月 3 日上午，就在他抵达埃及的几天后，卡尔纳克神庙多柱厅的 11 根圆柱轰然倒塌，似乎象征着在他离开的 13 年间，埃及的文化遗产已经陷入了水深火热之中。轰鸣声在两英里外的卢克索都能听到。马斯佩罗发现自己不得不为前任的无能和玩忽职

---

1. Mansfield (1971): 79.

守收拾残局。卡尔纳克的灾难为他明确指出了他在第二任期内的优先事项：从今往后，文物管理局将把工作重点放在埃及古迹的保护和出版上；挖掘工作将留给外国人。只要有钱并具备必要的技能，尼罗河谷将欢迎海外探险队的到来。

当世界进入19世纪末，新的利益集团加入了争夺埃及的行列。

第 9 章

埃及与美国

图9 西奥多·戴维斯（左三）、阿瑟·韦戈尔夫妇（左一、左二）和爱德华·艾尔顿（右一） 在帝王谷的一座陵墓外

> 只要挖掘时间足够长，挖得足够深，所有美好的事物都会降临。[1]
>
> ——西奥多·戴维斯，1902 年

欧洲人从古典时代起就耳濡目染并接受了古埃及的神秘与威严。在罗马和君士坦丁堡，这种由衷的崇敬化身为一座来自遥远的尼罗河谷的方尖碑。这座纪念碑开创了一个先例，也代表着一种期望：未来的任何欧洲帝国，无论是现实的还是想象的，都会在首都的中心竖立一座宏伟的法老纪念碑，以宣示其地位。此外，从启蒙运动开始，欧洲就自视为古典文明的继承者；古希腊不也

---

1. 戴维斯写给哈佛大学教授戴维·G. 莱昂的信，1902 年 3 月 1 日，引自 Adams (2013): 57–8。

从古埃及那里继承了许多东西吗？于是，拿破仑·波拿巴前往埃及，希望成为新一代亚历山大大帝，而在泰晤士河畔竖立的克娄巴特拉方尖碑则标志着维多利亚时代的伦敦作为新罗马帝国的统治地位。法兰西帝国和大英帝国都披上了法老的外衣，以宣示自己的霸权。普鲁士起初有些自以为是，后来成为德意志帝国，更加自信地在埃及和欧洲向法国和英国发起挑战。在19世纪的大部分时间里，西方与埃及的交往史都是由这三个近代帝国书写的，偶尔也会有意大利或瑞士参与其中。

相比之下，美国进入埃及的时间更晚，也更刻意。共济会仪式和象征意义中的古埃及（或者说，18世纪欧洲人对古埃及的概念）因素，对新近独立的美国的自我形象产生了重要影响。1782年采用的美国国徽上有一座散发着光芒的埃及金字塔，而十年后在巴尔的摩为克里斯托弗·哥伦布建立的纪念碑则采用了方尖碑的形式。但是，早期埃及在公众心目中的印象并没有往尼罗河谷送去大批游客，因为尼罗河谷太遥远了。早期的美国人出国旅行，通常都是去欧洲。只有少数勇敢的探险家才会远赴东地中海。第一个访问埃及的美国人可能是托马斯·杰斐逊的朋友约翰·莱迪亚德（John Ledyard），他于1789年前往亚历山大和开罗旅行，还没来得及回国就在那里去世：这对他的同胞来说可不是什么好榜样。1780年成立的美国艺术与科学院推选拿破仑和德农为名誉会员，以表彰他们为西方学术界打开了埃及的大门；但直到1820年，第二个美国人乔治·贝休恩·英格利希（George Bethune

English）才来到尼罗河畔。[1] 律师兼外交官卢瑟·布拉迪什于次年访问了埃及，仅作为他在整个欧洲和中东之旅的一部分。19 世纪 20 年代中期，一位来自士麦那的商人向波士顿人赠送了一具埃及木乃伊及其随葬的棺材，成为美国早期埃及文物收藏的一部分。在美国的成长时期，这些埃及文物开始零星地进入美国人的收藏。

1825—1875 年，当欧洲人（从商博良和威尔金森，到莱普修斯和马里耶特）都在开拓和探索法老文明的时候，美国人正忙于打造他们的新共和国，进行了一场界定美国文化的内战，然后从战争的泥潭中走了出来。与更重要的建国和发家的事业相比，来自遥远国度的传说只是无足轻重的插曲而已。1832 年，弗吉尼亚州的犹太裔美国收藏家门德斯·伊斯雷尔·科恩（Mendes Israel Cohen）吹嘘自己是第一个在尼罗河上悬挂美国国旗的人。[2] 五年后，约翰·劳埃德·斯蒂芬斯（John Lloyd Stephens）成为第一个出版通俗游记《埃及、阿拉伯彼特拉和圣地旅行记》(*Incidents of Travel in Egypt, Arabia Petræ and the Holy Land*, 1837) 的美国人。[3] 1839 年，《北美评论》(*North American Review*) 先知先觉地将埃及描述为"世界的四分之一，在那里旅行的（美国人）相

---

1. Kalfatovic (2001): 240.
2. Reid (2002): 75.
3. Kalfatovic (2001): 241.

对较少，但我们预计，他们很快就会带着特有的热情和进取心深入探索那片土地"[1]。19世纪中叶，真正让美国人认识埃及的是美国驻开罗领事乔治·格利登。他不仅是埃及古迹保护的有力（且直言不讳的）倡导者，同时也是在他的祖国普及埃及故事的伟大推广者。他的一系列古埃及讲座于1842年首次开讲，配有科恩搜集的文物插图。他在美国巡回演讲了两年，非常成功。随演讲出版的著作《古埃及》（*Ancient Egypt*，1843）卖出了2.4万册。很大程度上由于格利登的努力，美国学术界在19世纪50年代接受了作为一门独立学科的古埃及研究：比普鲁士晚了10年，比法国晚了20年，但仍然比英国早了40年。[2]

除了格利登之外，第一个在埃及长期居住的美国人（出于个人兴趣而非外交目的）是来自康涅狄格州的探险家和商人埃德温·史密斯。他于1858年定居埃及，在卢克索生活了18年，并在那里与露西·达夫·戈登成为朋友。史密斯以放债和文物经销为生。在他收购的物品中，有两件重要的医学纸莎草纸，而他的大部分藏品后来成为布鲁克林博物馆的核心馆藏。不过，据说他还利用自己的古埃及文字知识帮助不法商人制作假文物并出售。[3]

---

1. 引自 Kalfatovic (2001): 248。
2. Wilson (1964): 58.
3. 根据纳维尔的说法，引自 Bierbrier (ed.) (2012): 515。

虽然史密斯远非学术道德的典范，但他是第一个自称埃及学家的美国人（尽管他的榜样更像是贝尔佐尼，而不是伯奇）。

19世纪60年代，随着美国国内斗争的激化，美国人对埃及的兴趣逐渐减弱。但南北战争结束后，美国人和滑铁卢之后的欧洲人一样，突然蜂拥来到埃及。仅1870年一年，就有300名美国游客在美国驻开罗总领事馆登记。内战老兵甚至在埃及应征入伍，为伊斯梅尔领导下的埃及军队做出贡献。伊斯梅尔对英法的幻想破灭了，又渴望摆脱奥斯曼帝国的束缚。1874年，戈登将军前往苏丹，试图镇压马赫迪叛乱。伊斯梅尔派了两名美国军官随行，以遏制英国的扩张意图。事实证明，美国的两次参与都失败了。在四年之内，除一人外，所有美国老兵都退役或被遣散；其中一名军官在英国入侵并占领埃及后，于1883年辞去参谋长职务，离开了埃及。(他后来监督了自由女神像基座的建造。[1])

伴随着美国南北战争之后美国人到埃及旅游的热潮，美国人开始创办和扩建大学和民间博物馆，将它们作为国家知识大殿的主要支柱。[2] 正是在这种背景下，纽约大都会艺术博物馆于1874年购入了第一批埃及文物，不久，中央公园立起了第二座克娄巴特拉方尖碑（如我们所知，它于1881年被放置于此）。1878年，

---

1. Wilson (1964): 64.
2. Reid (2002): 198.

前总统、南北战争英雄尤利西斯·S.格兰特在一次环球旅行途中访问埃及,他显然"对废墟不感兴趣,认为开罗的咖啡馆比金字塔更有趣,让他想起了巴黎,他觉得金字塔毫无用处"[1]。但他是个异类。他的许多同胞在19世纪下半叶踏上了前往埃及的道路,他们对埃及的古代文明有着浓厚的兴趣;其中一些人后来成为美国埃及学的奠基人。他们为埃及学带来了新的见解。这门学科从一开始就是欧洲人的天下,而美国人为这个饱受欧洲偏见禁锢的学科注入了新的活力。

与英国埃及学创始人约翰·加德纳·威尔金森一样,美国埃及学的第一位伟大人物也是偶然进入这一学科领域的。查尔斯·埃德温·威尔伯(Charles Edwin Wilbour,1833—1896)出生于罗得岛州的小康普顿,在当地的布朗大学就读两年,后来因患病辍学,前往纽约谋求发展。他最初在《论坛报》担任记者,磨炼了自己作为语言学家的天赋,他将维克多·雨果的《悲惨世界》翻译成了英文,还在19世纪60年代的纽约这个圈子不大且腐败的花花世界里结交了许多有影响力的朋友。借助他在政治和商业领域的人脉,威尔伯的财富日益增长;30多岁时,他已经赚到足够的钱,可以自由追求文学方面的爱好,于是他决定乘船前往欧洲,那里将成为他余生的归宿。

---

1. John Russell Young,引自 Kalfatovic (2001): 244。

我们不知道威尔伯何时何地对古埃及产生兴趣的，但 19 世纪 70 年代在巴黎时，他曾在法兰西学院师从马斯佩罗，在海德堡大学追随艾森洛尔。威尔伯于 1880 年首次访问埃及，立即被这个国度深深吸引。此后，从 1886 年起，他每年都会乘坐自己豪华的达哈比亚"哈索尔七女神号"（Seven Hathors）沿尼罗河航行。威尔伯的尼罗河旅伴塞斯称他为"当今世上最优秀的埃及学家"。事实上，威尔伯只是一个旁观者，而非实践者，他在这个学科周边浅涉，从未进入埃及学研究的中心。他只发表过一篇非常简短的文章，名为《将大瀑布改造为运河》（Canalizing the Cataract）[1]，平时就靠临摹铭文、纠正他人的作品（他指出了商博良和莱普修斯作品中的错误，从中获得了特别的满足感）和搜集文物来消遣。在探索第一瀑布地区时，威尔伯不止一次，而是两次受到了幸运之神的眷顾：在塞赫尔岛，他发现了所谓的"饥荒石碑"（Famine Stela）；在大象岛，他从当地商人那里买到了九卷纸莎草纸，这些纸莎草纸记录了埃及最早的犹太社区的生活。威尔伯以敏锐的眼光发现了具有非凡历史意义的文物，以一名收藏家的身份确立了自己的地位和声誉。他始终不渝的热情所在和主要的动力就是收购文物。在一次访问开罗时，他写道："昨晚我没有去参加赫迪

---

1. *Recueil des Travaux* (1890).

夫的招待会；我为什么要去认识他呢？他又没有纸莎草纸。"[1]

如果威尔伯选择写作和出版，那他可能会成为一名杰出的埃及学家。他熟知每一处重要的考古遗址，拥有广泛的学者朋友圈，还是当代埃及社会的敏锐观察者。（在听到法拉欣对英国占领的喃喃抱怨时，他注意到："所有埃及人都在欢呼雀跃，甚至是那些当官的，都在兴高采烈地讲述救世主的胜利……这表明了他们站在哪一方，他们甚至反对自己的军队。"[2]）事实上，他的名声主要来自他的慷慨捐赠，而且在他去世后才广为人所知：布鲁克林博物馆的威尔伯埃及学图书馆、布朗大学的威尔伯埃及学教职，以及为了纪念这位伟大的纸莎草纸收藏家而购买的著名的"威尔伯纸莎草纸"。

* * *

虽然威尔伯从未从事过专业的埃及学研究（他既没有这个愿望，也没有这个需求），但他的活动为这门学科在美国的诞生奠定了基础。因此，他一定感到很欣慰，他在世时就看到美国大学设立了第一个埃及学学术职位。1895 年，一位年轻的学者詹姆

---

1. 引自 Wilson (1964): 105。
2. 查尔斯·威尔伯的信，引自 Wilson (1964): 104。

斯·亨利·布雷斯特德被芝加哥大学聘为助教。布雷斯特德和威尔伯一样，一开始的职业生涯截然不同，他曾接受过药剂师的训练，在伊利诺伊州老家附近的药店担任柜台职员。布雷斯特德的家庭信奉宗教，受姑妈的影响，他进入神学院——芝加哥公理会学院研究《圣经》。为了更好地进行研究，布雷斯特德开始学习希伯来语和希腊语，但他很快意识到自己在语言方面有与生俱来的天赋。威尔伯只是有才华而已，布雷斯特德却天赋异禀。（他最终自学了希腊语、拉丁语、阿拉姆语、叙利亚语、巴比伦语和亚述语、阿拉伯语、埃及语、法语、德语，"还学了一点意大利语"[1]。）他在神学院的导师劝他考虑从事新兴的近东研究或埃及学方面的学术工作，这样他的语言技能就能得到充分的发挥。

布雷斯特德本人也开始怀疑自己是否适合从事神学院的工作，于是毅然决定离开神学院，进入耶鲁大学学习。在那里，他非常幸运地师从威廉·雷尼·哈珀（William Rainey Harper）。哈珀可能是他那一代人中最杰出的知识分子。哈珀是个神童，14岁从大学毕业，20岁就在耶鲁大学完成了博士学业。他一眼就看出布雷斯特德也是一位天才。他还看到了在美国推动埃及学研究的机会。因为在布雷斯特德进入耶鲁大学几个月后，百万富翁慈善家约翰·洛克菲勒找到哈珀，希望他协助在芝加哥建立一所新大

---

1. Breasted (1948): 25.

学。哈珀的任务是从全美招募最优秀的教师。他认为布雷斯特德是一个完美的人选。1891年夏天，布雷斯特德完成了学业，哈珀答应给他芝加哥大学的埃及学新教席，条件是他必须首先掌握最新的学术成果。这意味着布雷斯特德要去德国一趟，因为在埃尔曼的领导下，柏林大学已经成为"世界东方语言，尤其是埃及学的教学和研究中心"[1]。布雷斯特德对此充满热情。唯一的问题是钱：他没有家庭资源的支持，跨大西洋旅行看起来遥不可及。哈珀不会让资金问题毁了布雷斯特德辉煌的学术生涯，同意为他的明星学生提供资助。1891年7月30日，哈珀及其家人以及他最得力的几名学生乘船前往德国。对于布雷斯特德来说，这是他在埃及学领域非凡事业的开端。

到达柏林后，布雷斯特德进入大学学习，师从埃尔曼。埃尔曼是"德国最伟大的埃及学家，也许是当时世界上最伟大的埃及学家，当然也是他那一代人中最善良、最仁慈的人之一"[2]。布雷斯特德学会了说和写流利的德语。一年级结束时，他与埃尔曼和泽特一起到柏林西南部的山区度暑假，他形容那是"在极乐世界度过的两周"[3]。三年级结束时，布雷斯特德准备参加博士论文答

---

1. Breasted (1948): 37.
2. Breasted (1948): 45.
3. Breasted (1948): 50.

辩，答辩小组成员包括泽特和博尔夏特。[1] 他以优异的成绩通过了答辩。跟着莱普修斯的学生，他彻底接受了德国人的治学方法，并对"法国模式"产生了不信任。他直言不讳地批评法国的埃及学家——"他们的方法显得过于草率……最明显的细节都能逃脱他们的眼睛，他们把对艰苦而扎实的研究的厌恶，隐藏在偶尔精彩却往往不准确的泛泛之谈背后"[2]——这让他后来在法国树敌众多。尽管如此，布雷斯特德在柏林的三年帮助他在埃及学领域打下了坚实的基础，"使他接受了一种智力上的训练，为他的科学生涯奠定了基调"[3]；这三年也使他在学术界和考古界获得了一定的声誉。突然间，所有关注该学科未来的人都想认识这位年轻有为的美国学者。

皮特里已经写信给布雷斯特德，邀请他在下一个考古季到库夫特和涅伽达参与为期一周的发掘。但是，连续吃七天罐头里的冷食，并不是布雷斯特德第一次访问埃及时所期望的，更何况这还是他的蜜月旅行。在柏林获得博士学位后不久，他就与弗朗西丝·哈特结婚了，尼罗河之旅将是他们第一次一起度假。估计这个目的地并不是一个年轻的已婚妇女会选择的。布雷斯特德仍

---

1. Abt (2011): 35.
2. Breasted (1948): 84.
3. Breasted (1948): 46.

然没有多少钱，所以这对夫妇从开罗乘火车到艾斯尤特，以节省全程租船的费用。幸运的是，弗朗西丝"不介意灰尘、苍蝇和污秽"[1]。相比之下，更让她难以忍受的是，她的丈夫一心扑在埃及文物和铭文上，牺牲了他们在一起的时光。她后来回忆起来，称那是一段"工作比娱乐更重要"的"学术蜜月"[2]。埃尔曼也曾与布雷斯特德联系，请他为《埃及语词典》临摹铭文，这个年轻的美国人以不懈的热情和专注的精力开始了他的工作。但他的学术追求掩盖了更深层次的空虚：他在29岁时已经成为"一个没有什么亲密朋友的孤独的人，他认为自己的个人生活是失败的"[3]。

正是在度蜜月期间，布雷斯特德萌生了临摹铭文的想法，他不仅要临摹具有代表性的象形文字铭文，还要临摹所有具有历史价值的埃及铭文。这项由他自己设定的任务在接下来的十年中占据了他的全部精力。他欣然接受的另一项委托是为芝加哥大学新建的埃及博物馆搜集藏品。他得到了塞斯的协助，塞斯是"近东地区独一无二的英国大师……在任何地方都为欧洲人和东方人所熟知、信任和尊敬"，而且，他"对从开罗以南1 000英里尼罗河

---

1. Breasted (1948): 71.
2. Breasted (1948): 68.
3. Breasted (1948): 132.

畔的每一寸土地都了如指掌"[1]。布雷斯特德的名声如此响亮，以至于像皮特里这样的考古学家甚至把他们发掘的文物送给了他。结果，让布雷斯特德满意，令哈珀高兴的是，布雷斯特德积累了"虽然不多，但却很有代表性的一系列藏品"[2]。为了感谢皮特里的帮助和支持，布雷斯特德抽空参观了他在涅伽达的发掘工作现场。他发现，这位考古学家"蓬头垢面，穿着褴褛肮脏的衬衫和裤子，以及破旧的凉鞋，没有袜子……他不仅不以为意，而且故意显得邋遢和肮脏"[3]。事实证明，这段经历是有益的，它让布雷斯特德相信，他的使命在于金石学和历史学，而不是田野考古。他在给父亲的信中写道："我想为我的同胞解读人类进步的故事中最古老的一章。我想要这样做，财富对我来说没有什么意义。"[4]

与此同时，埃及的考古显然不能放任其发展，也不能一成不变。正如阿梅莉亚·爱德华兹在19世纪70年代的尼罗河之旅中发现的，以及皮特里在十年后亲眼看见的，在埃及挖掘宝藏是一个腐败的行当："最不具潜力的遗址被分配给欧洲发掘者，而最丰富的遗址则给了当地的文物经销商，他们获准为了商业目的而随

---

1. Breasted (1948): 70.
2. Breasted (1948): 69.
3. Breasted (1948): 78.
4. Breasted (1948): 79.

意发掘。"[1] 布雷斯特德对他参观过的许多遗址的恶劣条件感到愤怒，并在一封家信中明确表达了自己的感受："我对法国人所吹嘘的空洞且厚颜无耻的所谓'法兰西的荣耀'感到义愤填膺。在阿马尔那，我的眼泪都要流出来了。我对英国人也感到相当愤慨，他们在这里只是为了牟利和玩弄政治，如果他们愿意，他们完全可以推动一场改革。法国人的流氓行径、英国人的市侩冷漠和德国人的缺钱，三者结合在一起，正逐渐让埃及惨遭掠夺和洗劫。再经过一代人，埃及将一无所有，也没有什么可挽救的了。"[2]

如果法国、英国和德国在发掘、保护和记录埃及法老的遗产方面都不值得信任，那么美国将不得不介入。

布雷斯特德的第一次埃及之行给了他"完成一项伟大工作所需的条件"[3]。在 1895 年春返回美国的途中，他在巴黎（拜访了马斯佩罗）、伦敦（他见到了巴奇，并注意到大英博物馆埃及藏品标签上的许多错误）和牛津（无疑是在塞斯的建议下）分别停留了一段时间，然后于 4 月抵达芝加哥履职。当他面对建立一门新学科的艰巨挑战时，所有临摹铭文或从潦草的考古挖掘中拯救遗址的想法都很快被抛到九霄云外了。他写道："在美国，埃及学根

---

1. Breasted (1948): 78.
2. **开罗来信**，1895 年 1 月 24 日，引自 Tyldesley (2005): 214。
3. 引自 Abt (2011): 51。

本不存在，而我却要单枪匹马地把它引入美国中西部的学术圈子里。"[1] 此外，"埃及学当时普遍被公众和新闻界视为一种怪异的东西"[2]。更糟糕的是，布雷斯特德没有得到他被许诺的教席，而只是一个卑微的助理职位。他不得不通过在绅士和女士俱乐部举办公开讲座来补贴每年 800 美元的微薄薪水。即使拥有被任命为该大学首任校长的哈珀的全心支持，也无法为布雷斯特德铺平道路。事实就是如此："在一所伟大的大学诞生之初的喧嚣和阵痛中，埃及学不过是古董店里的小玩意儿，在其他方面都准备就绪之前，它只能被搁置。"[3] 布雷斯特德在着手创建一个新的系所时，他的宏伟构想不得不退居其次——虽然暂时搁置，但肯定不会被遗忘。

1899 年，布雷斯特收到柏林皇家学院的邀请，请他为正在进行的《埃及语词典》项目前去复制欧洲收藏的所有埃及铭文。他欣然接受了这个机会，并表示愿意无偿工作，只收取一定的费用。而他的家人（现在他已经有了一个年幼的儿子）却不怎么高兴。在接下来的几年里，布雷斯特德和他的妻子、孩子往返于美国和欧洲，总是乘坐三等舱，省吃俭用，"像吉卜赛学者一样永远

---

1. Breasted (1948): 87.
2. Breasted (1948): 96.
3. Breasted (1948): 93.

住在沉闷、肮脏的小旅馆和寄宿公寓里"[1]。但是，布雷斯特德却感到幸福无比。他搜集的材料不仅为《埃及语词典》，也为他自己的巨著奠定了基础。七年后，他完成了《埃及古文献》（*Ancient Records of Egypt*）手稿（已超过一万页）。即使有约翰·洛克菲勒的支持，芝加哥大学也对出版成本望而却步。（这部著作最终于1906—1907年分五卷出版。）布雷斯特德唯一的遗憾是，他没能复制"整个尼罗河谷现存的所有铭文"[2]。不过，仔细想想，这个想法还是值得一试的。

布雷斯特德在尼罗河上度过了低成本蜜月之后，又在欧洲四处流浪，这让他明白了学术研究的一个简单真理（这个真理在今天和一个世纪前一样正确）：研究需要钱。对于像德农和威尔金森这样有独立经济能力的埃及学先驱，或者像商博良和莱普修斯这样受雇于国家资助的探险队的人来说，他们没什么后顾之忧，但布雷斯特德既没有私人资金，也没有政府支持。相反，他需要效仿皮特里，自己去博得慈善家的支持。1903年春，布雷斯特德与约翰·D.洛克菲勒的商业代理人面谈。结果，洛克菲勒向芝加哥大学捐赠了5万美元，用于在近东开展实地考古工作，这就是"东方勘探基金"（Oriental Exploration Fund）。布雷斯特德决定，

---

1. Breasted (1948): 103; **另见** Wilson (1964): 140。
2. Breasted (1948): 128.

该基金的第一项任务应该是对努比亚进行铭文调查。迄今为止，尼罗河谷的这片地区一直被人们忽视，几乎没有任何系统性的记录。1905年圣诞节，布雷斯特德终于被任命为埃及学教授，这是美国第一个埃及学教席。几个月后，布雷斯特德开始了他的新探险。他们于1906年1月7日抵达瓦迪哈勒法，并于第二天开始工作。布雷斯特德发明的创新方法（后来被称为"芝加哥方法"）是根据照片整理和校正铭文。有时需要进行一些高难度动作，比如在达哈比亚的桅杆上摇摇晃晃地拍摄悬崖峭壁上的石碑。[1] 此次探险的目标雄心勃勃，方法新颖，规模宏大："有时我们需要动用50~100人去发掘被垃圾和流沙掩埋的神庙庭院，或者像拼拼图一样重新拼凑倒塌墙壁上的浮雕，或者用现代方法重新定位和记录莱普修斯等早期游客提到的刻有铭文的古迹。"[2]

与莱普修斯和19世纪的其他努比亚游客一样，布雷斯特德也经历了不少磨难。船上的夜晚是"一群肆无忌惮的老鼠的狂欢节……它们跳舞、狂奔，不断地制造出嗒嗒嗒的声音。它们从窗户掉到我的床上，我会被一只坐在我脸上的老鼠惊醒"。[3] 即使是阴凉处，温度也飙升至57℃左右。有一次，"白天非常热，立在

---

1. Abt (2011): 136.
2. Breasted (1948): 184.
3. Breasted (1948): 189–91.

地上的照相机把手都烫伤了。相机水平仪里的液体不断膨胀，直到气泡都消失了"[1]。但在其他时候，探险队又不得不面对刺骨的寒风、沙尘暴和成群的蚊虫。食物的贫乏程度堪比皮特里的营地，布雷斯特德就去猎野禽，"作为我们单调的罐头食品的营养补充"[2]。在遥远的上努比亚发掘梅罗埃金字塔时，他"在今晚的汤里"遇到了一只"蚱蜢……我以为它是一块干草药，还花了些时间想把它咬碎。但我发现它怎么都弄不碎，就把它夹了出来，它完好无损，可是已经死了"[3]。考察队在第四瀑布险些翻船，在试图冲过第三瀑布的激流时，船撞上了岩石；幸运的是，一队英国测量员正在附近工作，他们帮助修理了布雷斯特德的船。[4]

尽管经历了诸多冒险和灾难，勘测工作还是在两个考古季内顺利完成，勘测距离达 1 200 英里，产生了 1 200 多份记录，包括照片、抄本和笔记。这些记录中的许多都未曾出版，但仍然具有不可估量的价值，尤其是许多被记录下来的古迹后来都遭到了破坏或损毁。布雷斯特德再也没有去过瓦迪哈勒法以南，但他对努比亚考古学做出了巨大的贡献。

---

1. Wilson (1964): 136.
2. Breasted (1948): 185.
3. Breasted (1948): 173.
4. Wilson (1964): 137.

布雷斯特德对埃及学的最后一次贡献也是影响最持久和深远的。第一次世界大战结束几个月后，他再次向洛克菲勒基金会示好，并提出了自己几年前的设想——在芝加哥大学建立东方研究所。他以与这项具有划时代意义的计划相匹配的措辞提出这一建议，声称即将崩溃的奥斯曼帝国使得"对这片土地的研究……成为所有文明民族与生俱来的权利和神圣遗产"[1]。洛克菲勒被他的话打动了，同意以每年1万美元的资金（后来这个数字翻了一番）资助一个研究所，第一期为五年。布雷斯特德于1919年11月抵达埃及，亲自指导该研究所的首次任务：使用艾伦比将军借给他的一架英国皇家空军飞机，对孟菲斯墓葬群进行航空摄影测量。[2] 这次考察证实，"急需开展铭文研究工作，以挽救……快速消亡的书面记录"。当务之急是改善埃及博物馆（新馆）地下室的储藏设施，那里"每当出现超过正常水位的洪水时，精美的彩绘木棺……就会被淹没在水中"[3]。布雷斯特德决定，东方研究所的首要任务之一应该是复制并出版埃及博物馆和欧洲各博物馆现存所有棺椁上的文本。这只是为后人记录法老文明的标志性工程中的第一个。

---

1. 引自 Abt (2011): 228。
2. Abt (2011): 233.
3. Breasted (1948): 304.

布雷斯特德曾梦想用芝加哥方法重新复制和出版埃及各地的所有铭文。1924年，他在东方研究所的支持下启动了"金石学调研"项目。同年，在洛克菲勒的进一步慷慨资助下，他在底比斯西岸建造了一座房子，作为该研究所在埃及的研究考察基地。1931年，"芝加哥之家"迁至东岸的新址，至今仍是一处学术和接待中心，是现代卢克索中心地带深受各国考古学家欢迎的绿洲。

研究所、调研项目和"芝加哥之家"共同为21世纪的埃及学学科做出了宝贵的贡献；如果没有布雷斯特德的能力、热情和说服力，这些机构不可能建立起来。他还有幸在正确的时间出现在了正确的地点。19世纪末20世纪初的美国创造了前所未有的财富，其中大部分财富被用于教育、研究和文化领域。布雷斯特德确保埃及学获得了应得的份额。正如他的儿子兼传记作者所言："考古学不仅要等待詹姆斯·亨利·布雷斯特德这样的领军人物再次出现，而且要等待巧合的再次发生。他独特的学术能力、执行能力和远见卓识，在他的国家经济史上最有利的时刻得到了最充分的发展。"[1]

---

1. Breasted (1948): 5–6.

* * *

1899年，马斯佩罗回到埃及，受到各国考古学家的欢迎，被视为文物管理局和埃及博物馆的救星。他的三位前任以不同的方式，"似乎认为好的管理意味着尽可能多地惹怒别人……然后都取得了巨大成功"[1]。马斯佩罗不仅要修补与其他埃及学家的关系，还面临着两个特别紧迫的挑战。首先，1899年10月3日，卡尔纳克神庙多柱厅的11根圆柱倒塌，造成了灾难性的后果。马斯佩罗监督工程队迅速安装了木制支撑架，以保护剩余的圆柱，同时为规划全面修复项目赢得了急需的时间。其次，国家文物收藏即将从吉萨的临时居所被转移到开罗市中心专门建造的博物馆。这一举动早在1893年就有了设想，新博物馆的建设工作于次年，也就是格雷博任职期间开始。建造过程中不可避免地出现了延误(法国建筑师和领事同样不可避免地将其归咎于英国[2])，但最终，这座建筑于1901年9月完工，并移交给文物管理局。剩下的真正棘手的工作就是将数千件易碎的文物从吉萨运送到约9英里外的伊斯梅尔广场。马斯佩罗灵机一动，想出了一个办法，那就是修

---

1. 马斯佩罗写给亨利·科尔迪耶的信，1900年1月17日，引自David (1999): 204。

2. Reid (2002): 195.

建一条窄轨德考维尔铁路,为从旧博物馆搬迁到新博物馆铺设一条更平稳、更少颠簸、更直接的路线。为了保护这些文物,火车的速度很慢,走完全程大约需要两个小时。12个月后,所有文物都已转移完毕,新的埃及博物馆于1902年11月15日正式开馆。(皮特里是个典型的直言不讳的人,他不仅不赞成新博物馆的选址——他认为博物馆应该建在气候更干燥的卢克索——而且不喜欢它的设计,他(不无道理地)称之为"我所见过的最糟糕的建筑。一半的地方太暗,根本无法使用,大部分地方都被太阳透过巨大的天窗烤得滚烫……近一半的场地都被浪费了。在这栋可恶的建筑里,只剩下一半空间可以用于展示"。[1])

实际上,这座建筑拥有宏伟的新古典主义外墙,向一个世纪前拿破仑远征以来埃及学界的英雄致敬,如德农、商博良、威尔金森、伯奇、伯克哈特和莱普修斯。墙上的铭文总共表彰了六个法国人、五个英国人、四个德国人、三个意大利人、一个荷兰人、一个丹麦人和一个瑞典人。[2] 设计者并非故意为之,但这座建筑显然是西方人重新发现埃及的一座胜利纪念碑。该建筑上唯一纪念的埃及人是在位的阿拔斯二世赫迪夫——一个由英国扶持的傀儡

---

1. Petrie, *Journal*, I, xvii (Abydos 1902–3), 1902年11月17日条目,引自 Drower (1985): 301。

2. Reid (2002): 3.

统治者——关于他的铭文是用拉丁文书写的。马里耶特的石棺在博物馆前花园的新址的揭幕，进一步强化了欧洲对古埃及文明的隐蔽诉求——他将作为他所创建的机构的主持者和守护神永远躺在那里。

1904年，控制埃及及其文化遗产长达一个多世纪的两个欧洲大国——英国和法国——签署了《英法协约》。这是一次了不起的外交妥协，既承认了英国在埃及政治利益方面的主导地位，又确认了"埃及文物的总体发展将一如既往地委托给一位法国学者"[1]。它有效地结束了过去20年间的所有角力和争斗。

马斯佩罗对新埃及博物馆的领导，为这个长期以来杂乱无章的机构带来了一定程度的效率和专业性。为了降低文物失窃的风险，他命令博物馆警卫穿着西式制服，而不是带有内兜的传统的埃及长袍。他监督出版了《藏品总录》，并将博物馆改造成一个拥有自己的图书馆和档案馆的正规科学机构。1899年，博物馆仅有24名工作人员；到1914年马斯佩罗第二次卸任时，这一数字已增至39。在增加员工数量的同时，他还大幅扩充了馆藏。新藏品中最突出的是阿蒙霍特普三世和提耶王后的巨型双人雕像，雕像的碎片在底比斯被发现，随后在博物馆的中央大厅进行了重建。尽管如此，马斯佩罗仍然自信地认为，他的新博物馆将有足够的

---

1. 引自 David (1999): 259。

空间容纳四五十年之内出土的文物。

在考古工作方面，马斯佩罗的回归也标志着零敲碎打、自由放任的局面已经结束。十多年来，文物管理局资源匮乏，员工士气低落。马斯佩罗试图通过门票、博物馆的销售和文物管理局出版物的销售，尤其是他于1900年创办的新期刊《埃及文物管理局年鉴》(*Annales du Service des Antiquités d'Egypte*)，实现收入的多元化。他还设法与心存感激、如释重负的英国政府谈判，将文物管理局的预算增加了两倍。有了这笔额外的资金，他得以增加编制：在他的终身任期结束时，总督察从2名增加到5名，遗址管理员从191名增加到298名。

鉴于最近在卡尔纳克发生的灾难，文物管理局的首要任务是加固和保护。马斯佩罗启动了一系列项目，以修复和保护埃及一些最伟大的古迹。在卡尔纳克，他的同事乔治·勒格兰（Georges Legrain）继续进行在德摩根领导下的系统性调研。1903年11月，他在神庙第七层石门内的庭院地下发现了大量石雕和青铜雕像。这里埋藏的石像和青铜器非常丰富，在一年之内，坑中就发现了472尊石像和8 000件青铜器，总共花了五年时间才将全部近1.7万件物品发掘出来。这可能是自马里耶特发现塞拉比尤姆神庙以来，在埃及最重要的一次发现。在卡尔纳克圣湖附近的其他发掘地点还发现了一个巨型圣甲虫石雕，而在尼罗河对岸，对贵族墓的系统性清理也开始了；当地居民被迫搬迁，他们中的许多家庭世世代代生活在墓穴之间或之上。在底比斯西部的其他地方，文物管理局对从南至麦地那哈布、北至库尔纳（Qurna）的一连串葬祭庙（mortuary temple）遗址进行了加固。

在19世纪后几十年，埃及的快速现代化对这些古迹造成了损害，但同时旅游业出现了大幅增长。到20世纪初，从开罗市中心的埃兹别基亚花园到金字塔脚下安装了有轨电车，前往吉萨高原的游客数量激增。再往南，为游客照亮底比斯古墓的火把和蜡烛损坏了珍贵的壁画，因此马斯佩罗率先在帝王谷安装了电灯。文物管理局虽然能够迅速开展这些工作，但新的挑战也接踵而至。1902年12月，第一座阿斯旺大坝竣工，马斯佩罗不得不寻找资金来拯救下努比亚的神庙。现在这些神庙每年都有一部分被水淹没，而且一淹就是几个月。人们对"尼罗河上的明珠"菲莱岛的命运尤其感到忧心。于是，一个由考古学家组成的国际考古队成立了，他们在文物管理局的支持下研究和记录努比亚地区的古迹及铭文。在努比亚最宏伟的阿布·辛拜勒神庙工作了数月之后，考古队的意大利文物保护员亚历山大·巴尔桑蒂（Alexandre Barsanti）略带乐观地写道："这里只剩下沙子了，大约有3万立方米。我认为至少还需要两个月的时间才能完成任务。"[1]

文物管理局所面临的工作的规模越来越大，马斯佩罗不得不寻找创新的解决方案。例如，为了给阿布·辛拜勒神庙安装电灯，

---

1. Barsanti, 8 March 1910, 引自 David (1999): 214。

他与库克公司达成了一项协议,将神庙的发电机连接到来访的游轮上。事实上,文物管理局的资源虽然比多年前有所改善,但仍不足以同时在多条战线上进行大规模的古迹保护任务,更不用说支持额外的发掘工作了。

马斯佩罗从他的第二个任期一开始就采取了一种解决办法,那就是取消文物管理局的垄断,为私人发掘授予特许权。同时,他加强了对非法发掘的控制,并任命了两名新的督察员,一名负责中埃及,一名负责上埃及(分别是詹姆斯·奎贝尔和霍华德·卡特)。他毫不怀疑,经济发展,特别是灌溉和耕作面积的扩大,将对考古遗址造成严重威胁。事实上,他认为,在 25 年内,那些尚未被勘探和记录的遗址将永远消失。在授予发掘特许权时,他倾向于选择声誉卓著的机构,比如大学、博物馆和埃及勘探基金。不过,他也认可个人的才能,他上任后的第一个动作就是授予皮特里在潜力巨大的阿拜多斯遗址进行发掘的特许权。在那里,在一片古代废墟中,皮特里形成了自己的信条:人类有责任保存关于自身历史的所有证据,"不仅仅是具有艺术之美的物品,还有每个时代的各种遗存的样本,如陶器、燧石制品、头骨和骸骨,以及过去历史上每个时代的日常生活物品"[1]。

---

1. **皮特里向皇家艺术学会提交的论文,引自** Drower (1985): 337。

＊　＊　＊

皮特里作为一位伟大的田野考古学家的能力和声誉毋庸置疑，但随着19世纪的结束和新世纪的到来，埃及人感觉到旧殖民统治的日子已经屈指可数。维多利亚女王于1901年1月22日逝世，新的世纪刚刚开始三周，"整个英国社会已经明显笼罩在阴霾之中……每个人都朦胧地意识到一场国家灾难即将来临，但很少有人猜到，这是英国历史上一个明确的转折点"[1]。

三年后的《英法协约》在很大程度上结束了一个世纪以来英法在埃及的竞争，但英国政府拒绝承认殖民帝国时代也行将结束。在1906年臭名昭著的丁舍瓦伊事件中，一名英国军官在与愤怒的当地人发生口角时死亡，殖民当局对参与事件的村民进行了野蛮的惩罚，甚至将其中一名头目吊死在他自家门口。这种集体报复行为只会点燃埃及民族主义的火焰。到了1907年，"英国政权显然已经老态龙钟"[2]；塞斯决定卖掉他的达哈比亚，永久返回英国，他评论说，"尼罗河畔的生活不再是曾经的理想生活"[3]；甚至连担任英国在埃及事实上的管理者长达1/4个世纪之久的克罗默勋爵

---

1. Caillard (1935): 153.
2. Caillard (1935): 155.
3. Sayce (1923): 338.

也决定是时候退休了。此后,"英国政府就像灵魂出窍了一样"[1]。虽然克罗默勋爵的继任者埃尔登·戈斯特爵士和基奇纳勋爵设法化解了埃及人对英国人的一些反感,但他们实际上只是在拖延时间。

考古界也感受到了政府的变化。克罗默勋爵对埃及的古代历史兴趣不大,他更关心的是埃及的经济前景。他在退休后立即撰写了两卷本的巨著《现代埃及》(*Modern Egypt*),揭示了他对埃及及其居民的许多看法——其中的小标题包括:"伊斯兰教的主要信条——它作为一种社会制度的失败""妇女的堕落""法律的不可变性——奴隶制——不宽容""文学和谈话的粗俗""英国使命的障碍""法国制度不适合埃及人性格的形成""对英国友好和敌对的阶层概述",但没有一个章节涉及文物或考古学。相比之下,就在他离开一年后,开罗成立了一所新大学,为埃及中产阶级提供教育(包括历史知识)。此后一年,英法政府被说服,放弃了对穆罕默德·阿里"赠送"的大型古迹的所有权。1909年,当美国总领事表示愿意出资拆除剩下的一座卢克索方尖碑,并把它运往开罗市中心时,埃及学家和埃及政府一致反对,因此这一计划泡汤了。相反,埃及鼓励各省政府建立小型地区博物馆。[2]

---

1. Caillard (1935): 156.

2. Reid (2002): 204.

在克罗默勋爵执政的最后两年以及他离任后的几年里，美国在埃及的大型发掘活动开始了。美国博物馆最初通过参与埃及勘探基金的发掘活动来建立自己的馆藏，用捐献资金的方式换取一定份额的发掘成果[1]，但富有的慈善家的出现使美国的机构有能力赞助自己的发掘活动。在很短的时间内，除了布雷斯特德为芝加哥大学所做的考察之外，大都会艺术博物馆、布鲁克林博物馆、宾夕法尼亚大学考古学与人类学博物馆、哈佛大学与波士顿美术博物馆（联合）都相继发起了考察活动。

上述最后一项考察活动从一开始就由一个人指导，他后来甚至可以与伟大的皮特里相提并论，成为20世纪初在埃及工作的主要田野考古学家。乔治·安德鲁·赖斯纳（George Andrew Reisner，1867—1942）出生于印第安纳波利斯，是一个鞋店老板的儿子。他天资聪颖，曾在哈佛大学攻读法律，本想成为一名律师，但却被当时新兴的闪米特语吸引。在一次前往德国研究亚述学的旅行中，他遇到了埃尔曼，又对埃及学入了迷。埃尔曼聘请他在柏林博物馆担任了一年的临时助理，之后，赖斯纳回到哈佛大学，担任闪米特学的讲师。他的职业生涯的转折点是与菲比·赫斯特（Phoebe Hearst）的一次偶遇。菲比·赫斯特是一位富有的矿主和美国参议员的妻子（也是报纸经营者和收藏家、《公

---

1. Wilson (1964): 129.

民凯恩》的灵感来源威廉·伦道夫·赫斯特的母亲）。1899年，赫斯特夫人在一次沿尼罗河之旅时爱上了埃及，于是决定赞助考古挖掘。在她的资助下，赖斯纳开始了一系列挖掘，后来于1903年领导了哈佛—波士顿联合吉萨考察队。他在金字塔的考察（他指导这项工作将近40年）是"埃及有史以来最出色的考古工作之一"[1]。他的研究成果包括两项最重要的考古发现：保存完好的门卡乌拉国王雕像，堪称古埃及艺术的巅峰之作，来自他的金字塔神庙；以及海特菲莉斯王后（Queen Hetepheres）完好无损的陪葬品，包括她的银手镯和镶嵌乌木和黄金的轿椅。

1907年，在克罗默勋爵离任后，埃及政府立即任命赖斯纳为努比亚考古调研负责人。对努比亚古迹进行系统的调查，是马斯佩罗对阿斯旺大坝建造后努比亚古迹经常面临洪水淹没威胁的一项应对措施。在尼罗河第一瀑布和第四瀑布之间进行两季勘测和挖掘期间，赖斯纳发现了5位努比亚法老的金字塔陵墓，以及另外68位尼罗河上游统治者的墓葬遗迹。后来，他花了十几年时间发掘努比亚要塞和王都，改变了人们对努比亚历史的认识，为传说中的库施王国揭开了历史的面纱。

在工作过程中，赖斯纳在皮特里上一代考古方法的基础上，

---

1. Wilson (1964): 145.

有效地制定了现代考古测量的原则。[1] 赖斯纳有意识地摒弃了文物管理局的做法（注重大规模清理及获取博物馆级别的文物），强调了细致的地层学和完整文献的重要性。他保留了详细的考古日记、所有出土文物的登记册以及每件文物和每个挖掘阶段的照片。赖斯纳认识到，考古是一个破坏性的过程，他的目的是"让未来的学者能够重建发掘者发现古迹时的每一个细节"[2]。因此，他的发掘报告"内容翔实，详尽无遗"[3]；撰写这些报告花费了很长时间，而且报告的规模相当可观。不过，这些报告经受住了时间的考验。在一个世纪后的今天，我们仍然可以从这些报告中获取有用的信息。

1910年，赖斯纳被任命为波士顿美术博物馆埃及藏品馆馆长，1914年被任命为哈佛大学埃及学教授（这是继芝加哥大学的布雷斯特德教授之后美国的第二位埃及学教授）。实际上，他职业生涯的大部分时间都是在埃及度过的。与皮特里一样，他也依赖库夫特人的熟练劳动力，并与他们建立了深厚的友谊[4]；此外，他还对普通法拉欣的境遇深表同情，这影响了他对英国殖民政府以

---

1. Wilson (1964): 145.
2. Wilson (1964): 148.
3. Doyon (2015): 149.
4. Wilson (1964): 149.

及美国同胞的看法。

有人怀疑,在20世纪头十年在埃及工作的所有同胞中,赖斯纳可能最不能容忍的人就是西奥多·戴维斯(1838—1915)。他们有着共同的法律背景,但两人的相似之处也就到此为止。戴维斯出身贫困,基本上是自学成才。底特律的后街小巷与哈佛大学幽静的四边形校园简直是两个不同的世界,但前者却提供了戴维斯所接受或需要的全部教育。在美国内战期间,为避免服兵役,戴维斯成为一名律师。战争结束后,他搬到了纽约,被那里恣意发展的资本主义文化和残酷的竞争吸引。他的戴维斯与埃兹尔律师事务所(Davis and Edsall)很快赚到了钱,但并不是所有的钱都赚得干干净净。与查尔斯·威尔伯一样,戴维斯结识了威廉·M.特威德,他"可以说是美国历史上最腐败的政客"[1]。和威尔伯一样,戴维斯利用自己的关系牟利,在来到纽约的五年内积累了一笔可观的财富。除了法律工作外,他还投资了运河、铁路、林业、铁矿和银矿;但真正让他感兴趣的是另一种挖掘——在埃及的黄沙中挖掘黄金宝藏。

在威尔伯的推荐下,戴维斯于1887年首次访问埃及,作为每年冬季欧洲之行的延续。戴维斯和他的同伴埃玛·安德鲁斯(Emma Andrews)——一位有教养、聪明、富有的寡妇——只到过

---

1. Adams (2013): 90.

开罗，但开罗已经给他们留下了深刻的印象。两年后，他们租了一艘达哈比亚，沿尼罗河行至底比斯。在旅行即将结束时，1890年2月2日，戴维斯第一次踏进了帝王谷。他被那里超越时空的氛围震撼（他在给朋友的信中写道："与埃及相比，所有国家都显得年轻。"[1]），被山坡上半遮半掩的陵墓入口吸引，并对已经打开的陵墓的状况感到震惊。一个想法开始在他脑海中形成。在一次肺炎发作后，医生建议他每年到气候温暖干燥的地方过冬，他毫不犹豫地选择了尼罗河。每年进行一场尼罗河溯流之旅成为戴维斯余生中的习惯。

1894年冬，他开始讨论要建造自己的船。"贝都因号"于1897年1月完工，是尼罗河上最豪华的达哈比亚之一，船上的陈设与戴维斯在罗得岛纽波特的豪宅一样奢华。船上的交谊厅里摆放了一架三角钢琴，餐厅里挂着一盏水晶吊灯，浴室配备了冷热水；船上有20名经验丰富的努比亚水手，他们头戴白色头巾，身穿棕色开襟羊毛衫，上面用红色针线绣着船名。[2] 船上携带的活家禽可以提供新鲜的鸡蛋和肉类，这样戴维斯和埃玛就可以招待尼罗河上下游的考古学家，听取八卦，了解最新的发现。

在早期的一次埃及之行中，戴维斯结识了塞斯，后者一直在

---

1. 戴维斯写给戴维·G. 莱昂的信，1902年6月23日，引自Adams (2013): 58。
2. Adams (2013): 5–6.

寻找富有的赞助人来资助新的发掘工作。没过多久，戴维斯就被介绍给了一大批年轻的、身无分文的考古学家，包括珀西·纽伯里（Percy Newberry）和霍华德·卡特。后来，卡特成了"贝都因号"的常客。1901 年 1 月，纽伯里带来了他最近从新王国维齐尔雷克米拉墓中发掘的一个青铜碗。戴维斯不由得为之着迷。由于资金充裕，又有时间放纵自己追求爱好，他决定独自赞助发掘工作。他选择的考古学家是年轻的卡特，地点是帝王谷。这两个选择都相当有远见。

1903 年 1 月，卡特用一项重大发现回报了他的赞助人：法老图特摩斯四世的陵墓。这是 20 世纪埃及挖掘出的第一座国王墓葬，出土了大量埃及第十八王朝黄金时代的物品：战车、精美的家具和石器。埃及博物馆对墓中出土的 612 件文物进行了编目，其中 84 件由马斯佩罗赠送给戴维斯，作为对其支出的补偿。戴维斯又将其中大部分捐给了波士顿美术博物馆，其余的则纳入个人收藏。陵墓中只留下了一件物品：一具木乃伊。它可能是图特摩斯四世的一个儿子的，卡特发现它时，它被支在一个侧室的墙壁上，腹部被切开了。(令人惊奇的是，这具尸体竟然在那里一直保存了一个多世纪，直到 2005 年，这座陵墓才重新向公众开放。[1])

卡特非凡的直觉很快让他收获满满。为女法老哈特谢普苏特

---

1. Adams (2013): 67.

建造的陵墓是帝王谷中最长、最深的。清理它是一项"漫长、耗神、令人厌烦又危险的工作……整个走廊和墓室的天花板都有塌陷的严重危险,每天都让人焦虑不安"[1]。此外,整座陵墓,从入口到墓室,到处是石屑、垃圾和蝙蝠的粪便。这项肮脏而危险的工作不是由戴维斯,而是由一群收入微薄的埃及工人完成的。戴维斯在他的著作中没有对他们的贡献表示感谢,只是向读者保证:"令人欣慰的是,这项工作得到了很好的监督和管理,没有发生任何事故,尽管许多男人和孩子曾经因高温和恶劣的空气而病倒。"[2]他们得到的报酬勉强能维持家庭生计,而卡特则得到了一具雕刻精美的石棺,这是在陵墓中发现的两具石棺之一。他立即把它带回波士顿,让它成为新世界唯一一尊埃及王室石棺。

事实证明,赞助人戴维斯与考古学家卡特之间的合作是非常成功的,并有望继续下去。但是,1904年的《英法协约》促使文物管理局内部发生了动荡。马斯佩罗调换了他的两名总督察,将卡特派往下埃及,由皮特里的前助手詹姆斯·奎贝尔取而代之。戴维斯决心继续赞助帝王谷的发掘工作,同意聘请奎贝尔担任他的考古学家;但奎贝尔还没来得及开始工作,就被马斯佩罗召回北方,监督文物管理局在萨卡拉的工作。阿瑟·韦戈尔(Arthur

---

1. Davis (1906): xii–xiii.

2. Davis (1906): xiii.

Weigall）被任命为新任上埃及文物总督察，但戴维斯对这种人事变动失去了耐心。尽管他完全没有考古经验，但他开始自己选择挖掘地点。这可能会给他的整个任务带来灾难。但幸运的是，这促成了他最伟大的发现。

1905年2月，"贝都因号"停泊在底比斯，旁边就是属于塞斯和马斯佩罗的达哈比亚。当戴维斯在船上时，他的工人在山谷的一侧发现了另一个隐蔽的入口，位于两个拉美西斯王陵之间的一个以前未曾勘探过的区域。戴维斯声称是他发现了这个入口：

> 遗址的前景很不乐观……按照最初的规划，我不会对这里进行勘探，当然也不会有埃及学家用别人的钱和自己的宝贵时间在这里挖掘。但我对山谷侧面的每一寸土地都了如指掌，除了这块地方，我认为一个好的勘探项目应该对这里进行调查，即使一无所获，了解整个山谷也是一种满足。[1]

在清理堵塞道路的石块和一堆堆松散的碎石后，工人看到了一座第十八王朝的奢华墓葬：这不是一座王陵，而是国王阿蒙霍特普三世为其岳父母建造的华丽墓室。他们的名字分别是育亚和图玉，他们的陪葬品是国王的赎金。虽然石棺已被盗墓贼撬开，

---

1. Davis (1907): xxv.

木乃伊的包裹也被撕掉了，但大部分陪葬品仍留在原地。它们是迄今为止在埃及发现的最壮观的宝藏。戴维斯诙谐地说："除了闪闪发光的金子，我们什么都看不见。"[1] 韦戈尔很快就被这一发现惊动了，他赞不绝口："我们呆呆地站着，目不转睛地看着3 000多年前的这些生活遗存，它们都是崭新的，一如刚刚被送入这座宫殿。"[2] 巧合的是，就在这一天，马斯佩罗收到了一封来自克罗默勋爵的电报，称维多利亚女王的儿子康诺特公爵正在以陆军督察长的身份访问埃及，并将于次日下午抵达卢克索。马斯佩罗认为，这是一个赢得英国当局好感的机会，在公爵访问期间恰好有一个刚刚出土的新发现。因此，育亚和图玉墓很快被重新封存，第二天在王室的见证下正式打开。[3]

与镀金棺椁、精美的家具和战车同样引人注目的，还有育亚和图玉完好无损的木乃伊。这些保存完好的木乃伊仿佛穿越了几个世纪在与我们对话。（它们的保存完好也可能会带来灾难。戴维斯在查看育亚的面部时，将蜡烛靠近了这具裹满沥青的木乃伊，差点点燃了包括它在内的整个墓室里的东西。）一位来访的美国艺术家约瑟夫·林登·史密斯（Joseph Lindon Smith）说，育亚的五

---

1. Davis (1907): xxviii.
2. 引自 Adams (2013): 13。
3. Adams (2013): 8.

官让他想起了亚伯拉罕·林肯。《纽约时报》激动不已地称这座古墓是"整个埃及研究史上最伟大的发现",并骄傲地指出,古墓的发现者是"一个美国人,一个纽约人"[1]。

戴维斯在某种程度上成了国际名人,作为教授、考古学家和埃及学家广受赞誉,尽管他并不具备这些身份。这项发现首次让埃及考古学在美国受到追捧,这反过来又为从波士顿和纽约到费城和芝加哥的所有大型博物馆的进一步发掘筹集了资金。第二年,参观卢克索的游客数量创历史新高,人们对这一新发现啧啧称奇;但对考古学家来说,对出土物品进行编目是一个漫长而艰苦的过程。育亚和图玉墓中的大量内容迫使考古实践发生了变化:迅速搬空这处墓葬是不合适的;只有系统地清理,才能对得起如此非凡的发现。韦戈尔后来颇有感触地回忆道:"炎热的白天,我们在沉重的包装箱前挥汗如雨;寒冷的夜晚,我们躺在墓穴口的星空下,这样的日子持续了好几个星期;最后,当一长列箱子终于被送到尼罗河,运往开罗博物馆时,我才松了一口气,回到常规工作之中。"[2]

终于,在1909年,经过四年的努力,考古学家正准备将最后一件遗物打包,那是图玉的孙女西塔蒙公主送给她的一把漂亮的

---

1. 引自 Adams (2013): 22-3。
2. Weigall (1923): 130.

镀金椅子。但是，一次王室访问干扰了陵墓的打开，另一次访问将推迟它的关闭。那年冬天，寡居的欧仁妮皇后访问底比斯，重温40年前的尼罗河之旅。她决定拜访这座古墓（如今已闻名于世），她穿过墓室，在旁观者的惊恐中迅速试坐了西塔蒙公主送的椅子。3 500多年以来，她是第一个坐在这把椅子上的人：一个王室成员的臀部，坐在了一把古老的王室座椅上。[1]令在场所有人感到欣慰的是，这把有3 500年历史的椅子和83岁的皇后都毫发无损。

除了一些纪念品，戴维斯拒绝分享这些发现。他解释说：

> 虽然在"帝王谷"勘探的许可书是签发给我的，但我无权分享任何"发现物"，马斯佩罗先生以他特有的慷慨向我提供了一份。我承认，这是个非常诱人的提议，但考虑再三，我还是不忍心拆散这些藏品，因为我觉得它们应该被原封不动地陈列在开罗博物馆，在那里可能会有最多的人前来参观和研究它们。[2]

如今，这些藏品占据了埃及博物馆一楼展厅的大部分空间。

---

1. Adams (2013): 105–6.
2. Davis (1907): xxx.

在发现了育亚和图玉墓之后，戴维斯继续在帝王谷中寻觅，等待幸运女神的眷顾。1905年12月，他和他的新任考古学家爱德华·艾尔顿发现了一只孤零零的蓝色彩陶花瓶，上面刻着一个鲜为人知的法老的名字——育亚和图玉的曾孙图坦卡蒙。对于那些知道如何解读它的人来说，这是一条重要的线索。但对于渴望获得更多惊人发现的戴维斯来说，它并不重要。更有价值的是西普塔（Siptah）的陵墓和一系列动物墓葬。随后，戴维斯于1907年1月发现了一座内有金箔碎片的墓葬。经辨认，该墓葬是提耶王后的墓葬。提耶是一个平民，后来成为古埃及最有权势的女人，她的故事很符合美国人的价值观；一家烟草公司发行了一张印有她的（想象中的）肖像的香烟卡，对她的描述是"蓝眼睛，肤色白皙"（显然不属实）。[1]

总之，戴维斯在帝王谷发掘的十年间，可谓好运连连。几乎每一季，他都会有惊人的发现。由于他的成功，埋葬着古代宝藏的尼罗河谷在美国公众的意识中扎了根。1907年，费城的一家出版社出版的一本书将埃及描述为"神秘河之国，人们憧憬梦想中的神奇国度，有法老、金字塔和狮身人面像、沙漠和骆驼……还有来自一个尚且年轻的世界的令人困惑的信物"[2]。然而，尽管美

---

1. Adams (2013): 130.

2. Tyndale (1907): 3.

国人对埃及有着浪漫的想象,但他们的态度与同时代的欧洲人一样具有殖民主义色彩。1890年,埃玛·安德鲁斯首次访问上埃及时写道:"无论我们表现得多么友善,我们都无法相互理解。"[1] 1910年,刚刚卸任的美国总统、劳动人民的拥护者西奥多·罗斯福访问埃及。他在开罗大学发表了一次演讲,预言"埃及要实现自治还需要很多年,也许是几代人的时间"[2]。数百名埃及民族主义者聚集在谢泼德酒店外谴责这次演讲,引发了阿拉伯世界有史以来第一次反美示威游行。

戴维斯继1907—1908年的冬季发现一批王室墓葬遗留下来的防腐材料几周后,又发现了一座装满贵重珠宝的墓葬。这座被称为"黄金墓"的墓葬中出土了78个耳坠,耳环,护身符,手镯,一个头饰,一只银凉鞋,金、银和琥珀金戒指,一条由151颗金丝珠串成的项链和一副银手套。其壮观程度甚至超过了育亚和图玉墓,在国际上掀起了一股埃及风格珠宝的热潮。当时正在尼罗河上游旅行的德文郡公爵和公爵夫人特意来到"贝都因号"[3],目睹了黄金墓的宝藏。在遥远的艾奥瓦州滑铁卢,1909年8月4日的《每日信使报》写道:"美国探险家西奥多·戴维斯的发现很

---

1. 引自 Adams (2013): 77。
2. 引自 Adams (2013): 76。
3. Wilkinson and Platt (2017).

可能会刺激目前对古埃及珠宝的追捧。"[1] 戴维斯本人在给朋友的信中写道："我似乎比其他探险家更成功，但我得骄傲地说，之所以有这些发现，是因为我不计时间和成本，不惜做出任何承诺，穷尽了山谷中的每一个地方。"[2]

戴维斯（或者说是他的雇员艾尔顿）言出必行。在发现黄金墓仅一个月后，他又发掘了出身将军的法老霍伦赫布（Horemheb）的陵墓，其装饰保存完好。新闻界为之疯狂。美国报纸刊登了戴维斯的长篇报道。戴维斯向读者解释说："这些陵墓凿在山坡坚硬的岩石上，岁月的风沙将它们严严实实地覆盖住了。"然后，戴维斯又带着几分虚伪的谦虚，宣称："找到陵墓的唯一方法，就是去挖。"[3]

然而，霍伦赫布墓将是戴维斯在帝王谷的最后一个重大发现。1908 年 12 月，他新雇的考古学家哈罗德·琼斯（Harold Jones）发掘了一座保存较差的古墓。根据威尔金森发明的编号系统，这座古墓的编号为 KV58。戴维斯认为，这就是失踪的法老图坦卡蒙的陵墓，并以此发表了文章。（除了戴维斯的第一位考古学家霍华德·卡特之外，所有人都表示同意。）戴维斯在 1910 年 1 月的

---

1. 引自 Adams (2013): 273–4。
2. **戴维斯写给内利·克纳根耶尔姆的信**，1908 年 1 月 20 日，引自 Adams (2013): 201–2。
3. *Evening News*, Ada, Oklahoma, 10 April 1908, 引自 Adams (2013): 212。

最后发现是一座空空如也的陵墓。第二年，哈罗德·琼斯在帝王谷工作时去世。这仿佛是王室墓地放弃了所有秘密之后的反击。戴维斯在1912年出版的《霍伦赫布和图坦卡蒙的陵墓》(*The Tombs of Harmhabi and Touatânkhamanou*，他对霍伦赫布和图坦卡蒙的描绘扭曲了事实)一书中无奈地得出结论："帝王陵墓谷现已枯竭。"最后一页是印有图坦卡蒙名字的蓝色彩陶花瓶的彩图，花瓶是戴维斯和艾尔顿七年前在一块岩石下发现的。

戴维斯出资进行发掘是为了追求刺激，也是为了冬季在埃及逗留期间打发时间。但是，正如一位朋友所说："他对考古学的兴趣只是业余爱好，经不起检验。"[1]一旦他确定帝王谷没有更多的发现，他就把注意力短暂地转移到了南面几英里外的麦地那哈布的拉美西斯三世的葬祭庙，让他的工人继续完成帝王谷的工作。1914年2月，他们放下了挖掘工具。那年春天，戴维斯回到开罗。他告诉马斯佩罗，他在埃及多年的挖掘工作已经结束。6月，马斯佩罗将帝王谷的特许权授予了卡尔纳冯勋爵。这是马斯佩罗作为文物管理局局长的最后一项举措，他于次月辞职，回到法国，此时欧洲已经陷入了战火之中。戴维斯把他心爱的"贝都因号"卖给了纽伯里，然后离开了埃及，再也没有回来。没有了发掘的激情，他的健康状况开始恶化，于1915年2月23日在佛罗里达

---

1. Joseph Lindon Smith, 引自 Wilson (1964): 123。

去世。同一天，土耳其军队越过西奈半岛，进攻苏伊士运河。

在埃及的那些年里，戴维斯积累了令人印象深刻的文物收藏，他称之为"我心灵的结晶"[1]。他将它们遗赠给了大都会艺术博物馆。虽然戴维斯不是考古学家，但他展示了对单一遗址进行长期、系统研究的成效。虽然戴维斯不是学者，但及时发表了自己的研究成果，在霍华德·卡特作为一个穷困潦倒的艺术家的岁月里为他提供了支持，还部分资助了布雷斯特德的工作。戴维斯在帝王谷共发现了18座陵墓，清理了另外4座。在20世纪头十年的中期，他是世界上最著名的埃及学家。但如今，很少有人知道西奥多·戴维斯这个名字。他去世7年后，在距离他的工人停止挖掘的地方仅6英尺处又发现了一个墓穴。这项发现将把他的成就从人们的记忆中抹去。

---

1. Adams (2013): 172.

第 10 章

帝国的野心

图10 路德维希·博尔夏特在阿马尔那遗址发现奈费尔提蒂半身像后不久，正在对其进行检查

> 不断努力维持各种利益之间的平衡，既要让英国人满意，又不能惹恼法国人或埃及人。[1]
>
> ——加斯东·马斯佩罗，1910年

在莱普修斯探险之后的60年里，埃及学在德国蓬勃发展，埃尔曼等学者为该学科的发展做出了不可估量的贡献，但只有极少数德国人活跃在埃及。除了布鲁格施兄弟（海因里希和埃米尔）之外，19世纪下半叶的埃及考古史上几乎没有知名的德国人。部分原因在于莱普修斯通过努力获得了成功：他从埃及带回的文物收藏以及《埃及和埃塞俄比亚的古迹》的非凡成就不容易被复制，更不容易被超越；相比之下，他专注于拓展高质量的博物馆馆藏

---

1. Maspero (2003): xii.

和在主要大学建立埃及学系所，使德国有机会在文化和学术领域领先于其欧洲竞争对手。此外，北非，尤其是埃及在德国外交政策中并不重要，德国的外交政策主要集中在本土的地缘政治上。不过，在莱普修斯之后的几十年里，德国在埃及缺乏考古活动在某种程度上只是一个简单的政治影响问题。马里耶特建立并领导了文物管理局和埃及博物馆，确保从19世纪50年代末开始，埃及考古界的重要职位都由法国人担任，并保证法国发掘者能够得到法国政府的支持，因为法国政府一直热衷于维护在北非的文化霸权。从1882年起，英国占领了埃及，这同样意味着英国发掘者可以得到一定程度的官方协助，尽管克罗默勋爵将考古视为外交上的麻烦事。

然而，并不是每个德国人都愿意接受这种状况。1881年11月，也就是英国入侵埃及前9个月，海德堡大学埃及学教授艾森洛尔向德国皇帝威廉一世（1871—1888年在位）请愿，要求在开罗成立埃及考古研究所，以支持实地研究和出版，并为活跃在尼罗河谷的德国学者提供援助。柏林政府向皇家科学院寻求专家意见。其结论是，活跃在埃及的德国学者太少，之后也会如此，因此没有必要斥巨资建立一个专门的研究所。但到19世纪90年代中期，情况发生了变化。在1893年4月18日写给马斯佩罗的一封信中，海因里希·布鲁格施哀叹道："莱普修斯去世后，德国埃及学在公众甚至学者眼中已经失去了重要性。"[1] 新一代德国埃及学家——埃尔曼的学生,如舍费尔和施泰因多尔夫——紧随其后,发声质疑现状。1895 年,埃尔曼在学院的就职演说中提出了编写《埃及语词典》的想法,德国学者在埃及各地积极开展活动,为词典搜集材料,甚至发掘新的遗址,这看起来不再是不可能的事。

另一个考虑因素是近期欧洲博物馆代理人(由大英博物馆的巴奇牵头)的收藏热潮。柏林博物馆在莱普修斯探险队的推动下跻身第一梯队,但它的地位日益落后。事实上,自 19 世纪 40 年代初以来,柏林博物馆的藏品就没有增加过。1898 年,德国政府立即做出反应,成立了德国东方学会(Deutsche Orient-Gesellschaft),以开展"东方古代"领域的研究。在很长一段时间里,德国当权者保守的基督教观念加上天主教会的统治,有效地压制了对非基督教文化的研究(古埃及因与《圣经》的关系而幸免于难),而威廉二世(1888—1918 年在位)时期审查制度的放宽和教士影响力的减弱,为东方学学者开了绿灯。[2] 不过,东方学会并不仅仅是一个学术团体。它还肩负着为柏林皇家博物馆和德国各地的其他公共收藏机构收购东方文物、艺术品和其他文物的明确任务。因此,从一开始,它就被视为德国文化帝国主义

---

1. 引自 David (1999): 180。
2. Marchand (2009): 158.

第 10 章 帝国的野心

的工具。[1]

19 世纪 90 年代末的所有这些变化，共同为德国埃及学发展注入了新的信心和雄心。1898 年 3 月，进步党创始人鲁道夫·菲尔绍（Rudolf Virchow）在普鲁士议会的一次演讲中敏锐地捕捉到了这一时代潮流。他当着与会代表的面，对祖国埃及考古学的现状表示哀叹，并发表了强有力的宣言：

> 德国一度——尤其是在莱普修斯的领导下——在这一领域做出了重大的贡献，但现在却逐渐被抛在后面……如果想研究古埃及，就不能来柏林，而必须去其他地方。因此，我们希望德国能更积极地参与这门学科的新发展；我们相信，我们有能力在与外国人完全平等的基础上开展这项工作。[2]

这赢得了广泛支持，但面对英法对埃及事务的控制，德国仍需谨慎行事。政府没有在开罗建立一个与法国研究所直接竞争的德国研究所，而是决定在埃及首都的德国总领事馆任命一名科学专员。尽管不是一个实体，但这个职位相当于一个常设机构。这样做的目的是让专员能够参观发掘工作现场和考古遗址，但会被

---

1. Marchand (2009): 352.

2. 引自 Thissen (2006): 195。

视为相对独立于政治控制。1899年10月9日，柏林学院确定了人选。实际上，也只有一个候选人。

路德维希·博尔夏特是一名建筑师，但也曾在柏林师从埃尔曼研究埃及学。他将自己的两个兴趣结合起来，对金字塔的建造进行了研究，证明了莱普修斯的理论是正确的。此外，他还有一个很大的优势，那就是他曾在埃及实地工作过。1895年，学院派他前往埃及调查周期性淹水对菲莱神庙的影响，随后他又受聘于文物管理局，负责制订藏品总录的编撰计划。1899年夏，柏林学院埃及语词典出版委员会（负责监督《埃及语词典》项目的机构）抢在德国政府做出决定之前，指示博尔夏特报告埃及的所有考古进展情况（实际上就是德国在当地的耳目），并协助德国学者和德国博物馆收购埃及文物。

博尔夏特的任命恰逢德国外交政策重新开始关注中东。自19世纪80年代中期以来，德国开始与其他欧洲列强竞争，积极在非洲（西南非洲和坦噶尼喀）、太平洋（萨摩亚和加罗林群岛）获取殖民地。威廉二世想要进一步扩大德国的影响力，特别是在奥斯曼帝国的土地上，作为对英国、法国和俄国利益的制衡，为德国在奥斯曼帝国即将到来的消亡中谋取利益。[1] 1898—1899年，德皇作为奥斯曼帝国苏丹的客人出访中东，发出了德国利益和意图

---

1. Marchand (2009): 158.

的最明确信号。威廉二世的"东方之旅"包括访问君士坦丁堡、海法、耶路撒冷和伯利恒、雅法、贝鲁特和大马士革,进一步突出了博尔夏特作为科学专员的重要作用,并为帝国未来的扩张铺平了道路。

博尔夏特上任之后,德国东方学家开始充分利用他们新获得的政治支持。莱比锡大学的埃及学教授埃贝斯在前一年去世,留下了一批重要的藏书,这些藏书被他的同事弗里德里希·威廉·冯比辛(Friedrich Wilhelm von Bissing)教授买下。博尔夏特刚刚就任德国总领事馆馆长,冯比辛(10年前曾与博尔夏特一起挖矿)就把整个图书馆送给了他在开罗的朋友。博尔夏特把藏书放在自己的房子里,但这并不是他的个人收藏。德国研究所正在一点一点地积累基础。

德国外交政策与学术兴趣的结合产生了另一个重大影响:自19世纪40年代以来,德国在中东的考古队首次可以动用国家资金。[1] 在博尔夏特被任命为科学专员之前,他参与过开罗西部阿布古拉布(Abu Ghurab)的发掘工作。1901年,他说服马斯佩罗将特许权授予他本人。20世纪初,自莱普修斯时代以来,德国人首次在尼罗河谷进行正式发掘。

埃尔曼是莱普修斯的得意门生。他接过了导师传下来的火炬,

---

1. Marchand (2009): 195.

也是德国在世的最杰出的埃及学家。他在政治上非常精明，察觉到了一个绝佳的机会。在柏林文化部的一次演讲中，他指出德国学者在 19 世纪 60 年代是如何缺乏自信的，但对他们最近命运的改变表示赞赏，并将其与德国科学的严谨性联系在一起。这种对德国民族情绪的公然呼吁不过是埃尔曼在"致命一击"——发表题为《德国埃及学在开罗的情况报告》(*Bericht über die Lage der deutschen Ägyptologie in Kairo*) 的备忘录——之前的热身活动。他希望德国政府能在最近任命博尔夏特的基础上更进一步，为结束英法两国在埃及发掘工作中的主导地位给予支持。[1] 1902 年，德皇通过个人捐款在底比斯西岸建造了一座"德意志之家"，作为未来考古队的永久基地，并于 1904 年投入使用。

埃尔曼的成功促使他继续努力实现自己的终极目标。1907 年 7 月，他要求德国宗教、教育和医疗事务部提出一项动议，将博尔夏特、他的助理、埃贝斯图书馆、科学设备和德意志之家组成一个新机构，把它命名为"埃及考古科学研究站"(Sentific Station for Egyptian Archaeology)，并任命博尔夏特为教授及负责人。换句话说，埃尔曼要求德国政府正式承认一个实际上已经存在的机构。[2]

---

1. Marchand (2009): 203.

2. Thissen (2006): 198.

毫无疑问，埃尔曼意识到这一提议会引起争议，所以他一直忙于为自己拉拢支持者。他说服了学院的其他成员，如果不在开罗为德国学者建立一个永久基地，就不可能完成《埃及语词典》的编撰。但是，外交上的敏感问题不能就这样被轻易搁置。埃尔曼提出的"研究站"这一称谓相对来说不具威胁性，但德国驻开罗总领事想要的却是一个"德国埃及学研究所"。德国外交部也不想与法国直接竞争。最终，各方都支持博尔夏特本人的建议。1907年9月5日，他被任命为德意志帝国埃及考古研究所（Imperial German Institute for Egyptian Archaeology）首任所长。

有了一个永久基地、一个有声望的职位和政府的支持之后，博尔夏特试图通过建立一个新的埃及学分支来为自己奠定声誉。他的计划是利用自己的经验，重点研究法老文明的建筑史。埃尔曼自认为是德国埃及学界的领军人物，他支持建立该研究所是为了促进德国的国家利益，而不是博尔夏特的个人野心，所以他对这个计划并不那么热心。毫无疑问，成立研究所背后的政治因素给他留下了不好的印象，他反对博尔夏特私自进行大规模发掘。[1]不过，虽然埃尔曼的观点在柏林学院中很有影响力，但博尔夏特也是一位出色的政治操纵者。他绕过学院，直接找到东方学会，说服学会成员资助对阿马尔那的发掘。阿马尔那是异端法老埃赫

---

1. Thissen (2006): 200.

那吞于公元前14世纪建立的城市，皮特里曾于19世纪90年代初在此发掘，并取得了显著的成果。由于人手不足，文物管理局对资金雄厚、地位显赫的外国团队的请求持开放态度，最终默许并将阿马尔那的特许权授予博尔夏特。

到1911年，德国的殖民化进程迅猛发展，非洲和东方的文物被成百上千地运往柏林皇家博物馆。[1] 德国在整个奥斯曼帝国（包括埃及）的文化、政治和经济影响力也在不断增强。这两方面的发展促使在1912年底，尼罗河谷获得了有史以来最伟大的发现之一。这一发现不仅标志着埃及考古学达到了一个新高峰，而且证实了德国作为一个成熟的帝国力量的崛起。1912年12月6日，博尔夏特的工人在阿马尔那居民区的沙丘上挖掘时，发现了一位名叫图特摩斯的雕塑家的房屋和工作室。他显然是在匆忙中放弃了自己的房屋，因为他在工作室的架子上（早已坍塌在地上，被沙子和瓦砾掩埋）留下了大量的石膏模型、试验品和雕塑家的模型。其中有王室成员和富有的私人客户的粗糙石膏半身像，还有未完成的、为王室公主定制的石雕头像。但其中最伟大的发现是一个雕塑家的模型：埃赫那吞王后奈费尔提蒂的石灰石半身像，彩绘精美，保存完好。毫无疑问，这是在埃及发现的最精美的物品之一，是女性美的代表之作，而且一如3 500年前雕像制作时

---

1. Marchand (2009): 339.

一样色彩鲜艳。

博尔夏特获得阿马尔那特许权的条件是，任何发现都将由埃及博物馆和发掘者（应该说是他在柏林的私人赞助人）共同享有。现在，他想方设法将奈费尔提蒂的半身像和一幅石灰石彩绘祭坛画都送到柏林。（埃及当局后来表示，这是不诚实的行为，但这也可能是由于官方的疏忽：对发现物的划分往往是在现场进行的，阿马尔那当地的检查人员可能并没有意识到几块尘封已久、内在价值并不明显的石灰石碎片具有重要的历史或文化意义。）奈费尔提蒂半身像被运往柏林，在博尔夏特发掘工作的主要支持者、金融家詹姆斯·西蒙（James Simon）的别墅里展出。西蒙在适当的时机将它永久借给了皇家博物馆，成为新扩建的埃及收藏馆的核心藏品。（这座半身像于1920年被赠送给了普鲁士政府）。25年前，埃尔曼出价高于大英博物馆，买下了阿马尔那石碑。现在，柏林得到了珍贵的奈费尔提蒂半身像。在德国公众的意识中，阿马尔那遗址从一个遥远的考古学荒地变成了民族自豪感的源泉。[1]

然而，骄兵必败。对于博尔夏特、埃尔曼和整个德国埃及考古学界来说，狂妄之后的厄运来得太快了。一心想称霸欧洲的德国政府已经开始组建武装部队，在遥远的埃及开展考古工作似乎突然成了国家资源分配中的次要项目。1913年，博尔夏特的资金

---

1. Gertzen (2015): 40.

耗尽，阿马尔那的发掘工作戛然而止。埃尔曼对柏林博物馆的控制也不再稳固。1914年，他被迫卸任馆长一职，由他的学生海因里希·舍费尔接任。国家当局并非没有让步，他得到了一份安慰奖——成立"埃及学研讨会"，让埃尔曼和柏林大学的其他教职员工及学生可以继续研究博物馆中的埃及藏品。但就在那年8月，德国政府全力谋划已久的欧洲地缘政治突然爆发了冲突，整个欧洲大陆陷入了一场旷日持久的血腥战争——德国埃及学在这场冲突中被削弱，德国考古学家在一代人的时间里又被排除在埃及之外。

* * *

在第一次世界大战爆发前的岁月里，尼罗河谷也出现了帝国之间的竞争。在西部前线和佛兰德战场上，各方冲突达到了顶峰，造成了毁灭性的后果。来自英国、法国、德国、奥地利、意大利和美国的考古学家都自觉或不自觉、积极或不经意地追求着本国的目标。[1] 英法在埃及的竞争可以追溯到拿破仑时代。德国也以类似的帝国主义视角进入埃及学领域。意大利的统一相对较晚，加之它在非洲其他地方（利比亚和阿比西尼亚）的殖民活动分散了

---

1. Reid (2002): 13.

第10章 帝国的野心

注意力，这意味着意大利考古学家是尼罗河谷的后来者。20世纪初意大利著名的埃及学家埃内斯托·斯基亚帕雷利（Ernesto Schiaparelli）在巴黎师从马斯佩罗，他于1903年首次访问埃及，不久后开始在底比斯进行发掘。他得到了两个惊人的发现：1904年在王后谷发掘的无比美丽的奈菲尔塔丽墓，以及两年后在德尔麦地那发掘的完好无损的克哈（Kha）墓。前者可能是头条新闻，但后者才是真正的考古宝藏，因为墓室中藏有非同寻常的墓葬物品。除了家具、精致的篮子和细麻布外，克哈墓中还有面包、肉块和一碗碗水果。当时的上埃及文物督察员阿瑟·韦戈尔说："所有东西看起来都是新的，没有腐烂。"[1] 同样引人注目的是，斯基亚帕雷利与文物管理局达成协议，允许他将墓中的所有物品带回都灵。[2] 这是马斯佩罗最慷慨的时刻；几年之后，墓葬物品整体出让就再也不可能实现了。

在距离德尔麦地那不远的底比斯西部的另一个地方，英德在考古界的竞争达到了白热化的程度。其根本原因与其说是帝国利益的冲突（尽管也是一个因素），不如说是学术研究方法的不同。[3] 英国埃及学在吸引绅士业余爱好者方面有着悠久而杰出的

---

1. Weigall (1923): 132.
2. Wilson (1964): 127.
3. Gertzen (2015): 38–9.

传统：像托马斯·杨和威尔金森这样的人进行研究是为了满足个人兴趣，而不是为了促进科学发展，尽管他们在这两方面都有所成就。就连巴奇也走了一条颇为业余的道路，他出版了大量普及类书籍（这让他赚了很多钱），而非学术巨著。相比之下，莱普修斯和埃尔曼则采取了一种纯粹主义的方法：为学术而学术，不掺杂任何赢得大众赞誉的想法。威尔金森的继承人认为德国人枯燥、乏味，缺乏想象力；埃尔曼的学生则认为英国人学术造诣不高。1904—1905年，在德尔巴赫里（Deir el-Bahri）的哈特谢普苏特葬祭庙，两个对立的考古队并肩工作，充分体现了两者之间的分歧。德国的发掘工作由泽特领导，而英国的发掘工作则由纳维尔指挥，由埃及勘探基金支持。尽管两人在发掘工作中关系密切，但相处得并不和睦，泽特拒绝与纳维尔同处一室。[1] 在欧洲发掘者这个关系紧密的圈子里，两人的不和令人尴尬；但正如皮特里的传记作者后来解释的那样，"考古学不是一门科学，而是一场仇杀"[2]。

作为文物管理局局长，马斯佩罗的任务并不轻松，他要在这些激烈的竞争关系中斡旋。他形容自己的工作是"不断努力维持各种利益之间的平衡，既要让英国人满意，又不能惹恼法国人或

---

1. Wilson (1964): 110.

2. Drower (1985): 280.

埃及人"[1]。总的来说，他成功地让各方都满意，即使是在美国人插手的时候。他的方法首先是务实的。他认识到不可能杜绝文物交易，因此他对文物交易进行了规范，而不是彻底禁止，并按地区制定了一份授权经销商名单。虽然马斯佩罗乐于将昂贵的发掘工作外包给外国使团，但他还是不辞辛苦地走访了尼罗河谷的各个遗址。他每年大约有三个月的时间不在开罗，而是乘坐他的官方蒸汽船，视察发掘工作，检查文物管理局项目的进展情况，与他的埃及学家同行会面，并招待他们。朋友称他为"法老"——这既是赞美，也是讽刺。

马斯佩罗孜孜不倦的外交努力在 1909 年得到了回报，当时发生了三件大事。首先是欧仁妮皇后的访问，这是她自 40 年前开通苏伊士运河以来首次访问埃及。在从开罗市中心前往金字塔的途中，她经过了她早先访问时隆重栽种树苗的林荫大道，如今林荫大道上已经长满了参天大树。（抵达吉萨后，她发现，1869 年她下榻的王室狩猎小屋现已被改建为梅纳宫酒店，以接待日益增多的游客。）其次，马斯佩罗成功地将国际考古学大会带到了开罗。马斯佩罗担心英语在埃及人中的地位不断上升，而法语的地位却在不断下降，因此他计划将这次大会作为"好战的法国"（或自信的法国）的一次展示胜利姿态的舞台。在 906 名与会代表中，来

---

1. Maspero (2003): xii.

自法国的代表人数最多（160人），法语在大会过程中占据了主要位置。最后一件事也相当重要。1909年，爱德华七世授予马斯佩罗圣米迦勒及圣乔治骑士勋章——这是专门授予杰出外交官的荣誉——以表彰他对埃及考古学的贡献，很可能也包括对《英法协约》的贡献。

马斯佩罗对自己的地位充满信心，他决定采取激进的措施，授权由富有的埃及人私人资助的发掘工作。在一个多世纪的发掘过程中，尼罗河谷的公民第一次被允许在自己的土地上资助发掘。这一决定自然遭到了西方利益集团的强烈反对，但马斯佩罗坚持己见，让他的埃及同事艾哈迈德·卡迈勒领导此类发掘工作。他似乎预见到了未来，并决心让他所管辖的机构做好准备。

然而，未来是由帝国竞争和殖民冲突的力量决定的。1911年，意大利为的黎波里塔尼亚的命运与奥斯曼帝国开战。意大利入侵埃及的北非邻国，使斯基亚帕雷利在开罗建立意大利考古研究所的计划落空，意大利在尼罗河谷的科学活动也因此推迟了近半个世纪。1912年爆发了一场更大范围的巴尔干冲突，播下了两年后弗朗茨·斐迪南大公在萨拉热窝遇刺的种子，并宣告了一场席卷欧洲的战争。也许是感觉到旧秩序和自己在开罗的时光即将结束，马斯佩罗的最后一个目标是通过一部新的文物法。

1907年克罗默勋爵退休后，英国在埃及的利益控制权移交给了新任总领事埃尔登·戈斯特爵士。与前任总领事相比，他更加善待普通埃及人，并推行了旨在改善当地人命运的改革。（1908

年，他授权为埃及人创建了第一所大学。）但英国公众并不喜欢这种让步，戈斯特受到了严厉的批评。1911年7月，戈斯特因癌症去世，政府任命基奇纳勋爵接替他的职位。基奇纳勋爵是苏丹战役的老兵，也是一位坚定的帝国主义者，可以指望他对埃及民族主义者采取更强硬的态度。让马斯佩罗感到惊讶和幸运的是，与他的两位前任不同，基奇纳竟然对埃及文物非常感兴趣。马斯佩罗赶紧提出了他的建议："我在周六上午见到了基奇纳……他想通过一部适用于当地人的文物法——这是我1902年的计划。克罗默勋爵起初接受了这个计划，但后来在布鲁格施的怂恿下拒绝了。"[1]

在基奇纳的支持下，这部法律最终于1912年获得通过。但这位英国总领事对文物的研究还没有结束。事实上，他还怀有远大的理想。马斯佩罗在日记中记录了这次讨论。"开罗，1913年10月27日。我见到了基奇纳，他留了我一个半小时，其间我们只谈了两个话题：他把米特拉希纳的两尊巨像带到开罗的计划和建立省级博物馆……这是一种痴迷，他希望将这两尊（巨像）安放在主火车站前。"[2]

拉美西斯二世的巨像最终被竖立在开罗火车总站前。如今，这里是首都最繁忙的地点之一，这个地方的名称也由此而来——

---

1. Maspero (2003): 516 (1911年10月29日开罗日记).
2. Maspero (2003): 542.

拉美西斯广场。

1914年上半年，埃及学界主要关注的都是狭隘的问题。比如：埃尔曼被迫从柏林博物馆卸任，谁将接替他的职位；埃米尔·布鲁格施离开埃及博物馆后，法国和德国在埃及博物馆的任命问题上发生了争执；皮特里的学生盖伊·布伦顿（Guy Brunton）在拉洪（Lahun）发现了一位第十二王朝公主的首饰；埃及勘探基金即将出版埃及考古学的第一份英文期刊《埃及考古学杂志》（*Journal of Egyptian Archaeology*, *JEA*）的创刊号。（果然，得知埃及考古学会的计划中没有让他担任编辑一职后，皮特里创办了自己的杂志《古埃及》，与之直接竞争。它的创刊号比第一期《埃及考古学杂志》早一个月出版。）然而，对埃及学家来说，最重要的事件是马斯佩罗于1914年7月退休。68岁的马斯佩罗成就斐然，他觉得，是时候将博物馆和文物管理局的重任交给年轻人了。埃尔曼替整个学科表达了担忧，他希望马斯佩罗的继任者也能表现出同样的慷慨精神。（但事实并非如此。）1914年7月24日，回到巴黎的马斯佩罗被选为法兰西文学院的常任秘书——一个世纪前，商博良的朋友和导师邦-约瑟夫·达西耶曾担任过这个职位。一周后，马斯佩罗的儿子们被征召入伍。8月3日，战争爆发。

由于与心爱的埃及隔绝，加上战时的担忧，马斯佩罗的健康状况开始恶化。1916年6月30日，在学院的一次会议上，他正准备起身发言，一阵心脏疼痛迫使他坐了下来。当天晚些时候，他在各国考古学家的哀悼声中去世，被安葬在蒙帕纳斯公墓。除了马里耶特之外，没有人比他更能推动埃及古代遗产的事业。

* * *

在第一次世界大战爆发前的几年里，埃及发展的速度加快，国家在经济和社会方面都经历了深刻的变革。其人口从英国入侵时的680万增加到一代人之后的1 200多万。（相比之下，在奥斯曼帝国统治下的埃及人口从罗马时代的700万减少到拿破仑远征时的250万。[1]）随着人口的迅速增加，犯罪率也在稳步上升。克罗默勋爵将这归咎于外国人（他将英国侨民排除在外），并断言，"欧洲文明的糟粕都被吸引到了埃及，穷困潦倒的探险家成群结队地在埃及肆意掠夺"[2]。他似乎从未想过，根本原因可能是埃及百姓的绝望。对他们来说，埃及的快速工业化给他们带来的只有苦难。在英国的统治下，埃及的识字率一直很低，到1910年，埃及男性的识字率仅为8.5%，女性仅为0.3%。克罗默勋爵积极劝阻埃及人接受高等教育，担心埃及知识阶层的壮大会破坏英国的统治。法国人永远无法理解英国对埃及的文化和知识发展为何缺乏

---

1. Mansfield (1971): 110, 115.
2. 引自 Mansfield (1971): 133。

兴趣，他们认为这是庸俗的表现。[1]

当然，英国当局，尤其是克罗默勋爵，始终对经济事务，如恢复和维持金融稳定及生产力更感兴趣。到 19 世纪末，按人口计算，埃及拥有世界上最广泛的铁路网之一。铁路建设飞速发展，使用铁路服务的乘客人数从 1890 年的不到 500 万增加到 1906 年的近 3 000 万。除铁路外，公路和电报网络也得到了扩展；港口得到了发展，以处理迅速增加的贸易量；全国各地都修建了警察局，以维持秩序。但迄今为止，变化最大的是在农业领域。在英国的统治下，土地所有权模式发生了变化，灌溉面积扩大，农业产量也相应地实现了前所未有的增加。[2] 这一增加主要归功于单一作物——棉花。从穆罕默德·阿里时代起，棉花就是埃及最重要的经济作物；在英国的统治下，棉花开始主导埃及的经济。在第一次世界大战前夕，按价值计算，棉花占埃及出口额的 92%。[3] 有人说："在 19 世纪，世界上没有任何其他地方为了单一产业的生产而进行过更大规模的改造。"[4] 扩大棉花生产的负面影响是，到 1913 年，作为罗马帝国粮仓而闻名于世的埃及已开始依赖进口

---

1. Mansfield (1971): 148.
2. Owen (1981): 226.
3. Owen (1981): 219.
4. Mitchell (1988): 16.

谷物来养活其人口。为了准备战争，基奇纳不得不采取严厉的措施，大幅减少棉花种植面积，改种小麦，并成立了埃及第一个农业部，以监督粮食生产。

然而，除了农业，英国政府对其他经济部门采取了坚决的自由放任政策。法国人主导着制糖业，控制着苏伊士运河。他们还开办了全国大部分最好的学校。开罗的所有主要酒店（谢波德酒店、杰济拉皇宫酒店和萨沃伊酒店）都由欧洲人管理，谢波德酒店附近的地区是欧洲人的飞地。与大英帝国的其他城市一样，开罗的外籍人士生活也围绕着俱乐部展开。1882年英国入侵埃及后，杰济拉体育俱乐部立即在赫迪夫"赠送"的土地上成立。该俱乐部以伦敦赫林汉姆俱乐部（Hurlingham Club）为蓝本，英国行政官员、开罗的其他外国居民以及少数埃及统治阶级成员经常光顾。更独特的是赛马俱乐部，它是英国人的专属。20世纪20年代初，当时唯一获准参加埃及部长会议的英国人爱德华·塞西尔勋爵（Lord Edward Cecil）在商务会议间隙每天都要光顾赛马俱乐部两三次。当男人在俱乐部用餐时，他们的妻子也有自己的社交活动。克罗默勋爵夫人每两周会带领不同的英国女士团体去见赫迪夫。据一位旅居海外的英国妇女说："多年来，统治者的舞会一直是开罗冬季庆典活动的高潮，是东方的华丽与国际时尚相结合的最辉煌的盛会。"[1]

在整个殖民统治时期，英国人根本不了解埃及人。他们过着不同的生活，生活在不同的世界里。克罗默勋爵虽然有效地管理了埃及长达四分之一个世纪，但他从未学过阿拉伯语。许多欧洲人——像露西·达夫·戈登这样的人物是例外——认为埃及人生活懒散，需要进行道德改造。克罗默勋爵憎恶伊斯兰教，认为它是"彻底的失败"，并喜欢把殖民统治描述为一个"不断教导"的过程。[2] 他认为埃及人没有自治能力。他在1894—1902年的副手伦内尔·罗德（Rennell Rodd）更是对埃及人嗤之以鼻，他写道："东方头脑对他没有吸引力，就他对东方人的理解而言，他认为东方思想是一个需要克服的障碍，而不是一个需要以同情的目光加以研究的因素。"[3] 有很多英国侨民对本国的宣传信以为真，他们真的相信："可怜的法拉欣遭受了数不清的欺骗，他们意识到自己终于找到了正义，并将其视若珍宝，紧紧抱在怀里。"[4]

这种情绪与英国统治的真实情况背道而驰。军事管制、军事突袭、大范围监禁、线人网络以及系统地使用酷刑是克罗默勋爵

---

1. Caillard (1935): 139.

2. 引自 Mitchell (1988): 175。

3. Rennell Rodd, *Social and Diplomatic Memories 1894–1901*, (London, 1922–5), 16, 引自 Mansfield (1971): 63。

4. Caillard (1935): 149.

第10章 帝国的野心

的管理手段。[1] 他的秘密情报部门覆盖广泛，效率极高："他对周围发生的一切，甚至人们最私密的事情都了如指掌，常常让人惊讶不已。"[2] 在此背景下，随着长期接触欧洲人和欧洲思想逐渐改变埃及的政治，民族主义于19世纪末开始在开罗的咖啡馆里和报纸上滋长。

英国人从未打算将埃及殖民化。历届议会都坚决抵制将埃及并入大英帝国，而是通过"隐蔽保护国"进行统治。这使得埃及的爱国者更难挑战现状，因为英国的控制没有实体。克罗默勋爵是"隐蔽保护国"的坚定拥护者，他担心正式吞并埃及可能会引发与法国的战争。1904年签订《英法协约》后，这些特殊的担忧基本消除，但英国在埃及的统治仍面临来自本土的威胁。其一是埃及王位继承的不可预测性。穆罕默德·阿里成功地将两个欧洲强国玩弄于股掌之间。赛义德明显亲法，而阿拔斯一世则更加公正。伊斯梅尔为维护自己的权威而战，而特菲克则是英国人的棋子。1892年，阿拔斯二世的即位有可能会造成混乱，因为他在维也纳接受的教育让他学会了"哈布斯堡王朝的主权和特权思想"以及"对英国控制的零容忍"[3]。克罗默勋爵不得不向年轻的赫迪

---

1. Mitchell (1988): 97.

2. Caillard (1935): 127.

3. Caillard (1935): 125.

夫宣示自己的权威，而这位赫迪夫后来却过上了懒散的、自我膨胀的生活。

到1910年，埃及民族主义者开始崛起，但他们却陷入了绝望。他们自己的总理布特罗斯·加利（Boutros Ghali）[1]被指控在1906年的丁舍瓦伊事件中站在英国一边，在离开外交部时被暗杀。在随后的国际社会的强烈抗议中，西奥多·罗斯福宣称英国应该"统治或滚出"埃及。[2]在下议院，反对党领袖阿瑟·鲍尔弗（Arthur Balfour）以埃及学的进步为由，为英国继续控制埃及辩护："我们对埃及文明的了解超过了对其他任何国家文明的了解，我们对它的了解更久远、更深入。"[3]埃及人的看法则大相径庭，他们将自己国家辉煌、古老的过去与当前的窘境联系在一起。记者艾哈迈德·鲁夫蒂·萨义德写道："我们今天的民族并不是独立于我们过去的民族而存在的。我们的民族是一个完整的、牢不可破的整体。"他将法老文明视为鼓舞人们采取行动的灵感之源，"这样，悲惨的现在就会过去，我们的埃及就会恢复往日的荣光"[4]。与此相反，基奇纳则梦想建立"一个新的埃及和苏丹总督辖

---

1. **联合国前秘书长布特罗斯·布特罗斯-加利的祖父。**
2. Mansfield (1971): 188.
3. 引自 Colla (2007): 101。
4. 'Al-Athar al-qadima': 17, 14, 引自 Colla (2007): 149, 150。

区，由他本人担任首任总督"[1]。1914年夏天发生在欧洲的事件击碎了他的梦想，也让萨义德等人离梦想更近了一步。

当土耳其于1914年11月5日加入同盟国时，英国发现自己与奥斯曼帝国处于战争状态，而埃及名义上仍是奥斯曼帝国的一部分。英国的对策是在下个月宣布正式建立保护国。当时身在君士坦丁堡的阿拔斯二世被基奇纳称为"邪恶的小赫迪夫"[2]，他被阻止返回埃及，并被废黜。英国人用他的长叔侯赛因·卡迈勒（Hussein Kamel，1914—1917年在位）取代了他。卡迈勒被"提升"为苏丹，但人们都清楚，谁才拥有真正的权力。英国代表米尔恩·奇塔姆爵士（基奇纳在敌对行动爆发时被召回伦敦，担任战争大臣）现在被任命为高级专员。他重新实行戒严令，暂停立法议会，禁止政党活动，并查封了敢于直言不讳的报纸。

埃及变成了印度兵团和澳大利亚兵团前往西部前线的军营。部队涌入开罗：英军主要驻扎在阿巴西亚地区（Abbassia），而位于卡斯尼尔（Kasr el-Nil）的军营则占据了市中心的黄金地段；澳大利亚人则驻扎在金字塔附近的梅纳营地。亚历山大成为东地中海海战（包括加利波利战役）的作战基地。一名临时驻扎在亚历山大城外穆斯塔法营地的英国士兵评论说："亚历山大城的东半

---

1. Mansfield (1971): 201.
2. 引自 Adams (2013): 213。

部其实根本不是东方。它只是在细节上与地中海其他海港的现代街区有所不同。街道上标着法国人的名字,而在人行道上遇到的英国人、法国人、意大利人和希腊人似乎比埃及人多得多。"[1] 这足以说明,经过一个世纪的外国介入,埃及已经变得多么欧洲化。

在战争最激烈的时候,当威尔士亲王在吉萨练习高尔夫球时——据说他把球从哈夫拉金字塔顶端打到了梅纳宫酒店的花园里[2]——他忠诚的部队却"驻扎在西奈半岛光秃秃的沙滩上、不为人知的利比亚海岸、西部沙漠中遥远的绿洲,或者尼罗河畔清真寺林立的小城镇里"[3]。英国军官则经常光顾杰济拉体育俱乐部。除了接待数以万计等待演习的部队外,埃及还被用作受伤军人的疗养基地:在赫利奥波利斯,军队接管了世界上最大、最华丽的酒店之一,开罗的许多其他建筑——政府办公楼、兵营、私人住宅——都被征用,特别是被用作医院。[4] 在首都,英国军官、公务员、工程师和暂时失业的考古学家如此密集,以至于在杰济拉岛上,一些道路就像"温布尔登、贝肯汉姆或其他繁华的伦敦

---

1. Briggs (1918): 17.
2. Sattin (1988): 204.
3. Briggs (1918): 5.
4. Briggs (1918): 28.

郊区"[1]。

英国人和埃及人按照惯例一般都是分开行动，只在当地的电影院见面。在埃及服役无疑让英国士兵大开眼界。对他们来说，埃及以前只是传说中的一片土地，"依稀与骆驼、瘟疫、牛群、波提乏的妻子、摩西和鳄鱼联系在一起"。正如埃及远征军的一名成员写道："我们这些在埃及和巴勒斯坦服役的人知道，我们很幸运能有这样一个机会去看看这些古老的土地。这是我们大多数人在平静的生活中永远不会有的机会。"[2]

但战争也让埃及人大开眼界。对他们来说，英国人与穆斯林同胞（土耳其人）作战的前景只会激起他们对独立的渴望。

* * *

第一次世界大战不仅标志着埃及考古学家工作的中断，也标志着埃及学一个时代的结束。马斯佩罗于1914年退休，并于两年后去世。克罗默勋爵——并非考古学界的朋友，但却是考古故事中的重要人物——于1917年去世。马斯佩罗和埃尔曼都在战争中失去了儿子，而底比斯的德意志之家则在1915年被英军

---

1. Briggs (1918): 37.
2. Briggs (1918): 177, 272.

蓄意摧毁。马斯佩罗在文物管理局和博物馆的继任者皮埃尔·拉科（Pierre Lacau）直到1915年9月才上任，这导致该机构在一年多的时间里无人掌舵。1916—1917年，拉科不得不返回法国，将埃及事务的临时责任委托给埃及研究所秘书长乔治·达雷西（Georges Daressy）。在埃及考古领域，拉科并没有做多少工作。外国使团在战争期间停止了活动。布雷斯特德对战争本身及其引发的反德情绪深感不安，他沉浸在自己的工作中。在伦敦，布雷斯特德与H. G. 威尔斯住在一起，并受卡尔纳冯勋爵之邀前往海克利尔——他形容卡尔纳冯勋爵"一心扑在埃及上"[1]。布雷斯特德在战时的学术成果是一本教科书《远古时代》（*Ancient Times*，1916）。这本书非常受欢迎，其版税收入让他有了稳定的经济基础。[2] 皮特里也发现自己被困在了伦敦，他在伦敦大学学院"定期举办讲座，并编写教材"[3]。（他的政治立场与布雷斯特德截然相反，他是反社会主义协会的成员，也是英国宪法协会的主席。）

停战协议宣布后，长达四年的战争终于结束了，考古学家开始准备返回埃及。可以预料的是，皮特里乘坐了第一艘返回的民用船只。他后来回忆说："虽然在停战一年后也很难获得通行权，

---

1. Breasted (1948): 232.
2. Wilson (1964): 142.
3. Petrie (1931): 236.

但我们还是设法回到了埃及，于1919年11月19日离开。"[1]到了第二年，他又开始忙于挖掘工作，这次是在中埃及的墓地。

战争对埃及考古学的最大影响是禁止德国考察团进入埃及。德国研究所被剥夺了特许权，而阿马尔那这样的优质考古遗址则被作为考古战争赔偿交给了埃及勘探基金（1919年更名为埃及探险学会）。埃尔曼为促进德国在埃及的利益做了大量工作，他对此非常恼火，称之为"抢劫"。加德纳暴躁的回复暴露了战争所激起的情绪。他写信给埃尔曼说：

> 你真的认为，法国文物管理局局长目睹了自己国家六分之一的国土被德国军队侵占和破坏后，会心甘情愿地支持德国人恢复在埃及的考古发掘吗？你认为与法国人并肩保卫埃及、抵御土耳其和德国侵略者的英国人，在这个问题上会倾向于采纳德国人的观点而不是法国人的观点吗？……你所描述的"抢劫"行为必然会被普通法国人或英国人视为一种补偿性质的正义之举。[2]

---

1. Petrie (1931): 240.

2. 加德纳写给埃尔曼的信，1920年8月19日和9月3日，分别引自Gertzen (2015): 42和44。

德国的埃及学家曾希望他们的学术研究不会受到地缘政治事件的影响，因此阿马尔那特许权的丧失是一个沉重的打击。[1]但一向不善外交的加德纳指出，"埃及人肯定会将目前向德国做出的让步解释为协约国软弱的表现"[2]。战后几十年间，埃及考古学界的英德关系又恢复了往日的敌对状态。

埃及考古学的一个方面没有改变，那就是英国的发掘工作长期缺乏资金支持。在1919年3月写给《泰晤士报》的一封慷慨激昂的长信中，米诺斯文明的发现者、英国文物学会主席、同时代功勋最卓著的考古学家之一阿瑟·埃文斯爵士（Sir Arthur Evans）呼吁在埃及建立一个资金充足的英国考古研究所，并配备图书馆和用于研究与出版的资金，以与法国、美国和（暂时中止的）德国政府支持的考古机构相抗衡。他首先介绍了英国发掘者在尼罗河谷面临的竞争：

> 自法国成立法国考古研究所以来，40年过去了……1906年，德国在开罗成立了帝国考古研究所，该研究所的工作在很大程度上得到了富裕的东方学会的大力支持。而在美国，一个中央国家机构的职能则由几个平行的组织执行。这些组

---

1. Gertzen (2015): 46.
2. 引自Gertzen (2015): 45。

织设备配置堪称豪华,而且实际上是常设的。[1]

随后,他忧伤地问道:"除此以外,英国——埃及遗产的保护国、道义上的受托人——的地位如何?"埃文斯与30年前阿梅莉亚·爱德华兹的观点不谋而合,他哀叹道:"作为一个整体,富裕阶层在埃及的地位是不稳定的。与一个半世纪前的贵族阶层不同,这个国家的富裕阶层整体上对知识的进步缺乏热情,因而他们对大西洋彼岸的呼吁才做出如此随意的回应。"

他的提议简单而大胆,并有意激起大英帝国的自豪感:"在英国科学院的主持下成立了一个具有特殊资质的委员会……向财政部上议院提交了一份备忘录,强烈要求在开罗建立大英帝国考古研究所,并由财政部每年拨款资助,使我们作为保护国的地位在这方面不明显低于其他国家。"他的最后一句话是在呼吁行动,呼吁民族良知:"我们在文明国家中的良好声誉将在很大程度上取决于我国如何履行自己作为埃及现在和过去的受托人的重大责任。"[2]

不用说,埃文斯的呼吁被置若罔闻。英国在埃及的发掘工作继续由私人资助,经费十分拮据。至少在这一方面,埃及学的历史注定要一次又一次上演。12年后,皮特里带着同样的希望结束

---

1. Evans (1919).

2. Evans (1919).

了他的回忆录，他没有因为50年来的恳求毫无结果而畏缩："整个研究机制从未如此发达，唯一的障碍是手段不足，因为在没有任何政府帮助的情况下，研究的进展完全依赖于公众。"[1]

至于博尔夏特，虽然他继续担任德国帝国埃及考古研究所（战后更名为德国考古研究所埃及分部）所长一职，但他在尼罗河谷的研究只能局限于埃及博物馆的藏品。他发表了一篇关于博物馆王室和私人雕像的详尽研究报告，作为他最伟大的考古发现——奈费尔提蒂半身像——的补充信息。相比罗塞塔石碑或丹德拉黄道带、卢克索方尖碑或克娄巴特拉方尖碑，甚至相比巴奇走私出境的文物，奈费尔提蒂半身像在埃及民族主义者心目中最能代表外国人对其历史的剥削和侵占——这种侮辱已经持续了一个多世纪。1912年，人们对半身像被移至柏林深感愤怒。在战后，这种愤怒再次点燃了民族主义之火，迫使殖民当局面对不可避免的后果。

1917年10月，侯赛因·卡迈勒苏丹在战争中去世，他的弟弟艾哈迈德·福阿德（Ahmed Fuad，1917—1936年在位）完全没有做好准备，也不适合继位。新苏丹几乎不会说阿拉伯语。在他的人民看来，他和前任苏丹一样，都是英国人的走狗。秘密社

---

1. Petrie (1931): 269.

团在革命的气氛中蓬勃发展,开罗成为阴谋和阳谋的温床。[1] 埃及人强烈质疑自己的殖民地地位,就在停战两天后,扎格卢勒(Zaghloul)帕夏请求批准他率领一个代表团前往伦敦谈判独立事宜。[2] 然而,英国当局认为他们可以拒绝民族主义者的要求。其北非保护国的战略地位实在太重要了,位于通往印度的航线上,并且可以通往英国在东非新获得的殖民地。随着奥斯曼帝国的崩溃和解体,埃及也为英国提供了相对于法国的优势——法国在北非的利益主要在西边的阿尔及利亚和突尼斯。[3]

因此,面对埃及独立的呼声,英国的回应是逮捕民族主义领导人。这么做已经足够煽风点火了,殖民政府还试图驱逐他们,进一步挑衅。大规模的骚乱从开罗蔓延到了农村。叛乱分子在来自沙漠的贝都因人的支持下,剪断电报线路,拆毁铁轨,围攻英国驻军,每一个殖民统治的象征都是合法的攻击目标。英国以武力回击,对暴乱者处以重刑,但同时也就埃及的未来展开了谈判。新任高级专员艾伦比勋爵"下定决心,安抚埃及人的唯一办法就是给予他们想要的(几乎)一切"[4]。

---

1. Caillard (1935): 226.
2. Wilson (1964): 127.
3. Mansfield (1971): 232.
4. Caillard (1935): 225.

爱德华·塞西尔勋爵的回忆录记录了大英帝国在埃及的最后喘息，回忆录的副标题是《埃及生活中轻松的一面》，在战争结束两年后出版。这本回忆录以轻描淡写的笔触，完美地体现了英国统治阶级在即将结束的保护国时代的态度和兴趣所在。第一部分的副标题是《我的日常生活》，分为以下几章："起床和早餐；办公室第一部分；办公室第二部分；议会；办公室第三部分和午餐；高尔夫；委员会；办公室、俱乐部和晚餐；晚会；晚餐第一部分；晚餐第二部分；我的梦想。"第二部分《休假》描述了从开罗经塞得港和马赛到加莱的旅程。塞西尔谈到自己时说："和所有正常人一样，我不喜欢工作。"而谈到他在开罗的俱乐部时，他说："这是唯一一个能以低于蒙特卡洛餐厅的价格吃到像样食物的地方。"他不自觉地以居高临下的姿态对待埃及人——提到"他们的智力水平不高，而且一直被糟糕的政府统治着"——但他也有足够的洞察力，意识到埃及政治是"由个人阴谋和反阴谋组成的网络"，"在东方不遵循当地习俗的人是傻瓜"。他的叙述中充斥着开罗光彩夺目的舞会上的社交应酬，也充满了外籍人士对家乡的思念："如果你看到两个英国人在深谈，你会发现他们十次有五次都在讨论蒸汽轮船航线，以及它们的优点和缺点。"[1]

---

1. **全部引自 Cecil (1921)；具体引文分别来自**第 15 页、第 9 页、第 71 页、第 117 页、第 79 页和第 272 页。

第 10 章　帝国的野心

但是，英国在埃及的统治已经时日无多了。就在塞西尔撰写回忆录一年后，埃及人的自治之路迎来了转机。带来转机的不是民族主义政治家或民众起义，而是尼罗河谷有史以来最伟大的考古发现。

第 **11** 章

美好的事物

图11 1922年11月,在卢克索省省长的陪同下,霍华德·卡特(左一)在卢克索火车站会见他的赞助人卡尔纳冯勋爵和伊夫琳·赫伯特夫人

> 当更好的光线向我们展示这些奇妙的珍宝时,我们的神奇感觉和惊讶之情难以言表。[1]
>
> ——霍华德·卡特,1922 年

图坦卡蒙的名字在 19 世纪埃及学的史册中几乎没有出现过。大多数欧洲学者对埃及历史的描述都依赖于古典作家,但他们中没有一个人提到过图坦卡蒙。公元前 3 世纪的埃及祭司曼涅托(Manetho)根据古代资料编纂的国王名单(该名单有一份残缺的抄本保存至今)中也没有他的名字。直到商博良于 1822 年破译象形文字,使人们第一次可以直接阅读古埃及铭文之后,前往埃及的文物经销商才开始注意到,偶尔会有一些简短的文字提到一位

---

1. 卡特 1922 年 11 月 26 日的日记,转载于 Collins and McNamara(2014): 29。

鲜为人知的法老,他的王名是奈布克佩鲁拉(Nebkheperura),他的本名是图坦卡蒙。19世纪20年代后期,威尔金森在尼罗河谷待了12年,其间他曾前往尼罗河和红海之间的东部沙漠;在伊德富东部偏远的比尔阿巴德(Bir Abbad)遗址,他敏锐的眼睛注意到一块刻有图坦卡蒙名字的石头。1828年,威尔金森发现了另一处与这位法老有关的遗迹:在底比斯西部的山坡上有一座坟墓。它是在图坦卡蒙统治时期为一位名叫胡伊(Huy)的高级官员建造的,他是库施的总督,是法老在努比亚的埃及统治时期的私人代表。

当威尔金森探索上埃及的沙漠和丘陵时,他的朋友普拉德霍勋爵正冒险前往更远的地方:上努比亚地区。在尼罗河第四瀑布附近的古宗教之都吉布巴加尔,普拉德霍搜集到了两尊宏伟的卧狮雕像,每尊雕像都由一整块红色花岗岩雕刻而成。公元前3世纪,努比亚统治者阿马尼斯洛(Amanislo)给这两尊1 000年前由法老阿蒙霍特普三世雕刻的狮子雕像重新刻上铭文,让它们再次被派上用场。其中一尊雕像上刻有图坦卡蒙的题词,讲述了他是如何为纪念最初的赞助人——他的祖父阿蒙霍特普三世而重修该雕像的。1835年,普拉德霍将这两尊卧狮雕像赠送给了大英博物馆,它们就此成为大英博物馆埃及文物收藏中第一批被登记在册的文物。(它们的登记号分别为EA1和EA2。)至此,图坦卡蒙仅仅是古埃及历史发展中的一个小小的插曲。

要进一步证明这位国王的存在和功绩,只能等到19世纪50

年代马里耶特对塞拉比尤姆神庙的发掘。在地下墓穴中发掘出的第三座大型公牛墓葬，据说是在图坦卡蒙统治时期建造的；马里耶特从萨卡拉的黄沙中源源不断地挖掘出文物，这个墓葬中的一些物品作为其中的一部分，被送往了卢浮宫，作为马里耶特给他在巴黎的雇主的回报。又过了40年，不幸的埃米尔·阿姆利诺（Emile Amélineau）在阿拜多斯进行一场灾难性的发掘时，发现了一个镀金木盒，上面刻有图坦卡蒙的王名框，这是他最著名的发现之一。但真正的突破性进展是皮特里于1891—1892年冬天在阿马尔那遗址进行的发掘，它使人们对第十八王朝末期埃赫那吞统治的历史及其直接后果有了新的认识。废墟中出土的大量刻有铭文的物品，包括埃尔曼为柏林博物馆购买的"阿马尔那文书"，都提到了图坦卡蒙的名字，并明确指出他是埃赫那吞的儿子和继承人。此外，有证据表明，在图坦卡蒙统治时期，至少在他统治的最初几年，王室一直留在阿马尔那。突然之间，国王名单中没有他的名字就说得通了：埃赫那吞的王权革命过于激进，打破了几个世纪以来的法老传统，以至于在他死后，正统观念被恢复，他和与他相关的人都被从历史中抹去了，就好像他们从未存在过一样。这段古埃及人极力压制的历史，在埃及学家细致入微的努力考察下，终于重见天日。

随着20世纪的到来，图坦卡蒙的名字开始不断地出现在人们的视野中，虽说不是随处可见，但也越来越频繁。突然之间，这位鲜为人知的法老摆脱了百代以来的默默无闻，跻身埃及黄金时代国王的行列。1905年，在卢克索北部的卡尔纳克神庙进行的发掘中，发现了一块巨大的石板，上面刻有象形文字铭文。在其悠久历史的某个时刻，这块石板曾被重新启用；它的正面仍有一串深深的切口，工人曾试图将它切割成碎块。但残存的文字足以让学者进行翻译。原来，这是一篇纪念卡尔纳克神庙和埃及其他神庙在埃赫那吞统治时期被废弃后，终于得以恢复使用的献辞铭文。促成这一辉煌复兴的国王正是图坦卡蒙。对于那些知道如何解读它的人来说，"复兴石碑"（Restoration Stela）清楚地表明，图坦卡蒙已经违背了他父亲和阿马尔那城的教义，并恢复了底比斯作为埃及宗教之都和王室活动中心的地位。

在同一个考古季，另一个偶然的发现证实了这一事实：艾尔顿在帝王谷为戴维斯的考古队进行挖掘时，在一块岩石下发现了一个小瓷杯，上面刻有"奈布克佩鲁拉"的名字。两年后，戴维斯和艾尔顿在塞提一世陵墓入口上方的地面上发现了一个坑洞。他们称之为"54号坑"，里面藏有一具给王室木乃伊做防腐时留下的材料——一些物品上的象形文字铭文显示，这不是普通的王室木乃伊，而是图坦卡蒙的木乃伊。这似乎是一个明确的证据，证明图坦卡蒙不仅在底比斯活动过，而且被埋葬在底比斯的王室墓地——帝王谷。于是，人们开始寻找他的陵墓。1909年1月，戴维斯发现了他一直在寻找的东西：一个没有装饰的小墓室（编号为KV58）。该墓室在古代就被遗弃了，里面满是泥土，但重要的是里面有一个石制的萨布提、马具配件以及几块金箔碎片，上面刻有图坦卡蒙和他妻子安克赛娜蒙（Ankhesenamun）的名字。戴维斯在随后的出版物中自豪地宣布了他的发现：

> 一只刻有图坦卡蒙王名框的蓝色杯子，不远处还有一座没有任何装饰的坟墓，里面的金箔上刻有图坦卡蒙和安克赛娜蒙的名字……还有一个坑洞，里面放着刻有图坦卡蒙名字的罐子。这一切使我得出结论，图坦卡蒙就被葬在上述墓穴中，后来墓穴被盗，只留下了我提到的几样东西。[1]

对戴维斯来说，这不仅仅是一次胜利，也是他在帝王谷9年工作的巅峰。"我于1903年开始勘探工作，"他回忆道，"从那时起到1909年，我发现了7座重要的刻有铭文的陵墓……还有9座未刻铭文的陵墓，其中一座墓葬中有塞图伊（Setuî）和陶瓦斯里特（Taouasrît）的精美金饰，另一座墓葬中有写着图坦卡蒙和艾雅（Aîya）名字的金箔碎片，还有一个小雪花石膏像。"[2]

在戴维斯为最后一次重大发现出版的记录中，有一章是关于图坦卡蒙的生平和统治的，撰写这一章的学者正是埃及学界的泰斗马斯佩罗。他在开头坦言："对这位国王的起源知之甚少……他

---

1. Davis (1912): 3.
2. Davis (1912): 3.

第11章 美好的事物

在位时间的长短也不得而知。"[1] 在接下来的几页中，这位备受尊敬的文物管理局局长和埃及博物馆馆长列举了图坦卡蒙统治时期的主要遗迹——吉布巴加尔的狮子、胡伊墓、复兴石碑以及艾尔顿和戴维斯发现的文物——然后总结道："这就是我们目前所知的有关图坦卡蒙生平和统治时期的少数事实。"[2] 戴维斯则得出了一个著名的结论："帝王谷现已枯竭。"1914年2月，戴维斯在埃及的最后一个考古季结束时，他的工人停止了对谷底的挖掘，因为他们担心继续挖掘会破坏附近的道路。[3] 戴维斯无论如何也无法想象古埃及人会在易受洪水侵袭的谷底凿出一座王陵。随着KV58的发现，他确信帝王谷真的已经交出了它最后的秘密。

* * *

戴维斯的前雇员碰巧在附近底比斯西部山丘工作，他将证明戴维斯的判断大错特错，而且他的成就将让前任雇主被历史遗忘。霍华德·卡特曾在10年前为戴维斯工作，并参与了哈特谢普苏特陵墓的发掘。到1914年，卡特已经成为当时最有经验的考古学

---

1. Maspero (1912): 111–12.

2. Maspero (1912): 123.

3. Adams (2013): 302.

家之一。但他的成名之路并非一帆风顺。卡特出生于伦敦布朗普顿[1]一个舒适的中产阶级家庭，童年的大部分时间是在诺福克度过的。与在他之前的商博良和皮特里一样，卡特小时候身体不好，所以在家中接受教育。与他伟大的埃及学前辈一样，卡特可以自由地追随自己的兴趣，探索自己的爱好，回想起来，这是他后来取得成功的关键因素。卡特的父亲是一位出色的画家，擅长画动物，他把自己的技艺传给了儿子。卡特很快就成为一名才华横溢的水彩画家，同样偏爱自然历史题材，他在位于斯沃弗姆的家附近的乡村找到了大量创作素材。诺福克的农村地区还有另一个优势：这里住着许多贵族家庭，他们可能会直接或通过自己的关系网，找到这位崭露头角的年轻艺术家，资助他的事业。对年轻的霍华德·卡特感兴趣的赞助人是附近迪德林顿庄园（Didlington Hall）的阿默斯特勋爵及其夫人。机缘巧合之下，阿默斯特勋爵不仅财力雄厚，还是一位热心的业余文物经销商，他利用自己的财富资助挖掘活动，搜集文物。经过一系列独具慧眼的收购和多次亲身前往埃及，他积累了英国最好的古埃及文物私人收藏之一，并自豪地将其陈列在迪德林顿庄园。卡特在拜访迪德林顿庄园期间一定见过其中的一些物品。这是他第一次接触法老文明，后来，

---

1. 卡特在《名人录》的条目中声称，他于 1873 年 5 月 9 日出生在诺福克郡的斯沃弗姆；事实上，他于整整一年后出生在伦敦的布朗普顿。目前尚不清楚这个错误是意外还是故意的。

他将余生都奉献给了法老文明的研究。

1891 年，年仅 17 岁的卡特获得了人生的第一次突破。在阿默斯特夫人的推荐下，他被纽伯里（纽伯里在履行考古职责的同时，还担任阿默斯特勋爵的代理人，负责在埃及文物出现在市场上时进行收购）聘为埃及考古调研部的助理工作人员。纽伯里是一名训练有素的植物学家，他对植物遗存的了解对皮特里在 19 世纪 80 年代末的挖掘工作非常有用。凭借这些经验，并通过埃及勘探基金的关系，纽伯里后来获得了属于自己的机会，带领队伍前往贝尼哈桑进行考古调查。在这个位于中埃及的遗址中，有一系列精美的装饰陵墓，它们被凿在俯瞰尼罗河的悬崖峭壁上。记录这些保存完好、复杂细致的浮雕不仅需要雕刻铭文的技巧，还需要训练有素的艺术家的眼光。阿默斯特夫妇认为，霍华德·卡特是他们的理想人选。因此，1891 年底，卡特第一次来到埃及，在纽伯里的监督下在贝尼哈桑工作了几个星期。卡特作为临摹者和画家的才能证实了赞助人的判断，他很快就被调到了阿默斯特勋爵资助的另一个离得不远的发掘现场——阿马尔那遗址，那里的考古是由皮特里统筹的。在短短几周时间里，卡特开始积累关于第十八王朝晚期的知识，熟悉了几位身处历史阴影之下的统治者的名字：埃赫那吞、奈费尔提蒂和图坦卡蒙。

皮特里则对他团队的这名新成员明显不太满意："卡特先生是个心地善良的小伙子，他的兴趣完全在绘画和自然史上：他只是把这次发掘当作实践工作……对我来说，把他当作发掘者来培养是没有用的。"[1]

但是，卡特已经被埃及的魅力吸引，他非常高兴能被考古调研部留用，参与他们的其他任务。在接下来的考古季（1892—1893），他继续在贝尼哈桑和附近的巴沙工作，然后前往德尔巴赫里——位于底比斯西部的哈特谢普苏特葬祭庙，担任官方制图员，在纳维尔手下工作。在接下来的六年中，卡特在临摹神庙中的所有彩绘场景和铭文的同时，对周围地区有了（几乎是无出其右的）深入了解。他在山丘、山谷和河口漫步，练就了一双发现潜在考古遗址的敏锐眼睛。他对底比斯墓场的每一寸土地都了如指掌：德尔巴赫里、谢赫阿布德埃尔克纳（Sheikh Abd el-Qurna）和帝王谷。

在德尔巴赫里工作了6个考古季后，卡特于1899年迎来了他的第二次幸运的突破。马斯佩罗在万众瞩目中重返文物管理局担任局长，随之而来的是一次重大的高级职位调整。卡特作为抄写员的能力已得到证明，他在纽伯里、皮特里和纳维尔手下接受过训练，对底比斯有深刻的了解。他具备了所有必要的资质，因此被正式任命为上埃及文物总督察。这是一个新设立的职位，也是埃及考古学中最重要的角色之一。他没有让人失望。马斯佩罗对他的最初印象是："非常活跃，是个非常优秀的年轻人，有点固

---

1. 引自 Drower (1985): 194。

执。"[1] 卡特于 1900 年 1 月上任，他立即以一贯的旺盛精力和敬业精神投入工作。上埃及辖区的管理经过了改革，所有主要旅游景点都安装了电灯。这一特殊项目取得了变革性的成果。戴维斯的同伴埃玛·安德鲁斯在她的日记中记录了电力开通后不久参观阿蒙霍特普二世陵墓的情景：

> 我们进入了阿蒙霍特普的陵墓——现在墓室里亮起了电灯，墓室的布置和装饰令人赏心悦目……卡特对整座陵墓的布置极具艺术性。石棺的头部有一盏用布包裹着的电灯，将石棺上精美的浮雕面孔照得光彩夺目——当其他所有灯光都熄灭时，效果庄严肃穆，令人印象深刻。卡特的工作非常出色……（游客）再也不用在众多坑洞和粗糙的阶梯间蹒跚而行，任凭火光摇曳的蜡烛把蜡滴得满身都是了。[2]

卡特关注的不仅仅是修复和展示，他还投身于一系列发掘工作，为文物管理局和各种私人赞助者发掘和记录王陵。1900 年，卡特为两个当地的埃及人奇努达·马卡里奥斯（Chinouda

---

1. 马斯佩罗写给纳维尔的信，1900 年 1 月 5 日，引自 Reeves and Wilkinson (1996): 70。
2. 埃玛·安德鲁斯的日记，1903 年 1 月 13 日，引自 Reeves and Wilkinson (1996): 72。

Macarios）和布特罗斯·安德劳斯（Boutros Andraos）工作，发现了一座以前不为人知的古墓（KV42），可以追溯到第十八王朝早期。第二年，他又发现了一座空墓和一系列小型文物。1902年冬天，卡特开始为戴维斯工作，他的考古天赋真正证明了自己的价值。1903年，卡特发现了富丽堂皇的图特摩斯四世的陵墓（KV43），并在接下来的考古季中清理了哈特谢普苏特墓（KV20）。在后一项工作中，卡特充分表现出了他对考古学的坚守，以及他为推进埃及学研究而甘冒生命危险的意愿。戴维斯对此印象深刻，甚至有些难以置信，他在随后出版的书中回忆道：

> 卡特先生所做的工作漫长、耗神、劳累且危险，他所克服的困难，以及他所遭受的身体不适，在他那份谦虚的官方报告中都没有得到公正的体现……空气变得如此污浊，天气如此炎热，工人随身携带的蜡烛都熔化了，没有足够的光线让他们继续工作……卡特先生直面种种危险和不适，每周还要下到墓中两三次，并自称乐在其中。[1]

卡特的奉献精神得到了嘉奖。1904年，他被提拔为下埃及文物总督察。（尼罗河谷北部比底比斯和南部更有名，拥有吉萨、亚

---

1. Davis (1906): xii–xiii.

历山大和孟菲斯墓场等标志性古迹。）这是马斯佩罗投下的信任票，但对卡特来说却是一个灾难。一向目光敏锐的埃玛·安德鲁斯将卡特的特点概括为"总是那么讨人喜欢，但个性有点强势"[1]。卡特被其他不那么慷慨的评论家形容为脾气暴躁，他的这一性格特点很快就给自己带来了麻烦。1905年1月，刚上任几个月的卡特在萨卡拉考察塞拉比尤姆神庙。虽然这里是热门旅游目的地，但当时还没有安装电灯。一群法国游客前来参观他们的同胞马里耶特的伟大发现。他们本来就不愿意买门票，买票进去之后又发现地下长廊里没有蜡烛，什么也看不见，便要求退钱。卡特拒绝后，双方发生了争执，还动了拳脚。卡特意识到自己太过火了，马上给克罗默勋爵发了一封电报，解释了当时的情况，并把责任完全推给了游客：

> 勋爵大人，我非常遗憾地告知您，今天下午5点，在萨卡拉的马里耶特宅邸，发生了一起严重的斗殴事件，15名法国游客醉醺醺地来到这里。冲突的起因是他们粗暴地对待我的督察员和工头。由于双方都有被砍伤或打伤的情况，我认为我有责任立即通知勋爵大人，并将于明早亲自向您报告此

---

1. **埃玛·安德鲁斯的日记**，1902年1月17日，引自 Reeves and Wilkinson (1996): 70。

事。卡特,文物管理局。[1]

克罗默勋爵急于避免外交事故,尤其是与法国相关的事故,他召见了卡特,要求他做出解释。为了平息怒火,防止事态升级,克罗默勋爵要求卡特道歉。卡特确信自己的行为是正当的,因此拒绝道歉。对他来说,唯一的办法就是辞职,不仅要卸任总督察,而且辞去文物管理局的所有职务。他后来承认:"我的脾气很暴躁,而且目的性很强,不友好的观察者有时会说我顽固不化,而如今……我的敌人很乐意用……'脾气不好'来形容我。对此,我也无能为力。"[2]

1905年11月,卡特回到了他的旧址底比斯。在接下来的两年里,他以向导和兼职水彩画家的身份艰难度日。他以前的赞助人戴维斯给了他一份记录新发现的育亚和图玉墓物品的工作。在其他时间,卡特通过向富裕的游客出售自己的画作来维持生计。例如,1907—1908年冬天,身体虚弱的第八代德文郡公爵带着一小群人沿尼罗河旅行,队伍中还有他的私人医生(兼业余埃及学家)费迪南德·普拉特(Ferdinand Platt)。在一次去底比斯的旅行中,普拉特遇到了穷困潦倒的卡特,并在一封家信中描述了这

---

1. 卡特给克罗默勋爵发的电报,1905年1月8日,引自 Reeves (1990): 42。
2. 格里菲斯研究所,卡特档案,VI,自传体素描,引自 Reeves (1990): 42。

次邂逅：

> 卡特做了一些非常漂亮的工作。他的工作是准确地临摹某些最好的埃及人物雕像或绘画场景的轮廓和整体色彩。他的画抚平了所有的裂缝和损坏，将剩下的部分恢复原样。但他的作品的最大魅力在于，他用阴影使色彩看起来更真实。例如，他为王后的金色秃鹫头饰添加了阴影，让它看起来就像真的金子……午饭后，我和卡特一起去了王后谷，参观了拉美西斯二世的妻子奈菲尔塔丽王后的陵墓……她是个美丽的女人，卡特的画把这一点表现得淋漓尽致。如果我有闲钱，我会毫不犹豫地买下这幅画。你可以想象，卡特被免职对他来说是一件很糟糕的事情，我相信他最近手头非常拮据。我把他的情况告诉了公爵，他让我陪他一起去麦地那哈布看看卡特的素描，因为他想买几幅。我很高兴能帮上忙。[1]

然而，最终扭转卡特命运的不是德文郡公爵，而是当时在埃及过冬的另一位英国贵族：他被卢克索吸引，不仅是因为这里有宜人的气候，而且因为这里的文物和等待被发现的宝藏。

---

1. 费迪南德·普拉特写给妻子的信，卢克索，1908 年 1 月 22 日，引自 Wilkinson and Platt (2017): 108–9。

*　*　*

乔治·爱德华·斯坦诺普·莫利纽克斯·赫伯特（George Edward Stanhope Molyneux Herbert）是第四代卡尔纳冯勋爵的儿子和继承人，1866年出生于海克利尔城堡，他的家在汉普郡和伯克郡交界处的一处宏伟庄园。19世纪40年代，查尔斯·巴里（1818年曾游历尼罗河）按照哥特复兴风格对它进行了改建，这位建筑师还参与了议会大厦的重建工作。赫伯特的母亲在他年仅9岁时就去世了，留给他的是她从祖先切斯特菲尔德伯爵那里继承的宝贵财产。这使得赫伯特——曾被冠以"波切斯特勋爵"的非正式头衔——成为自给自足的富翁。在伊顿公学和剑桥大学，年轻的"波切"很少关注学业，他最喜欢体育运动，对考古学的兴趣也日益增长。[1] 他父亲于1890年去世后，他继承了勋爵爵位，开始自由地追求爱好。他周游世界，访问了北美洲、南美洲、亚洲和欧洲，甚至尝试海上环球航行（但没有完成）。

快到30岁时，他已经花光了那笔可观的遗产，还欠下了巨额债务。幸运的是，就像当时许多生活拮据的英国贵族一样，一位富有的新娘给他带来了救赎。阿尔米纳·伍姆韦尔（Almina

---

1. Fagan (2004): 686.

Wombwell）是百万富翁银行家阿尔弗雷德·德·罗斯柴尔德的私生女。按照1892年签署的婚姻协议，女方的父亲还清了卡尔纳冯的所有债务，并将30万英镑的巨款支付给了这对夫妇。卡尔纳冯继续挥霍金钱。出于对运动的热爱，他在海克利尔建立了一个大型马场，还为自己的马匹下注赌博。他对速度的痴迷也让他进入了新兴的赛车领域。这是他职业生涯的转折点。他在德国的一次车祸[1]中受了伤，并患上了不断折磨他的风湿病，英格兰寒冷潮湿的冬天加剧了他的病情。为了摆脱身体不适的折磨，寻找新的爱好来打发时间，卡尔纳冯毫不犹豫地听从了医生的建议，加入了络绎不绝的富裕病人的行列，在冬季前往气候更加温暖干燥的地方。1903年1月，在旧金山的波希米亚俱乐部，卡尔纳冯遇到了一位名叫杰里迈亚·林奇（Jeremiah Lynch）的美国前参议员，他刚从埃及回来，并出版了一本游记。[2]毫无疑问，卡尔纳冯从林奇的叙述中受到了启发，决定在埃及过冬。就这样，快到年底的时候，卡尔纳冯在尼罗河畔的冬宫酒店度过了在卢克索的第一个冬季。

卡尔纳冯勋爵是一个闲不住的人：他需要一个项目来消耗他的精力。1905年，他在卢克索逗留期间，目睹了戴维斯发现育

---

1. 至于事故发生在1901年还是1903年，消息来源不一。
2. Fagan (2015): 57.

亚和图玉墓的过程，古墓中的物品"金光闪闪"，令人叹为观止。激动人心的考古学让卡尔纳冯产生了浓厚的兴趣，不久后，他听从克罗默勋爵的建议，决定亲自从事埃及学研究。（他后来声称："早在1889年，我就一直希望并打算开始发掘工作。"[1]）卡尔纳冯正式向马斯佩罗申请特许权；文物管理局局长非常高兴地答应了，他欢迎私人出资进行发掘，因为文物管理局的资金已经捉襟见肘。卡尔纳冯获得许可的发掘地点是底比斯墓场中被称为谢赫阿布德埃尔克纳的区域。它位于尼罗河西岸，但从冬宫酒店出发（卡尔纳冯选择的酒店）很容易到达。卡尔纳冯被考古学的浪漫吸引，但他并不适合从事考古的日常工作。事实上，据说他曾表示在埃及的发掘工作是"糟透了的职业"[2]。高温、灰尘和苍蝇让他烦不胜烦，他只好坐在一个有纱窗的大笼子里看着工人挖掘。有时，他的妻子也会加入他的行列，"穿着迷人的漆皮高跟鞋，身上的大量珠宝在阳光下闪闪发光，不像是来沙漠考古的，倒像是来参加花园派对的"[3]。即便对于见惯了西方游客穿着三件套西装和宽松礼服的卢克索居民来说，第五代卡尔纳冯勋爵和勋爵夫人的打扮也一定显得很怪异。

---

1. 引自卡尔纳冯的妹妹伯格克莱尔夫人，Carter and Mace (1922–3), I: 29。
2. 卡尔纳冯写给韦戈尔的信，引自 Adams (2013): 169。
3. Lindon Smith (1956): 79–80。

经过六周的发掘，卡尔纳冯只发现一个空墓室和一只相当难看的木乃伊猫，几乎没有任何其他收获。但是，考古发掘的冒险性质十分激动人心，他还想去一个更有潜力的地方。毫无疑问，来自同行的竞争极大地影响了他对于挖掘地点的选择。1907年2月，当他令人失望的首次发掘工作接近尾声时，西奥多·戴维斯和埃玛·安德鲁斯在"贝都因号"上款待了卡尔纳冯和他的妻子。卡尔纳冯的成果不值一提，而戴维斯却不断取得成功，刚刚在帝王谷发现了一座陵墓，而且他认为那就是传说中的提耶王后的陵墓。两人之间形成了鲜明的对比。对于一个英国贵族来说，被一个美国新贵商人超越尤其令人沮丧，卡尔纳冯和戴维斯之间的关系也变得紧张起来。卡尔纳冯后来宣称："我应该不会再和这个人说话了。"[1]

卡尔纳冯的问题并不在于他本人缺乏考古才能——戴维斯也不过如此——而在于他缺乏一个有经验的发掘者来指导这项工作。戴维斯一直聘用训练有素的考古学家：先是纽伯里，然后是卡特，最后是韦戈尔。因此，1907年晚些时候，当卡尔纳冯写信给马斯佩罗要求获得新的特许权时，马斯佩罗的建议非常明确：聘请一位优秀的负责人——不是随便找一位，而是要找最有经验的人。马斯佩罗建议了一个具体的人选：霍华德·卡特。从文物管理局

---

1. 卡尔纳冯写给韦戈尔的信，1907年4月14日，引自 Reeves (1990): 48。

辞职之前，卡特已经证明了他作为考古学家的实力。尽管他是个急性子，但他的能力毋庸置疑。于是，按照马斯佩罗的建议，卡尔纳冯找到了卡特。两人达成了交易，建立了合作关系——这种合作关系将在卡尔纳冯的余生一直持续，并催生有史以来最伟大的考古发现。

很快，卡特的考古训练和专业眼光就为他们带来了收获，卡尔纳冯作为考古赞助人的命运也发生了转变。在卡特的带领下，卡尔纳冯在第二个挖掘季取得了一系列重大发现，其中包括一块记载了新王国初期与喜克索斯人战斗的文字碑。（时至今日，"卡尔纳冯文字碑"仍然是关于古埃及历史上这一关键转折点的唯一，也是最重要的单一资料来源。）在随后的几个冬天，他们又有了更多的发现，包括几座私人陵墓、哈特谢普苏特建造的另一座神庙、一系列托勒密王朝的拱顶陵墓以及一座规模宏大的墓场。这些发现促使卡尔纳冯与卡特为记录他们合作的头五个考古季的收获，出版了一本图文并茂的巨著《底比斯五年探险》（*Five Years' Explorations at Thebes*，1912）。在序言中，这位赞助人向他的考古学家致以了崇高的敬意："霍华德·卡特先生一直负责所有的挖掘工作，我们所取得的任何成果都要归功于他坚持不懈的观察和细致入微的工作，他系统地记录、绘制和拍摄了所有发现的东西。"[1] 在 10 年内，这种"不懈的观察和细致入微"将被证明是至关重要的，而且即将经受极限的考验。

虽然卡尔纳冯和卡特主要关注底比斯，但他们对新发现的好奇心和渴望也促使他们探索其他更遥远的遗址。因此，1912 年，在继续挖掘底比斯遗址的同时，他们决定在与世隔绝的三角洲村庄萨哈（Sakha，古希腊罗马时期的索伊斯城遗址）开展一些探索工作。不幸的是，发掘条件并不理想，"由于整个地区有大量眼镜蛇和角蝰出没"，他们不得不在两周后放弃发掘工作。[2] 在接下来的一个考古季，卡尔纳冯和卡特试图赢得代赫舒尔金字塔地区的特许权，但以失败告终，于是，他们将目光投向了三角洲地区另一个有潜力的地方——泰勒巴拉蒙（Tell el-Balamun）。然而，他们的希望又一次破灭了。在整个考古季结束时，除了一些银饰品，他们几乎一无所获。

无论古典作家如何描述，在考古学家看来，埃及北部托勒密时代和罗马时代的遗址似乎都没有什么挖掘潜力，也不值得投入时间和资源。只有一处遗址的发掘工作或多或少能保证得到回报，那就是底比斯。用卡尔纳冯自己的话来说："没有哪个古代遗址能

---

1. Carnarvon and Carter (1912)，序言。

2. **纽伯里写给加德纳的信**，1947 年 12 月 25 日，格里菲斯研究所，加德纳档案，引自 Reeves (1990): 46。

比这片著名的岩石地带产出更多的文物。"[1] 此外，所有人都知道，整个底比斯墓场中（也是整个埃及）最好的特许挖掘地点就是帝王谷。但是，戴维斯目前仍牢牢掌握着这里的特许权。一连串的惊人发现使他不太可能在短期内放弃自己的权利。

这一切都在1914年春夏之交的几个月里发生了变化。2月，戴维斯的工人结束了挖掘工作，他们的赞助人确信山谷里已经没有秘密了。几周后，戴维斯正式放弃了特许权，把它交还给文物管理局。与此同时，卡特也没有闲着，他一直在为自己的资历做宣传。1914年的最初几周，卢克索市场上出现了非法文物，这表明当地人一直在掠夺底比斯西部山上一座新发现的古墓。卡特凭借自己对该地区的了解，找到了这座为阿蒙霍特普一世和他的母亲雅赫摩斯-奈菲尔塔丽建造的古墓，并亲自进行了堪称典范的清理工作。他迅速的行动和专业的考古技能为他赢得了更高的声誉。马斯佩罗准备退休，返回巴黎。他迫切希望确保埃及最珍贵的考古遗址继续得到妥善保存和维护，因而展现出了他的宽宏大量和优秀的判断力。1914年6月，马斯佩罗作为文物管理局局长的最后一次行动，是将帝王谷的特许权授予了卡尔纳冯。卡特在萨卡拉的轻率举动终于得到了原谅。经过多年的等待和周旋，最终的奖赏落到了卡尔纳冯的手中。

---

1. Carnarvon and Carter (1912): 1.

第 11 章 美好的事物

但他本人却未能亲临现场：第一次世界大战爆发后，他一直滞留在英国。所有返回埃及的尝试都失败了。卡特则留在了埃及，作为外交信使贡献了他的知识和力量。这种情况也为他在有限的范围内挖掘提供了充足的时间和便利。1915年2月8日，他在新的特许权下正式开始工作，挖掘帝王谷西部分支的阿蒙霍特普三世陵墓。他一丝不苟的工作态度再次为他取得了宝贵的成果，从之前的废墟中抢救出了许多曾经被忽视的文物。第二年，他在山谷上方的悬崖上找到了一座废弃的陵墓；这座陵墓是为哈特谢普苏特王后准备的，但他除了一个废弃的石棺外一无所获。但与此同时，卡特也在不断增进他对整座山谷的熟悉程度，寻找最有可能隐藏着一座未被发现的古墓的地点。小时候，他读贝尔佐尼的回忆录时曾受到鼓舞，梦想着在帝王谷找到一座失落的古墓。卡特后来承认："自从1890年第一次访问埃及以来，我就一直怀有在帝王谷挖掘的雄心壮志，当……我在1907年开始为卡尔纳冯勋爵进行发掘时，我们就希望最终能获得那里的特许权。"[1]

　　1916年，美国埃及学巨匠布雷斯特德出版了他具有里程碑意义的著作《远古时代》。该书详尽地介绍了法老时期的埃及历史，但对一位法老却只字未提：图坦卡蒙。这位第十八王朝末期的法老根本不值得被列入书中。但卡特仍然坚信，这位法老最后的安

---

1. Carter and Mace (1922–3), I: 75.

息之地可能正在静待重见天日的一刻。

戴维斯发现了三条重要线索——彩陶杯、装有金箔碎片的墓室和防腐贮藏室——所有这些线索都带有图坦卡蒙的名字，而且都证明他的陵墓位于帝王谷的某处。戴维斯以为KV58就是那座失踪的陵墓，但在埃及学领域知识渊博、经验丰富的卡特却不同意。正如他后来解释的那样："所有这些证据摆在面前，我们完全相信自己的判断，图坦卡蒙墓尚未被发现，它应该位于离帝王谷中心不远的地方。"[1]

早期的考古学家试图通过在谷底堆积的瓦砾和垃圾中挖坑来发现新的陵墓。然而到了1917年，卡特知道，要找到图坦卡蒙墓（如果确实存在的话），唯一的办法就是清理山谷中剩余的部分，一直到基岩。[2] 于是，在这一目标的驱使下，卡特于当年秋天开始工作。

在接下来的五年中，卡特带着坚定的决心和一支工人队伍，有条不紊地清理了山谷中剩余的未发掘部分。他的团队共搬运了15万~20万吨瓦砾和碎石。这些瓦砾和碎石由专门为此目的而建设的德考维尔铁路运走。五年艰苦且成本高昂的考古工作收效甚微：只发现了少量文物，没有陵墓。卡尔纳冯开始失去信心和

---

1. Carter and Mace (1922–3), I: 78.

2. Fagan (2004): 687.

兴趣，因为他的财富也不是取之不尽用之不竭的，在寻找一个鲜为人知的法老陵墓的过程中，他几乎是把钱扔进了一个无底洞。1922年夏，他决定收手，专心从事赛马事业。但是，在像底比斯的基岩一样坚实的信念的鞭策下，卡特从心底里觉得自己的方向是绝对正确的。那年夏天，他决定采取非同寻常的举措，亲自前往海克利尔，向卡尔纳冯勋爵求情，恳求勋爵再支持他一个考古季。卡尔纳冯勉强同意了。

* * *

第一次世界大战刚刚结束，在经历了戴维斯时期激动人心的发现和马斯佩罗的退休和去世之后，埃及学陷入了低谷。数百万年轻人在战争中丧生，其中不乏前途无量的考古学家，两国的埃及学领军人物都失去了爱子。英军为了报复，故意推平了底比斯的"德意志之家"，甚至在停战之后，德国探险队也被禁止在尼罗河谷挖掘。到1921年，就连加德纳也克服了对德国的敌意，开始怀念德国对埃及学的贡献。战争结束近三年后，他在给埃尔曼的信中写道："德国人不能继续在埃及工作，这是多么致命的打击，对科学来说是多么大的灾难。"[1]（又过了八年，德国考古研究所才

---

1. 加德纳写给埃尔曼的信，1921年8月15日，引自Gertzen (2015): 45。

重新开放，德国人终于重启了在埃及的发掘工作。)

相比之下，一些美国考古队则在战后顺利重返尼罗河谷。其中最重要的是一支由纽约大都会艺术博物馆资助、由赫伯特·温洛克（Herbert Winlock）指挥的探险队。温洛克毕业于哈佛大学，1906年开始为纽约大都会艺术博物馆在埃及进行发掘工作，但宣战后，他撤回纽约，应征入伍，成为一名少校。直到战争结束，他才得以回归平民生活，重新从事考古学家的工作。1919年冬，他重新开始在德尔巴赫里发掘，继续前一代人纳维尔开始的工作。不少权威人士都对温洛克的田野技术大加赞赏，而韦戈尔则更进一步，称这位年轻的美国人是他那一代人中最杰出的考古学家。[1] 温洛克作为发掘者的高超技艺为他取得了一系列重要发现：在1919—1920年战后的第一个考古季，他就发现了梅科特拉（Meketra）古墓及大量木制古墓模型，两年后又发现了公元前2000年左右一位名叫赫卡纳克特的埃及农民所写的信件。正如温洛克的朋友约翰·威尔逊所说，这些信件"让我们面对面地了解古埃及人，他们不再是陵墓和神庙中冰冷庄严的形象，而是在厨房里和田地间忙里忙外的普通人"[2]。

但是，这些令人瞩目的美国考古发现并没有消除英国考古学

---

1. Bierbrier (ed.), (2012): 585.
2. Wilson (1964): 186.

在埃及的阴霾。这种情况的背后既有政治原因，也有文化原因。尽管成千上万的英国人曾为国王和国家而战，甚至献出生命，但人们强烈地意识到，古老的帝国竞争将世界推向了灾难。当巴黎法兰西文学院准备通过正式会议和招待会来纪念商博良破译象形文字100周年时，大英帝国的力量正在日益衰弱。包括埃及在内的英国殖民地和保护国前途未卜，而40年来一直将埃及视为游乐场的外籍人士和考古学家也看不到未来。

阿瑟·韦戈尔的著作生动地记录了这种后帝国时代的萎靡不振，他比大多数人更有理由深深地怀念战前的岁月。1901年，韦戈尔作为皮特里的学生获得了埃及研究基金的资助，他的导师称赞他是"我们有史以来最有能力的学生"[1]。三年内，在与克罗默勋爵的亲密友谊的助力下，韦戈尔步步高升，从研究员晋升为上埃及文物总督察（接替卡特）。此外，韦戈尔的人脉圈甚至超越了英国的权势机构，拓展到了大西洋彼岸：西奥多·罗斯福也是他的朋友。由于韦戈尔拥有颇具影响力的人脉，他的观点受到热捧，他的著作也对英国的埃及政策产生了影响。但尼罗河谷并没有善待他：1914年，在担任总督察10年之后，他精神崩溃，回到英国，放弃了考古工作，在伦敦剧院"利用业余时间绘制舞台布景

---

1. 引自 Drower (1985): 266。

设计图"[1]，撰写小说、歌词，还为《每日邮报》写了些反动文章。

韦戈尔内容最丰富的一部著作写于1922年（并于次年出版），起了一个吸引眼球的书名——《法老的荣耀》(*The Glory of the Pharaohs*)。但这本书的名称有误导之嫌：韦戈尔实际上写了一部对20世纪头20年埃及考古学学科的批判性论述。它揭示了埃及考古学目前所处的转折点，也揭示了英国作为殖民大国在一个要求独立的国家所面临的矛盾和挑战。韦戈尔师从皮特里，他继续信奉"过得糙"可以"强身健体"的理念。他大胆断言："在野外进行考古研究，有助于培养年轻人走上一条有益身心健康的道路。比如说，在埃及的沙漠中工作是我能想象的最健康、最鼓舞人心的事业之一。"[2]

尽管如此，他还是对皮特里的禁欲主义表示了鄙视："在可以使用盘子的情况下，从罐子里挖罐头食品吃并不是'过得糙'：要么是虚伪，要么是邋遢。"[3] 他还略带克制地写道：

> 如果皮特里教授的考古营地里某位挖掘工的经历具有代表性，那么后者的经历很可能会浇灭那些热衷于寻找古埃及

---

1. Weigall (1923): 11.
2. Weigall (1923): 15.
3. Weigall (1923): 16.

宝藏的年轻绅士的热情。他住在用泥土搭建的空无一物的小屋里，屋顶盖着玉米秆或波纹铁皮……一周工作七天，只有真正的爱好者才不会觉得这种工作单调乏味。[1]

韦戈尔在写到西方考古学与埃及民族情结之间的紧张关系时，表现得最激情澎湃，观点也最违背传统。他主张将埃及古迹留在埃及，而且比大多数当代评论家更加直言不讳。他宣称：

> 不顾一切地把埃及的古迹拖到西方博物馆展出，以满足那些没有去过埃及的人的需要，这是整个埃及学领域最有害、最愚蠢的行为……任何博物馆的馆长都不应该为自己的博物馆购买任何本可以在原址和原位安全展出的文物。[2]

他还指责博物馆助长了非法文物交易，并对此表示强烈反对："有人认为……欧洲博物馆展出的文物是从埃及抢救出来的，是从遥远的国度寻回的。事实并非如此。它们是被从埃及掠夺走的，离开了祖国的怀抱。"[3]

---

1. Weigall (1923): 126–7.
2. Weigall (1923): 19.
3. Weigall (1923): 23.

巴奇一定不爱读这些话。

韦戈尔对考古学局限性的看法既超前，又不合时宜："考古学家如此热衷于通过新发现拓展知识的疆域，但他们应该记住，手头的材料已经足够他忙活一辈子了。"[1] 他问道："为什么要增加需要保护的古迹的数量，从而加重埃及的负担呢？"他认为，"考古发掘往后推迟的时间越久，就越有可能对发现进行最充分的记录"[2]。埃及探险学会看到自己的门生提出这样的观点，肯定会感到十分困窘。

韦戈尔的著作深受第一次世界大战创伤的影响。古埃及成为他逃避20世纪初恐怖战争的避难所。在描述遥远古代的魅力时，他的笔触最抒情：

> 我们必须回到过去，以摆脱如今的严酷生活；过去就像儿童的花园一样展现在我们面前，在那里可以听到欢声笑语，眼泪来得快，去得也快；那里的水中有人鱼，森林里满是巧克力蛋糕；那里的仙女和仙子住在花丛中，山顶上坐落着魔法城堡；那里的英雄为名誉而死，胜利者娶了国王的女儿。在那个花园里，我们可以忘却成熟的残酷和当代的罪恶；因

---

1. Weigall (1923): 97.
2. Weigall (1923): 97–8.

为如果过去有邪恶，我们通常认为那只是童年不经意的恶作剧……人们想到遥远过去的酷刑和屠杀时，会感觉轻松一些，因为与我们现在所处的这个时代经过充分论证的残暴行为相比，前者简直就是儿戏。[1]

同时，他也注意到现代埃及人日益增长的民族意识——熟悉这个国家的人不可能对之视而不见："在埃及，科学发掘完全由欧洲人和美国人进行，我们必须考虑……我们对埃及人负有责任，他们对自己的历史毫不关心，但作为法老的后裔，他们应该是祖先古老财产名义上的管理者。"[2]

第一次世界大战后殖民者对待埃及的态度是两种心态的结合体：对异族人民的屈尊俯就，以及对其自决权的勉强接受。自拿破仑入侵以来，埃及的传统领导结构在西方影响的压力下不断受到侵蚀。从穆罕默德·阿里到福阿德，历任统治者都曾寻求西方列强的保护或投资，一点点让渡了主权。英国1882年的入侵只遇到了轻微的抵抗，但埃及表面上对外国占领的消极态度让英国人产生了虚假的安全感。只有少数英国当权者认识到了殖民控制内在的不公正，看到了灾祸将临的预兆。

---

1. Weigall (1923): 280.

2. Weigall (1923): 98.

战前，殖民政府曾试图通过戈斯特更开明的包容态度来遏制埃及民族主义的滋长；但结果是失败的，取而代之的是基奇纳更传统的家长式态度。这种做法也没有奏效。1919年的民族主义起义让英国当局措手不及。1921年，扎格卢勒以甘地在印度的非暴力反抗为榜样，领导了消极抵抗运动。同年，英国在赫利奥波利斯修建了机场；皇家空军开通了开罗至巴格达的邮路，帝国航空公司则开通了开罗至卡拉奇的航线。但即使是现代交通的建设，也无法拯救日渐衰微的大英帝国。

殖民当局盘算着，如果对埃及民族主义者做出重大让步，或许还能阻止一场全面的革命，并在一定程度上保持英国的影响力。伦敦的建议是以《英埃条约》取代"隐蔽保护国"策略，赋予埃及作为君主立宪制国家的独立身份。英国将保留在埃及维持一支军队、派驻一名财政顾问和一名司法部常任官员的权利，并要求埃及政府保护居住在埃及的外国人的合法权利。换句话说，这只是名义上的自决。1922年2月28日，埃及大张旗鼓地宣布"独立"。两周后，福阿德苏丹自封为福阿德一世国王。

考古学也受到了政治局势变化的影响。文物管理局局长拉科立即宣布，从今往后，所有出土文物都将归埃及所有，只有重复的物品才能由文物管理局决定是否赠予发掘者。[1] 这些措施并未受

---

1. Reid (2015): 165.

第11章 美好的事物

到普遍欢迎。可以预见的是，皮特里对新规定大加抨击，认为这是自托马斯·杨和商博良时代以来埃及学界英法竞争的最新一波冲突：

> 拉科武断地提出新条件，是在重蹈覆辙。前任法国文物管理局局长无视他们在埃及隶属于当地政府的地位，试图建立自治制度……这种企图以前曾被英国人的强大管理能力遏制……现在，英国将更多的权力交给了埃及人，法国人的独裁统治也就失去了制约。[1]

新规定意味着，如果没有新的收购文物的可能性，外国博物馆将不再有兴趣支持在埃及的发掘工作。对于皮特里来说，这是不能容忍的。一气之下，他决定在1922—1933年冬季留在英国，处理一些积压已久的出版工作，并集结力量对抗拉科的决定。他召集埃及探险学会、大都会艺术博物馆和英国埃及考古学校，召开联席会议，向开罗部长会议、英国驻埃及高级专员、艾伦比勋爵和拉科本人正式提出抗议。于是，新法律的实施被推迟了两年。[2] 即便如此，皮特里还是决定今后只从事"不太可能发现任何

---

1. Petrie (1931): 249.
2. Drower (1985): 356.

有价值的东西的发掘工作"[1]。

人们并不认为在埃及的黄沙下还能发现更多的宝藏。正如韦戈尔在同一个考古季所指出的那样:"人们来埃及挖掘,希望找到法老的黄金城或法老尸体上的珠宝,而等待他们的将是痛苦的幻灭。"[2]

* * *

在许多人看来,在帝王谷挖掘是一项特别吃力不讨好的工作。早在 1869 年,马里耶特就写道:"我们完全有理由相信,挖掘工作……无论多么锲而不舍,都不会取得与地点偏远和缺乏水源所造成的困难相称的伟大成果。"[3] 半个多世纪后,韦戈尔这样总结这项任务:"要面对许多苦差事,在一个考古季里,挖掘者的大部分工作就是翻开无穷无尽的岩石碎片,挖出一堆毫无用处的大洞……有时挖到一个墓室,却发现里面空空如也。"[4]

1922 年秋,在进行了五季系统却无果的工作后,卡尔纳冯

---

1. Drower (1985): 356.
2. Weigall (1923): 135.
3. 引自 Piacentini (2009): 430。
4. Weigall (1923): 130–1.

不愿再坚持下去的心情是可以理解的。再挖最后一季，他就要收工了。

卡特于10月28日抵达卢克索，挖掘工作于11月1日重新启动。刚开始三天，工人就发现了一个凿入谷底的台阶。24小时后，12级下行台阶暴露出来，通向一个用灰泥封住的门洞，门洞上刻有古代王室墓地的封印。卡特几乎不敢相信自己的眼睛："这肯定是第十八王朝的设计。这会是经王室同意埋葬在这里的贵族的陵墓吗？它是一个王室储藏间、木乃伊及相关设备的藏匿所吗？又或者，它就是我花了这么多年时间苦苦寻找的法老之墓？"[1]

11月6日，卡特下令用碎石重新埋住楼梯，并给他在英国的赞助人发了一封非常著名的电报："终于在帝王谷有了了不起的发现；一座宏伟的陵墓，封印完好无损；已将其封存，等候您的到来。恭喜。"卡尔纳冯回电说，"可能很快就到"，稍后又说，"计划于20日抵达亚历山大"。[2] 这给了卡特和他的发掘团队"两星期的宽限期"，他们在这段时间里"做了各种准备工作，以便在重新打开陵墓的时候，我们能够在尽可能不拖延时间的情况下处理可能出现的任何情况"[3]。

---

1. Carter and Mace (1922–3), I: 89–90.
2. Carter and Mace (1922–3), I: 91.
3. Carter and Mace (1922–3), I: 91.

11月23日，卡尔纳冯勋爵在女儿伊夫琳·赫伯特女士的陪同下乘火车抵达卢克索，卡特和省长前来迎接。第二天，赞助人和考古学家共同见证楼梯被清理到最深处，露出了被灰泥封住的门洞。现在，他们的发现已经毋庸置疑了："门洞下部的封印更加清晰，我们能够毫不费力地在其中几个印章上辨认出图坦卡蒙的名字。"[1] 随后，堵塞的门洞被打开，只露出一个倾斜的甬道，从地面到天花板都填满了石灰石碎屑。当工人在尘土飞扬的狭小空间内奋力清理甬道时，又发现了第二个门洞，上面同样被封上了图坦卡蒙的名字。令卡特和卡尔纳冯感到惊恐的是，这个内门和第一个门一样，都有被强行进入过的痕迹。显然有古代的盗墓者进入过这座陵墓。问题是，他们还留下了什么东西？

11月26日下午4点，甬道已经全部清理完毕。卡特在卡尔纳冯、伊夫琳女士、英国工程师阿瑟·卡伦德和埃及监察员的注视下，将第二道门洞顶部的一些石头撬了出来。卡特在日记中的"千载难逢之日"[2] 条目下记述了接下来发生的事情：

> 我们买了蜡烛——当开启地下古墓葬时，最重要的是有难闻气体溢出——我将缺口处弄大，借助烛光往里看，勋爵、夫

---

1. Carter and Mace (1922–3), I: 92.
2. Carter and Mace (1922–3), I: 94.

人、卡伦德及工头等都在焦急等待。最初，我什么都看不见，墓中蹿出来的热气让烛光摇曳，等眼睛对光线适应后，室内的细节才逐步显现，只见其间堆满了各种珍奇、非凡、美丽的物件，似真似幻。[1]

在卡特于次年发表的关于这次发现的叙述中（在埃及大学英国文学教授、小说家珀西·怀特的"文学帮助"下撰写），这个过程显得更加戏剧化和生动：

起初，我什么也看不见。室内逸出的热气将蜡烛的火苗吹得忽明忽暗，但随着我的眼睛逐渐适应了光线，室内的细节慢慢从薄雾中浮现出来，奇怪的动物、雕像和金子——到处都闪烁着金光。那一刻——对等在一旁的其他人来说肯定显得很久很久——我被眼前的奇景惊呆了。卡尔纳冯勋爵再也等不及了，焦急地问道："你看到什么了吗？"我只能说出几个字："是的，太奇妙了。"[2]

卡尔纳冯则用英国人典型的谨慎和简洁的语言将其描述为

---

1. 引自 Collins and McNamara (2014): 28–32。
2. Carter and Mace (1922–3), I: 95–6.

"一幅非比寻常的景象"[1]。

卡特打开门洞，进入了里面的房间。即使对于一位以一丝不苟、冷静和专业著称的考古学家来说，这种经历也会激起强烈的情感共鸣：

> 自从人类的双脚上一次踏上你所站立的地面上以来，也许已经过去了3 000年、4 000年，然而，当你注意到周围生命活动的迹象时——半满的灰泥（封门用）碗、发黑的灯、新油漆表面上的指痕、门槛上的告别花环——你会觉得这一切可能就发生在昨天。你所呼吸的空气，几个世纪以来都没有改变过，你与那些让木乃伊安息的人分享着这些空气。[2]

卡特将那一天总结为"我有生以来经历过的最美妙的一天，当然，我再也不希望再经历一遍"[3]。作为现代第一个进入图坦卡蒙墓的人，他体验到了"令人狂喜的发现、令人兴奋的悬念……还有——为什么不承认呢？寻宝者的紧张期待"[4]。但很快，随着

---

1. Carnarvon (1923).
2. Carter and Mace (1922–3), I: 97.
3. Carter and Mace (1922–3), I: 94.
4. Carter and Mace (1922–3), I: 97.

发现的重要性和未来工作的艰巨性开始显现，其他想法也随之浮现出来。用卡特的话说，"一想到摆在我们面前的任务，脑子就嗡嗡作响"[1]。无论是考古学家还是赞助人，都没有为"有史以来最伟大的发现"[2]做好准备，而且他们"完全没有准备好处理大量的文物"[3]——总共有5 398件。正如卡尔纳冯所说："这些东西足以填满大英博物馆楼上的整个埃及展区。"[4] 他自信地预言："卡特还有好几周的工作要做。"[5]

幸运的是，世界各地的埃及学家很快提供了援助。古墓发现后不久就前来参观的布雷斯特德帮助进行了清理工作，并对封印进行了复制。纽约大都会艺术博物馆埃及部馆长阿尔伯特·利思戈（Albert Lythgoe）一听说卡特发现了古墓，就立即给他发去了电报，表示愿意提供一切所需的帮助。卡特欣然接受，很快博物馆的摄影师哈里·伯顿（Harry Burton）和两位建筑师沃尔特·豪泽（Walter Hauser）和林斯利·富特·霍尔（Lindsley Foote Hall）

---

1. Carter and Mace (1922–3), I: 100.

2. **卡尔纳冯写给加德纳的信**，1922年11月28日，引自 Collins and McNamara (2014): 32–4。

3. Carter and Mace (1922–3), I: 105.

4. **卡尔纳冯写给加德纳的信**，1922年11月28日，引自 Collins and McNamara (2014): 32–4。

5. **卡尔纳冯写给加德纳的信**，1922年11月28日，引自 Collins and McNamara (2014): 34。

也来到了帝王谷，他们在现场为所有物品绘图。（豪泽和霍尔后来离开了，因为他们发现很难与卡特共事。）加德纳在几周内就赶到了现场，开始研究铭文。最初的发掘小组拓展成了一个史无前例的多学科专家团队：除了卡特、卡伦德、布雷斯特德、伯顿、豪泽、霍尔和加德纳之外，还有阿瑟·梅斯（Arthur Mace，利思戈的同事、大都会艺术博物馆副馆长）、阿尔弗雷德·卢卡斯（Alfred Lucas，埃及政府化学部部长）、纽伯里（现为利物浦大学埃及艺术名誉读者）、道格拉斯·德里（Douglas Derry，开罗解剖学学校的解剖学家）、L. A. 布德尔（L. A. Boodle，邱园植物学家）、G. F. 休姆（G. F. Hulme，埃及地质调查局工作人员）、詹姆斯·奥格登（James Ogden，珠宝商）和巴蒂斯库姆·冈恩（Battiscombe Gunn，金石学家和语言学家）。他们花了7周时间清理前厅，共用了7个考古季来记录、保护和清理整座陵墓。

1922年11月29日，陵墓正式开放。次日，拉科正式前来视察，随后卡尔纳冯和伊夫琳女士前往开罗，返回英国。卡特也在开罗停留了10天，为陵墓定制了一扇钢门。这一发现成了世界各地的头条新闻，参观者络绎不绝。正如布雷斯特德所言，这一发现：

> 正值全世界对那一个接一个什么都无法证明、了无成就的战后会议产生厌倦之际，正值新闻界度过百无聊赖的一夏，无聊到连一个英国农民种出一颗海棠果大小的醋栗都上了伦

敦各大报纸的头版之后。也难怪图坦卡蒙墓的发现成了世界各地的大新闻,关注热度为科学史上之最。[1]

回到伦敦后,卡尔纳冯应邀前往白金汉宫私下觐见王室,向国王乔治五世和玛丽王后讲述了这次探险。卡特不习惯也不适应全球媒体的关注,他毫无指望地说:"无论我们下一个考古季的发现是什么,希望我们都可以用适当和体面的方式来处置它们。"[2]这是不可能的。相反,"卢克索邮局的邮件量翻了一番又一番……卢克索的两家大酒店在花园里搭起了帐篷",以接待成群结队的游客。[3]

图坦卡蒙墓的发现对埃及本地人产生了深远影响。埃及宣布独立仅8个月后,这一发现及其后果不可避免地被民族主义政治力量利用。对埃及人来说,这位年轻法老的宝藏的丰富性和复杂性提供了"光辉历史的证据,在争取独立的关键时刻让人们热血沸腾"[4]。对埃及法老时期历史的兴趣一直是西方考古学家和少数本土学者的专利,而这一兴趣突然被推向了埃及文化和政治思想

---

1. Breasted (1948): 325.
2. Carter and Mace (1922–3), I: 150.
3. Breasted (1948): 325.
4. Reid (2015): 159.

的主流。[1] 政府学校开设了法老历史课，成立了一所国立大学，推出了培养埃及学家的计划，文物管理局和博物馆——长期以来一直是西方影响的堡垒——也逐步本地化了。[2]

最重要的是，埃及古墓出土的物品异常丰富，这标志着埃及考古史上的一个转折点，考古学家和国家之间的旧有发现分配制度从此结束。卡尔纳冯 1914 年获得的帝王谷发掘许可证规定，除非发现了一座未被盗的古墓，其他发现物应平均分配。埃及当局现在援引了这一例外规定，并试图将古墓中的所有物品作为埃及遗产的一部分予以保留。卡特、布雷斯特德和他们的同僚大为震惊，认为只有训练有素的（西方）埃及学家才能正确地鉴赏和保护埃及文物。此外，他们认为福阿德政府和拉科的文物管理局的举动"要么是民族主义的政治姿态，要么是看到了潜在的旅游收入的粗鄙机会主义"[3]。但是，从商博良和莱普修斯的时代开始，世界和埃及已经向前发展了。马里耶特的愿景是建立一个国家博物馆，代表埃及人民管理和保护法老时期的文物，这个愿景已经实现。在埃及民族自豪感重新焕发的时代，在一个新独立的国家，像皮特里和巴奇这样的人物看起来就像过去的遗存。1922 年 12

---

1. Colla (2007): 177.
2. Reid (2002): 293.
3. Abt (2011): 312.

月 27 日，当第一件文物从图坦卡蒙墓中被移出时，它不是被运往海克利尔城堡或大英博物馆，而是被运往位于开罗市中心的埃及博物馆。

象形文字的破译首次为人们打开了一扇通往遥远古代的窗，让古埃及人再次开口说话。在此之后整整一个世纪，图坦卡蒙墓的发现紧随埃及独立之后，促使埃及的现代居民重新思考他们与自己的过去之间的关系，并为未来规划出一条新的道路。这个未来将由埃及人自己，而不是西方人来决定。

尾　声

历史的未来

图12　卡特与国王福阿德一世和埃及官员在帝王谷

> 考古学家的职责是唤醒梦中的死者，而不是让生者沉睡。[1]
>
> ——阿瑟·韦戈尔，1923 年

1922 年 11 月，图坦卡蒙墓被发现。次年，随着墓室的正式开放，全世界的舆论达到了狂热的程度。正如《纽约时报》所报道的：

> 到处都只有一个话题……人们去哪里都无法逃脱图坦卡蒙的名字。街头巷尾都在高喊这个名字，酒店里在窃窃私语，而当地的商店则大肆宣传图坦卡蒙的艺术品、图坦卡蒙的帽

---

1. Weigall (1923): 27.

子、图坦卡蒙的古玩、图坦卡蒙的照片，明天可能还会卖真正的图坦卡蒙文物。如今，卢克索的每家酒店都有与图坦卡蒙有关的东西……今晚有一场图坦卡蒙舞蹈，配乐是图坦卡蒙音乐。[1]

伴随着这一发现在欧洲和美国引发的"埃及热"，埃及的民族意识也被唤醒了。古埃及黄金时代的少年法老成为埃及新独立的象征。[2] 埃及民族主义政治家大张旗鼓地参观了古墓，他们发现古埃及的魔力在20世纪可以像19世纪时一样，成为抗衡西方力量的有力武器。[3]

由卡特组建的研究、记录和保护图坦卡蒙墓中数千件文物的团队标志着埃及考古学的一个新起点。这支考察队是第一个拥有自己的化学家（阿尔弗雷德·卢卡斯）的考察队，而要对古墓及其物品进行充分客观的研究，需要大量不同的专业人才，这标志着业余绅士学者的英雄时代已经结束。一位学者——托马斯·杨或威尔金森、商博良或马里耶特——希望涵盖整个埃及学学科的时代也一去不复返了。19世纪和20世纪初的发现数量之多，已

---

1. 《纽约时报》，1923年2月18日，引自Collins and McNamara (2014): 63。
2. Colla (2007): 206.
3. Colla (2007): 273.

经超出了任何一个人的能力范围，谁都无法跟进并掌握如此多的新知识。

拿破仑远征后的寻宝狂欢使数以千计的文物被欧洲人收藏，作为古玩和艺术品供人欣赏；但对埃及文物的正确解读和理解——作为对法老文明的洞察——只是从商博良于1822年破译象形文字才真正开始。他的成就使古埃及文化从古典神话和神秘传说的迷雾中走出来，成为严肃科学研究的焦点，使其作为一种成熟而复杂的文化被研究和欣赏。与此同时，威尔金森在埃及细致的实地考察也带来了新的突破。他认识到吉萨金字塔的真实面目——第四王朝国王的陵墓，而他对底比斯贵族墓中场景的精确描绘，为我们呈现了古埃及人的日常生活，使法老文化的图景更加完整。正如威尔金森最先观察到的那样，古埃及的风俗习惯与其他任何民族（无论是古代还是现代）一样丰富多彩。狩猎和捕鱼、音乐和舞蹈、艺术和手工艺、宴会和节日：所有这些都被详细记录在墓壁上，但需要威尔金森这样一个充满好奇心和勤奋的人，才能让它们重见天日。

在这些基础上，19世纪中叶的学者能够研究古埃及的具体问题，阐明其悠久历史的不同时期，并勾勒出其非凡艺术和建筑的发展脉络。在莱普修斯和他的探险队的努力下，埃及文明有了一些质感和细微的差别：它不再被视为单一的、无定形的实体，而是被理解为文化活动的不同时期（被命名为古王国、中王国和新王国），每个时代都有自己可辨识的艺术风格。19世纪50年代，马里耶特的发掘工作出人意料地揭示了古埃及与其邻国之间的密切关系以及受其影响的程度。在底比斯的卡摩斯国王（King Kamose）墓葬中发现了具有黎凡特（地中海东部）风格的物品；在底比斯的哈特谢普苏特神庙中发现的浮雕描绘了古代前往庞特（今苏丹沿海）的航行；在尼罗河三角洲的塔尼斯发现的狮身人面像的脸孔具有奇特的亚洲特征。这一系列引人注目的发现表明，法老不仅与其他文化进行了贸易，而且吸收了来自国外的影响。古埃及毕竟不是早期学者所假定（或希望）的那种原始的"独立文明"。

19世纪50年代末，随着文物管理局的成立，新的发现纷至沓来。[1] 萨卡拉、吉萨和美杜姆墓地出土的一系列精美文物揭示了金字塔时代的辉煌：一尊真人大小的高级官员木雕像，发现它的工人昵称它为"村中老者"；在哈夫拉国王的金字塔神庙中出土的雄伟的闪长岩哈夫拉国王雕像；第三王朝的宫廷牙医赫西拉（Hesira）墓中雕刻精美的木制浮雕板；在拉霍特普和诺夫雷特夫妇墓室中发现的精美雕像，3 000多年来一直无人打扰；以及附近一座墓中精美的鹅画。文物管理局还发现了世界上最古老的宗教著作"金字塔铭文"，使学者得以了解古埃及信仰的古老与复杂；还发现了一批王室木乃伊，使人们得以了解这些古代伟人的面貌。

---

1. Reeves (2000) passim.

从 19 世纪 80 年代起，皮特里开始关注被早期考古学家丢弃或忽视的小型文物，进行细致、系统性的发掘，从而发现、记录和研究了一些最隐蔽和最脆弱的遗迹。他在底比斯北部的低洼沙漠中发现了一系列不起眼的浅墓穴。这些墓穴可追溯到公元前 4000 年早期，从而首次揭示了古埃及文明的史前历史；从哈瓦拉抢救出珍贵的木乃伊画像，证明了古埃及悠久历史末期的希腊—埃及混合文化在艺术和文化方面的复杂性；在阿马尔那王宫出土了精美的绘画，揭示了埃及的"黄金时代"（约公元前 1350 年）异教法老埃赫那吞统治下的王室生活。皮特里还幸运地（或者说有判断力地）在一块重复使用的石板上发现了埃及象形文字中唯一已知的"以色列"一词。但是，到了 19 世纪 80 年代末，古埃及研究不再被视为《圣经》历史研究的一个分支，而是一门完全独立的学科，有自己的问题需要回答。

随着知识的积累，19 世纪末和 20 世纪初的进一步发现为古埃及文明增添了更多的色彩和细节。"阿马尔那文书"被许多人认为是伪造的，但得到了埃尔曼的认可，并由埃尔曼为柏林收购。它被证明是一份宝贵的外交档案，描述了埃及与其邻国在一个充满阴谋和强权政治的时代的关系。德摩根在代赫舒尔发现了一批精美的王室珠宝，展现了埃及手工艺的巅峰。奎贝尔从泥土中挖出的一个石制调色盘，原来是埃及第一位国王那尔迈（Narmer，约公元前 3000 年）为庆祝他对统一王国的统治而制作的。斯基亚帕雷利在底比斯发掘的克哈墓出土了大量个人物品，如篮子、家

尾声　历史的未来

具、衣服、食物：一个生活在 20 多个世纪前的人的私人财产被完好地保存了下来。

当戴维斯、卡特和卡尔纳冯开始挖掘帝王谷时，古埃及已不再是杂乱无章的古典记载的混合体，也不再是深奥知识的神话王国，而是一个复杂而充满活力的文明，与希腊或罗马一样具有创新性和复杂性——它铸就了伟大的艺术和建筑成就，但却居住着真实的人。

* * *

在帝王谷协助卡特工作期间，加德纳这位同时代最重要的语言学家出版了具有里程碑意义的《埃及语法》。这本书至今仍然是研究古埃及语的开创性著作。然而，这本书读起来并不轻松。希望加德纳或此后一个世纪的无数埃及学家都能注意到韦戈尔写于 1923 年的评论："考古学家的职责是唤醒梦中的死者，而不是让生者沉睡。"[1] 但是，为这门学科描绘未来的将是加德纳的继承人，而不是韦戈尔的继承人，是专家，而不是通才。在追求科学严谨性的同时，埃及学也将失去它的魅力。

卡特的发现标志着一个时代的终结，而他的长期赞助人和朋

---

1. Weigall (1923): 27.

友卡尔纳冯勋爵的突然不幸逝世加深了这种感觉。1923年初，卡尔纳冯在英国接受了一系列采访，进行了很多场演讲后回到卢克索，据说是在穿越底比斯平原往返帝王谷时被蚊子在脸颊叮了一下。后来，他在刮胡子时把蚊子包弄破，伤口感染了。3月14日，他被送到开罗，在那里又患上了肺炎。关心他的朋友和同事抱着最好的希望，做着最坏的打算。3月20日，加德纳在给妻子的信中写道："在过去的几天里，最让我们感到悲痛的就是卡尔纳冯的重病。他……还没有脱离危险。上周五，他还和我共进晚餐，度过了一夜。如果……我不敢想——那就太可怕了。"[1]

仅仅两个多星期后，卡尔纳冯就去世了。他的遗体被运回海克利尔，埋葬在灯塔山上。那里有一个古老的土方工程遗址，俯瞰着庄园。他的死引起了人们对"法老诅咒"的猜测，这个神话在此后的一个世纪里一直难以消除。[2] 卡尔纳冯的妹妹伯格克莱尔夫人（Lady Burghclere）马上意识到："故事的开头像阿拉丁的洞穴，结尾像希腊神话中的复仇女神，这样的故事一定会让所有男人和女人着迷。"[3] 卡特说服卡尔纳冯的遗孀接管亡夫的特许权，以便能够继续清理陵墓。她同意了，但埃及当局对英国贵族赞助

---

1. Gardiner, *My Early Years*, 68, 引自 Reeves (1990): 62。

2. Tyldesley (2012) passim.

3. Winifred, Lady Burghclere, in Carter and Mace (1922–3), I: 1.

尾声　历史的未来

人表示尊重的时代却一去不复返了。

1923年,就在皮特里因"对埃及的贡献"(而不是"埃及学")被乔治五世国王封为爵士的时候,埃及政府正在重建开罗埃及学学院,该学院在第一次成立时只持续了三年。这要追溯到19世纪80年代,当时皮特里刚刚开始他的考古事业。具有讽刺意味的是,宣布这一消息的同时,第一位从事埃及学学术研究的埃及人艾哈迈德·卡迈勒也去世了。他没能活着看到自己的终极愿望实现——由埃及人掌管自己的文物管理局(他曾在这里忠实地工作了35年)——但他比其他人做了更多的工作来加快这一天的到来。

埃及的新宪法于1923年4月19日颁布;次年,议会选举产生了一个由民族主义者主导的政府后,文物管理局立即取消了卡特在帝王谷工作的许可。其中的象征意义有目共睹。最终,在一片哀号和咬牙切齿声中,特许权于1925年恢复,但埃及政府提出了一些条件。《泰晤士报》失去了对发掘新闻报道的垄断权(最初由卡尔纳冯谈判达成),而卡尔纳冯家族不得不正式放弃对陵墓物品份额的任何要求。

西方人继续施加重大影响的一个领域是埃及博物馆。这座建筑是由法国人设计的,上面只有西方埃及学家的名字,馆长也主要是欧洲人。但是,在他们的领导下,这座建筑和馆内的文物都没有得到很好的保护。虽然只有20年的历史,但屋顶已经开始漏水,当尼罗河水位上涨时,地下室经常被淹。此外,早在1902

年，没有人想到博物馆有一天会需要容纳如此多的藏品，比如最近在图坦卡蒙墓中出土的大量物品。到了20世纪20年代，博物馆人满为患，却年久失修。埃及政府在公共投资方面有其他更紧迫的优先事项，但西方埃及学家却被吓坏了，决定自行解决博物馆的问题。1925年，布雷斯特德说服了他的赞助人约翰·洛克菲勒出资建造一座全新的博物馆——一座宏伟的古埃及复兴风格建筑，坐落在尼罗河河畔。但有一个条件：西方学者将在33年内控制博物馆及相关研究所。埃及政府拒绝了。[1]

西方利益集团以考古的名义侵犯埃及主权的日子一去不复返了。布雷斯特德和卡特一样，表明自己已经不再能理解埃及的民族情绪。[2] 赖斯纳罕见地表现出与埃及学界的不和，强烈反对洛克菲勒的计划。最后，洛克菲勒将他的慈善资金转而投向耶路撒冷，在那里建造了巴勒斯坦考古博物馆，并向东方研究所提供了额外资金，用于建造芝加哥之家。

建立一个新的、由西方控制的埃及博物馆的计划可能已被挫败，但现有的博物馆一直由欧洲人（特别是法国人）管理，直到埃及君主制被推翻。艾蒂安·德里奥东（Etienne Drioton）是自19世纪50年代马里耶特以来的最后一任馆长，他在1952年7月

---

1. Abt (2011): 317–27.

2. Reid (2015): 165.

尾声　历史的未来

的革命后被迫下台。为了进一步彰显反帝国主义姿态，位于博物馆旁尼罗河宫的英国军营被夷为平地（取而代之的是开罗第一家现代酒店尼罗河希尔顿酒店）。四年后的苏伊士运河大溃败只是证实并确保了英法两国在埃及的影响力永久消失。无论是好是坏，文物管理局和埃及博物馆的命运，以及埃及考古学的发展方向，从此将由尼罗河流域的人民，而不是来自遥远海岸的外国人掌控。

图片版权

黑白图

序幕 诺登的《埃及和努比亚游记》英文版卷首插图，1757年。启蒙时代的欧洲揭露了一个被征服的具有异域风情的堕落文明的秘密（Gg.1.12-13，经剑桥大学图书馆相关机构许可使用）

图1 罗塞塔石碑，解读象形文字的钥匙（Granger Historical Picture Archive / Alamy Stock Photo）

图2 拿破仑一世时期的《埃及记述》卷首插图，为欧洲学术界"定义了古代埃及，并宣告了（对尼罗河谷的）主导权"（Impr.impériale—https://digitalcollections.nypl.org/items/510d47e0-0f27-a3d9-e040-e00a18064a99，Public Domain，https://commons.wikimedia.org/w/index.php?curid=49898981）

图3 约翰·加德纳·威尔金森，身穿土耳其服装的典型英国人（The Harpur Crewe Collection / National Trust Photographic Library / Mike Williams / Bridgeman Images）

图4 理查德·莱普修斯和他的普鲁士探险队成员在吉萨大金字塔顶端，由探险队艺术家约翰·弗雷绘制（bpk / Ägyptisches Museum und Papyrussammlung, SMB / Margarete Büsing）

图5 哈夫拉国王坐像，由奥古斯特·马里耶特在吉萨的山谷神庙中发现（akg-images / Fototeca Gilardi）

图6 露西·达夫·戈登，作家，埃及穷人的朋友（National Portrait Gallery, London, UK/Photo © Stefano Baldini / Bridgeman Images）

图 7　弗林德斯·皮特里第一次前往埃及进行考古探险时，在吉萨的一座岩刻陵墓（他的居所）外面（Courtesy of The Egypt Exploration Society）

图 8　欧内斯特·阿尔弗雷德·汤普森·沃利斯·巴奇，大英博物馆第一位埃及文物管理员，法老文明的伟大普及者（© Trustees of the British Museum）

图 9　西奥多·戴维斯（左三）、阿瑟·韦戈尔夫妇（左一、左二）和爱德华·艾尔顿（右一）在帝王谷的一座陵墓外（MS 3196/360/25，经伯明翰图书馆许可使用）

图 10　路德维希·博尔夏特在阿马尔那遗址发现奈费尔提蒂半身像后不久，正在对其进行检查（bpk / Vorderasiatisches Museum，SMB）

图 11　1922 年 11 月，在卢克索省省长的陪同下，霍华德·卡特（左一）在卢克索火车站会见他的赞助人卡尔纳冯勋爵和伊夫琳·赫伯特夫人（Bentley Archive / Popperfoto / Contributor）

图 12　卡特与国王福阿德一世和埃及官员在帝王谷（© Tallandier / Bridgeman Images）

彩色图

图 1　拿破仑·波拿巴，他于 1798 年远征埃及，为埃及学的诞生奠定了基础（GL Archive / Alamy Stock Photo）

图 2　乔瓦尼·巴蒂斯塔·贝尔佐尼，游商、马戏团大力士和业余考古学家（英国剑桥大学菲茨威廉博物馆 / Bridgeman Images）

图 3　法老拉美西斯二世的半身石像，别称"年轻的门农"，贝尔佐尼于 1816 年成功地将其从原址移走，为大英博物馆收获一件藏品（© Trustees of the British Museum）

图 4　象形文字破译者、埃及学奠基人让—弗朗索瓦·商博良（法国，巴黎，卢浮宫 / 摄影 © Luisa Ricciarini / Bridgeman Images）

图 5　丹德拉的哈索尔女神庙；其中一个屋顶小礼拜堂内一块天花板上的黄道带浮雕于 1821 年被移走，并被送至卢浮宫（Juergen Ritterbach / Alamy Stock Photo）

图 6　大卫·罗伯茨描绘阿布·辛拜勒神庙的水彩画，描绘了该神庙在 19 世纪上半叶的面貌（akg-images / Erich Lessing）

图 7　底比斯一座贵族墓中的壁饰。复制和记录这些场景是约翰·加德纳·威尔金森对埃及学的主要贡献之一（Francis Dzikowski / akg-images）

图 8　穆罕默德·阿里，这位阿尔巴尼亚雇佣兵建立了一个王朝，并主持了埃及

的现代化进程（Lebrecht Music & Arts / Alamy Stock Photo）

图9 奥古斯特·马里耶特在萨卡拉寻找塞拉比尤姆神庙时发现的抄写员坐像（Peter Horree / Alamy Stock Photo）

图10 底比斯哈特谢普苏特神庙中的庞特女王浮雕，这是19世纪60年代文物管理局在马里耶特的管理下发掘的众多古迹之一（akg-images / Erich Lessing）

图11 位于开罗埃及博物馆花园中的马里耶特墓（akg-images / François Guénet）

图12 阿梅莉亚·爱德华兹，维多利亚时期的小说家、旅行家、埃及探险协会创始人，埃及古代遗产不屈不挠的捍卫者（Hulton Archive / Stringer）

图13 弗林德斯·皮特里从哈瓦拉挖掘的彩绘木乃伊画像，这件文物以及其他肖像让我们对托勒密和古罗马时期的埃及文化有了新的认知（© Trustees of the British Museum）

图14 卡尔纳克的阿蒙—拉神庙多柱厅1899年的坍塌事件使人们认识到需要更好地保护埃及古迹（Juan Aunion / Alamy Stock Photo）

图15 位于开罗的埃及博物馆，由法国人设计，其外墙刻有19世纪欧洲伟大的埃及学家的名字（eFesenko / Alamy Stock Photo）

图16 阿布·辛拜勒神庙：对许多游客来说，这是尼罗河游轮之旅的终极目的地和最大亮点（Angus McComiskey / Alamy Stock Photo）

图17 门卡乌拉国王和两位女神的三人像，乔治·赖斯纳在吉萨发现的古埃及雕塑杰作之一（埃及，开罗，埃及国家博物馆 / Bridgeman Images）

图18 为第四王朝的海特菲莉斯王后制作的镀金木制便携式家具（床、椅子和华盖），大约4 400年后由赖斯纳发现（Werner Forman / Contributor）

图19 帝王谷中的图玉镀金面具；1905年由西奥多·戴维斯发现，是迄今为止在埃及发现的最大规模宝藏的一部分（埃及，开罗，埃及国家博物馆 / De Agostini Picture Library /S. Vannini / Bridgeman Images）

图20 伊夫林·巴林，克罗默勋爵，埃及1/4个世纪的实际统治者，于1907年退休（Granger Historical Picture Archive / Alamy Stock Photo）

图21 位于底比斯西部德尔巴赫里的哈特谢普苏特葬祭庙，这是霍华德·卡特作为一名年轻的考古学家初试牛刀的遗址之一（robertharding / Alamy Stock Photo）

图22 路德维希·博尔夏特于1912年在被遗弃的阿马尔那都城废墟中发现了古代艺术的象征——奈费尔提蒂的石灰石彩绘半身像（Granger Historical Picture Archive / Alamy Stock Photo）

图23 图坦卡蒙的金面具；由于霍华德·卡特和卡尔纳冯勋爵的努力，这位曾经默默无闻的少年国王成为埃及法老中最著名的一位（B.O'Kane / Alamy Stock Photo）

致 谢

谨在此感谢我的经纪人彼得·罗宾逊（Peter Robinson）和我在皮卡多图书的编辑乔治·莫利（George Morley）；感谢剑桥大学图书馆的工作人员无微不至的帮助；感谢从17世纪至今的许多学者和古文物研究者，我的研究工作借鉴了他们的研究成果；感谢林肯大学的爱德华·汉纳（Edward Hanna）和荷兰皇家气象研究所的理查德·科尔内斯（Richard Cornes），他们帮助我从巴黎天文台找到了1822年的气象记录；还要一如既往地感谢迈克尔·贝利（Michael Bailey）的大力支持。

参考书目

Abt, Jeffrey, *American Egyptologist: The Life of James Henry Breasted and the Creation of His Oriental Institute*, Chicago and London: University of Chicago Press, 2011

Adams, John M., *The Millionaire and the Mummies: Theodore Davis's Gilded Age in the Valley of the Kings*, New York: St Martin's Press, 2013

Ahmed, Leila, *Edward W. Lane: A Study of His Life and Works and of British Ideas of the Middle East in the Nineteenth Century*, London and New York: Longman, 1978

Anon., *Voyage Made in the Year 1589 from Cairo to Ebrim by Way of the Nile*, 1589

——'*Observations météorologiques faites à l'observatoire royal de Paris dans le mois de Septembre 1822*', in *Journal de physique, de chimie, d'histoire naturelle*, pp. 318–19, http://www/gallica/bnf.fr, accessed 11 March 2018

Baring, Evelyn, Earl of Cromer, *Modern Egypt*, 2 vols, London: Macmillan, 1908

Belzoni, G., *Narrative of the Operations and Recent Discoveries within the Pyramids, Temples, Tombs, and Excavations, in Egypt and Nubia, and of a Journey to the Coast of the Red Sea, in Search of the Ancient Berenice; and another to the Oasis of Jupiter Ammon*, London: John Murray, 1820, second edition, 1821

Bierbrier, Morris L., 'Art and antiquities for government's sake', in David Jeffreys (ed.), *Views of Ancient Egypt since Napoleon Bonaparte: imperialism, colonialism and modern appropriations*, pp. 69–76, London: UCL Press, 2003

——(ed.), *Who Was Who in Egyptology*, fourth revised edition, London: the Egypt Exploration Society, 2012

Birch, Samuel, J. Bonomi, G. R. Gliddon, A. C. Harris and W. H. F. Talbot, *The Talbotype applied to Hieroglyphics*, Reading: Talbot, 1846

Blake, Robert, *Disraeli's Grand Tour: Benjamin Disraeli and the Holy Land 1830–31*, London: Weidenfeld and Nicolson, 1982

Blumenthal, Elke, 'Carl Peter Lepsius und die Ägypten-Expedition des

Sohnes', in Elke Freier and Walter F. Reineke (eds), *Karl Richard Lepsius (1810–84): Akten der Tagung anläßlich seines 100. Todestages, 10–12.7.1984 in Halle*, pp. 133–66, Berlin: Akademie-Verlag, 1988

Blunt, Wilfred S., *The Secret History of the English Occupation of Egypt*, Stroud/Dublin: Nonsuch Publishing, 2007 (first published 1907)

Bonomi, Joseph and Francis Arundale, *Gallery of Antiquities Selected from the British Museum*, London: John Weale, 1842–3

Breasted, Charles, *Pioneer to the Past: The Story of James Henry Breasted, Archaeologist*, London: Herbert Jenkins, 1948

Briggs, Martin S., *Through Egypt in War-Time*, London: T. Fisher Unwin, 1918

Budge, E. A. Wallis, 'Description of the tombs of Mechu, Ben, and Se-Renpu, discovered by Major-General Sir F. Grenfell in 1885', *The Times*, 28 January 1887, p. 13

Budge, Sir E. A. Wallis, *By Nile and Tigris: A narrative of journeys in Egypt and Mesopotamia on behalf of the British Museum between the years 1886 and 1913*, 2 vols, London: John Murray, 1920

Burton, Sir Richard, 'Giovanni Battista Belzoni', *Cornhill Magazine*, 42 (July 1880), pp. 39–40

Caillard, Mabel, *A Lifetime in Egypt 1876–1935*, London: Grant Richards, 1935

Caminos, Ricardo A., 'Peasants', in Sergio Donadoni (ed.), *The Egyptians*, tr. Robert Bianchi, Anna Lisa Crone, Charles Lambert and Thomas Ritter, pp. 1–30, Chicago and London: University of Chicago Press, 1997

Carnarvon, The Earl of, 'The Treasures of Luxor: Lord Carnarvon's Account', *The Times*, 12 January 1923, p. 10

Carnarvon, The Earl of and Howard Carter, *Five Years' Explorations at Thebes*, London, New York, Toronto and Melbourne: Henry Frowde, Oxford University Press, 1912

Carter, Howard and Arthur C. Mace, *The Tomb of Tut.ankh.Amen*, 3 vols, London: Cassell, 1922–3

Cecil, Lord Edward, *The Leisure of an Egyptian Official*, London: Hodder and Stoughton, 1921

Ceram, C. W., *Gods, Graves, and Scholars: The Story of Archaeology*, second edition, London: Book Club Associates, 1978

Champollion, Jean-François, *Précis du système hiéroglyphique des anciens Egyptiens, ou Recherches sur les élémens premiers de cette écriture sacrée, sur leurs diverses combinaisons, et sur les rapports de ce système avec les autres méthodes graphiques égyptiennes*, Paris: Treuttel et Würtz, 1824

———(ed. H. Hartleben), *Lettres et journaux écrits pendant le voyage d'Egypte*, Paris: Christian Bourgois, English tr. Martin Rynja (2009), *The Code-Breaker's Secret Diaries: The Perilous Expedition through plague-ridden Egypt to uncover the ancient mysteries of the hieroglyphs*, London: Gibson Square, 1986

Champollion-Figeac, Aimé, *Les Deux Champollion, Leur vie et leurs oeuvres, leur correspondance archéologique relative au Dauphiné et à l'Egypte: Etude complète de biographie et de bibliographie 1778–1867*, Grenoble: Xavier Drevet, 1887

Clark, Christopher, *Iron Kingdom: The Rise and Downfall of Prussia, 1600–1947*, London: Allen Lane, 2006

Clarke, Edward D., *Travels in Various Countries of Europe, Asia, and Africa*, vol. 3, London: Printed for T. Cadell and W. Davies, by R. Watts, 1814

Colla, Elliott, *Conflicted Antiquities: Egyptology, Egyptomania, Egyptian Modernity*, Durham NC and London: Duke University Press, 2007

Collins, Paul and Liam McNamara, *Discovering Tutankhamun*, Oxford: Ashmolean Museum, 2014

Cone, Polly (ed.), *Wonderful Things: The Discovery of Tutankhamun's Tomb*, New York: Metropolitan Museum of Art, 1976

Cook, Thomas & Son, *Programme of Cook's International Tickets to Egypt including The Nile to the Second Cataract, Philae, Luxor, Thebes, Assouan, Aboo Simbel, &c., &c. Also particulars of arrangements for Steamers and Dahabeahs, With maps and plans of steamers. Under the special and exclusive contracts and arrangements of Thos. Cook & Son, sole owners of the only First Class Tourist Steamers specially built for the Nile (Price Sixpence, Post Free)*, London: Thomas Cook & Son, 1887

David, Elisabeth, *Gaston Maspero 1846–1916, Le gentleman égyptologue*, Paris: Pygmalion/Gérard Watelet, 1999

Davis, Theodore M., *The Tomb of Hâtshopsitû*, London: Constable & Co., 1906

———*The Tomb of Iouiya and Touiyou*, London: Constable & Co., 1907

———*The Tomb of Queen Tiyi*, London: Constable & Co., 1910

———*The Tombs of Harmhabi and Touatânkhamanou*, London: Constable & Co., 1912

Dawson, W. R., 'Pettigrew's Demonstrations upon Mummies: A Chapter in the History of Egyptology', *Journal of Egyptian Archaeology*, 20 (1934), pp. 170–82

Degardin, Jean-Claude, 'Les acquis irremplaçables de l'expedition de

Lepsius', in Elke Freier and Walter F. Reineke (eds), *Karl Richard Lepsius (1810–84), Akten der Tagung anläßlich seines 100. Todestages, 10–12.7.1984, in Halle*, pp. 125–32, Berlin: Akademie-Verlag, 1988

Denon, Dominique Vivant (ed. Bernard Bailly), *Les Monuments de la Haute Egypte*, Chalon-sur-Saône: Comité Vivant Denon, Université pour tous de Bourgogne, 2003

de Verninac Saint-Maur, E., *Voyage du Luxor en Egypte: enterpris par ordre du roi pour transporter, de Thèbes à Paris, l'un des obélisques de Sésostris*, Paris: Arthus Bertrand, 1835

Dixon, David M., 'Some Egyptological sidelights on the Egyptian war of 1882', in David Jeffreys (ed.), *Views of Ancient Egypt since Napoleon Bonaparte: imperialism, colonialism and modern appropriations*, pp. 87–94, London: UCL Press, 2003

Doyon, Wendy, 'On Archaeological Labor in Modern Egypt', in William Carruthers (ed.), *Histories of Egyptology: Interdisciplinary Measures*, pp. 141–56, New York and London: Routledge, 2015

Drower, Margaret S., 'The Early Years', in T. G. H. James (ed.), *Excavating in Egypt: The Egypt Exploration Society 1882–1982*, pp. 9–36, London: British Museum Publications, 1982 (1982a)

——'Gaston Maspero and the birth of the Egypt Exploration Fund (1881–3)', *Journal of Egyptian Archaeology*, 68 (1982), pp. 299–317 (1982b)

——*Flinders Petrie: A Life in Archaeology*, London: Victor Gollancz, 1985

du Camp, Maxime, *Egypte, Nubie, Palestine et Syrie: dessins photographiques recueillis pendant les années 1849, 1850 et 1851 accompagnés d'un texte explicatif*, Paris: Gide & Baudry, 1852

Duff Gordon, Lucie, *Letters from Egypt (1862–69)*, London: Routledge & Kegan Paul, 1969

——*Letters from Egypt*, London: Virago, 1997

Ebers, Georg, *Richard Lepsius: A Biography*, tr. Zoe Dana Underhill, New York: William S. Gottsberger, 1887

Edwards, Amelia B., *A Thousand Miles up the Nile*, second edition, London: Routledge, 1889

Elshakry, Marwa, 'Histories of Egyptology in Egypt: Some Thoughts', in William Carruthers (ed.), *Histories of Egyptology, Interdisciplinary Measures*, pp. 185–97, New York and London: Routledge, 2015

Endesfelder, Erika, '*Der Beitrag von Richard Lepsius zur Erforschung der altägyptischen Geschichte*', in Elke Freier and Walter F. Reineke (eds),

Karl Richard Lepsius (1810–84), Akten der Tagung anläßlich seines 100. Todestages, 10–12.7.1984 in Halle, pp. 216–46, Berlin: Akademie-Verlag, 1988

Evans, Arthur, 'England in Egypt, Need for an Institute of Research, State Aid for Archaeology', *The Times*, 4 March 1919, p. 8

Fagan, Brian, 'Herbert, George Edward Stanhope Molyneux, fifth earl of Carnarvon (1866–1923)', in *Oxford Dictionary of National Biography*, vol. 26, pp. 686–7, Oxford: Oxford University Press, 2004

——— *Lord and Pharaoh: Carnarvon and the Search for Tutankhamun*, Walnut Creek, California: Left Coast Press, 2015

Freier, Elke, '*Die Expedition von Karl Richard Lepsius in den Jahren 1842–1845 nach den Akten des Zentralen Staatsarchivs, Dienststelle Merseburg*', in Elke Freier and Walter F. Reineke (eds), *Karl Richard Lepsius (1810–84), Akten der Tagung anläßlich seines 100. Todestages, 10–12.7.1984 in Halle*, pp. 97–115, Berlin: Akademie-Verlag, 1988

Freitag, Michael, '*Expeditionszeichnungen als Zeugnisse der Kunst und der Wissenschaft*', in Elke Freier and Walter F. Reineke (eds), *Karl Richard Lepsius (1810–84), Akten der Tagung anläßlich seines 100. Todestages, 10–12.7.1984 in Halle*, pp. 167–84, Berlin: Akademie-Verlag, 1988

Frith, Francis, *Egypt and Nubia: Descriptive Catalogue of One Hundred Stereoscopic Views of the Pyramids, the Nile, Karnak, Thebes, Aboo-Simbel and All the Most Interesting Objects of Egypt and Nubia*, London: Negretti and Zambra, 1857

Gertzen, Thomas L., 'The Anglo-Saxon Branch of the Berlin School: the Interwar Correspondence of Adolf Erman and Alan Gardiner and the Loss of the German Concession at Amarna', in William Carruthers (ed.), *Histories of Egyptology, Interdisciplinary Measures*, pp. 34–49, New York and London: Routledge, 2015

Gillispie, Charles Coulston and Michel Dewachter (eds), *Monuments of Egypt: The Napoleonic Edition, The Complete Archaeological Plates from la Description de l'Egypte*, Princeton: Princeton Architectural Press, 1987

Gliddon, George, *An Appeal to the Antiquaries of Europe on the Destruction of the Monuments of Egypt*, London: James Madden, 1841

Grenfell, Francis, 'Egyptian Discoveries', *The Times*, 28 January 1887, p. 13

Gurney, Hudson, 'Memoir', in Thomas Young, *Rudiments of an Egyptian Dictionary in the Ancient Enchorial Character; Containing All the Words of Which the Sense Has Been Ascertained*, pp. 5–47, London: J. and A. Arch, 1831

Hall, H. R., 'Letters to Sir William Gell', *Journal of Egyptian Archaeology* 2 (1915), pp. 133–67

Halls, J. J., *The Life and Correspondence of Henry Salt, Esq, F.R.S. &c. His Britannic Majesty's Late Consul-General in Egypt*, 2 vols, London: Richard Bentley, 1834

Hassan, Fekri A., 'Imperialist appropriations of Egyptian obelisks', in David Jeffreys (ed.), *Views of Ancient Egypt since Napoleon Bonaparte: imperialism, colonialism and modern appropriations*, pp. 19–68, London: UCL Press, 2003

Henniker, Sir Frederick, Bt., *Notes During a Visit to Egypt, Nubia, the Oasis, Mount Sinai, and Jerusalem*, London: John Murray, 1823

Hintze, Fritz and Gerhard Rühlmann, 'Karl Richard Lepsius: Begründer der deutschsprachigen Ägyptologie', in Elke Freier and Walter F. Reineke (eds), *Karl Richard Lepsius (1810–84), Akten der Tagung anläßlich seines 100. Todestages, 10–12.7.1984 in Halle*, pp. 17–28, Berlin: Akademie-Verlag, 1988

Hogg, Thomas Jefferson, *The Life of Percy Bysshe Shelley*, 2 vols, London and Toronto: J. M. Dent & Sons, 1933

James, T. G. H., 'The Archaeological Survey', in T. G. H. James (ed.), *Excavating in Egypt, The Egypt Exploration Society 1882–1982*, pp. 141–59, London: British Museum Publications, 1982

Jeffreys, David, 'Introduction – Two Hundred Years of Ancient Egypt: Modern History and Ancient Archaeology', in David Jeffreys (ed.), *Views of Ancient Egypt since Napoleon Bonaparte: imperialism, colonialism and modern appropriations*, pp. 1–18, London: UCL Press, 2003

Kalfatovic, Martin R., 'Nile Notes of a *Howadji*: American Travellers in Egypt, 1837–1903', in Paul and Janet Starkey (eds), *Unfolding the Orient: Travellers in Egypt and the Near East*, pp. 239–59, Reading: Ithaca Press, 2001

Kapoïan, Angèla, 'Egypt in 1615–1616 as seen through the eyes of the Armenian Simeon of Poland', in Paul and Janet Starkey (eds), *Unfolding the Orient: Travellers in Egypt and the Near East*, pp. 111–17, Reading: Ithaca Press, 2001

Kircher, Athanasius, *Oedipus Aegyptiacus*, 4 vols, Rome: Ex typographia Vitalis Mascardi, 1652–4

Kitchen, Kenneth, 'King lists', in Donald B. Redford (ed.), *The Oxford Encyclopedia of Ancient Egypt*, vol. 2, pp. 234–8, New York: Oxford University Press, 2001

Kluckert, Ehrenfried, 'The Landscape Garden', in Rolf Toman (ed.),

Neoclassicism and Romanticism, Architecture, Sculpture, Paintings, Drawings 1750–1848, pp. 230–49, Könemann, 2006

Kröger, Martin, '*Le bâton égyptien*' – *Der ägyptische Knüppel, Die Rolle der 'ägyptischen Frage' in der deutschen Außenpolitik von 1875/6 bis zur 'Entente Cordiale'*, Frankfurt, Bern, New York and Paris: Peter Lang, 1991

Lambert, Gilles, *Auguste Mariette, L'Egypte ancienne sauvée des sables*, Paris: J.-C. Lattès, 1997

Lebas, Jean-Baptiste Apollinaire, *L'obélisque de Luxor, Histoire de sa translation à Paris*, Paris: Carilian-Goeury et Vr Dalmont, 1839

Leclant, Jean, 'Champollion, Bunsen, Lepsius', in Elke Freier and Walter F. Reineke (eds), *Karl Richard Lepsius (1810–84), Akten der Tagung anläßlich seines 100. Todestages, 10–12.7.1984 in Halle*, pp. 53–9, Berlin: Akademie-Verlag, 1988

Lehner, Mark and Zahi Hawass, *Giza and the Pyramids*, London: Thames and Hudson, 2017

Lepsius, Richard, *Letters from Egypt, Ethiopia, and the Peninsula of Sinai*, tr. L. and J. B. Horner. London: Henry G. Bohn, 1853

———*Denkmäler aus Aegypten und Aethiopien: nach den Zeichnungen der von seiner Majestät dem Koenige von Preussen Friedrich Wilhelm IV nach diesen Ländern gesendeten und in den Jahren 1842–45 ausgeführten wissenschaftlichen Expedition*, 12 vols, Berlin: Nicolaische Buchhandlung, 1849–59

Levine, Philippa, *The Amateur and the Professional: Antiquarians, Historians and Archaeologists in Victorian England, 1838–86*, Cambridge: Cambridge University Press, 1986

Lindon Smith, Joseph (ed. Corinna Lindon Smith), *Tombs, Temples and Ancient Art*, Norman, Oklahoma: University of Oklahoma Press, 1956

Long, George, *The British Museum: Egyptian Antiquities*, 2 vols, London: Charles Knight, 1832

Loprieno, Antonio, 'Adolf Erman und die ägyptische Literatur', in Bernd U. Schipper (ed.), *Ägyptologie als Wissenschaft: Adolf Erman (1854–1937) in seiner Zeit*, pp. 150–68, Berlin and New York: de Gruyter, 2006

Macmichael, William, *The Gold-Headed Crane*, London: John Murray, 1828

Madden, Richard R., *Egypt and Mohammed Ali*, London: Hamilton, Adams & Co., 1841

Manley, Deborah, 'Lord Belmore proceeds up the Nile in 1817–1818', in Paul and Janet Starkey (eds), *Unfolding the Orient: Travellers in Egypt and the Near East*, pp. 179–91, Reading: Ithaca Press, 2001

Manley, Deborah and Peta Rée, 'Encounters on the Nile: tourists, artists, scholars, explorers, a missionary and an obelisk: Cairo to the Second Cataract, October 1818 to August 1819', in Diana Magee, Janine Bourriau and Stephen Quirke (eds), *Sitting Beside Lepsius: Studies in Honour of Jaromir Malek at the Griffith Institute*, pp. 327–42, Leuven: Peeters, 2009

Mansfield, Peter, *The British in Egypt*, London: Weidenfeld and Nicolson, 1971

Marchand, Suzanne L., *German Orientalism in the Age of Empire*, New York/Washington DC: Cambridge University Press/German Historical Institute, 2009

Mariette, Auguste, *Le Sérapéum de Memphis*, Paris: Gide, 1857

———*Notice des principaux monuments exposés dans les galeries provisoires du Musée d'Antiquités Egyptiennes de S.A. le Vice-Roi à Boulaq*, Alexandria: Mourès, Rey & Cie; Paris: A. Franck, 1868, third edition, 1869

Maspero, Gaston, 'Mariette (1821–81): Notice biographique', in Auguste Mariette, *Œuvres diverses*, volume 1, i–ccxxiv, Paris: Ernest Leroux, 1904

———*Egypt: Ancient Sites and Modern Scenes*, London: T. F. Unwin, 1910

———'Note on the life and reign of Touatânkhamanou', in Theodore M. Davis, *The Tombs of Harmhabi and Touatânkhamanou*, pp. 111–23, London: Constable and Co., 1912

———(ed. Elisabeth David) *Lettres d'Egypte, Correspondance avec Louise Maspero*, Paris: Seuil, 2003

Mayes, Stanley, *The Great Belzoni*, London: Putnam, 1959

Melman, Billie, *Women's Orients: English Women and the Middle East, 1718–1918, Sexuality, Religion and Work*, second edition, Basingstoke and London: Macmillan, 1995

Mitchell, Timothy, *Colonising Egypt*, Cambridge: Cambridge University Press, 1988

Moser, Stephanie, 'Legacies of Engagement: The Multiple Manifestations of Ancient Egypt in Public Discourse', in William Carruthers (ed.), *Histories of Egyptology, Interdisciplinary Measures*, pp. 242–52, New York and London: Routledge, 2015

Moshenska, Gabriel, 'Thomas "Mummy" Pettigrew and the Study of Egypt in Early Nineteenth-Century Britain', in William Carruthers (ed.), *Histories of Egyptology, Interdisciplinary Measures*, pp. 201–14, New York and London: Routledge, 2015

Müller, Wolfgang, 'Das historische Museum – die Neugestaltung des Berliner Ägyptischen Museums durch Richard Lepsius', in Elke Freier and Walter F. Reineke (eds), *Karl Richard Lepsius (1810–1884), Akten der Tagung anläßlich seines 100. Todestages, 10–12.7.1984 in Halle*, pp. 276–83, Berlin: Akademie-Verlag, 1988

Nicholson, Paul T., 'Egyptology for the masses: James Henry Breasted and the Underwood brothers', in Diana Magee, Janine Bourriau and Stephen Quirke (eds), *Sitting Beside Lepsius: Studies in Honour of Jaromir Malek at the Griffith Institute*, pp. 381–422, Leuven: Peeters, 2009

Norden, Frederick Lewis, *Travels in Egypt and Nubia*, 2 vols, London: Lockyer Davis and Charles Reymers, 1757

Nowinski, Judith, *Baron Dominique Vivant Denon (1747–1825): Hedonist and Scholar in a Period of Transition*, Rutherford, Madison and Teaneck: Fairleigh Dickinson University Press, 1970

Owen, Roger, *The Middle East in the World Economy 1800–1914*, London and New York: Methuen, 1981

Petrie, W. M. F., *Koptos*, London: Quaritch, 1896

——— *The Royal Tombs of the First Dynasty*, part 1, London: Egypt Exploration Fund, 1900

——— *Seventy Years in Archaeology*, London: Sampson Low, Marston & Co., 1931

Piacentini, Patrizia, 'Auguste Mariette in the Egyptological archives and library of the University of Milan', in Diana Magee, Janine Bourriau and Stephen Quirke (eds), *Sitting Beside Lepsius: Studies in Honour of Jaromir Malek at the Griffith Institute*, pp. 423–38, Leuven: Peeters, 2009

Pocoke, Richard, *A Description of the East and some other countries*, 2 vols, London: W. Bowyer, 1743–5

Poole, Sophia, *The Englishwoman in Egypt: letters from Cairo written during a residence there in 1842, 3, & 4, with E. W. Lane, Esq author of the 'Modern Egyptians', By his sister*, 2 vols, London: C. Cox, 1851

Rainer, M., 'Richard Lepsius und seine Familie – Bildungsbürgertum und Wissenschaft', in Elke Freier and Walter F. Reineke (eds), *Karl Richard Lepsius (1810–84), Akten der Tagung anläßlich seines 100. Todestages, 10–12.7.1984 in Halle*, pp. 29–52, Berlin: Akademie-Verlag, 1988

Rauch, Alexander, 'Neoclassicism and the Romantic Movement: Painting in Europe between Two Revolutions 1789–1848', in Rolf Toman (ed.), *Neoclassicism and Romanticism, Architecture, Sculpture, Paintings, Drawings 1750–1848*, pp. 318–479, Könemann, 2006

Rawnsley, Canon Hardwicke and Noel Rawnsley, *The Resurrection of Oldest Egypt, Being the Story of Abydos as Told by the Excavations of Dr Petrie, Sketches of Life & Labour in the Excavator's Camp by Noel Rawnsley*, Lalcham: The Beaver Press, 1904

Ray, John, *The Rosetta Stone and the Rebirth of Ancient Egypt*, London: Profile, 2007

Rees, Joan, *Amelia Edwards: Traveller, Novelist and Egyptologist*, London: The Rubicon Press, 1998

Reeves, Nicholas, *The Complete Tutankhamun*, London: Thames and Hudson, 1990

——*Ancient Egypt: The Great Discoveries, A Year-by-Year Chronicle*, London: Thames and Hudson, 2000

Reeves, Nicholas and Richard H. Wilkinson, *The Complete Valley of the Kings*, London: Thames and Hudson, 1996

Reid, Donald M., *Whose Pharaohs? Archaeology, Museums, and Egyptian National Identity from Napoleon to World War I*, Berkeley, Los Angeles and London: University of California Press, 2002

—— 'Remembering and Forgetting Tutankhamun, Imperial and National Rhythms of Archaeology, 1922–72', in William Carruthers (ed.), *Histories of Egyptology, Interdisciplinary Measures*, pp. 157–73, New York and London: Routledge, 2015

Rifaud, Jean-Jacques, *Tableau de l'Egypte, de la Nubie et des lieux circonvoisins: ou itinéraire à l'usage des voyageurs qui visitent ces contrées*, Paris: Treuttel et Würz, 1830

Robinson, Andrew, *The Last Man Who Knew Everything, Thomas Young, The Anonymous Polymath Who Proved Newton Wrong, Explained How We See, Cured the Sick, and Deciphered the Rosetta Stone, Among Other Feats of Genius*, New York: Pi Press, 2006

——*Cracking the Egyptian Code: The Revolutionary Life of Jean-François Champollion*, London: Thames and Hudson, 2012

Rodenbeck, John, 'Travelers from an Antique Land: Shelley's Inspiration for "Ozymandias"', *Alif: Journal of Comparative Poetics* 24 (2004), pp. 121–8

St John, James A., *Egypt and Mohammed Ali, or Travels in the Valley of the Nile*, London: Longman, Rees, Orme, Brown, Green & Longman, 1834

Sattin, Anthony, *Lifting the Veil: British Society in Egypt 1768–1956*, London: J. M. Dent & Sons, 1988

Saulnier, M., fils, *A Journey in Egypt, by M. Lelorrain; and observations on the circular zodiac of Denderah, in *New Voyages and Travels: consisting of originals and translations*, vol. 3, pp. 75–96, London: Sir Richard Phillips & Co. (English translation of *Notice sur le voyage de M. Lelorrain en Egypte; et observations sur le zodiaque circulaire de Denderah*, Paris: Chez l'Auteur), 1822

Sayce, Archibald H., *Reminiscences*, London: Macmillan, 1923

Schenkel, Wolfgang, 'Bruch und Aufbruch: Adolf Erman und die Geschichte der Ägyptologie', in Bernd U. Schipper (ed.), *Ägyptologie als Wissenschaft: Adolf Erman (1854–1937) in seiner Zeit*, pp. 224–47, Berlin and New York: de Gruyter, 2006

Schipper, Bernd U., 'Adolf Erman (1854–1937), Leben und Werk', in Bernd U. Schipper (ed.), *Ägyptologie als Wissenschaft: Adolf Erman (1854–1937) in seiner Zeit*, pp. 1–26, Berlin and New York: de Gruyter, 2006

Scholz, John Martin Augustus, *Travels in the Countries Between Alexandria and Paraetonium, the Lybian Desert, Siwa, Egypt, Palestine, and Syria, in 1821*, London: Sir Richard Phillips & Co., 1822

Seidlmayer, Stephan Johannes, 'Das Ägyptische Wörterbuch an der Berliner Akademie: Entstehung und Konzept', in Bernd U. Schipper (ed.), *Ägyptologie als Wissenschaft: Adolf Erman (1854–1937) in seiner Zeit*, pp. 169–92, Berlin and New York: de Gruyter, 2006

Sheppard, Kathleen L., 'Margaret Alice Murray and Archaeological Training in the Classroom: Preparing "Petrie's Pups"', in William Carruthers (ed.), *Histories of Egyptology, Interdisciplinary Measures*, pp. 113–28, New York and London: Routledge, 2015

Sherer, Moyle, *Scenes and Impressions in Egypt and in Italy*, London: Printed for Longman, Hurst, Rees, Orme, Brown, and Green, 1824

Sicard, Claude (ed. Serge Sauneron and Maurice Martin), *Œuvres III, Parallèle géographique de l'ancienne Egypte et de l'Egypte moderne*, Cairo: Institut Français d'Archéologie Orientale du Caire, 1982

Sim, Katharine, *David Roberts R.A., 1796–1864: A Biography*, London, Melbourne and New York: Quartet Books, 1984

Spinelli, Birgit, 'Der Erwecker des ägyptischen Sammlung', Adolf Erman und das Berliner Museum', in Bernd U. Schipper (ed.), *Ägyptologie als Wissenschaft: Adolf Erman (1854–1937) in seiner Zeit*, pp. 202–23, Berlin and New York: de Gruyter, 2006

Stevenson, Alice, 'The Object of Study: Egyptology, Archaeology, and Anthropology at Oxford, 1860–1960', in William Carruthers (ed.), *Histories of Egyptology, Interdisciplinary Measures*, pp. 19–33, New York and London: Routledge, 2015

Strabo, *Geography, Book XVII* (tr. Horace Leonard Jones), Cambridge (Massachusetts) and London: Harvard University Press (Loeb Classical Library), 1949

Thissen, Heinz J., 'Adolf Erman und die Gründung des Deutschen Archäologischen Instituts in Kairo', in Bernd U. Schipper (ed.), *Ägyptologie als Wissenschaft: Adolf Erman (1854–1937) in seiner Zeit*, pp. 193–201, Berlin and New York: de Gruyter, 2006

Thompson, Jason, *Sir Gardner Wilkinson and His Circle*, Austin, Texas: University of Texas Press, 1992

——— '"Purveyor-General to the hieroglyphics": Sir William Gell and the development of Egyptology', in David Jeffreys (ed.), *Views of Ancient Egypt since Napoleon Bonaparte: imperialism, colonialism and modern appropriations*, pp. 77–85, London: UCL Press, 2003

Tyldesley, Joyce, *Egypt: How a Lost Civilization Was Rediscovered*, Berkeley and Los Angeles: University of California Press, 2005

———*Tutankhamen's Curse*, London: Profile Books, 2012

Tyndale, Walter, *Below the Cataracts*, Philadelphia: J. B. Lippincott, 1907

Usick, Patricia and Deborah Manley, *The Sphinx Revealed: A Forgotten Record of Pioneering Excavations*, London: The British Museum, 2007

Volney, Constantin-François Chasseboeuf, comte de, *Voyage en Syrie et en Egypte, pendant les années 1783, 1784, et 1785*, Paris: Desenne, Volland, 1787

Vyse, Howard, *Operations Carried on at the Pyramids of Gizeh in 1837, With an Account of a Voyage into Upper Egypt, and an Appendix*, 3 vols, London: James Fraser, 1840–2

Waith, Eugene M., 'Ozymandias: Shelley, Horace Smith, and Denon', *Keats-Shelley Journal* 44 (1995), pp. 22–8

Weigall, Arthur, *The Glory of the Pharaohs*, London: Thornton Butterworth, 1923

Wilkinson, John Gardner, *Topography of Thebes and General View of Egypt, Being a Short Account of the Principal Objects Worthy of Notice in the Valley of the Nile, to the Second Cataract and Wadee Semneh, with the Fyoum, Oases, and Eastern Desert, from Sooez to Berenice; with Remarks on the Manners and Customs of the Ancient Egyptians and the Productions of the Country, &c. &c.* London: John Murray, 1835

———*Modern Egypt and Thebes, Being a Description of Egypt, Including the Information Required for Travellers in That Country*, 2 vols, London: John Murray, 1843

———*A Handbook for Egypt, Including descriptions of the course of the Nile* to the Second Cataract, Alexandria, Cairo, The Pyramids, and Thebes, the overland transit to India, the Peninsula of Mount Sinai, the Oases, etc., London: John Murray, 1846

———The Architecture of Ancient Egypt: in which the columns are arranged in orders, and the temples classified, with remarks on the early progress of Architecture, etc., 2 vols, London: private publication, 1850

Wilkinson, Toby and Julian Platt, Aristocrats and Archaeologists, An Edwardian Journey on the Nile, Cairo: American University of Cairo Press, 2017

Wilson, John A., Signs and Wonders Upon Pharaoh, A History of American Egyptology, Chicago and London: University of Chicago Press, 1964

Young, Thomas, An Account of Some Recent Discoveries in Hieroglyphical Literature, and Egyptian Antiquities, London: John Murray, 1823

———Rudiments of an Egyptian Dictionary in the Ancient Enchorial Character; containing all the words of which the sense has been ascertained, London: John & Arthur Arch, 1830